国家社会科学基金资助项目（10BSH034）

流动的莲花

—— 中国乡村社会的伦理、精神与情感

周永康 | 著

山东人民出版社 · 济南
国家一级出版社 全国百佳图书出版单位

图书在版编目（CIP）数据

流动的莲花：中国乡村社会的伦理、精神与情感/周永康著. --济南：山东人民出版社，2020.8（2021.6 重印）
ISBN 978-7-209-12281-8

Ⅰ. ①流… Ⅱ. ①周… Ⅲ. ①农村社会学—研究—中国 Ⅳ. ①C912.82

中国版本图书馆 CIP 数据核字(2019)第 250808 号

流动的莲花：中国乡村社会的伦理、精神与情感
LIUDONG DE LIANHUA：ZHONGGUO XIANGCUN SHEHUI DE LUNLI、JINGSHEN YU QINGGAN
周永康 著

主管单位 山东出版传媒股份有限公司
出版发行 山东人民出版社
出 版 人 胡长青
社　　址 济南市英雄山路 165 号
邮　　编 250002
电　　话 总编室（0531）82098914
　　　　 市场部（0531）82098027
网　　址 http：//www. sd-book. com. cn
印　　装 山东华立印务有限责任公司
经　　销 新华书店

规　　格 16 开（169mm×239mm）
印　　张 23
字　　数 400 千字
版　　次 2020 年 8 月第 1 版
印　　次 2021 年 6 月第 2 次
ISBN 978-7-209-12281-8
定　　价 39.80 元

目　录 / CONTENTS

第一章　导论

我出生在农村，也当过数年农民，以前城乡差别大，土地责任制以后，农村确实欣欣向荣，那时我回故乡或是到别的农村去，真是兴奋，那时写了《鸡洼窝人家》《腊月·正月》等一批作品，感情真挚而喜悦。

但这以后，国家注意力转移到了城市，农村就停滞发展了，几乎有点自生自灭的味道，以致后来农民进城打工，农村就少了人气，村舍破败，粮食是多了，钱却少了，农耕资料价格上涨，看病上学难，税费过多，治安不好；我再去农村，感慨万千，心里很痛。治理这么个大国确实难啊，农村不改善不行，改善了一下，还有城市，抓了城市，农村就可以放一下了，可农村的问题又严重起来。①

——贾平凹

第一节　主题概述

乡村，即费孝通先生所谓的“乡土”，是泛指城市社会以外的地区。按照雷蒙·威廉斯《乡村与城市》中的定义，乡村（country）一词“也可表示一片‘土地’”②，相应的中文词汇也暗指“土地”“乡土”“乡村”，它们也被赋予了强烈的情感价值，例如“家乡”“思乡”；在英文中，乡村还有一个表述是rural,意指乡野的、牧歌的、田园的；中文中还有一个“农村”与之对应，农业区域或农业社区

① 张英、孙涛：《从“废都”到“废乡”》，《南方周末》2006年5月18日文化版。

② 〔英〕雷蒙·威廉斯：《乡村与城市》，韩子满、刘戈、徐珊珊译，商务印书馆，2013，第1页。

与城市工业贸易区相对。[①] 我不用“农村”这一经济性意涵浓厚的词，是想突出“乡村”一词所具有的文化意涵和传统意涵。

改革开放 40 年来，中国城乡社会发生了翻天覆地的变化。特别是国家的整体经济实力大大增强，民众的物质生活水平显著提高。但不可否认的是，人们物质生活的日渐丰富相伴而来的却是大量的伦理失范、精神失调、人情淡漠。因此，“除了物质生活之外，人要不要精神生活?”[②]历史学家葛剑雄提出了这个简单而复杂的问题。在乡村社会，这个问题尤为突出。从历史变迁的经验事实看，从 20 世纪 40 年代到今天，中国乡村社会经历了四次重大的历史变迁，即革命、改造、改革和市场转型。[③] 特别是市场转型，它彻底改变了乡村社会的传统生产方式、生活方式，乡村社会长期形成的稳定的伦理结构、精神世界出现真正意义的断裂。乡村社会的意义生产和价值生产的能力急剧弱化，人们难以从中获得有效的精神寄托与情感寄托。“谁人故乡不沦陷?”[④] 几乎一夜之间在中国大地上到处流传，成为当下中国人表达“乡愁”的流行语。事实上，这一话语传递了一种可怕的现实，即乡土中国的沦陷，其伦理与精神的沦陷。这就是申端锋所谓的，当前中国乡村社会正在历经从治理性危机到伦理性或精神性危机的转变[⑤]。

本研究的主要目的在于：立足于改革开放以来中国乡村社会的伦理、精神、情感呈现的危机，梳理在国家与农民、传统与现代的框架下，乡村社会结构及其机制的变化与延续，并重点考察乡村社会的伦理、精神与情感的历史变迁与延续。因此，本研究特别强调历史维度和历史性，希望通过对较长时间链条的考察分析，使我们对相关问题看得更为清楚。本书的标题突出“流动”二字，也正是为了突出历史性。与此同时，传统乡村社会的一个典型特征就是不流动、稳定性强，而目前乡村社会一个重要表现即流动、不稳定，乡村从“不流动”走向了“大流动”时代。因此，我也想突出流动的现实性。

① 张英进:《中国现代文学与电影中的城市:空间、时间与性别构形》,秦立彦译,江苏人民出版社,2007,第 8 页。

② 葛剑雄:《人要不要精神生活》,《复旦教育论坛》2005 年第 3 期,第 8 页。

③ 陆益龙:《后乡土中国的基本问题及其出路》,《社会科学研究》2015 年第 1 期,第 117 页。

④ 熊培云:《一个村庄里的中国》,新星出版社,2011,第 3 页。

⑤ 申端锋:《新农村建设应关注农民的精神健康》,《中国乡村建设》2009 年第 1 期,第 150—153 页。

第二节　中国乡村研究回顾

中国乡村研究始于20世纪20年代。自晚清民国时期社会学传入中国以来，一批在欧美留学或已归国的社会学者、人类学者，积极回应中国彼时的社会现实问题，开始运用规范的社会学、人类学范式来展开研究。其中乡村研究是一个非常重要的领域。比较重要的研究如杨懋春的《中国集镇与乡村生活》《一个中国村庄：山东台头》、李汉铎的《从美国乡村教堂到中国乡村教堂的管理调整》、谢景升的《中国乡村重建：问题与办法研究以及对中国政府与基督教堂的政策建言》、杨昌栋的《平潭调查》、陈希诚的《中国乡村合作的伦理和经济基础》、费孝通的《江村经济》《生育制度》、冯汉骥的《中国亲属制》、徐声金的《中国家庭制度》、胡先缙的《中国共有的继嗣群及其功能》、郑成坤的《中国：一个转变中的宗族社会》、林耀华的《金翼》、许烺光的《祖荫下》等。

这些研究涉及乡村社会的诸多方面，如经济生活、社会结构、宗教、宗族制度、乡村重建、乡村合作以及亲属关系等。这些研究生动地描述了乡土中国的面貌，"给了我们一把理解中国乡村文化的新的、科学的钥匙"①。在理论和方法上，这些研究在早期主要受到了美国社会行为分析、文化社会学、人文区位学以及英国功能主义、文化人类学的影响②。到20世纪40年代，美国文化学派、马克思主义派、法国涂尔干社会学派、美国人文区位学派、英国功能人类学派等当时世界社会学、人类学的主要理论、方法都在这些研究中有所体现。③

民国时期的乡村研究者具有非常强的现实情怀，旨在"深入中国社会问题研究，以达改良中国社会之目的"④。同时，这些研究也具有极强的中国化、本土化自觉。如吴文藻在功能主义学派与社区研究相结合的基础上，力倡社会学中国化；潘光旦则力图从历史的视角来切入中国问题的研究，因而力倡新人文思想，旨归

---

① 杨懋春:《一个中国村庄:山东台头》,江苏人民出版社,2012,导言第2—3页。

② 阎书钦:《移植与融会:民国时期社会学理论体系构建的美国学术渊源》,《清华大学学报(哲学社会科学版)》2013年第2期,第76—85页。

③ 杨堃:《中国社会学发展史大纲》,载杨堃《社会学与民俗学》,四川民族出版社,1997,第184—191页。

④ 元青:《民国时期留美生中国社会问题研究旨趣与影响——来自留美生社会学、人类学博士论文的考察》,《天津师范大学学报(社会科学版)》2015年第6期,第8—15页。

亦在社会学中国化。而费孝通则在具体的研究中践行了吴文藻和潘光旦的中国化、本土化主张，以社区研究为主，注重中国文化的历史内涵，从而使自身的研究具有浓厚的“文化自觉”意识和中国色彩。

民国时期，一些外国学者亦开始在中国乡村进行田野调查研究。1949 年，新中国成立，国外学者的实地研究随之中断。从 1949 年到 20 世纪 70 年代末，借助于香港、台湾地区资料和历史资料，这些学者仍然做出了一些重要的研究成果，如弗里德曼（Maurice Freedman)的《中国东南的宗族组织》和《中国的宗族和社会：福建和广东》、弗里德（M. Fried)的《中国人社会的网络：一个县城社会生活的研究》、杨庆堃（C. K. Yang)的《共产主义转型初期的一个中国村庄》和《中国社会中的宗教》、柯鲁克夫妇（Isabel & David Crook)的《中国一个村庄：十里庄发生的革命》、施坚雅（G. William Skinner)的《中国农村的集市和社会结构》、韩丁（W. Hinton)的《翻身：中国一个村庄的革命纪实》、乔丹（David Jordon)的《神·鬼·祖先：一个台湾村庄的民间宗教》、芮马丁（Emily Martin)的《一个中国村庄的死人信仰》、普林茨和斯登乐（Peggy Printz & Paul Steinle)的《公社：中国农村的生活》、马德生的《一个中国村落的道德与权力》等。

顺应西方人类学的发展潮流，这些海外中国乡村研究学者在二战后更多地将研究视角从家庭、宗教和生活方式转向政治与亲属制度上来。20 世纪 60 年代后，深受象征主义人类学的影响，海外中国乡村研究的重点也转向“汉人民间宗教”，力图在中国人的信仰、仪式与象征体系中发掘中国文明与社会构造的模式①。这一时期海外中国乡村研究的代表人物是弗里德曼和施坚雅。弗里德曼的贡献在于提供了一个认识中国乡村社会的宗族模式，其特点是将社会分化和国家力量作为其分析中国乡村宗族社会结构的主要视角。② 施坚雅的贡献在于提出分析中国区域社会结构的基层市场共同体模式，他认为传统中国农民生活在一个自给自足的社会中，这个社会不是村庄而是基层社区。③

“文革”结束后，人类学、社会学视野中的乡村研究得以恢复。国内学者方面，费孝通重访江村，并组织、倡导一些研究人员对长江三角洲汉族村落开展研

---

① 王铭铭：《社会人类学与中国研究》，广西师范大学出版社，2005，第 18 页。

② 林济：《弗里德曼模式与中国宗族社会史研究》，《史学理论研究》2003 年第 2 期，第 66—74、159 页。

③ 〔美〕施坚雅：《中国农村的市场和社会结构》，史建云等译，中国社会科学出版社，1998，第 40 页。

究；同时，很多学者对一些著名的田野点进行重访研究，如庄孔韶对黄村的研究，周大鸣对凤凰村的研究，潘守永对台头村的研究，段伟菊、张华志对西镇的研究，覃德清对茶山的研究等。[①] 海外学者方面，以波特夫妇为代表的海外学者率先进入中国大陆进行田野研究，这些学者运用象征主义、结构主义、文化生态学、新马克思主义、女性人类学等前沿理论，来解释中国乡村社会与文化。[②] 比较重要的著作如塞缪·孔（Samuel S. Kung）的《中国的乡村生活》、黄宗智（Philip C. C. Huang）的《华北的小农经济与社会变迁》和《长江三角洲小农家庭与乡村发展》、约翰·伯恩斯（John P. Burns）的《中国农村的政治参与》、杜赞奇（Prasenjit Duara）的《文化、权力与国家：1900—1942 年的华北农村》、黄树民（Huang Shu-min）的《林村的故事：1949 年后的中国农村变革》、萧凤霞（Helen F. Siu）的《中国南方的代理人和受害者：农村革命的同谋》、丹尼尔·理托（Daniel Little）的《了解中国的农民》等。

20 世纪 90 年代以来，海外中国乡村研究的领域日益扩展，一些乡村社会的现实问题也开始进入学者们的研究视野；研究理论与方法也呈现多元化的趋势，特别是研究中的历史转向趋势加强，一些学者力图从历史的维度来解释中国乡村社会结构与文化特征[③]。比较重要的著作如波特夫妇（Sulamith Heins Potter& Jack M. Potter）的《中国农民：一场革命的民族志》、孔迈隆（M. L. Cohen）的《中国北方的宗族组织》、弗里德曼（Edward Friedman）和毕克伟（Paul G. Pickowicz）的《中国乡村，社会主义国家》、王斯福（Stephan Feuchtwang）的《帝国的隐喻：中国民间宗教》、朱爱岚（Ellen Judd）的《中国北方村落的社会性别与权力》、景军（Jing Jun）的《神堂记忆：一个中国乡村的历史、权利与道德》、白苏珊（Susan H. Whiting）的《乡村中国的权力与财富：制度变迁的政治经济学》、布鲁斯·杰理（Bruce Gilley）的《模范造反：中国最富村的兴衰》、韩敏（Han Min）的《回应革命与改革：皖北李村的社会变迁与延续》、阎云翔（Yan Yunxiang）的《私人生活的变革——一个中国村庄里的爱情、家庭与亲密关系：1949—1999》等。

---

① 庄孔韶、徐杰舜、杜靖、石峰：《乡土中国人类学研究》，《广西民族学院学报（哲学社会科学版）》2006 年第 1 期，第 5—16 页。

② 陈刚：《西方人类学中国乡村研究综述》，《中国农业大学学报（社会科学版）》2010 年第 3 期，第 53—62 页。

③ 王桅韩：《继替与融合：海外中国乡村研究的新发展》，《国外理论动态》2014 年第 8 期，第 61—71 页。

同时，20世纪90年代以来，国内乡村研究的领域更为广泛、丰富，在研究范式上继续延续了人类学与社会学两条主要路径，同时也有交叉，以及对多种学科综合研究范式的运用。在具体的理论模式上，受西方学者提出的“国家与社会”范式影响比较大。在此基础上，一些学者提出了更为细致的分析方法，如孙立平的“过程—事件”分析法和张静的“结构—制度”分析法。近年来，一些学者越来越强调研究的历史维度，因而出现了人类学和社会学研究的历史转向，强调要“把历史转向和文化转向结合起来，把制度研究与精神特质研究结合起来，把道统和政统结合起来，把小传统和大传统结合起来，在这个坐标结构中讨论社会变迁机制，分析中国社会现代化转型的艰巨性和面临的重大问题，而不能只关注某一维度而丢弃其他维度”①。

另外，国内乡村研究开始逐渐形成自己的一些特色，在吴文藻、潘光旦、费孝通倡导的中国化、本土化上有了新的突破。异军突起的以徐勇、贺雪峰等为代表的华中乡土学派，形成了一些独特的学术观点，如强调乡村研究的“经验性认识”的积累，以避免“中国乡村”成为思辨抽象理论的“跑马场”；又如突破费孝通先生的社区研究，向“区域研究”拓展，形成乡村研究的中层理论建构②，等等。

上述这些国内外研究成果已经或多或少涉及乡村社会的伦理、精神与情感问题，无疑是本研究的重要基础和出发点。新时期以来，学界对乡村伦理、精神、情感的关注与研究也逐渐多起来。如阎云翔对农民私人情感生活的研究，贺雪峰对乡村价值体系的研究，王露璐对乡土伦理的研究，陈柏峰、郭俊霞对农民生活与价值世界的研究，申端锋对农民精神健康问题的研究，还有吴飞等人对农村自杀问题的研究，无不涉及对农民的伦理、精神与情感的探讨。本研究力图在这些研究的基础上进行新的探索。

第三节　研究思路与方法

我做的这个研究，是以自己童年时代生活过的家乡为研究对象，属于所谓的

① 肖瑛：《非历史无创新——中国社会学研究的历史转向》，《学术学刊》2016年第9期，第16页。

② 桂华、贺雪峰：《再论中国农村区域差异——一个农村研究的中层理论建构》，《开放时代》2013年第4期，第157—171页。

家乡人类学或家乡社会学研究范畴。所以我的研究思路与方法和一般的人类学者或社会学者相比没有什么多大的差异，我也没有在研究的理论模式和方法上有新的突破的冲动和抱负。我只不过是想运用常规的研究范式把我感兴趣的问题尽可能地搞明白而已。

在做这个研究之前（2010年），我已经有二十多年没有踏足过我的家乡。我从父母、亲戚、朋友那里了解到家乡的一些情况，多是一鳞半爪，但我感觉自己始终和那块土地有着割舍不断的情感联系。当我从亲戚那里知道我曾经生活过10年的莲花村一队只剩下8位留守老人时，心里有一种说不出的悲凉。我长期从事农村问题的研究，当然明白这是怎么回事。这是流动的自然结果：村落的终结。事实上，很多村落虽然没有出现类似莲花村的“空心化”状况，但从伦理、精神、情感与文化的角度来看，其实也已经空心化、已经终结。

为什么会有这样的流动、变迁？为什么维持上千年的稳定的、不流动状态的乡村社会迅速转向了不稳定的、快速流动的状态？在这个过程中，农民的伦理、精神、情感为什么会出现某种颠覆性的变化？同时，乡村社会结构的瓦解和乡村文化的式微是不是一个不可逆转的趋势？而这种变化对整个社会乃至生活在这个社会中的个人又到底意味着什么？在对这些问题的思考中，我发现“流动”“不稳定”是两个重要的关键词，这既是一种现实状态，也是一种历史过程。这就使我决定把对这些问题的思考放在历史的维度中来进行现实的研究。一个时代有一个时代的问题，但不同的时代之间又不是截然断开的，而是相续的。所以，我们在这个时代看到的问题，或许与另外一个时代也是有关联的。历史与现实本来就是一个纠缠在一起的连续体。我力图尽可能多地描述历史与现实中的那些丰富琐屑的故事和细节，唯其如此，也许那个所谓的“规律”才会自然而然地显现出来，并让读者自己去思考分析。

当我们从历史的维度来观察问题后，就会发现中国乡村问题一直是处在国家与乡村、传统与现代的复杂流变的关系网络之中。因此，我的这项研究基本上也是在这两个框架内展开的。同时，历史意识促使我以动态的眼光考察乡村社会的伦理、精神与情感的变迁。因此，我并不认为传统与现代（化）是完全对立的。“传统和现代并不是一对截然分离的二项变量，而是由两个极构成的连续体。因此严格地说，传统与现代化都是相对的，没有截然分离的界标，也不像革命那样有一个明确的转折点。在从传统向现代化的过程中，社会犹如一个游标，愈来愈远离传统的极点而愈来愈趋近现代的极点。”① 在这个过程中，我的一个很大的兴趣点在于试图考察乡村社会的伦理、精神与情感生活中的那些“变”与“不变”的因素，并对其原因做一番考察。

社会学的结构与个人框架无疑也会用在我的研究之中。人是一定结构制约、规范下的人；同时，个人也会对一定的结构进行抵制、解构乃至形塑。在这里，我们会看到结构中的个人的无可奈何，也会看到个体改变结构的可能性所在。基于这样一个思路，在具体的研究分析中，我力图将宏观的制度结构、时代背景的探讨与微观的日常生活叙事有机地结合起来。日常生活世界理论源于社会学家舒茨，他将胡塞尔的现象学应用于社会学，由此形成这一理论。舒茨突出了日常生活的主体性意义，即强调个体在生活中的主体经验。日常生活的意义在于它是人的行动的领域，社会行动是有意义的经验，或者说日常生活是意义构成的领域。②个体的经验来自“生平情境”，即每个个体独特的生长和生存环境。个体生存的环境被个体经验化，从而构成个体生存的基本知识和生存的基本框架，即常识。常识是累积的生活经验，它以一种普遍性的历史形式和文化形式呈现给社会成员。人们的行动受常识的影响，但每个个体都会以自己特殊的方式置身于日常生活中。阿格妮丝·赫勒将日常生活界定为“那些同时使社会再生产成为可能的个体再生产要素的集合”③，即日常生活是维持个体再生产的领域，同个体生命的延续或个体生存直接相关。日常生活具有三个基本特征：（1）重复性，即重复性思维和重复性实践；（2）自在性，即它以给定的规则和归类模式而自然而然地展开；（3）经验性和实在性。④ 日常生活理论要求我们“潜入日常生活的实践层面之中，不再被它的平淡和无聊的外表所蒙蔽，只有在这一社会世界的根基处，我们才能够真正地领会社会世界是如何生成、运转和变革的”⑤。

关于本研究的具体方法，主要采用常规的田野调查和民族志写作方法。田野

---

① 王笛：《走进中国城市社会内部——从社会的最底层看历史》，清华大学出版社，2013，第8页。

② 李霞：《日常生活世界的主体性意义结构》，《齐鲁学刊》2011年第4期，第98页。

③ 杨善华、李静：《ICT产品的应用和白领的“白领化”——一个日常生活的视角》，《广东社会科学》2008年第3期，第164页。

④ 陶格斯：《多重力量作用下的乡村日常生活——关于内蒙古一个偏远小山村社会变迁的实地研究》，博士学位论文，中央民族大学民族学与社会学学院，2010。

⑤ 郑震：《当代西方社会学的日常生活转向——以核心理论问题为研究路径》，《天津社会科学》2012年第5期，第80页。

调查主要采取参与观察和深度访谈的方法，花大量时间和研究对象待在一起，如怀特所说的，“与这里的人和社区打成一片”①。由此来获得丰富扎实的第一手素材。

一般来说，在田野研究中，特别是对研究人员生活过的家乡展开田野研究时，价值的中立、对情感的控制、对局内人与局外人关系的把握无疑是非常重要的。从事一项研究，从主题的选择、素材的收集整理、分析角度的选取等，无不隐含着我们自身的价值观、立场与情感态度。我必须承认并指出，在我的研究中，我自己的情感与情绪或多或少都会有所投注其间。但我也会有意识地在局内人与局外人角色之间来回转换跳跃，力图做到价值中立，使整个研究符合历史与现实的客观面貌。作为人文学者，我们不应该对自己研究的对象与故事无动于衷。做研究的过程，其实也是和研究对象一起重新梳理一段历史、重新认识我们自己的过程。倘若有幸，还能够在读者阅读的过程中，引导他们讲出自己的故事，并引发其或学术或思想、或生活或情感方面的共鸣。我从小生活在莲花村，我对它有感情、很熟悉，我的精神世界的很大一部分源于这个村庄。因此，在本研究中，我的精神世界与我的研究对象（亲戚、邻里、乡亲）的精神世界能找到较好的契合点和共振点，所以我能较好地扮演好“局内人”的角色。虽然我在莲花村只生活到十一岁就搬家了，但住到城里后，亲戚间的走动仍然频繁，从他们那里还是可以听到关于村里的各种各样的故事，所以我感觉自己好像从来就没有离开过莲花村。另一方面，我后来读书、考大学、工作，大部分时间确实又是在另外的一个空间，生活方式、喜好、观念也有变化，这也决定了我之于莲花村已然是一个“陌生人”。这种陌生人的身份自然而然地使我又能较客观地观察审视莲花村，所以我也能较好地扮演好局外人的角色。在整个研究过程中，我都努力做到“入乎其里，出乎其外”。我一会儿让自己的情感沸腾起来，一会儿又让它冷静下来。有时，我又将自己分成两个人，一个理性的研究者冷静地观察、分析着那个感性的被研究者。我也成了我自己的研究对象。

关于村庄个案研究的代表性与普适性问题，无疑也是一个长期饱受争议的话题。我这里想谈三点：第一，诚如费孝通先生在为自己的《江村经济》所作的辩

---

① 〔美〕威廉·富特·怀特：《街角社会——一个意大利人贫民区的社会结构》，黄育馥译，商务印书馆，1994，第390页。

护那样，“它（江村）是中国农村，而不是别国的农村”①。一句话就直击要害。第二，按照格尔茨的讲法，民族志研究的职能在于尽可能诠释当地人对事物的诠释——不同层次的、主观的、开放性的、多样性的诠释。② 因此，我研究的莲花村是“中国的乡村”，有关中国的“知识”在莲花村就是如此的，当然，读者可以有新的解读和认识，这都是开放的。第三，将个案的解释链条在时间上延长到历史层面，在空间上延长到宏观层面，反过来又从历史或宏观的层面来看待个案的特征，这可能是一种克服个案的局部性、条件性，拓展和深入挖掘其价值的有效路径。③

第四节　调查村庄概述

我调查的莲花村已经在2000年后的“撤乡并村”和“撤乡并镇”中消失。其基本历史如下：1949年以前的民国时期，没有莲花村，它属于当时的四川省忠县㽏井乡三抚村的一部分；1962年，㽏井人民公社三抚大队一部分脱离出来成立了莲花大队，下辖7个生产队；1984年，人民公社体制结束，莲花大队更名为“莲花村”；1984年，㽏井乡升格为㽏井镇；1997年，重庆划为直辖市，忠县划归重庆；2002年，莲花村与甘田村、高安村合并，称“甘田村”；2006年，新一轮撤乡并镇中，㽏井镇大部分并入忠州镇，所辖之甘田村（包括原莲花村）、芭蕉村并入黄金镇。这样，一直留在我记忆中的“四川省忠县㽏井乡莲花村”，只剩下了“忠县”这个词。当一个人自小的生活记忆就这样被粗暴地破坏之后，其内心所受到的伤害是不言而喻的。所以，我调查的莲花村还是我童年生活过的那个莲花村的范围。虽然莲花已经流走，但我记忆中的莲花永存。

莲花村的历史虽然不长，但它所属的忠县、㽏井却有着非常悠久的历史。

忠县位处长江上游地区、重庆东部，上距重庆主城九区180公里，下距重庆万州105公里。东北与万州相邻，西接垫江县，东南与石柱县毗邻，西南与丰都县接壤，北与梁平区为界。忠县古名忠州、临江，深处巴国腹地，有着悠久的历

① 费孝通：《费孝通文集》第12卷，群言出版社，1999，第46页。

② 萧楼：《夏村社会——中国“江南”农村的日常生活和社会结构（1976—2006）》，生活·读书·新知三联书店，2010，第19页。

③ 卢晖临、李雪：《如何走出个案——从个案研究到扩展个案研究》，《中国社会科学》2007年第1期，第118—130页。

史：战国时，秦灭巴国，置临江县，即今忠县；魏晋南北朝时期，跃升为临州；贞观八年（634年），为褒扬春秋时期巴国将军巴蔓子刎首留城、三国时期临江守将严颜宁死不屈之忠烈精神，遂改临州为忠州，领临江、垫江、丰都、南宾、清水（后改名桂溪）5县，至此，忠州之名一直沿用至民国；1913年，忠州改名为忠县。忠州人杰地灵，著名历史人物有三国时期孙吴大将甘宁、西晋散骑常侍文立、明崇祯时期刑部尚书高倬、明末抗清名将秦良玉。近现代名人辈出，如植物学家方文培，《红岩》作者罗广斌，作家马识途，古人类学家黄万波，中国民族音乐家冯光钰等。还有更多的历史名人与忠州解下不解之缘：唐代陆贽、李吉甫、白居易、刘晏四贤曾为官忠州；李白、杜甫、苏轼、黄庭坚、陆游等文人墨客亦曾谒拜忠州。

㽏井位于重庆市忠县县城西10公里处的㽏井沟，因㽏井河穿流而过得名。㽏井河发源于今重庆梁平区老龙洞，曲折南流，经100公里至三角滩与黄金滩合流，又7.5公里达㽏井，由㽏井河口流入长江。关于㽏井的“㽏”字，《新华字典》中收入此字，条目解释为“忠县㽏井沟”。㽏井之名可能与古代此地盛产盐有关，直到新中国成立初，这里都还有制盐的盐井。据考证，1998年考古发掘的㽏井沟考古遗址（中坝遗址），距今约有5000年的历史。它的文化层厚达12.5米，从上到下依次为清代、明代、宋代、唐代、南朝时期、汉代、秦代、战国时期、春秋时期、西周时期、商代、夏代和新石器时代各时期文化层，十分完整地展现了巴文化史。专家们称，像中坝这样的“通史”式遗址，在国内绝无仅有，在世界上也极其罕见。

关于㽏井的行政建制，自明代起，忠州知州直辖区为7个里30个甲，其中包括大㽏里（即㽏井）；清雍正八年（1730年），忠州府于㽏井置分州衙门，称“二堂”；清宣统三年（1911年），废里、甲设乡镇，其中包括㽏井乡；中华民国北京政府时期，忠县于㽏井置县佐；民国时期，一直有㽏井乡建制。新中国成立，一直保留㽏井乡建制；1958年㽏井乡改称㽏井人民公社；1984年，㽏井人民公社复名㽏井乡；1992年，实施“撤区并乡”“撤乡并镇”，撤销㽏井乡、顺溪乡，合并设立㽏井镇。2006年，实施新一轮“撤乡并镇”，撤销㽏井镇，大部并入忠州镇（芭蕉、甘田2村并入黄金镇），重庆市人民政府及忠县人民政府发文保留㽏井沟风景区及㽏井沟文化。

莲花村距㽏井乡人民政府所在地㽏井场10公里，处于㽏井场与大岭场（原大岭乡）之间的半山腰，其地形属于典型的丘陵山地，因此形成了层层梯田风貌。

2002年，莲花村并入甘田村之前，邻村即有甘田村、芭蕉村、高安村、三抚村、黄金乡太平村和汪家寺村。莲花村当时管理7个生产队（居民小组），居民以散姓小户居多，大姓主要有周、熊、冉、何、吴、秦、谭等，相应地形成了所谓的周家院子、熊家院子、冉家岭、何家院子、谭家院子等。当时全村人口1500人左右，每个生产队（居民小组）200人左右。这些居民多属于明清时期湖广填四川的后裔。当地居民长期以农业为生，主要种植的粮食作物、油料作物有水稻、小麦、玉米、红薯、大豆、油菜等，种植的水果主要有李子、桃子、核桃、樱桃、梨子、柑橘等，大部分家庭都喂养有猪、鸡、鸭等。1984年以前，莲花村都还不通公路，一些日常用品要靠力夫从山脚下的㽏井场背上山，当地居民赶㽏井场或到县城，一般就靠两条腿。

这里的山地石山较多，土地贫瘠，也无其他特别的资源，所以人们的生活一直比较艰苦，长期都在为生计发愁、奔波，直到现在都还属于国家级贫困地区。当地长期缺乏良好的教育资源，所以很多人家的孩子读到初中就辍学了，大学生很少。由于长期生活在山区，莲花人热情好客、慷慨大方、质朴善良；但有时又表现出任性使气、好勇斗狠的一面。20世纪90年代以来，莲花村的居民不管青壮老少开始离开家乡、“向外发力”，力求改变贫穷状态。走出去的莲花人，大多已经不愿意再回去居住。目前，全村常年居住的人口在100多人，且多为老人、小孩儿。

莲花村其实并没有特异之处，在小时候，她还是父母教育我长大后要努力逃离的地方。我的童年是在这里度过的，关于童年的一切记忆都留在那里了。所以在情感上，这是一个我没法逃离的地方。我选取她作为我的研究对象，那是天经地义、自然而然的。

第五节　本书的结构

本书以民国时期作为研究的时间起点，系统探讨了渝东忠县一个山区村庄的伦理、精神与情感的历史变迁过程。历史时期的划分大体分为三段：民国时期、集体化时期（1949—1983）、后集体化时期（即改革开放时期，1984年至今）。对于像莲花村这样的中国内陆乡村，1949年具有极强的象征意义，1949年以前属于传统时代，1949年后属于现代（根据土地所有权、使用权的状况，相应地又分为集体化时期和后集体化时期）。本研究的重点是后集体化时期，并注意考察传统时代、集体化时期和后集体化时期等三个时期之间的变化与连续性。

本书共分六章，基本内容结构安排如下。

第一章导论部分主要介绍本研究的主题，对中国乡村研究进行简要的回顾和概括，介绍本研究的基本思路与方法，对本研究选取的村庄莲花村进行简要概述。

第二章主要探讨乡村经济伦理。分析的起点是改革开放以后乡村“发家致富”的兴起，并概要介绍莲花村村民在其中各自的不同命运。在此基础上探讨农民的经济动机、行为与相关的价值取向，讨论的核心问题是生存理性和经济理性，并分别讨论了集体化时代农民的经济行为、动机与价值取向，以及后集体化时代农民的经济行为、动机与价值取向。这两个方面的讨论共同说明了农民的经济行为是复杂的，相对而言，集体化时代的农民表现出比较强的生存理性与渴望谋生自由的强烈冲动，而后集体化时代的农民既表现出新的生存理性，也表现出一定的经济理性。另外，他们在获得谋生自由的同时，在资本主义式的现代生产体系中又陷入了被资本剥削和自我剥削的新困境。留在村庄的农民和进城的打工农民犹如美国式的个人奋斗者，在复杂的市场环境中面临高度的生存风险，因此他们的合作、“抱团取暖”是一个非常重要的问题。因此，本章还重点考察了农民合作的道义传统以及近现代以来农村的合作化运动的变迁历程，并探讨国家、农民、社会组织与企业在其中所扮演的角色。

第三章主要探讨乡村公共空间、公共生活与公共伦理。具体的分析讨论分为两个大的时期，即集体化时期和后集体化时期。前者重点讨论革命思想、政治观念如何进入乡村公共空间，并形成独特的乡村公共生活；后者讨论了乡村公共空间的变化，并重点讨论了乡村公共生活中的人情往来、日常纠纷、村庄男女关系以及村庄友谊的变化。另外，本章还讨论了农民的政治行为与政治心态。上述这些讨论也阐明了各种变化的时代连续性与现实新问题。

第四章主要探讨乡村家庭结构、家庭伦理与家庭情感。本章细致地分析了莲花村村民在不同时期的家庭结构以及相应的伦理行为，具体包括分家习俗的历史变迁，当代家庭的核心化趋势是怎样一步一步加强的，家庭中的夫妻关系、父子关系、婆媳关系在不同时代有什么特点以及伦理变化。本章还集中讨论了莲花村村民在不同历史时代的择偶、婚嫁、离婚状况，并重点讨论了爱情、婚姻中的情感表达等问题。本章对生育与赡养的讨论，则集中在农民对于生育与赡养的观念、行为的变化，侧重揭示当前家庭代际失衡的原因。这些分析讨论都指向说明乡村家庭的核心化、现代化、个体化趋势乃历史形成和现实强化所致。

第五章主要探讨乡村精神生活问题。本章首先从农民过日子的琐屑内容入手来讨论他们的精神世界，比如对时间的感受、认识、运用，在饮食上的观念、行为、伦理，休闲娱乐的方式、内容，等等，并重点讨论这些方面的变化对于农民生活意义的影响。其次，本章讨论了祭祖和葬礼从传统时代向现代的发展、变迁，揭示其"变"与"不变"的因子所在，以及对农民精神世界的影响。最后，本章讨论了乡村民间信仰和宗教信仰的发展变迁，在此基础上提出了乡村文化在城市化、工业化、市场化的全面冲击、挤压下的未来命运问题。

第六章主要是在前面章节的基础上，提炼出本研究的主要结论、观点，并进行简要的讨论、分析。

第二章
自由与道义：乡村经济伦理的历史变迁

第一节　发家致富的兴起

一、新的革命：发家致富

“发家致富”是在改革开放初期提得最响，也是最得农民心的口号。其实，自古以来，发家致富就是中国农民的基本追求。历代思想家与统治者大都重视“富民”。孔子主张应让老百姓“足食”，并“富而教之”（《论语·尧曰》）；孟子主张发展生产、减轻税负以使民富，即所谓“易其田畴，薄其税敛，民可使富也”（《孟子·尽心上》）；荀子认为“王者富民，霸者富士”，主张统治者应“以政裕民”（《富国》）；司马迁主张宜顺民求富之意，以实现“上则富国，下则富家”（《史记·货殖列传》）之目标。即使近代以来，虽然更多主张“富国”，但事实上没有否定最终是要“让老百姓过上好日子”的“富民”思想。同时，受传统“均贫富”观念及新中国成立后一定历史时期政治意识形态浓厚的绝对公平观念影响，“求富”一度被贴上了“不道德”“反动”“非正义”的标签。不过，这种状况最终被拨乱反正，上至党和国家，下至老百姓，在“追求富裕”的合法性上达成了高度的共识。邓小平那句具有典型时代意义的“贫穷不是社会主义”，宣告了一个固守传统生产方式、以贫穷为光荣的时代的结束，开启了一个以有效方式追求个人、社会与国家富强的新时代。于是，在广大的农村，掀起了一场影响深远、意义重大的新的革命：发家致富。

“文化大革命”结束后，中国国内依然社会动荡，生产力始终没有得到恢复，农村经济依然处于停滞状态，农民生活普遍穷困。究其原因，是长期实行的“一大二公”“大锅饭”的集体公社体制严重束缚了生产力，农民的生产热情与积极性无法充分调动起来，从而严重影响了农业生产的效率与效益。在这样一个大背景下，1978年冬，安徽省凤阳县小岗村18位农民签下“生死状”，将村内土地分开承包，开创了家庭联产承包责任制的先河。1980年5月31日，邓小平在一次重要谈话中公开肯定了小岗村“大包干”的做法。1982年1月1日，中共中央批转《全国农村工作会议纪要》，明确指出包产到户、包干到户都是社会主义集体经济的生产责任制。在中共中央的积极支持和大力倡导下，家庭联产承包责任制逐步在全国推开，到1983年底，全国农村已有99.5%的生产队实行了这种责任制。

1982年9月，莲花村正式决定“土地下户”，实行家庭承包责任制。村民石宗渝向我讲述了当时莲花村一队分田地（虽说应该称“承包”，但村民更愿意理解为是重新“分”田地）的情景。根据大队的统一安排，一队专门聘请丈工对全队的水田和旱地分别进行了丈量，水田总共是215亩（其中好田160亩，差田55亩），旱地221亩（其中好地145亩，差地76亩），山林128亩，然后按照人头进行抓阄分配，凡分得好田好地的，则面积按一定比例减少，而分得差田差地的，则面积按一定比例增加。另外，各家的自留地仍旧保留，不纳入重新分配，（那时每户的自留地平均6分左右）。分田地那天，全生产队两百多号人几乎是扶老携幼涌向石家院子。远远只见得整个院子人头攒动，每个人脸上都洋溢着久违的兴奋与激动。生产队长周成前先传达了公社和大队的精神，大意是中央的精神很明确，鼓励包产到户，希望大家铆足劲儿，凭各人的本事与聪明才智，甩开手大干，努力发家致富，把各家各户的日子过得红红火火。周队长的讲话博得了全场雷霆般的掌声（这与以前队长讲完话后稀稀拉拉的掌声形成鲜明对照）。生产队副队长杨福生接着讲了田地分配的具体办法。在几个社员代表的监督下，杨福生当场将写有各个田地的纸条揉成小团放置在一个大脸盆里，然后每家派代表抓阄。分得好田地的人喜笑颜开，分得差田地的人虽有些遗憾，但依然是高高兴兴的。全部田地分配完毕，有几个村民还团团围住周成前和杨福生，一个劲儿地问：“这次政策还会不会变啊？莫又像1956年把田地又收回去。”周成前很肯定地对他们说：“这次是不会变了，不会再像以前那样折腾了。中央也看到了，再折腾不起了。你们就把心放肚子里，好好回去干，好日子在后头呢。”这些村民听队长这样一说，仿佛吃了定心丸，各自满意地回家去。这次田地承包到户会议结束后，很多人家回去以后又在家里特意开了家庭会议。

从当年9月到年末，所有的莲花人都处在一种兴奋中。只有石宗兵——一个根正苗红的三代贫农、“文革”时期“学习毛著积极分子”——却突然变得闷闷不乐、魂不守舍。据说，有一天石宗兵找到莲花（村）大队书记周世禄，质问周世禄为什么要“土地下户”，为什么不再搞人民公社？周世禄给他耐心讲这是当前党和国家确立的新的路线方针，石宗兵说这不是毛主席的路线，是反革命路线，要是毛主席还在的话，决不会答应这样搞的。随后不久，石宗兵竟然疯了。他一会儿哭一会儿笑，经常一个人站在大路梁上，昂着头，大声背诵《毛主席语录》（石宗兵其实大字不识，但记忆力惊人，“文革”时，让自己的儿子念毛主席著作给他听，他基本上听上两遍就可以完整背诵）。然而，农村人从来对疯子都比较缺乏同情心，无暇顾及这些与己无关的人和事，他们的生产、生活重点已完全转移到各自的生活中来。

在当时，对于大部分莲花人来说，发家致富的冲动直接来源于“吃饱饭”的渴望。老一辈莲花人对于“吃饭”问题有着刻骨铭心的集体记忆。集体时期村里每次举办“忆苦思甜”会，每个人讲述的苦都与“没饭吃”直接相关；“文革”结束后，村里人教育自家孩子时，则又多会提到三年自然灾害的“苦”。老一辈莲花人讲述的“甜”，也与“有饭吃”直接相关。在整个集体公社时期，莲花人能够吃饱饭，而且吃得欢天喜地的记忆，就是1958年搞公共食堂的最初那短短的四五个月。除此之外，就是日复一日、年复一年的没饭吃或吃不饱饭的苦日子。

由于全国普遍性的赤贫，此时的乡村社会并无非常显著的贫富差异，劳动力的多寡是决定富裕还是贫穷关键因素。相对而言，富户主要是青壮劳动力多的家庭，贫户是那些劳动力少或老弱病残家庭。举个例子，莲花村副大队长罗文林当时家里的六口人（包括罗文林夫妇和四个已经成年的儿女），都是每天能挣8分（工分满分10分）以上的壮劳动力，他们家因为劳动力多，工分挣得多，分的粮食就多（也有限制）；吴启华当时家里也是六口人（包括吴启华夫妇和四个未成年的儿女），但能挣工分的就他夫妇两人，四个儿女还在读书，不能挣工分，分的粮食少，生活就更为艰难。但即使这样，这些所谓的“富户”吃饭也相当窘迫，并不能敞开肚子吃。

有些家庭由于不会计划过日子，则会出现经常性的断粮断炊的情况。我的大舅熊康发家就是典型。他家也是六口人，大舅是壮劳动力，每天能挣10个工分，大舅母身体不大好，每天挣6个或7个工分，四个孩子未成年，不能挣工分。在他们家，主粮（米、面）最多半年就吃干净了，后半年就只能以红薯、洋芋、干菜为主。1975—1976年，川东（主要指现重庆万县、忠县、梁平、垫江、云阳、巫山以及巫溪等地）一带干旱，连红薯都干死了，我们莲花村吃了一段时间的救灾粮，主要是河南、河北等省救济的红薯干（颜色黑红黑红的）。持家有道的，由于还有些平时节省下来的余粮，加之供应的救灾粮，也就将最苦的日子挨过去了。而大舅家不会精打细算，有粮食的时候就一个劲儿猛吃，没有为将来作计划，到干旱那几年，家里无半粒余粮，仅靠救济的红薯干，一家人根本就无法糊口。我记得那时表弟光明也就四五岁，比我小点儿，因为家里穷没衣服穿，夏天一般都是光着身子到处跑。每天到饭点儿，我们在房间里总能准时听到屋外敲洋瓷碗的叮当声，那是光明在敲碗；这时，外祖父照例忍不住要骂道："康发、范永秀（我大舅母）不会理家。"母亲则照例不发一声，径直去把门打开，给光明的洋瓷碗添上满满的饭菜。光明年纪小，来讨点饭也不会觉得有什么羞耻感；大人们则只有饿着，硬熬。他们也知道我们家不会比他们好得太多，只不过因为母亲的精打细算，勉强能把日子糊弄过去而已。

因为实在饿得不行，大舅做了两件令我至今依旧印象非常深刻的事。第一件事是，有一天村里有户人家死了一只瘟猪崽，他们便把病死猪崽埋在屋后的竹林里，大概是大舅知晓了这个消息，在那天深夜他悄悄把那死猪崽挖出来带回了家。第二天，光明没有到我家门口敲碗，我看到他坐在自己家门槛上吃东西，我闻到了肉的香味。不久，死了猪的那家人发现被埋的猪崽被人挖走了。村里人不免要对这件事议论一番，同时也都忍不住感叹几声，大家都明白是怎么回事。第二件事是，有一天中午，大舅母慌慌张张地来找母亲，说大舅被公社武装部的人抓走了，母亲细问其故，才知道是公社怀疑大舅参与了偷盗芭蕉大队的粮仓。公社武装部部长孙学林是母亲小学时的同学，母亲利用这层关系去说情，才将大舅接了回来。大舅后来讲起被关的那几天的情况，说孙学林真是狠毒，把人吊起来"鸭儿凫水"，用铁秤砣打人，还用一百瓦的电灯泡烤人拇指。大舅是否真参与了那次偷盗，无从证实。如果他参与了，也只能说明一个道理，人饿慌了什么事都干得出来。那个时候，如果人能吃饱饭，谁会去铤而走险呢。

莲花村 1982 年土地下户，1983—1984 年粮食大丰收，全村人从此告别了"没饭吃"或"吃不饱饭"的时代。朴素的村民们把这一切的变化归功于邓小平。按照他们的话说：毛主席解放了我们，邓小平让我们有饭吃！大舅家的生活好了，顿顿是白米饭，光明也不用再到我家门口敲洋瓷碗了。用大舅当时的话说：随便怎么吃，都吃不完。

二、新的目标：出门找钱

村民们不再为“吃饭”发愁，但新的烦恼接着就来了：有饭吃，没钱用。解决吃饭问题只是发家致富的第一个目标，这个目标实现了，人们自然转向了另外一个目标：找（挣）钱。

事实上，小农经济从来就不是纯粹的自给自足的自然经济，而是小农兼业经济，即以农业经济为主，小规模商品经济或副业为辅。传统时期，副业只有很少部分是用于满足农民家庭自我需要的，大部分都是用于市场交易，以获取补贴家用所需的货币收入。新中国成立前，莲花人除了一些没有土地的雇农外，大部分自耕农不仅种田，也搞副业，或从事一些小买卖。主要的副业包括：养桑蚕，种水果，经营山货，做石工，做木匠，做裁缝，等等。我外祖父家当时不仅种田，而且还开了自家的染布坊，染的布料全部拿到集市上售卖。村民吴启仁的父亲解放前就是远近闻名的烙饼大王，忙时种田，闲时就到黄金场、大岭场摆他的烙饼摊，每每赶集时，买烙饼的队伍要排很长，生意奇好。

即使在集体公社时期，副业、手工业等个体经营、小规模商品经济虽然长期受到限制，一段时间内还受到严重打压，但也一直存在着，并没有被完全消灭。因为客观事实是摆在那里的，不管是持何种立场观点的人都很清楚：农民日常生活中要“用钱”，这钱主要是从搞副业中获取的。生产以及吃饭都高度集中的公社体制在1958年大搞公共食堂运动中达到顶峰，原来各家各户拥有的私产几乎都充了公，大家一起吃用。这样的轰轰烈烈持续到1962年，终因遭遇三年自然灾害，公共食堂解散，又恢复到各家各户垒灶吃饭。客观情况迫使党和国家允许家庭经营和个体生产的适度存在，以缓解困境。1961年3月，广州中央工作会议通过《农村人民公社工作条例（草案）》，在此基础上经进一步的调查研究和讨论试行后，于当年五六月北京中央工作会议上修订通过了《农村人民公社工作条例（修正草案）》纠正了以前一些激进的政策，在坚持人民公社制度不变的情况下，允许各地根据实际情况采取更灵活的做法。比较重要的，如第三十六条规定，“在生产队办不办食堂，完全由社员讨论决定。凡是要办食堂的，都办社员的合伙食堂，实行自愿参加、自由结合、自己管理、自负开销和自由退出的原则”①。第十二条规定，“公社管理委员会根据需要和可能，可以有步骤地举办社办企业。社办企

① 引自《农村人民公社工作条例(修正草案)》。

业，除了用国家贷款举办的以外，可以由公社单独投资举办，可以由公社和大队共同投资举办，也可以由几个公社联合投资举办”①。第十三条规定，“公社管理委员会应该促进农村手工业生产的迅速发展。农村手工业可以有多种形式，有社、队直接经营的手工业企业，有手工业生产合作社或者合作小组，还有进行独立劳动的个体手工业”②。第三十八条规定，“人民公社社员的家庭副业，是社会主义经济的必要的补充部分。它附属于集体所有制经济和全民所有制经济，是它们的助手。在积极办好集体经济，不妨碍集体经济的发展，保证集体经济占绝对优势的条件下，人民公社应该允许和鼓励社员利用剩余时间和假日，发展家庭副业，增加社会产品，补助社员收入，活跃农村市场”③。第三十九条规定，“人民公社社员可以经营以下的家庭副业生产：耕种由人民公社分配的自留地。自留地一般占生产大队耕地面积的百分之五到七，长期归社员家庭使用。……经过生产大队批准，开垦零星荒地。……饲养猪、羊、兔、鸡、鸭、鹅等家畜家禽。……进行编织、缝纫、刺绣等家庭手工业生产。从事采集、渔猎、养蚕、养蜂等副业生产。经营由人民公社分配的自留果树和竹木。在屋前屋后种植果树和竹木。这些作物永远归社员所有”④。

莲花村除了在 1975 年出现过短暂的针对个体经营、个体生产的“割资本主义尾巴”外，基本上都在一定限度内允许或默认个体经营、个体生产等副业和小买卖的存在和发展。1975 年，莲花村中被“割资本主义尾巴”的典型是吴启仁。他继承了其父的烙饼绝技，在特殊年代被列为阶级斗争的新动向目标，被押解起来和那些“地、富、反、右”分子一起游村示众，给他定的罪名是：长期从事烙饼生意，滋生了满脑袋的资本主义思想。其实，即使在“文革”时期，“割资本主义尾巴”也不是铁板一块，并非如我们现在一些人所想象的那样彻底而极端。《人民日报》1972 年 7 月 10 日刊载了一篇关于中共河北卢龙县委员会的报道《认真看书学习　正确贯彻执行党的政策》，其中谈到“割资本主义”问题：“有一段时间，由于受到刘少奇一类骗子宣扬的极左思潮的影响，少数社、队有些人认为，群众觉悟提高了，农村基本政策可以改变了。他们把社员正当的家庭副业，错误地当

① 引自《农村人民公社工作条例(修正草案)》。
② 同上。
③ 同上。
④ 同上。

成‘资本主义尾巴’割掉了。起初，我们也认为这种做法‘方向对头’。过了一段时间，这种做法影响了多种经营全面发展，我们虽然感到有问题，但讲不出道理来。后来，我们学习了列宁和毛主席的教导，联系实际进行认真分析。……这样认清了什么是政策允许的正当副业，什么是资本主义倾向，从而落实了党的政策，排除了‘左’的干扰，积极发展家庭副业。同时教育社员先公后私，使社员的家庭副业走上正确轨道，不但为国家、集体提供了副业产品，又提高了社员的生活水平。”①《人民日报》1972年9月6日刊载的《路线教育抓得好　后进社队转化快——长春市属各县和郊区一批后进社队跨入先进行列》一文讲道：“长春市委把基本路线教育和政策教育结合起来，使党在农村的各项经济政策在后进社队逐步得到落实，促进了后进社队的转化。九台县的一些后进社队地处丘陵地区，适宜多种经营，可是过去由于受极左思潮的干扰，他们把多种经营当作‘资本主义尾巴’砍掉了。去年，这些后进社队通过路线教育，落实了政策，不仅粮食生产上来了，而且养猪、养鱼、植树造林以及烧窑、采矿等也都很快发展起来。”②《人民日报》1975年8月22日刊载的《兴和县大养其猪》一文讲道：“兴和县委……通过学习理论，弄清路线和政策的是非界限，这个县坚定不移地认真贯彻‘积极发展集体养猪，继续鼓励社员家庭养猪’的方针，坚持以公养为主，公养与私养并举。在这方面，他们克服了许多阻力，在全县推广大库联大队的经验，大办集体养猪场；同时动员社员家庭养猪，批判那种把社员家庭养猪说成是‘发展资本主义’，要‘割资本主义尾巴’的谬论。”③

从上述三则“文革”期间《人民日报》的报道中可以看出，对家庭副业的肯定和发展基本上还是一个具有广泛共识的连贯性政策。这里也暗含着对农民“发家致富”合法性的某种认同。毛泽东也并不希望社会主义是贫穷的社会主义，在这点上他和邓小平是一致的；包括他的奉公斗私的均富思想和邓小平的“共同富裕”思想也有一致的地方。只不过毛泽东太害怕那个“私”以及“私”的泛滥而形成一个“为富不仁”阶层，他希望建立一个绝对公平、每个人都大公无私的精神与物质双重富裕的社会，虽然他在“私”与“公”之间也有摆动，但总体上还

① 中共河北卢龙县委员会：《认真看书学习　正确贯彻执行党的政策》，《人民日报》1972年7月10日第4版。

② 新华社：《路线教育抓得好　后进社队转化快——长春市属各县和郊区一批后进社队跨入先进行列》，《人民日报》1972年9月6日第1版。

③ 新华社：《兴和县大养其猪》，《人民日报》1975年8月22日第4版。

是坚持“公”，并为此不惜发动一场又一场的政治运动，结果造成农民的生产生活严重受挫，整个国家始终不能摆脱贫穷的困境。邓小平思想的特点则在于实事求是地认识到农民“私”的欲求的合理性，即农民希望摆脱集体生产、吃大锅饭体制，而实行家庭生产、实现“发家致富”理想。

公社时期，莲花人一边在集体劳动中挣工分，一边精心侍弄着自家的那小块自留地，恨不得地里全部长出黄金来。石宗渝说：“老百姓一天到晚就想着自己的日子过得好些。说一道万，老百姓关心的是自家的利益。”莲花人除了在自留地上想办法多刨食外，也想方设法开辟各种新的生计渠道。莲花村的能工巧匠们，在20世纪六七十年代就开始在附近各村各社流动，或做裁缝活儿，或做木工活儿，或做石匠活儿，更有远出云南、贵州一带的，可算是莲花村最早的“打工仔”。按照大队的规定，这些外出的劳动力到时应缴纳一定的钱给大队，以换取相应的工分，这样才能分得相应的粮食。大队之所以同意一部分劳动力外出，是因为这可以解决一部分大队的公共开支费用。很多公共建设如农田水利修整、农机具购买都要用钱，期望上面拨款是很困难的，大部分资金需要大队自己想办法筹集，所以大队也办有一些小型的企业，如养猪场、预制板厂、面粉加工厂、砖窑等。这些社办企业即20世纪80年代大量兴起的乡镇企业的“先声”。就当时国家主导的路线看，追求的是“集体共富”，但老百姓私下里追求的是“发家致富”，两条逻辑是错位的、相互冲突的，集体公社时期乡村社会的诸多问题即由此而生，造成的后果是集体与家庭双贫。

家庭承包责任制的实行，是在坚持集体经济基本制度不变的前提下，采取的更为务实的政策，其本质上是农民权力复归的过程①，也就是农民权利、自由个性（核心是劳动自由）重新回到农民手中的过程。它尊重和恢复了农民的劳动自由，承认了农民追求自家利益的合理性。受此政策的鼓舞，莲花人的聪明智慧被彻底激活了，各家各户如八仙过海、各显神通，随之涌现出了一些发家致富的先进典型。

改革开放后，莲花村出现的第一个实现发家致富的人是“万元户”黄正瑞。他家解放后划的成分是地主，一家人在村里长期抬不起头。黄正瑞人很聪明，书念得好，但他高中毕业那年赶上了“文革”的爆发，大学梦随之破灭，只有老老实实留在村里当农民。又因为成分不好，当兵、保送读工农兵大学这些“好事儿”

① 唐宗焜:《合作社功能和社会主义市场经济》,《经济研究》2007 年第 12 期,第 14 页。

都没有他的份，他为此心灰意冷，绝望到谷底，以为自己今生再无出头之日。“文革”结束后，1977年高考恢复，黄正瑞一度雄心勃勃，准备去考大学，但又逢父母双双长期患病卧床、不能自理，自己也已经结婚有了孩子，现实逼迫黄正瑞再次放弃大学梦。好在新的政策给他带来了新的希望。政府将工作中心转移到经济上来，努力采取种种措施鼓励农村搞活经济。黄正瑞敏锐地捕捉到这些积极的信号，1983年他率先在村里搞起了规模化的养鸡场，不到两年时间，养鸡场就开始盈利，收入上万元，后来他在县里开的农村专业户表彰大会上还戴了大红花。黄正瑞的成功极大地刺激了村里人。特别是那些年轻人，一个个都摩拳擦掌，暗暗发誓一定要搞出个名堂来。出人头地的黄正瑞终于可以直起腰板在村里大摇大摆走路，“地主的儿子”不再是一个耻辱的身份，而是变成了光荣的资本。黄正瑞经常挂在嘴边的话是：“地主怎么啦？能当地主，说明他聪明、能干，吃得苦、勤奋，要不怎么当得成地主？”一些三代贫农对此往往无话可言，只能私下里抱怨：“这是什么世道，变来变去，真是风水轮流转！”不过，有一点已经成为村里人的共识：要想过好日子，要想在村里有头有脸，“阶级身份已不管球用”，发家致富才是硬道理。在某种意义上讲，邓小平就是摸清楚了农民的真实心理，才制定出了一系列实事求是的新政策，也才推动了中国社会的巨变。

到90年代，莲花村又出了两个具有标志性的发家致富典型，就是“何老板”何绍平、“雷老板”雷振华。1986年，莲花村临近的大岭乡一带发现一个天然气田，开发气田的川东石油局修输气管道和公路时，占了何绍平家的一些地。其他被占地的村民都接受了石油局的补偿款，唯独何绍平没有要补偿款：他单独向石油局提了一个要求，即让石油局介绍一些零工活儿给他做，石油局毫不犹豫地答应了这个简单的要求。何绍平当时才二十多岁，虽没读过几天书，但脑瓜子活泛够用，为人也诚实，做事认真，深得石油局员工喜欢。石油局开始把一些小工程项目承包给他，慢慢地何绍平接的项目就越来越大，并逐步跨出了石油局的业务范围。等积累了一定的实力后，何绍平成立了自己的房地产开发公司，当上了老板。后来他的生意越做越大，与一些政府官员也有了更多的交集互动。2010年，因涉忠县原县委书记廖觉超受贿案，何绍平坐了几年牢；现已出狱，继续做房地产生意。

雷振华在莲花种田时，就常对人说种田最没意思，发不了家、致不了富。1987年，他将自家的田地转给大哥雷振安种，条件是年终给他一点口粮，他就进了忠县县城。最初两年他在县城老街摆了个售卖磁带的小摊摊。那时城里人喜欢港台流行音乐，由于当时基本没有什么版权保护的意识，各种价格低廉的盗版磁带满天飞，雷振华的磁带生意做得很有声色。1990年，他在老街租了一个小门面，又开始卖家电。1995年，雷振华一举租下了县城十字街一幢三层楼，成立了忠县第一家大型民营家电商场，名曰“振华家电城”。至今，振华家电城的生意红火如昔。雷振华早已退入了幕后，特地聘请了职业经理来管理他的“家电王国”。

除了上述三个影响比较大的典型外，兹再举一些各有特点的人物例子。

周山志。1980年，周山志参加高考失利，随后复读一年，又失利，遂放弃。1983年，周山志拜师熊国强学泥水匠（砌砖匠），两年后出师，开始独自接手一些建筑工程砌砖、粉墙业务，慢慢发展到组织起自己的施工队，并挂靠忠州镇第二建筑工程公司。1995年成立山志建筑工程有限责任公司，自任总经理。其后至今，公司规模都不大，主要还是做一些中小型建筑工程项目，但也一直稳扎稳打，在当地建筑工程行业属于“小富即安”型。周山志本人性格非常沉稳，不喜冒风险，也无更大的野心，凡事讲究十拿九稳后才去做。

王安富，人称“王九”。只读过小学，但对挣钱却有天生的敏锐与能力。1985年，王安富租了一辆货车开始跑运输；1990年用赚的钱买了一辆货车，继续搞运输。到2000年，他已拥有三辆货车、两台小型挖掘机，全部用来出租，自己则转而做起了建筑工程包工头，挣的钱也非常可观。

石金林。三代木匠出身，最初只在各村走动，做些普通的木工活儿。1986年，他的木工活儿开始转向忠县县城，慢慢接触室内装修行业。他性格开朗，为人大方，因此结识了很多朋友，其中也不乏一些政府官员和经商之人，每当他们的朋友或者是亲戚需要装修房子的时候，他们都会介绍给他，让他来做。他接的活儿越来越多，他自己一个人已经忙不过来，于是在1993年，他就从莲花村及附近邻村召集了二十个木匠和泥水匠，组建起装修工程队，1999年，他成立了金林室内装修设计公司，业务一直很好。

石宗全。本是莲花小学的民办教师。1988年，他放弃了十四年的教职，利用在忠县交通局工作的一位表兄的关系，开始当起了一些公路修筑项目的职业包工头。按照他的话说：“两个包工项目下来，收入比我十四年的全部工资还高。”如今他已是近七十岁的老人，住在忠县县城带孙子。

黎昌发。曾担任过莲花村民兵连连长。1985年，他承包了村里的梨子园，在缴纳给村里的承包费以及其他成本外，收入仍相当可观。1990年以后，由于当地水果市场日趋饱和，加之所种品种缺乏竞争优势，生意萧条了几年。2000年，他的儿子黎文引进了优质梨树，并转包了一些村民弃荒的田地，扩大种植规模；2006 年开始搞农家乐，举办起一年一度的小型“乡村梨花节”。

袁孔泽。其父在解放前两年用一生辛勤劳作换来的积蓄购置了一些田地，解放后被划为地主，因想不过味儿来，怄气而亡。袁孔泽继承了其父精湛的种田技术，干起各种农活儿来熟练麻利，集体时期就是可以顶两个壮劳动力的好把式。土地下户后，他种的水稻亩产量一直稳居莲花村前列。1995 年，他开始利用农闲在县城打零工；2000 年，他发现一些长期在外打工的村民弃荒田地，遂前前后后流转租包了将近 50 亩田，成为村里首屈一指的种粮大户。平时主要劳动力就是袁孔泽和他老婆周仲敏，两个儿子不愿意待在家里，长年在外打工，所以农忙时袁孔泽会雇佣几个短工，按天付工酬。如今袁孔泽也是快七十岁的人了，他最感遗憾的是两个儿子都不愿种田，自己的技术无人继承。他说：“等我们这一代都走了，莲花就没有真正的农民了。”他是村里少有的还对自己的农民身份有极强的自尊与自豪情感的人。

李红兵。他 1983 年初中毕业，在村里晃荡了几年，1988 年外出打工，1990 年与家里断了音信，其母亲因得不到他的消息，一直心情抑郁，于 1997 年病逝。1998 年，李红兵突然回到村里，大家才了解他在外十年的大略情况：在广东打工一年，云南昆明打工一年，西藏拉萨摆摊两年，西藏墨脱做零工、承包工程、开商店六年。由于独自一个人在外，生活又缺乏精心计划，所以基本上没赚多少钱。2000 年，经人介绍，李红兵与小他十岁的周成芬结婚。周成芬之前在深圳打工，结婚后随李红兵到墨脱，继续开商店。墨脱当时是中国唯一未通公路的县，交通条件很差。李红兵所开商店的货物需要在夏季集中到成都批发，去来一趟极为艰难，不过利润也相当可观。周成芬是个非常精明能干的女人，她开始管理起包括商店、家庭的所有钱物，精打细算，短短三四年，他们开的商店就从墨脱县城扩展到了其下的一些乡村，如今已经拥有六家店铺，生意红火。

就上述案例看出，莲花人的发家致富门路，从最初短期的以农业为主，已经慢慢转向非农行业为主，特别是 20 世纪 90 年代打工潮的兴起，一群群莲花人源源不断，南下广东东莞、深圳，东去江浙，北上京津，西出重庆、成都，希望在外面的世界打拼、挣更多的钱，一则可以解决家庭“钱紧”的困境；一则可以出人头地，光耀门庭，在村里获得让人高看的社会地位。这里对应着的是乡村人的两个基本追求：物质上，有吃有穿，好吃好穿，有钱用；精神上，有面子，让人看得起。这两个追求实质上是一而二、二而一的。这就决定了村里人的发家致富行动是相互之间在攀比着、较着劲儿的，既所谓的“发家致富比赛”。土地下户最初两年，村里人比的是谁家粮食多、顿顿吃肉；80年代末期到90年代，比的是谁家新修了房子、谁家修的房子又高又大①、谁家买了这样那样的高档电器；2000年以后，开始比谁家在忠县县城买了商品房；近年来则又比谁家买了车，谁家又到新马泰去兜了一圈，谁家孩子婚礼办得气派，等等。虽然现在莲花村已经没有多少人了，但已经住到忠县县城里的莲花人，碰到一起时还会有意无意各自吹嘘自家的风光、荣耀。

三、时代潮流中各样的人生命运

在将近四十年的致富革命中，莲花人摸爬滚打，画出了既相近又殊异的人生轨迹，呈现出相似又各样的命运图景。真正发了家、致了富的还是少数，大部分人还是感叹尘世艰难、活得不容易。原来将近一千口人的莲花村，如今只有二三十户留守村民，我小时候生活过的一队只剩下八名留守老人。就是过年过节时，村里也很冷清，偌大的院子多已屋去人空；许多田地弃荒了，长满了杂草，见之令人鼻子发酸，不过唯一令人欣慰的倒是这为生态优化作出了贡献；山林里的坟茔多无法辨认，显示已多年无人祭扫。这就是致富革命给莲花村带来的非意料后果：村民流散，莲花已落。如果莲花村还存在，存在的只是一个村名，或存在于那些流动在外、曾经在那里生活过的莲花人的记忆中。信笔至此，并非抒发一种浪漫的文人式伤感，确是实情实景触动我内心，油然一声叹息。

对于莲花村村民而言的非意料后果，其实是一个宏大的逻辑发挥作用的必然结果，即势不可当的城市化、工业化、市场化浪潮。就全国范围来看，东部、南方发达地区的一些农村以及靠近大中城市的郊区农村，经过充分的城市化、工业化和市场化，基本上已经实现了农村的复兴或成功转型，而像莲花这样的内陆山区农村，由于内部区域市场不发达，也无充分的城市化、工业化促其复兴转型，反而由于受到外部工业化、城市化、市场化的强烈挤压，迫使村民只能背井离乡、向外发力去追求发家致富梦想。兹撷取一些普通莲花人的人生片段。

---

① 例如，村民何天奎和何顺安是隔壁邻居，何天奎用打工赚的钱新修了两层楼的房子，刚好挡住了何顺安的土墙平房，何顺安岂肯矮人一截、让别人压了自己的风水，于是他推掉老屋，在原地基上新修起三层楼的房子，彻底扭转了劣势。这下何天奎又不舒服了，憋屈着住了三年，后来狠下一口气，在村子东边的梁子上又新修了一栋单门独户的三层楼房。

周宏康，1969年出生，小学文化，我的隔房堂兄。家里五兄妹，他排行老二，因家庭经济困难，说了几门亲事都告吹，遂于1991年外出打工，发誓不混出个人样决不回家。1996年春节他回过一次莲花，碰巧我也回去了，在闲聊中，感觉他混得并不好，在外做的多是苦力活儿，工钱也不高，他当时直感叹自己吃了没文化的亏、羡慕我书读得多，总之，他当时神情相当颓废，已无当初外出时志在必得的豪情，只是一味地叹气。据说2000年他最后一次回家，不久就与家人断了联系，十六年过去了，家里人都不知道他是死是活，也不知道他有媳妇娃儿没有。他的母亲临终前还直喊着他的名字，也不知远在天外的宏康有否心灵感应，可以感知他母亲无尽的悲凉与遗憾。

周秀莹，1973年出生，小学文化，我的亲堂妹。二十岁那年，秀莹认识了在村子附近修公路的孙红军（临近莲花村的大岭村人），遂私定终身，也不管家里长辈的极力反对。按周家这边长辈的意见，孙红军是个文盲、大字不识，而且身板子细弱，下不得力气活儿，做事也不肯吃苦，这样的男人不可靠。后来的事实证明老辈们当时的反对是有道理的。秀莹与孙红军结婚不久，就生了个儿子，取名孙周。家里的开支越来越多，手头钱紧得让人发慌，于是孙红军向他堂哥借了几百块路费钱，随秀莹的大哥周泽康南下广东揭阳打工，主要是在建筑工地上干活儿。由于孙红军既不会砌砖，又不会粉（刷）墙，只能做一些挑砖之类的小工，工钱相应的就比较低。干了不到两个月，孙红军就觉得吃不了这个苦，于是灰溜溜回了家，还了他堂哥的路费钱后，一分钱没赚。之后，在忠县电力公司工作的一位亲戚给他介绍了一份守变电站的工作，但由于他不识字，看个电表都看不来，有一次还差点出了事故，所以这份工作很快就出脱了。这二十多年来，他很少有一份工作能做满半年。2009年，因想要一个女孩儿，已经36岁的秀莹又生了小孩儿，不过事与愿违，生的还是个男孩儿。大儿子孙周和他母亲一样，用莲花人的话说，“读书瘟得很”，草草读到小学毕业就打住了。2008年，刚满15岁的孙周就出去闯荡江湖了。2013年，孙周带着一个和他年龄相仿的女孩子回来。这女孩子在周秀莹家待了一年，给秀莹生了个小孙子，就与孙周南下广州，据说两人到广州后不久就分开了，至今杳无音信，孙周则继续闯荡他的江湖。孙周在外面干些什么，秀莹和孙红军也不知道，就连那个女孩子的情况也不是很清楚，总之是稀里糊涂地得了个孙子。在莲花村，秀莹这样的家庭是致富革命的完全失败者，处于乡村社会的最底层。2000年以后，外出打工的莲花人开始将积攒的钱用来在忠县县城或乡镇上买商品房，而且大多将各自的父母也接出来住在城里，以帮助带孩子。这些打工人平时在外挣钱，过年过节就回县城或镇上的家住，而不再回莲花村住。2011 年，秀莹、孙红军也离开莲花，举家来到忠县县城，租了一个二十平方米的旧房子，算是把家落在了城里。秀莹最初在一家火锅店做服务员，工资每月 800 元；孙红军则打些短工，多的时候一个月可以找（挣）个 1000 多元钱，少的时候只有几十百把块钱。后来，为照顾两个小孩儿，秀莹只好辞了火锅店的工作留在家里。由于城里生活成本高，一家人日子过得捉襟见肘、紧巴巴的，一度连吃饭都成问题，两个小孩儿没有牛奶喝，营养严重不足，长得面黄肌瘦。我曾经问过秀莹，为什么在城里活得那么艰难，也不愿回莲花？她的回答是："村子里平时连个鬼影子都见不到，完全没得一点人气，回去干吗!?"

熊光明，1973 年出生，初中文化，我大舅的儿子。光明小的时候长得很乖巧，常和我一起玩耍。初中毕业以后，在村子里游手好闲，有时还与邻村的小混混们打架斗狠，是莲花人所谓的"天棒槌儿"，即无法无天、喜欢惹是生非的人。1988 年，光明决定闯江湖，目标直指广东。他在广东做过什么正经工作，没人说得清楚。莲花人最清楚的而且喜欢津津乐道的是他的一些"传奇"故事。其中一件是他犯了案子被公安局通缉、追捕的事。据他自己后来给别人的描述，当时他正在一个出租房里躲藏，抓捕他的警察踹门冲进来的时候，他一个纵身跳上吊扇，并顺着与天花板隔间相连的阁楼窗户神奇地成功逃脱了。一些在广东打工的同村人证实了此事的部分真实性，即通缉他的告示贴在大街小巷，上面有他的照片，不过名字显示的是"叶冲"。这显然是他用的假名，但这假名也是有来由的。他父亲是我外祖父抱养的，本姓叶，所以光明的本姓就是"叶"。光明东躲西藏了几年，感觉有些安全了，又开始慢慢出来活动。结婚后，他失踪过两年；去年听说又失踪过一段时间，近些年又回来了，在重庆南岸区他小舅子那里做电缆安装活儿。据我母亲讲，光明很少回去看父母，平时也很少打电话。去年大舅中风瘫痪在床，光明也没回去看一眼，大舅母泪眼婆娑地说："白养了这个儿子！"我在大学毕业工作后，在忠县县城我姐姐家中见过一次光明，当时他留着长发，一脸凶相，让人有些恐惧，与小时候的他已经判若两人，我们只简单打了个招呼，没有交谈。他对我来说，已经是一个完完全全的陌生人，我无法了解他的内心。

周泽康，1970 年出生，小学文化，周秀莹的大哥，我的亲堂兄。1990 年，已在当地学了两年泥水匠的周泽康南下广东揭阳打工，主要是在建筑工地上做砌砖、粉墙的活儿，属于所谓的"大工"，工酬按天算，一天是 40 元，运气好时，一个月可以挣一千多块钱。其间，与一同在当地打工的莲花隔邻泰平村的喻红兰（人称喻妹）同居、结婚，1995 年生下他的第一个孩子周喻蓉，是个女孩儿。2002 年，喻蓉满七岁，被送回忠县读小学，由泽康的母亲雷若兰照顾。2006 年，第二个孩子周翰宇出生，是个男孩儿。2009 年，喻妹生病去世，泽康又将周瀚宇送回忠县让自己母亲照顾，之后，经李红兵的小舅子周成平的介绍，又转战到西藏墨脱打工，继续做他的泥水匠，其间与当地的一个藏族姑娘结婚，2013 年有了他的第三个孩子，2016 年又有了他的第四个孩子。他在外打工将近三十年，几无积蓄，属于农民工中的“月光族”。2011 年，周喻蓉读完高一就不想再读了，遂辍学外出打工，走上了和他父亲一样的路。

周成金，1944 年出生，我的隔房叔叔。他当过兵，转业后回忠县丝厂工作。20 世纪 90 年代以前，丝厂是忠县县城最大的企业之一，能在里面工作是相当荣耀的事情。所以他家长期是村里人羡慕的有钱户。不过，世事流转，“三十年河东三十年河西”，1994 年以后，丝厂的效益就开始急剧下滑，1998 年，厂里实施下岗分流，周成金也被“下岗”。无奈之下，他回到了莲花，但因不习惯村里的生活，没待满一年就回县城了，如今拿着低保度日。周成金有两个孩子，老大周华 1970 年出生，年轻时就是个不靠谱的主儿，钱不会挣，抽烟、喝酒、打牌是其生活的主要内容，但因为人长得还高大帅气，先后有三个女人跟过他，他离过两次婚，有两个孩子，现在在他小舅子的建筑工程队打工；老二周妞 1974 年出生，嫁了个搞建筑工程的小老板，日子过得滋润，她每每想把父母接来住在一起，但丈夫不愿意，所以只好作罢，只能偷偷拿些钱物接济父母。

周康书，1962 年出生，小学文化。他 15 岁学打石头，是莲花村那一带有名的石匠。1987 年，与我大舅熊康发的大女儿熊小于结婚，1990 年他们的女儿周雅珺出生。由于当地石工活儿比较多，所以当村里人蜂拥外出打工时，他就在本地找些活儿做。1991 年，他到石宗全承包的一段公路修筑工程项目做石工，有一天在一个山坡路段干活儿时，被突然滚落的石头砸伤，送医院被截去右腿。事后，获一次性赔偿款 3 万元。周康书用这个钱新修了一幢两层楼房。此后，他就只能待在家里，做点小石器，或竹编一些筲箕、簸箕、背篓、筛子，赶集时让小于姐拿去卖。20 世纪 90 年代中后期以来，一个普通农村家庭的开支压力越来越大。现实逼得周康书必须另谋出路。2001 年，周康书全家投奔四川成都新都一个亲戚，夫妻俩一起在一家小工厂里做包装活儿，每月总收入可以达到三千多元，比在村里好得多。2006 年，雅珺初中毕业，南下广东打工；2010 年雅珺与一个四川去的打工小伙子结婚，因脾气不和，两年后离婚；2013 年雅珺再婚，并与现任丈夫一起回到忠县县城，开了一家小超市，收入可观；2014 年，雅珺生下一个男孩儿，在外十三年的周康书夫妻回到忠县照顾外孙，现在一家人生活得快乐融洽。

熊小琳，1969 年出生，小学文化，熊小于的妹妹，熊光明的三姐。1991 年嫁给隔邻芭蕉村的李中华，1993 年生下老大李红梅，1995 年生下老二李春桃。等孩子稍大一点，夫妻俩一同到广东打工。熊小琳虽然只读过小学，但知道读书的重要，所以对自己孩子的教育一直很上心。夫妻俩平时省吃俭用，但对孩子教育上的投资从不吝啬。2011 年，李红梅本科考上广东的华南理工大学，2015 年考上电子科技大学研究生。老二李春桃读书不好，但也被父母强迫读到高中毕业，之后才随父母到广东打工，在当地一家宾馆做服务员。熊小琳、李中华属于典型的精打细算而且有一定见识的持家型农民，他们不仅培养了一个研究生，而且还在忠县县城买了两套商品房。在与熊小琳闲聊中，感觉她对自己目前的生活还是挺满意的。

工业化、城市化、市场化的全面兴起，家庭承包制的实施，城乡隔离政策的松动，以及农民自身的个性特质、偶然事件等因素的综合作用，使农民成为自由谋生者，并被赋予了新机会，这两点使他们的发家致富冲动得以尽情释放。同时，中国农民的人生发展轨迹被彻底改变，其经济行为、观念、伦理、精神均受到了全面的冲击，这到底带来了怎样的正面意义与负面意义，以及中国农民和农村的未来命运如何等等，这些都是值得我们深入思考的问题。

第二节　生存理性还是经济理性抑或其他？

怎么认识农民的经济行为与动机，一直是一个颇富争议的问题。其中最主要的是以俄罗斯经济学家恰亚诺夫（ЧаЯНОВ, A.）和美国学者斯科特（James C. Scott）为代表的“生存道义小农”观点，以及以美国经济学家舒尔茨为代表的“经济理性小农”观点。

恰亚诺夫认为，传统小农（家庭小农）不雇佣劳动力，而是采取自我雇佣进行生产，其“家庭农场经济活动的基本动力产生于满足家庭成员消费需求的必要性”①，其“经济活动规模的下限亦取决于家庭维持生存所绝对必需的物质利益的

① 〔俄〕恰亚诺夫：《农民经济组织》，萧正洪译，中央编译出版社，1996，第 28 页。

数量”[①]。总之，传统家庭小农实质上追求的是生存最优化或者效用最大化，其生产安排与经营决策都围绕着“劳动—消费均衡”进行，而非“成本—利润均衡”，即恰亚诺夫所谓的“农民劳动自我开发的程度靠需求满足程度和劳动艰苦程度之间的某种关系来确定”[②]。斯科特继承了恰亚诺夫的理论，认为小农经济行为主要体现的是小农对抗外来生计压力的一种“生存理性”，奉行的是“安全第一”[③] 的生存伦理原则。他说，“农民家庭的问题，说白了，就是要生产足够的大米以养家糊口，要买一些盐、布等必需品，还要满足外部人的不可减少的索取”[④]。“由于生活在接近生存线的边缘，受制于气候的变幻莫测和别人的盘剥，农民家庭对于传统的新古典主义经济学的收益最大化，几乎没有进行计算的机会。典型情况是，农民耕种者力图避免的是可能毁灭自己的歉收，并不想通过冒险而获得大成功、发横财。用决策语言来说，他的行为是不冒险的；他要尽量缩小最大损失的主观概率。”[⑤] 斯科特进一步说，“农民问题就是保障最低限度收入的问题”[⑥]。“为了充分发挥自己作为乡村社会成员的作用，每家人都需要达到一定水平的财力，以便履行必要的礼仪和社会义务，同时吃饱肚子、继续耕作。”[⑦] 这与管子所谓的“仓廪实而知礼节”具有相似的意涵。传统乡村社会就是围绕农民的基本生存问题组织起来，其“旨在最大程度地减少其成员由于有限的技术和变幻无常的自然条件而必然遭遇的风险。传统形式的保护与被保护关系、互惠主义与再分配机制可以认为就是由此产生的”[⑧]。众多关于农民经济行为与动机的研究也得出与斯科特类似的结论，传统小农往往被描述为保守、封闭、落后，缺乏进取精神与现代理性意识。宾斯旺格（Binswanger）和西勒斯（Sillers）发现，农民是风险规避者，因此，在资源配置上没有实现最大效率。[⑨] 这些研究暗示农民虽然也懂得趋利避害，

① 〔俄〕恰亚诺夫：《农民经济组织》，萧正洪译，中央编译出版社，1996，第 20—21 页。

② 同上，第 53 页。

③ 〔美〕詹姆斯·C. 斯科特：《农民的道义经济学：东南亚的反叛与生存》，程立显等译，译林出版社，2001，第 6 页。

④ 同上，第 3 页。

⑤ 同上，第 5—6 页。

⑥ 同上，第 11—12 页。

⑦ 同上，第 12 页。

⑧ 同上，第 12 页。

⑨ Hans P. Binswanger, Donald A. Sillers, “Risk aversion and credit constraints in farmers' decision-making: A reinterpretation,” *Journal of Development Studies* 20, No. 1(1983): 5—21.

但缺乏追求收益最大化的经济理性。

舒尔茨（T. W. Schultz）则认为，“在传统农业生产中，生产要素配置资源效率低下的情况是比较少见的”①，小农是并不比任何资本主义企业家逊色的善于精打细算的理性“经济人”，“他总是在竭力寻求哪怕能赚到一个便士的新途径。他购买自己能买得起的东西时非常注意不同市场上的价格，他认真地计算其生产用于销售或家庭消费的谷物时自己劳动的价值，并与受雇工作时的情况加以比较，然后根据计算与比较再行动”②。波普金（S. Popkin）亦认为，农民与商人一样，主要不是被群体利益或道义价值观所驱使，而是在权衡各种风险因素与长短期利益之后，为追求最大收益或最大福利（个人福利或家庭福利）而作出理性选择，因此农民是“理性小农”③。李培林指出，“农民的经济理性像所有人具有的经济理性一样，隐藏在他们的心底”，一旦他们从各种束缚中获得自由，有了谋生方式的选择自由，其经济理性就会被唤醒，其结果往往令人始料不及。人们不惜摧毁过去的一切价值，“经济理性异化所爆发出的逐利欲火就会吞噬一切心灵”④。

其实，上述两种观点都可以在历史和现实中找到证据，同时彼此亦可以利用各自的证据来驳斥对方。因此，我们可以说，这两种观点都具有部分的真理性，但又各有其偏颇。因为如果只强调农民经济行为的生存道义，那就否认了自古以来农村长期存在的商品交易与市场网络；如果只强调农民的经济理性，则意味着把农民视为分散的个体，否认了经济生活中农民之间的道义相助、合作互惠与情感互动。为此，我们不能采取静态的本质主义立场来定论式地认为农民是注重生存道义或是注重经济理性以及其他什么，而是应将其放到特定的社会环境与历史时代中来考察，同时应予以动态地认识和把握。人是很复杂的，不仅人与人之间不同，而且一个人本身在不同的时间或不同的条件下也会表现出不同的特性。人不仅是复杂的，而且是高度可变的；人的需要和动机会“因人而异，因情境而异，并因时而异。由于需要与动机之间的相互作用，并组合成复杂的动机模式、价值

① 〔美〕西奥多·W. 舒尔茨：《改造传统农业》，梁小民译，商务印书馆，2006，第 33 页。

② 同上，第 37 页。

③ 参见 Samuel L. Popkin, *The rational peasant: The political economy of rural society in Vietnam* (Berkeley: University of California Press, 1979). 转引自李金铮：《求利抑或谋生：国际视域下中国近代农民经济行为的论争》，《史学集刊》2015 年第 3 期，第 22—33 页。

④ 李培林：《村落的终结——羊城村的故事》，商务印书馆，2004，第 69 页。

观以及目标”[1]。我们不能将人的行为动机简单地归结为一两种，也不能把所有的人归结为同一类人。因此就一般意义而言，我们可以说，小农其实是“复杂小农”。

“复杂小农”概念使我们认识到农民经济行为动机的复杂性，当然，如果我们仅仅停留于这样的“复杂小农”认识，那相当于什么也没有说，也是没有意义的。事实上，一些学者已经开始对“复杂小农”的具体内涵与表现有了开拓性的研究。如弗兰克·艾利思根据农民的行为动机将其分为追求利润型农民、风险规避型农民、劳苦规避型农民、部分参与市场的农民以及分成制农民[2]。黄宗智在对近代以来中国华北的小农经济的研究中，综合采用形式主义分析模式、马克思主义分析模式、实体主义分析模式，揭示小农的“三幅面孔”[3]：追求利润者“面孔”、受剥削的耕作“面孔”、维持生计的生产者“面孔”，这“三幅面孔”分别对应经营式农场主（包括富农）、雇（佃）农、自耕农。[4] 徐勇、邓大才则针对改革开放以来中国社会转型的时代特点，提出了“社会化小农”概念。社会化小农就是社会化程度比较高的小农户，即“社会化＋小农”，或者说与外部世界交往密切，融入现代市场经济，社会化程度比较高但经营规模较小的农户。[5] 社会化小农分析框架有两个关键点：一是小农走向社会，二是社会进入小农。[6] 社会化小农的实质是由于工业化、城市化、市场化、全球化的全面推进与深入，封闭的乡村主动或被动地走向开放；由于中国人地资源关系高度紧张的特殊国情，不宜采取土地大规模集中、进行规模经营的农业生产方式，在这一特定背景下出现的传统小农向现代小农的转变。晋洪涛从动态发展的视角，将中国农户家庭经济发展分为贫困、温饱、小康、富裕四个阶段，并将四个阶段的农民理性归纳为生存理性、生活理

---

① 〔美〕埃德加·沙因：《沙因组织心理学》，马红宇、王斌译，中国人民大学出版社，2009，第96页。

② 〔英〕弗兰克·艾利思：《农民经济学：农民家庭农业和农业发展》，胡景北译，上海人民出版社，2006，第一版序言第3页。

③ 〔美〕黄宗智：《学术理论与中国近现代史研究——四个陷阱和一个问题》，载黄宗智主编《中国研究的范式问题讨论》，社会科学文献出版社，2003，第104—105页。

④ 〔美〕黄宗智：《华北的小农经济与社会变迁》，中华书局，2000，第1—5页。

⑤ 徐勇、邓大才：《社会化小农：解释当今农户的一种视角》，《学术月刊》2006年第7期，第6页。

⑥ 邓大才：《社会化小农：一个尝试的分析框架——兼论中国农村研究的分析框架》，《社会科学研究》2012年第4期，第94页。

性、收入理性、经济理性。① 李卫朝亦从发展的角度，指出新时期以来，中国农民的经济理性经历了“等意交换”——传统生存理性的回归、离土不离乡——“生存理性”的首次突围、离土又离乡——“生存理性”的再次突围、商品生产——市场理性的崛起、返乡——经济理性的趋于成熟等几次变迁。②

受上述各种理论观点的启发，对改革开放以来中国农民经济行为与动机的考察，似可从两个方面着手：一是注重考察农民经济行为与动机的一体多面性；二是注重考察农民经济行为与动机的情境性与动态发展、变化。

按照此思路，我们拟重点探讨集体公社时期、改革开放以来两个时期农民的经济行为与动机以及相应的价值观念取向。这两个时期处于近现代以来中国传统农民向现代农民转变的连续体变化过程中。

一、集体公社时期农民的经济行为与动机

集体公社时期小农集中表现为革命小农、集体小农、依附小农、生存（饥荒）小农的四位一体。这一个时期的时代主流是集体化，其实质是国家推动小农逐渐脱离传统，以实现非私有化。③ 农民经济生活的关键词是“挣工分”。

中国共产党自成立以来，在乡村发动革命的基本目标就是消灭乡村社会的剥削和压迫，使广大农民特别是贫下中农摆脱贫穷，实现共同富裕。毛泽东在延安时期就曾指出，中国几千年来农民长期穷苦的根源就是一家一户分散经营的个体经济，要使农民摆脱穷困，就要将他们组织起来，走集体经济之路，“这是人民群众得到解放的必由之路，由穷苦变富裕的必由之路”④。新中国成立后，基于私有制是万恶之源的认识，消灭“天然具有资本主义倾向”的小生产而实行集体化生产，就成为执政党自然的政策方向。只是在党内对实现集体化的阶段性上有不同认识。由于毛泽东的强力推动，20 世纪 50 年代初的合作化运动很快转变为集体化，并直接催生出人民公社。

---

① 晋洪涛：《家庭经济周期理性：一个农民理性分析框架的构建》，《经济学家》2015 年第 7 期，第 55—64 页。

② 李卫朝：《新时期农民启蒙的经济理性面相》，《学术界》2015 年第 5 期，第 212—221 页。

③ 张乐天：《嵌入式社会变迁及其界限——对浙北一个村落的个案研究》，载复旦大学历史学系、复旦大学中外现代化进程研究中心编《近代中国的乡村社会》，上海古籍出版社，2005，第202 页。

④ 毛泽东：《组织起来》（1943 年 11 月 29 日）载《毛泽东选集》第 3 卷，人民出版社，1991，第 932 页。

人民公社制度实现了党领导下的政社合一，人们的生产与生活都被进行统一组织、统一管理。同时，毛泽东把人民公社视为“共产主义新人的产物”，以及培养“共产主义新人的学校”①。

但小农的心理惯性与观念惯性使他们对集体化有本能的抵制。毛泽东非常清楚这一点，他说：“中国农民对土地的私有观念很深，我们是逐步地引导他们改变这种私有观念。”② 因此他也曾讲过，“严重的问题是教育农民”③。所以，教育和改造农民一直是党的重要工作之一。毛泽东曾说：“稍微放松了对农民的政治工作，资本主义倾向就会泛滥起来。”④ 在革命战争时期和新中国成立后，党都一直注意通过意识形态宣传、革命动员、群众运动、培养积极分子、阶级诉苦、斗地主等方式来培养革命小农，并期望他们成为大公无私的集体小农。但要把几亿中国农民转变为集体小农，并要在全社会消灭私有制以及私有思想，事实上是一个庞大而复杂艰巨的工程。因此，为了完成这一工程，并抵制各种反弹的力量，毛泽东采取了更为激进的暴力手段即阶级斗争来试图改变人们的经济行为、思想观念、伦理关系以及社会生活。三年自然灾害后，为了缓解危机，中央一度允许小农经济的适度恢复，但所谓的“单干风”的迅速蔓延引起了毛泽东的警觉和担忧。中央发起的社会主义教育运动发展到1964年时，毛泽东明确提出其性质是社会主义与资本主义的矛盾，因此，重点是“整党内走资本主义道路的当权派”⑤。由此开展的“四清”运动开展了阶级成分的重新划分，在阶级赖以区分的经济基础完全改变以后，阶级划分变成了乡村社会生活中的政治等级⑥，阶级斗争随之被进一步强化。这样，乡村的经济生活、社会生活、文化生活都被置于阶级斗争的控

---

① 姚桂荣：《从毛泽东早年的新村主义信仰看他发动人民公社化运动的心理动因》，《毛泽东思想研究》2012年第4期，第42页。

② 中华人民共和国国史学会编《毛泽东读社会主义政治经济学批注和谈话》（下），1998，第496页。

③ 《毛泽东选集》第4卷，人民出版社，1991，第1477页。

④ 中共中央办公厅编《中国农村的社会主义高潮》上册，人民出版社，1956，第353页。另参见《毛泽东选集》第5卷，人民出版社，1977，第245页。

⑤ 金冲及主编、中共中央文献研究室编《周恩来传》（1949—1976）（下），中央文献出版社，1998，第834页。

⑥ 张乐天：《嵌入式社会变迁及其界限——对浙北一个村落的个案研究》载复旦大学历史学系、复旦大学中外现代化进程研究中心编《近代中国的乡村社会》，上海古籍出版社，2005，第214页。

制下，即所谓“阶级斗争为纲”。一切活动都泛政治化了。① 整个乡村社会各种复杂的关系被简化为一种严格的“命令—服从”关系，即“人民公社→生产大队→生产队→农民”的等级纵向链条，并与“地主→富农→上中农→下中农→贫雇农”的阶级等级链条相交织。在这样一种等级化社会结构中，下级服从上级，地主富农服从贫下中农具有不可辩驳和不可反抗的合理性。凡上级下达的各项任务都是政治任务，不管是劳动组织、生产计划，还是作物管理、收益分配都是如此，而且，“理解的要执行，不理解的也要执行”②。

在这种强制命令式的大一统政治、经济、文化、生活格局中，“国家比较容易贯彻自己的意志，而农民往往会被摆布”③，农民失去了劳动的自由与自主，只能成为集体和国家的保护对象和依附对象。面对强大的国家与集体，农民基本没有选择的余地，即使有时会采取策略性的抗争，但更多时候只能主动或被动配合国家与集体，由此形成“同谋”关系，如果他们试图脱离这一“同谋”关系，他们就不可能有任何作为。

我们以莲花村为例，来具体分析集体公社时期农民的经济生活以及相应的行为动机、伦理关系与价值取向。

1958 年 11 月，忠县㽏井人民公社宣告成立，各村随之更名为大队，如莲花村更名为“莲花大队”。莲花人欢欣鼓舞迎接人民公社的成立，伙食堂的大鱼大肉更让他们充满了对未来生活的美好憧憬，纷纷表示要与集体“同呼吸、共命运”。

人民公社实行的是公社、生产大队和生产队三级管理模式以及国家税收、集体提留和社员分配三级分配制。在分配时，国家、集体和社员三者之间的分配比例关系也是上级单位制定的，生产队一级无权改变。④ 人民公社核心制度设计是工分制。

村民石宗秀向我介绍了莲花村当年工分制的实行情况。村里每个生产队都制定有一个详细的工分表，包括每块水田、旱地的每项作业评分，作业评分主要根

---

① 张乐天：《嵌入式社会变迁及其界限——对浙北一个村落的个案研究》载复旦大学历史学系、复旦大学中外现代化进程研究中心编《近代中国的乡村社会》，上海古籍出版社，2005，第212 页。

② 同上，第 213 页。

③ 同上，第 197 页。

④ 黄英伟、张晋华：《人民公社时期生产队差异与农户收入：基于分层线性模型分析》，《中国经济史研究》2016 年第 3 期，第 153 页。

据完成作业需要的工作量和劳动强度来定，以一亩水稻田为例，犁田 60 分、育秧 40 分、栽秧 50 分、施肥 10 分、打农药 10 分、薅秧草 40 分、割谷子 30 分、打谷子 30 分、晒谷子 10 分，合计这一亩水稻田的作业评分是 280 分。对村民工分的计算与考核办法如下：生产队确定的生产工作主要有杂工与包工两种。杂工如积肥、沟堰整治、放牛等，一般按天算工分。包工则是按每块田地面积以及工作强度等确定一个总工分，再承包给某一生产小组，小组内部通过民主评议来确定每个小组成员的工分。工分一般分三个等级：一般属于壮劳动力的男社员 10 分，女社员 8 分，保底工分 6 分。同时，生产队会定基本出工天数，男社员每月 28 天，女性 25 天，出勤不满、旷工、迟到早退会相应扣工分。

工分制下的分配办法：分给村民的粮食主要由口粮、工分粮两部分构成。口粮是按人头确定的，工分粮则是按照完成基本工分量而分得的粮食，超额完成工分的可以按照已经确定好的比例多分一点粮食；超过基本工分量的多余工分则由生产队拿钱补贴；家庭困难者（未成年子女多，劳动力少）与“半边锅儿”家庭（即有家庭成员为国家职工的农村家庭）由于难以完成基本工分量，按道理不能分到平均量的粮食，不足的部分可以进行适当补贴，但要拿钱平价购买。集体时期，莲花村种植的作物主要是水稻、小麦、红薯三种，也有少量的其他作物。一般一个壮劳动力每年可分到 200—300 斤谷子，50 斤左右麦子，300 斤左右红薯。同时，生产队当年一般会预留一部分种子粮，第二年种子粮剩余的，再行第二次分配。除了粮食分配之外，村民还可以根据完成的工分量获得村集体卖余粮收入、社办副业收入的货币分红，每人每年 100—200 元。

与公社体制相配套的工分制、统购统销、限制副业发展等政策，使农民除了在生产队里劳动之外，几无其他谋生途径。挣工分成为农民活命的“命根”。但由于国家抽走了很大一部分的粮食，留给村民的粮食只能维持在“饿不死人”的水平。莲花村一般会出现一两个月的饥荒月，主要集中在开春后的农历二三月份。精打细算、会计划的家庭可以勉强对付过去，而那些劳动力少、吃饭人口多且计划性差的家庭常常出现断炊断粮的窘境。像我大舅熊康发家的饥荒月一般都在两个月以上，日子过得相当艰难。

莲花人对集体时期的“粮食不够吃”“经常饿得慌”有着刻骨铭心的记忆，贫困成为集体时期中国农民的代名词。现今一般的学者多认为这是由于公社体制、特别是工分制对农民造成了束缚，农民不能在体制中自由“进退”而缺乏生产积极性，[①] 农民不愿意投入劳动力，经常出现磨洋工、出工不出力、投机取巧的现象，导致农业生产效率低[②]。总之，公社体制下的“懒人”太多，所以贫困无法避免，由此不能认定工分制是一个强劳动激励的制度安排[③]，而这也体现了恰亚诺夫所说的边际劳动辛苦程度与劳动的边际效用达到均衡的情形[④]。但我在与有过集体公社经历的莲花村村民聊天中发现，他们几乎一致认为，“没有那么多的懒人”，“磨洋工的现象也不普遍”。他们认为，集体时期磨洋工、窝工最严重的是1958—1961年。1958年搞大公社之初，村民多沉浸于集体化的好处中，肆意享受着公共食堂的大鱼大肉，而对集体生产并不上心，更谈不上多少集体精神，所以干活儿时磨洋工的现象比较普遍。紧接着的三年天灾人祸造成大饥荒，集体磨洋工现象更为普遍。村民石宗秀说：“那个时候真造孽。人饿得连锄头都扛不动，挖地是力气活儿，没饭吃咋劳动，所以大家都磨洋工，每个人一天到晚寻思的是去哪里找点儿吃的。一天七八个人，连一块地都挖不完。”

莲花村的这种现象在全国具有普遍性。当时毛泽东和中央也意识到过于高度集中的集体化带来的弊病，因此对公社体制进行了适度调整，缩小公社所有制规模，从大公社退到初级社规模的生产队，以生产队作为基本核算单位，强化其在生产组织、财务管理与分配方面的权力，这样就实现了生产队的经营权与分配权的统一，有效解决了生产队之间的平均主义问题。[⑤] 也就是说，长期以来中国农村主要实行的是新公社体制。新公社体制的核心即工分制。工分制不仅是一种分配制度，而且还是一套有效的劳动激励制度和严格的劳动监督制度。

我们前已指出，由于被牢牢限制在集体而无其他谋生选择，农民视“工分”为活命的“命根”，因而工分也就有了较强的劳动激励功能，这就意味着“偷懒”行为不可能普遍存在，除非农民愿意放弃活命的“工分”，稍微有一点理性的人都不会这么干。按常理，评底分的农民可能会出现偷懒、“搭便车”的情况，但集体生产使每一个人的劳动表现都是在众人的眼皮子底下展演，从而形成相互间的劳

---

① 林毅夫：《再论制度、技术与中国农业的发展》，北京大学出版社，2000，第223—227页。

② 张海荣：《人民公社解体再探——基于农民主体地位与基层实践逻辑的考察》，《中共党史研究》2009年第6期，第58页。

③ 徐卫国：《人民公社时期农户劳动报酬与劳动激励再探讨——1970年代河北一个生产队的例证》，《河北学刊》2015年第6期，第143页。

④ 〔俄〕恰亚诺夫：《农民经济组织》，萧正洪译，中央编译出版社，1996。

⑤ 朱金鹏：《从“三包一奖”到“分配大包干”的历史演变——试评庐山会议后农村人民公社体制调整》，《党史研究与教学》2010年第2期，第33页。

动监督，同时小组内部的民主评议也会限制那些偷懒行为，一些极端的、过分的村民若犯了众怒，则可能遭受连底分都保不住的下场，因此“偷懒”并不是集体时期农民生产行为的典型特征，实际情况是绝大多数农民是非常勤劳的。况且一个喜欢偷懒的人会遭遇人们在道德上的谴责和看不起，对于大多数人来说，基本的劳动态度也是维持其社区尊严的重要因素。①事实上，莲花村拿底分的多是那些年老体弱的村民，由于身体条件没法完成一些高劳动强度的重活儿，所以生产队一般只给他们安排一些轻活儿，相应地拿的工分就低一些。村民石宗秀说，如果一定要举一两个村里的“懒人”，吕成光、黄红兰比较典型，她们经常以生病为由逃避一些比较辛苦的活儿。但这两个人都属于“半边锅儿”家庭，吕成光的丈夫周成梅在县交通局工作，黄红兰的丈夫周成金在忠县丝厂工作，因此她们的生活较一般村民要好过些，挣工分的动力相对就弱一些。总之，在工分制的制度约束下，通过勤奋劳动挣工分“活命”成为一种优势选择行为；相反，偷懒、磨洋工、“搭便车”则需要承担高风险。②

村民石宗坤说，集体时期的劳动投入量非常大，农民很辛苦，所以那个时期的生产效率并不低；不过，他同时也讲道，“那个时候瞎整的事情多，做了很多无用功”。莲花人印象最深的“瞎整事件”是修马耳坝水库以及相应的灌溉堰渠。这是当时忠县搞的一个比较大型的水利工程，目的是为了解决㽏井公社、大岭公社、韶溪公社、黄金公社的农田灌溉缺水问题。马耳坝水库从1958年开始修筑，1963年完工，然后是修堰渠，一直持续到1977年，整个灌溉渠全长50多公里。每年这几个公社要抽调大量的劳动力来开展这项工程。为修堰渠，莲花村、三抚村、泰平村一带的石头几乎都被开采尽了。我记得小时候在村里生活时，也经常看到公路上来来往往拉石头的平板车队。由于工程设计考虑不周密，加之一些领导一意孤行，这个持续了将近20年的浩大工程并没有取得预期的效果。当时的灌溉用水从马耳坝水库流出，沿途到汝溪公社、大岭公社后就打住了，㽏井公社、韶溪公社、黄金公社沿途修好的堰渠成了干渠，一滴水都没有。石宗坤如今讲到这些事情，仍然激愤不已：“投入了那么多的劳动力，还死伤了不少人，结果却白搭了，这不是作践人吗?”类似的“瞎整”导致的无效劳动还有很多。另外，为了争

① 转引自张江华:《工分制下的劳动激励与集体行动的效率》,《社会学研究》2007年第5期，第7页。

② 同上,第15页。

抢工分，村民出工出力勤奋，但对工作的质量却不会那么尽心尽力。这些都导致了这一时期农民虽投入了巨大的劳动，劳动效率也不低，但集体经济收益不仅没有获得相应的增加，反而因此停滞甚至收益递减。①

现在再回头来说当时农民的生活艰难、贫困问题。虽然无效劳动导致集体经济收益不高，从而影响农民收入，但这只是问题的一个方面。在与村民的交流中，我发现了另外几个重要的影响因素。

第一个影响因素是以公粮征收、余粮强制征购为主，货币缴纳为辅的农业税政策。新中国成立以来，我国农业税的平均税率为15.5%，一些学者据此认为我国农业税政策是倾向于轻税和稳定农民负担的②。财政部的资料也显示，1949年实征税额占农业实产量的13.5%，1976年下降到4.9%；农业税占农业总产值的比重也从1950年的5.5%下降到1976年的3.3%；农业税占国家财政收入的比重更是从1950年的29.3%大幅度下降到1976年的3.8%③。与发达国家相比，我国农业的税率是高的。由于我国农业税主要以粮食等实物形式征收，而且粮食价格由国家制定，为了支持国家的工业化积累和城市人口的吃饭问题以及较高的社会福利（与农村比较而言），事实上国家采取的是低价征（购）粮政策，由此形成“工农剪刀差”。农民通过“剪刀差”承担的支出被称为农业的“暗税”，这一点已经成为共识。④ 国家为了支持工业化和照顾城市人口福利，事实上无暇顾及整个农民阶层的福利。⑤ 刘少奇曾这样讲：“现在国家对粮食的需要量，同农民愿意交售的数量之间，是有矛盾的，而且矛盾相当尖锐。如果按农民的意愿，他只愿意在自己吃饱了以后才把多余的粮食卖给国家。假如让农民统统吃饱了，然后国家才征购，那末，我们这些人就没有饭吃了，工人、教员、科学家以及其他的城里人都没有饭吃了。”⑥ 另外，这个时期的各种附加和摊派严重，各种杂七杂八的附加杂项使农民不堪重负。如一项关于湖北省集体时期生产队的农业税负担情况的

---

① 张江华:《工分制下的劳动激励与集体行动的效率》,《社会学研究》2007年第5期,第19页。

② 张富良:《改革开放前中国共产党农业税政策的历史考察》,《中共党史研究》2006年4期,第42页。

③ 楼继伟主编《新中国50年财政统计》,经济科学出版社,2000,第70—71、74—75页。

④ 冯海发:《关于我国农业税制度改革的思考》,《中国农村经济》2001年第6期,第52页。

⑤ 张晓玲:《中农的日常生活(1953—1956)——统购统销制度下国家与农民的关系》,《华南农业大学学报(社会科学版)》2013年第1期,第155页。

⑥ 刘少奇:《刘少奇选集》(下),人民出版社,1985,第441—442页。

调查研究显示，有的生产队人均产量不到500斤，农业税却高达18%[①]。莲花村村民普遍对集体时期强制卖余粮不满，国家和各级政府收走的粮食和钱物多了，老百姓就吃不饱饭。

第二个影响因素是农业技术落后。新中国成立初期，中央就提出要加强兴修水利、改良农具、培育新种子、防洪防旱、病虫害防治等方面的农业技术的研究与改造。1956年，国务院制定出台了《1956—1967年全国科学技术发展远景规划》，其中农业科技研究的重点是如何实现农业的化学化、机械化、电气化[②]。当时一些地区确实也初步实现了农业机械化或半机械化，一些农村修建了小型发电设备以解决农村动力来源；同时国家也培养了一批农业技术人员深入田间地头，指导农民科学生产。不过，就全国整体来看，农业技术水平仍然落后，制约了农业的增产增收，农业靠天吃饭的基本格局还未得到根本的转变[③]。像莲花村这样的西部内陆山区农村，基本上还是采取传统的耕作方式，使用的农具也是传统的：水牛耕田，人工栽种，镰刀收割，锄头挖地，人肩背粮……村里可以称之为机械化的现代农具只有脱粒机、打米机、提灌抽水机等少数几种。由于化肥供应紧张，照莲花人的说法，“那东西金贵，一般也用不起，不可能大面积使用”，所以主要还是使用传统的自然肥，如草木灰、人畜粪便，那时的农村生产队一般都设有专门的拾粪工。粮食普遍产量不高，即使一些技术改良品种也是如此，莲花村那时种植的主要是一种叫“高秆苗”的水稻，植株高，一遇大风大雨容易倒伏，稻穗结实少，所以产量低，一般亩产300—400斤。村民石宗秀说：“如果袁隆平早点搞出杂交水稻，我们就会少挨些饿了。你看现在这样那样的良种，随便撒在田里地里，产量都不低。”

第三个影响因素是公社体制堵死了农民谋生的多样选择途径。按照农民的说法，“公社从头到脚把我们管死完了”。首先是对农民从事副业的限制。三年自然灾害以后，为了缓解农民的困境，中央放宽了对农民从事副业的限制，允许生产队划出小部分土地归农民自种，即所谓的“自留地”；同时也鼓励农民饲养家畜。这些政策主要是为了改善农民生活，但并不是鼓励而是限制农民进行商业谋利，

① 中华人民共和国财政部《中国农民负担史》编辑委员会编著《中国农民负担史》第4卷，中国财政经济出版社，1994，第413—414页。

② 王汉林：《建国以来我国农业科技政策分析》，《科技进步与对策》2011年第1期，第93页。

③ 常明明：《农业合作化运动中农业技术改造考察》，《中国农史》2015年第4期，第70页。

以防止农民滑入“资本主义道路”。“反修防修”的政治高压让农民不敢有过多的非分之想，村民吴启仁就因为烙了几张大饼拿到街上去卖，就被割了“资本主义尾巴”，被押解起来游村示众。在当时，国家对个人的商业谋利行为采取了种种打压措施，由此确立了所谓的“投机倒把罪”。新中国成立初期，国家将一些商人的“非法买卖行为”定义为“投机倒把”而予以打击。后来，随着社会主义改造的完成和计划经济的确立，出于防止资本主义的复辟和纯洁人们思想的考虑，一些小商贩和从事小手工业生产的农民成为打击“投机倒把”的新对象，而且越来越政治化。由于国家经济和政治运动的起起伏伏，自由市场也在打压与放松之间阶段性摇摆。不过，总体上自由市场被定义为“资本主义性质”，要害是脱离计划秩序，从而招致长期压制。1972 年，村民周成宏在生产队的允许下，到贵州、云南一带做裁缝活儿，结果因为倒卖布票、粮票、供应证，被人告发，遂被遣送回来，判了三年劳动教养。

那时，不仅自由市场被严格限制，而且人的自由流动也被严格限制。时任莲花一队队长的周成前说：“人挪活，树挪死。那个时候把人限制得太死了，你想挪都挪不动。你想自由自在地到哪里去都不行，走哪里都要开介绍信，否则就会把你遣送回来。”事实上，新中国成立初期，农村劳动力就出现过为了生存而进行的自发流动，即所谓“盲流”。其高峰期多在秋收之后到封冻之前、春节之后到麦收之前这两个时段。到 1957 年，农业合作化以及随后的集体化开始将农民固定、组织起来，加之国民经济的调整，城市劳动力需求锐减，限制农民流动进城的政策措施一下子严格起来，并最终促成了 1958 年史上最严厉的户籍管理制度《中华人民共和国户口登记条例》的出台。由此，公社体制以及相应的户籍管理制度，把农民牢牢的束缚在集体里，限制了社会人口的自由流动，造成了城乡分割的二元社会。①

正是由于上述因素的综合作用，农民长期不能摆脱贫困状态，从而成为为生存温饱而奋斗的饥荒小农。面对重重束缚与压制，农民在政治、经济、社会生活中表现出一种独特的生存理性，并发展出一套独特的生存策略。

革命逻辑虽然主导了村庄的政治经济体制和运行机制，但村民的生存理性和

---

① 赵入坤：《人民公社初期农村劳动力的流动与管理》，《中共党史研究》2011 年第 6 期，第 39 页。

村庄传统仍坚韧地嵌入革命的枝蔓脉络中。① 为了更好地生存，经历过了各种政治运动的农民越来越智慧、成熟，他们逐渐学会了如何在运动中趋利避害。1961年，村民何天孟在一次公开场合说了一句话，“三面红旗好是好，就是让人饭吃不饱”，结果被打成现行反革命。莲花村村民普遍对这个事情印象深刻，村民周世育说：“何天孟那个事给我们震动很大。之后大家就晓得了，别乱说话，最好是不说话，那样才安全!”就连村里那些“天棒槌儿”，在政治上都不敢造次，而是谨言慎行、规规矩矩的。村民们私下里在家人中会发很多牢骚，但在公开场合非常积极，喜欢拼命挣表现，所以那个时候的村民在政治上都表现出很强的一致性，从而形成“一致拥护”的局面，其实质是一种自我的生存保护策略。同时，政治表现还和村民切身的物质利益直接挂钩，所以不得不认真对待。有一段时间，莲花村评工分主要有三条考核标准：个人政治思想表现，《毛主席语录》背诵情况，个人劳动表现。村民喻成喜是个文盲，但毛主席语录背得滚瓜烂熟，在莲花村远近闻名，2008年我在与他聊到这个事儿时，他自我解嘲地说：“没办法，想多挣点儿工分的嘛。”村民熊德正的老婆当时因为背诵《毛主席语录》总是卡壳，结果工分评得低，急得当场大哭。“文革”时期最初那几年，莲花村一些激进的革命青年往往会在赶集的日子设置路卡，专门检查村民抽背《毛主席语录》情况，背不出就不准过路通行。村民熊康熙回忆说：“有一次我赶场时就被几个年轻娃儿挡住背《毛主席语录》，没背好，就被撵回去了。本来我是想到公社供销社买点盐巴的，结果没买成，害得我们家有半个月都没盐巴吃。”

从当时党和各级政府的立场与出发点而言，突出政治不仅是为了防止社会主义路线被修正，而且也是为了促进生产，即所谓的“抓革命，促生产”，“政治工作是一切经济工作的生命线”②。1966年，《江汉学报》的一篇评论员文章这样写道：“人的思想革命化了，人民公社的生产也就发展起来了……突出政治，是发展人民公社生产的根本动力……”③ 总之，“政治是统帅，是灵魂。先进阶级的正确思想，一旦被群众掌握，就会变成巨大的物质力量。……首先使农民有了社会主义的政治积极性，然后才能有集体生产积极性”④。

---

① 马维强、邓宏琴：《生计与生存：集体化时代的村庄经济与农民日常生活——以山西平遥双口村为考察中心》，《中国农业大学学报（社会科学版）》2016年第1期，第48页。

② 中共中央办公厅编《中国农村的社会主义高潮》上册，人民出版社，1956，第123页。

③ 《突出政治是发展集体生产的根本动力》，《江汉学报》1966年第5期，第16页。

④ 江敬：《论农民的集体生产积极性》，《江淮学刊》1964年第1期，第17页。

在特定的历史时期，“画饼充饥”的政治确实给很多人带来了比物质利益还重要的精神力量，而且一定时期的政治意识形态也会成为人们主流的思想认同。这充分说明了没有所谓本性如此的人，只有一定历史、一定环境以及一定体制中的人。特定的历史环境与体制塑造了特定的人群，包括他们的行为策略、心理倾向（不管是主动如此的，还是被动如此的）。当然，历史与文化的惯习会影响人们的行为选择，但不能过于强调其作用，它们并不具有决定性。因此，把人放在专制的环境中，他的行为与心理自然是倾向于专制或服从专制的；把人放在自由的环境中，他的行为与心理自然是倾向于享受自由与维护自由的。据此我们可以看到，在崇尚政治斗争的集体时期，村民的政治觉悟、集体精神总体倾向是强的（不管是主动如此的，还是被动如此的）。但这里我们又发现了一个不变的东西，即人的行为选择、价值取向背后最终起决定作用的仍然是人的趋利避害的生存法则。集体时期，党和国家在农村紧紧依靠和团结的力量是贫下中农，他们也是党和国家最信赖的阶层，因此他们被赋予了较高的政治权力、社会地位以及优先考虑的物质利益。因此，出于朴素而强烈报恩心理的贫下中农对于党和国家的路线方针、政策（哪怕是错误的路线方针、政策）最拥护；曾经一贫如洗的他们对集体化天然就不会反感，特别是人民公社初期更是如此，他们的集体主人翁意识最强（因为他们被赋予了领导阶层的地位），对革命胜利果实的保护决心最坚决，所以他们的革命精神、政治觉悟与集体精神也是最强的。所以我们看到，贫下中农在集体时期的生产积极性确实也是最高的，生产的自觉性也是最好的。一个贫农组长曾经这样说：“大家选我当贫下中农小组组长，我得到了党和阶级兄弟的信任，更有决心把集体的家当好。我是在旧社会受尽折磨的穷苦人，永远忘记不了阶级仇恨，对阶级敌人从不放松警惕，经常注意监督改造他们。……我时刻都在想，党依靠我们贫下中农，我们就要处处走在前头，为集体多出点力量。……我觉得，我们贫下中农应该有贫下中农的思想和风格，就是要把个人利益服从集体利益，为了集体而忘我劳动，不要斤斤计较个人得失。”①

相反，地（主）、富（农）、反（革命）、坏（人）分子属于被斗争、被打压的阶层，在集体中没有政治地位。在集体劳动时，这些“四类分子”是贫下中农重点监督对象。一些地主解放前劳动锻炼少了，干起活儿来确实很吃力，所以免不

① 陈树存：《搞好集体生产，壮大集体经济，是我们贫下中农分内的事》，《学术研究》1965 年第 3 期，第 4—5 页。

了招致贫下中农的嘲笑和呵斥。不过他们的劳动态度绝对是端正的，“尾巴”夹得是很紧的；而且以前衣食无忧，现在则是三餐难饱，不努力劳动、多挣工分，那就没法活命。为了通过劳动来触及这些“四类分子”的灵魂，他们还被要求参加一些集体安排的不拿工分的义务劳动。莲花村当年开社员大会时，除了两个站高板凳陪会的地主、反革命分子外，其他地主、反革命分子没有参会的权利，全部被安排去做义务劳动，如修堰渠、整理田地等。这些“四类分子”面上对贫下中农恭恭敬敬，但骨子里也瞧不起他们，对一些贫下中农出身的大队、生产队领导的能力差、管理弱很不以为然。黄家能的儿子黄成聊起当年的贫协主席石宗奎时，仍面露鄙夷：“石宗奎解放前好吃懒做，穷得连裤子都没得穿；解放后反而沾了穷的光，当上了贫协主席。在台上讲话的时候，话都抖不清楚，完全不知道他在磕巴啥，安排个事情也全没章法、没计划。”

不过，在那个特定的年代，不管是政治地位高的贫下中农阶层，还是政治地位低的“四类分子”阶层，他们都是别无选择的集体的依附劳动力。这种依附关系既束缚了他们的谋生自由，但又给他们提供了最低限度的安全保障，即依靠集体降低了他们的生存风险，正是由于这一点，集体体制在当时并没有受到农民的强烈抵制与反抗。如五保供养制度①与合作医疗制度②所提供的安全保障，确实有效降低了农民的生存风险。1958 年年底统计，全国办起敬老院 15 万所，收养 300 余万老人。③ 1976 年，全国农村实行合作医疗制度的生产大队，比重从 1968 年的 20％上升到 90％，由合作医疗担负的卫生保健服务覆盖了全国 85％的农村人口，④从而基本解决了农村人口在医疗保健方面缺医少药问题。

但是，当无休止的政治运动以及集体体制越来越严重地伤害农民的生存利益

---

① 五保供养制度是农村人民公社对缺乏或完全丧失劳动力、生活无依靠的老、弱、孤、寡、残社员设计和实施的一项福利保障制度，享受这种照顾的家庭或人员被称为五保户。主要采取照顾农活、补助钱物、补助劳动日，对年老体弱病残人员、日常生活自理有一定困难的五保户，安排专人照顾其日常起居等。

② 农村合作医疗制度，是中国农村社会通过集体和个人集资，用以为农村居民提供低费的医疗保健服务的一种互助互济制度，它既是中国医疗保障制度中有特色的组成部分，也是中国农村社会保障体系中的重要内容，集体公社时期得到全面普及。

③ 宋士云：《新中国农村五保供养制度的变迁》，《当代中国史研究》2007 年第 1 期，第 95 页。

④ 曹普：《人民公社时期的农村合作医疗制度》，《中共中央党校学报》2009 年第 6 期，第 81 页。另参见周寿祺：《探寻农民健康保障制度的发展轨迹》，《国际医药卫生导报》2002 年第 6 期，第 18 页。

时，农民的各种策略性抗争也就无以避免。从根本上说，农民是很实际的，他必须看到或得到实际的好处，才会欢迎那带来了好结果的政治；否则，即使他被迫奉迎政治，也只是出于自我保护与求生存需要而采取的策略性行为。对农民来说，政治如果不能给他带来实际的利益，这样的政治就是没有意义的政治，政治的“画饼充饥”与空洞承诺迟早会让他们觉醒、质疑乃至反抗。到集体公社后期，也就是1972—1973年以后，莲花村人开始越来越不安分。人们的政治热情开始消退，相应的集体意识也开始减弱。即使是那些贫下中农，当顶着“穷光荣”的“帽子”不能解决“穷”的问题时，他们也会愤愤不平。1975—1976年，川东（主要指现重庆万县、忠县、梁平、垫江、云阳、巫山、巫溪等地）一带发生严重干旱，当时莲花人吃的是从河南运来的救济红薯干。饥荒过后，很多莲花人寻思的不再是怎么努力恢复集体生产，而是寻思另谋出路。“文革”造成的社会混乱，客观上使人口流动限制出现松动。村里的“天棒槌儿”何家军1974年就离村外出闯社会，没人知道他在外面干些啥名堂。当三年后他穿着一身很“格式”（时髦）的“的确良”（涤纶）衣裤，满面春风地回到莲花村时，村民们围着他问的尽是“外面怎么样”“可不可以发财”“怎样发财”之类的问题，村里的干部也懒得再去对他进行政治盘问。1977年以后，村里那些被人们羡慕的“有能力”“有本事”的能工巧匠们也开始更频繁地远走云南、贵州一带，去寻找新的谋生途径；还有一些村民开始偷偷搞长途运输、倒贩统购物资；1975年才被割过一次“资本主义尾巴”的村民吴启仁又开始跃跃欲试，准备重操他的老行当。留在村里的人，干活儿吊儿郎当，磨洋工、窝工的现象又开始抬头，人们想方设法把更多的时间和精力耗在自家的自留地上，有的农民甚至私自开荒种粮食；有的农民把本应上交国家的粮食进行“瞒产私分”；一些搞副业生产的村民以集体的名义搞个人单干，一些干部也睁只眼闭只眼，甚至与村民进行“合谋”，成为其庇护者和合作人；有的村民铤而走险，偷盗集体财产、更有甚者偷盗粮食，莲花村隔邻的芭蕉村还曾出现过干部默许的集体偷盗其他村的粮食的事件。

为了应对村民集体生产积极性严重不足的问题，莲花村于1976年采取了新的生产组织方式，即将一些生产任务落到各家各户人头上，进行大量的任务包干。这充分显示了当时集体人心逐渐涣散的情况，可谓人心思变。

纵观整个公社时期，集体经济呈现出两个面向：革命经济与生存经济。革命经济实行政治统帅经济、“抓革命，促生产”的方式，目的是确保社会主义不变质，最终则是为了实现农民的共同富裕，也即最终解决农民的生存问题。所以前者本是手段，后者本是目的。但在相当长的历史时期，显现的则是革命经济压倒生存经济、革命伦理压倒生存伦理、生产让步于革命的态势，结果是手段变目的，本末倒置。这里我们可以发现，当时党的主要领导者太害怕革命“变色”、资本主义复辟、社会主义被修正，因此相比而言更关注集体经济的革命意义与社会主义性质；而对于农民来说，没饭吃、饭吃不饱的威胁则是现实而具体的，所以他们更关心集体经济的生存意义，而非政治性的“革命斗争”。前已指出，即使他们也会奉迎政治、努力争取政治资源，最终也是出于生存的考虑，以期获取更多的经济资源。

不过，革命逻辑虽然长期居于绝对的主导地位，但最终还是被人们的生存逻辑一点点地销蚀掉。对中国农民来说，他们的哲学思想就是吃饭哲学，他们的伦理就是吃饭伦理（或曰生存伦理）；有饭吃就是正理，没饭吃就是歪理。因此，邓小平于20世纪60年代提出的“不管黄猫黑猫，只要捉住老鼠就是好猫”的“猫论”在70年代又赢得了广泛的共鸣。这可以说是基于生存的实用理性对于极“左”的革命理性（实质的非理性）的胜利。当然，“猫论”所暗含的实用主义、功利主义后来滑入另外一个极端，导致物质至上主义盛行、人们的精神思想滑坡，这确实也是始料未及的。不过，这已是另外一个话题，暂且不论。

最后，我们再简单分析一下集体公社给农民的经济生活、社会生活、伦理关系、心理动机带来的另外的一些影响与遗产。

其一，集体生产打破了农民传统的家庭生产、个体生产的方式。夫妻、父子在集体里具有了平等的社员身份。村民熊康银与他父亲熊安旭同在一个生产小组劳动，有一次不知什么原因父子俩在田头杠了起来，熊安旭想拿出父亲的权威来，举起手就向儿子抽过去：“格老子反天了，敢跟你老汉儿顶。老子抽死你!”那熊康银一个闪身，躲过了，理直气壮地迸出一句话：“你凭啥打我！在这里，你是社员，我也是社员。”听得在场的其他村民一阵哄笑。

其二，集体生产培养了农民的劳动纪律观念、时间观念和集体意识，散漫的中国农民首次实现了行动统一①。传统的家庭生活节奏、个人节奏开始服从于集体生产的节奏；严格的考勤制度使村民不得不自觉地规范自己的行为；步调一致、集体利益至上的观念潜移默化地影响和改变着村民的行为与心理。

---

① 吴淼：《工分制下农民与干部的行为选择》，《中共党史研究》2010年第2期，第40页。

其三，集体时期带有平均主义色彩的公平观念和干部较好的政治觉悟与工作作风，成为改革开放以来农民对公平诉求和干部评价的参照标准；也是人们在面对新的不公平和各种不正之风时反常表现出怀念起那个时代的重要原因。

其四，集体公社体制具有的以集体力量抵御风险的生存保障功能，对于当今越来越陷入原子化困境的农民家庭和个人来说，如何增进彼此之间的合作，并组织起来，以集体力量抵御市场风险和各种社会风险，仍然具有一定的启示意义。

其五，集体公社时期的社会办企业具有的工业化性质与市场化性质①，事实上培养了农民有限的工商精神与经济理性，这为20世纪80年代乡镇企业以及各类工商活动在全国的广泛兴起埋下了伏笔。

二、改革开放以来农民的经济行为与动机

改革开放以来，中国农民主要转变方向是：从革命小农转变或回归为求富小农；从集体小农、依附小农转变或回归为家庭小农、个体小农、自由小农；从自然小农转变为市场小农；从饥荒型生存小农转变为温饱型生存小农，并逐步向小康型发展小农转变；从单纯小农转变为复杂小农。这一个时期，农民经济生活的关键词是“挣钱”。

人民公社制度本想通过集体化实现农民的“共同富裕”，结果却导致集体与农民双贫的困境，在实行了二十多年后，它最终走向了解体的命运，农民却由此获得了新生：重新获得经营土地的自由、外出的自由和择业的自由②；农民由“为富必资，越穷越革命”的观念转变为“劳动致富，富了光荣”的观念③。这里的关键是农民初步摆脱了与国家和集体形成的强制性依附关系，其经济生活脱离了

① 毛泽东曾提出：“要使人民公社具有雄厚的生产资料，就必须实现公社工业化，农业工厂化（即机械化和电气化）。”（参见毛泽东对《郑州会议关于人民公社若干问题的决议》的修改和信件，《建国以来毛泽东文稿》第7册，中央文献出版社，1992，第515页。）毛泽东认为，发展乡村工业、实现农村工业化，打破传统的城市工业、农村农业分工格局和工人务工、农民务农的社会角色分工，是从根本上改变农村贫困落后面貌和城乡差距的有效途径。他的思路十分明确：借助于人民公社举办工业企业，将庞大富余的农村剩余劳动力就地转移吸收，通过建造农村城镇以解决农村发展问题，最终实现城乡共同富裕。

② 张兆曙：《乡村五十年：日常经济实践中的国家与农民——以浙江省义乌市后乐村为个案的实地研究》，《战略与管理》2004年第4期，第115页。

③ 刘李胜：《天津市大邱庄农民观念变革情况调查》，《社会学研究》1987年第5期，第1页。

命令式经济的束缚，农民成为自由生产力，其发家致富的欲求得到应有的释放空间。

土地重新下户以后，农民在土地上投入的不仅是更多的时间和精力，还有对于土地的特殊情感。在农民没有其他获取经济资源或收入的途径时，土地的唯一性、稀缺性、不可替代性的价值就凸显出来了，它是一种最让人有安全感的资源。“地就在那里摆着。你可以天天见到它。强盗不能把它抢走。窃贼不能把它偷走。人死了地还在。”①

在莲花村一队，生产队长周成前每天早上在道堑口高喊“社员同志们，出工了”的声音永远成为了历史，集体生产的场面不见了，不再有“农业学大寨”的口号激励，也不再有“大战春耕”之类的劳动比赛。然而，令人惊异的是，自由了的村民们并没有放纵自己，每天太阳刚探出山头，大部分的家庭已经在自家的土地上忙碌起来，农忙时有的村民甚至把锅碗瓢盆都搬到了田间地头，每天有两顿饭都是在这里解决的，恨不得饭都不用吃，可以这样一直劳动下去。这种非理性的激情行为实质是农民的另一种理性选择，即尽快地发家致富。由于生产的目的直接就是为了自己和家庭的利益，所以农民乐意进行疯狂的自我剥削。高强度的自我剥削式的劳动投入使农民获得了比较充裕的粮食，解决了长期困扰他们的吃饭问题，安全威胁得到有效缓解。在土地下户的最初几年，农民在土地上的自我剥削式的强投入现象是很普遍的，这里有一个很重要的原因是当时农村内部市场还没有充分发展起来，外部市场也不发达，对农村的家庭生产也还没有形成大的冲击，这在中西部地区表现得尤其明显。所以这一个阶段的农民还具有很强的自然小农的性质，其生产的主要还是满足家庭生活所需的物品，在温饱问题还没有根本解决的现实压力下，通过劳动力的高投入以追求产量最大化就成为农民自然的理性选择。其实，农民家庭作为最小的兼具多种功能的经济组织，很早以来就一直肩负着繁衍后代、家族延续的重担，为保证全体家庭成员的生存福祉，农民在农业生产及其他经济活动中必须追求产量的最大化，而不是利润的最大化，在劳动边际产量为零时，也会继续进行相应的劳动投入。② 黄宗智认为，人口压

① 费孝通：《江村经济——中国农民的生活》，商务印书馆，2001，第160页。

② 赵红军：《农民家庭行为、产量选择与中国经济史上的谜题——一个考察中国未能发生工业革命的微观视角》，《社会科学》2010年第1期，第51页。

力与耕地减少，会使小农采取“过密化”的生存策略①。但这并非表明小农缺乏经济理性，一旦有了外部刺激，如随着工业化、城市化的发展，其他替代的就业选择就会使小农劳动投入的机会成本增加，他们就能走出支配他们的“过密化”生存逻辑。② 因此这个阶段的农民的经济行为表现出很强的传统小农的生存理性来，他们奉行“安全第一、规避风险”的原则。以农作物的种植为例，农民一般不愿意改变作物种植，尤其是当时政府为了增加地方财政收入和农民收入的双重目的而要求种植的经济作物，农民都以各种形式进行抵抗，即使出于“任务应付”，农民也选择少量种植，而且将面积小、肥质差的地块用于经济作物，其他仍以粮食种植为主，这些都反映出了“有粮可吃”“减少风险”的自然小农思想。

从集体生产中退回到家庭生产的自然小农们，随之也从“我们的”意识一变为“我的”或“我家的”意识，一度的“大公无私”仿佛一下子神奇消失了，代之的是浓厚的“私欲”的膨胀。这时，我们可以看到一些新的农村景象：集体时期宽阔的田坎变狭窄了，村民们为争田边地角而吵架、打架变得司空见惯，甚至出现了东家的村民悄悄放药毒死西家的鸡鸭以图报复的行为；邻居之间不和睦的现象也时有发生，修房运动兴起后，以前的大院子越来越少，村民们多喜欢搬出大院子，去过单门独户的生活；曾经充满革命热情的村民们对政治也变得漠不关心，他们只关注自己的生产、自己的生活、自己的土地；一些村民公然对抗村干部布置的集体任务，变得越来越不听招呼。曾任莲花村党支部书记的何天恩说：“土地下户后，农民的思想境界下滑得很厉害。不关心国家，不关心集体，变得非常自私自利，完全看不出他们曾经是集体公社的社员。”不过，我认为，这也许是农民对公社体制对他们正常的私欲的长期压制与扭曲所产生的报复性反弹而已。

在这一个阶段，家庭内部的生产关系与分工也发生了微妙的变化。最显著的是“父亲”的传统权威实现了短暂回归与增强，做父亲的开始像集体时期的生产队长一样，对家庭内部大大小小的生产事务进行计划、组织、分工。村民袁孔泽

---

① “过密化”一词，译自英文 involution。根据黄宗智在《长江三角洲小农家庭与乡村发展》的定义，是指经济在以单位工作日边际报酬递减为代价的条件下扩展，即所谓的“没有发展的增长”(中华书局，2000，第 11—12 页)。具体而言，就是在单位劳动日边际递减的情况下，小农为了生存仍不断地增加单位耕田面积劳动力的投入，以换取单位面积产出的增加。

② 〔美〕黄宗智：《长江三角洲小农家庭与乡村发展》，中华书局，2000。

开始手把手地将自己祖传的种植技术与知识传授给自己的两个儿子，以期恢复祖上的荣光。这个时期，家人一起生产劳动，一起吃饭，相互关心体贴；农闲时则一起整修自家的房子、农具，时间由自己掌握，生活过得散漫而自在；过年过节时一起走亲戚，一家人其乐融融，平静地享受着天伦之乐。不过，此番自给自足式的自然小农生活景象很快又将消失。

村民熊康发在短短两三年实现了一家人从没饭吃、吃不饱饭到“粮食几年都吃不完”的巨变，但很快他又焦心起另外的一件事情来：没钱花。当时，莲花村其他村民普遍都是这种情况。这显示大部分农民已经跨过了温饱门槛，但显然是“温饱有余、小康不足”。在由安徽省小岗村农民点燃的农村改革初见成效后，1984 年改革的火焰燎原到城市①，由此拉开了商品经济与市场化的大幕。本已具有兼业性质的自然小农们把生产生活的重心开始更多地转向副业生产，以开拓新的生计渠道，改变缺钱花的状况。商品经济与市场化的兴起，给农民带来了全新的机会，同时也带来了更复杂多变的风险与不确定性。这两点是我们观察农民经济行为与动机、价值取向的基本方面。

改革开放以后，在很短的时间内，农民解决了饥荒问题，并发生了从自然小农向市场小农、温饱小农向发展小农转变的倾向。在这个过程中，农民不再生活在封闭的世界里，而是被逐步“卷入到一个开放的、流动的社会化体系中”②。农民的生产、消费、日常生活越来越商品化、市场化、社会化。首先是农民家庭的消费结构发生变化，表现为消费的项目增多、消费层次逐步提高，村民感叹“花钱的地方越来越多，不够用”。其实质是农民的生活水平提高后消费的自然扩张。集体时期，不要说没条件消费，就是有消费需求，但在那种贫穷的具有军事共产主义性质的集体体制下，人们的消费欲望也被统购统销政策和物资供应制度严格限制住了。因此那个时候农民的消费项目很少，而现在不仅消费项目增加，而且有些并非关系到基本生存需要的项目也成了必须消费项目，如盖新房、买电

---

① 其基本标志是 1984 年 10 月 20 日在北京召开的中国共产党第十二届三中全会决议通过的《中共中央关于经济体制改革的决定》中，充分肯定了社会主义经济是有计划的商品经济。农村改革的成功经验，农村经济发展对城市的要求，为以城市为重点的整个经济体制的改革提供了极为有利的条件。这又反过来进一步推动了农村经济向专业化、商品化、现代化转变。这样，农村产业结构开始由自给半自给经济向商品经济转化，由家庭向社会转化。

② 吴晓燕：《社会化小农：货币压力与理性消费——以府君寺村农民日常生活消费为例》，《华中师范大学学报（人文社会科学版）》2006 年第 3 期，第 25 页。

器等；同时，人情消费行情高涨，人们又不得不应付，否则不好在村里“做人”；人们在吃饱饭后，对“吃好一点”也有了自然的渴求，如每月吃肉的次数增加了，新的饮食档次一旦提高，要降低档次就非常困难，以前炒菜、做菜可以不放油，现在哪怕少放点油都不行了；以前人们穿的衣服里里外外都是疤上补疤，现在不行了，基本体面还是要的。这些自然扩张的消费以及生产资料价格的不断上涨使农民家庭开支不知不觉地大大增加，即使勤俭持家的农民也感到“吃紧”。下面是村民何天贵提供的他家 1986 年全年的主要收入与消费的具体项目情况：

收入：卖小猪崽：10 元/只×10 只＝100 元
卖肥猪：155 元/头×1 头＝155 元
卖粮食：272 元
支出：碳铵肥：24 元/袋×4 袋＝96 元
磷肥：8 元/袋×5 袋＝40 元
日用开支：112 元
插秧、收谷子等劳务费：30 元
结婚随礼：20 元
探望病人：10 元
置办年货：50 元
压岁钱：10 元
供子女上学：20 元

从何天贵的家庭收支情况看，其收入项目非常少，但开支项目却不少，所以显得很“吃紧”。因此，局限于家庭内部的经济生产必须向外拓展，充分利用家庭剩余劳动力，增加副业生产，利用市场增加家庭的劳动收入。[①] 这样，农民开始从追求粮食产量最大化向追求家庭收入最大化转变。

莲花村村民当时增加家庭收入的途径或形式主要包括以下几种。

1. 搞特色种养，如种蔬菜、种香菇、种烤烟、种果树、种中药材等，养猪、

① 赵红军：《农民家庭行为、产量选择与中国经济史上的谜题——一个考察中国未能发生工业革命的微观视角》，《社会科学》2010 年第 1 期，第 51 页。

养羊、养鸡、养鸭、养兔、养蚕等。当时莲花村出的第一个万元户黎昌瑞就是搞养鸡场发家致富的。对于一般村民来讲，种烤烟、养猪、养蚕是当时收入最稳定、最可观的副业。村里当时有专门的烤烟房，由集体组织统一收购；养猪风险小，而且已形成传统，是村民最乐意搞的副业之一；养蚕收入也很稳定，这是由于当时忠县丝厂效益好，对蚕茧的需求量很大。

2. 跑长途运输倒卖物资。村民王九最早开始搞这个，后来刺激了不少村民都参与进来。当时国家还没有取消“投机倒把罪”。所以村民们多是在一种公开或半公开的状态下开展这项副业。

3. 修路、修工程或承包工程项目。在当时“要致富，先修路”的观念影响下，全国各地都兴起了修公路的热潮。莲花村的青壮年男性村民很多就在农闲时间去修路赚钱，精明的或有点关系的村民则大量承包工程项目，村民石宗全就是利用自己的小舅子在忠县交通局工作的便利，通过承包工程项目而实现了发家致富。

4. 出远门务工。这里主要指的是村里的那些能工巧匠们（裁缝、木工、泥水匠、石工等）利用自己的一技之长，开始到更远的地方去开辟新的生计。他们可算是20世纪90年代全面兴起的打工潮的先驱。

5. 做生意、办企业。农民的“‘生意经’不是诞生于什么资本的年代，而是从制度夹缝和‘泥土’中长出来的”①。莲花村的第一批生意人，是集体时期被割掉资本主义尾巴的那群人，还有一些新中国成立前就有过做生意经历的业主及其子女。长期以来，他们压制着自己做生意的才能与冲动，在一场又一场的运动中苟活着、忍耐着、等待着；但他们对市场、经商有天生的敏锐与嗅觉，一旦政策的春风拂来，他们最先破土发芽。1984年，村民熊安忠与东云乡郑公村的成全侯一起，率先将忠县县城到沿井口的长江段的小型客运人力帆船换成了机动船。他们这个小小的举动，不仅提高了船运效率，为他们带来了丰厚的收入，而且也彻底改变了历史。在不到一年的时间内，在忠县长江段上行走了两千多年的帆船全部消失了，全换成“突突”响的机动船。

① 萧楼：《夏村社会——中国“江南”农村的日常生活和社会结构（1976—2006）》，生活·读书·新知三联书店，2010，第100页。

6. 在社办企业或乡镇企业[①]上班。在70年代中后期，莲花村就搞了一些社办企业，如石灰窑、砖瓦窑、预制板厂、面粉加工房、打米机房、养猪场、烤烟房、养鸡场。谙井公社当时办的最大的企业（即后来的乡镇企业）是卫星桥纸厂。在这些社办企业上班的一般是干部、有一定知识的贫下中农子女，也有一部分人是靠关系进去的。村民黎昌瑞的弟弟黎昌宏当时就在卫星桥纸厂上班，每个周六才回家一次。我印象最深的是他那时已经戴手表，穿着也较一般村民讲究，一副"公家人"的派头。

这些获得谋生自由的乡村人一旦放开手脚在新的历史舞台上翻滚，便展现出了与他们的保守畏缩、愚笨老实的传统气质不一样的一面：开放大胆、精明灵活。正如李景汉所言，"中国的老百姓压根儿就不是守旧的，至少不是如我们一般人所想象他们的那样守旧。农民是富于人生基本的常识的。他们若是看清楚了一件与他们真有利益的事，无论多新，他们是能接受的"[②]。在80年代，村里人喜欢说这样一句话："富了胆大的，饿死胆小的。"莲花村首先发家致富的那些人，多具有胆子大的独特人格特质。他们最先突破了"安全第一"的自然小农的生存理性法则，似乎生就天不怕地不怕，敢闯敢干，有一种"舍得一身剐，敢把皇帝拉下马"的气势。我前面提到的黎昌瑞、雷振华、王安富都是胆子很大的人。这批人也最先培养起了市场观念、竞争观念，其行动中的经济理性也最突出，其生存动机开始更多为谋利动机所代替，其真正的市场理性算计行为明显增加了，"在这里是冷静的考虑，不是感情，于是理性支配着人们的活动——这一切是现代社会的特征，

---

① 改革开放之前，社办企业是依附于人民公社和生产大队农业社会的一个附庸品，其功能是为农业生产"拾遗补缺"，是社队集体经济的"边角废料"。20世纪60年代由于国家的政策限制，这些社队企业基本处于停滞阶段。"文革"期间，大量城市企业"停工闹革命"，造成市场供应严重匮乏，这客观上给社队企业的发展带来了新的机遇，也为日后市场经济的兴起留存了星星火种。1979年国务院出台了《关于发展社队企业若干问题的规定(试行草案)》，提出"按照党的十一届三中全会关于加快农业发展的若干问题的决定，社队企业要有一个大发展"。这样社队企业就摆脱了偷偷摸摸的状态，开始大张旗鼓地搞起来。1984年，中央相继以1号、4号文件为乡镇企业正名。1号文件即中央1984年颁布的《中共中央关于一九八四年农村工作的通知》，鼓励发展社队企业；4号文件即中央1984年颁布的《中共中央 国务院转发农牧渔业部〈关于开创社队企业新局面的报告〉的通知》，同意报告提出的将社队企业名称改为乡镇企业的建议，并提出了发展乡镇企业的若干政策，以促进乡镇企业的迅速发展。1987年，邓小平更盛赞乡镇企业的发展是中国农村改革中"完全没有预料到的最大的收获"。(参见《邓小平文选》第三卷，人民出版社，1994，第238页。)

② 李金铮：《求利抑或谋生：国际视域下中国近代农民经济行为的论争》，《史学集刊》2015年第3期，第23页。

也正是乡土社会所缺的”[①]。当然，只靠胆子大也富不起来，辩证的乡村人会说：“不能逞匹夫之勇，脑瓜子要转得快、精明活泛。”在乡村，精明本是个褒贬意涵兼具的词。就褒义而言，是指一个人善于精打细算，聪明能干，善于过日子；就贬义而言，是指一个人过于精明，则容易伤害人情。改革开放以来，精明活泛在乡村更多用来指一个人脑袋聪明、会挣钱；其反面是老实本分，以前曾是一个褒义的评价，现在则多用来指一个人窝囊无能、不会挣钱。王露璐则以学术性的精明理性言之，“所谓精明理性，不仅指行为主体对行为价值效果的算计推理，而且也包含着行为者对行为目标谋划和手段实施策略的合理性推理”[②]。这个定义与韦伯所谓的工具理性似可等同。

总之，在整个20世纪80年代，解决了吃饭问题的农民们为了增加家庭货币收入，开始将局限于家庭内部的经济活动向外拓展，显现出日益社会化、市场化、商品化的趋势。“少而全”的生产模式转向“多而精”的生产模式，自给自足的种植模式转向用于市场交易的商品种植模式，一些精明活泛的农民甚至放弃了传统的农业耕作，转而另谋生计，以赚取更高的货币收入。传统的自然小农观念逐渐减弱，商品观念、市场观念逐渐在农民心里慢慢萌发、成长，其消费观念也从“节衣缩食、精于仓储、守财如命”渐渐转向追求财富增长与生活水平改善[③]。当然，持家的传统还是会使一些村民努力克制自己的消费欲望，特别是中年以上的村民会坚持最低消费，以保持家庭收支的强制性平衡，避免出现“寅吃卯粮”的情况。

在这个时期，乡村的社会结构也发生了深刻的变化，最显著的是农民群体出现了分化，身份地位的形成由政治机制转变为经济机制。贫下中农的“红成分”光环消退净尽，有时反而还会成为被嘲讽的对象。一些生活仍然艰难的“贫下中农”遭受到极大的情感伤害，他们失去了曾经支撑他们自尊的政治地位，同时在新的发家致富比赛中成为失败者，在村庄里处于社会最底层。土改时的莲花村贫协主席石宗奎，80年代时已经是一名60多岁的老人，他的两个儿子都不争气，家庭经济状况一团糟，曾经风光一时的石宗奎，一直到他1990年去世，基本上都躲

---

① 费孝通：《乡土中国　生育制度》，北京大学出版社，1998，第75页。

② 王露璐：《乡土伦理——一种跨学科视野中的“地方性道德知识”探究》，人民出版社，2008，第91页。

③ 李卫朝：《新时期农民启蒙的经济理性面相》，《学术界》2015年第5期，第218页。

在家里，不与村里人打交道。事实上，村里人也不会当回事，他们已经忘记了这个人。所以当石宗奎死的时候，有个村民竟然说："啊！石宗奎才死啊，我以为他早就死了。"根据我们的观察，80年代以来，农民群体由于家庭经济收入的差异，开始形成新的阶层结构：新贫农、新中农、新富农。[①] 这种阶层分化自20世纪90年代以来进一步显著、加剧，在当前则呈现出固化的趋势。阶层分化导致农民的经济行为、动机与价值取向也有分化。新贫农连温饱问题都还没有完全解决，因此其行为倾向于自然小农的"生存理性"法则，以种植业为主，副业生产很少；新中农已经完全解决温饱问题，但仍然注重生存理性，同时市场观念、商品观念不断增强，在条件具备时，也会显示出主动追求"经济理性"的一面；新富农，可以称为完全的小康型小农，有的已经完全脱离农业，已不是真正意义上的农民，他们衣食无忧，谋求最大利润的冲动很强，表现出比较纯粹的经济理性来。80年代的莲花村，新贫农的比例大约要占到全村农户的45%，新中农接近50%，新富农不足5%。

正是由于考虑到贫富分化加剧的风险，在公社解体后，邓小平多次论及这个问题。他说："社会主义的本质，是解放生产力，发展生产力，消灭剥削，消除两极分化，最终达到共同富裕。"[②] 还说："我们允许一些地区、一些人先富起来，是为了最终达到共同富裕，所以要防止两极分化。这就叫社会主义。"[③] "如果富的愈来愈富，穷的愈来愈穷，两极分化就会产生，而社会主义制度就应该而且能够避免两极分化。"[④]

在实践中，由于各地的资源禀赋、区位条件、历史传统、村庄权威结构等多种因素的差异，改革开放后全国形成了不同的农村经济社会发展模式或致富追求模式。归纳起来，还是两条基本路径：集体经济或集体求富，个体经济（民营经济）或个体求富。按致富方式分，以上两条路径之下又各自分为两种模式。

在坚持集体经济或集体求富模式中，又大体分为两种。

一是以河南省临颍县南街村、河北晋州市周家庄人民公社为代表，继续坚持集体公社时期的政治意识形态、生产方式与分配方式。其中对于南街村的争议最

---

① 这里是根据忠县当时的经济发展状况来确定的阶层结构划分，这与其他地区、特别是东部发达地区的阶层划分的具体标准是不一样的，直到2012年以前忠县都一直是国家级贫困县。

② 《邓小平文选》第3卷，人民出版社，1993，第373页。

③ 同上，第195页。

④ 同上，第374页。

大，有学者指出："南街村是靠雇佣（或曰'剥削'）外来劳动力的'剩余价值'致富的，完全不是什么'共产主义小区'。实际上是一种新型的'庄园经济'，南街村村民是庄园主阶级，而外地村民都是打工仔。"① 这可以称之为"对内的共产主义与对外的集体资本主义"。也有学者指出南街村是"典型的高增长、低效率"，其经济增长主要依靠廉价的外来劳动力和巨额的银行贷款，尤其是这些贷款并非商业目的贷款，而是出于"扶持典型"的目的所行的政治贷款②。这位学者隐含的意思是认为这种靠政治贷款维持"高增长"的共产主义共同富裕景象是背离市场经济规律并败坏市场经济秩序的。相比较而言，周家庄的发展要稳健得多。周家庄的集体生产主要分为农业和工业两大块。这里已经基本实现了共同富裕，"不让一人掉队，不让一家受罪"，没有劳动力外流，没有留守老人、留守妇女、留守儿童，没有赌博，没有住房竞赛③。

二是以苏南模式为代表，积极适应市场经济的发展要求，充分发挥集体经济"统"的功能，组织农民走共同富裕的道路④。80年代形成的苏南模式充分利用周围大中城市密集的区位优势与工商传统，走乡村工业化道路，兴办以集体为主体的乡镇企业，促进农村全面繁荣和农民共同富裕。此种政府主导的集体求富发展模式，在最初确实也实现了农民收入的相对平均，但又逐渐使干部和企业经营者的权力强化。体制的固有弊端，导致此种模式发展受挫，到90年代不得不实行私有化改制。结果又是因为相关制度设计的人为或非人为的漏洞，使很多集体企业的新所有者基本没有花钱就白得了企业，由此迅速成为当地的富人。⑤ 改制后，两极分化格局形成，苏南集体求富模式在一定意义上宣告失败，但另一个以个体驱动、民间驱动的新苏南模式开始形成。王露璐认为，新苏南模式的形成是基于苏南乡村经济伦理的扬弃与超越。⑥ 我认为实质是个体经济伦理对集体经济伦理的超越。为了阻止两极分化的加剧，苏南乡村当地政府采取了多种形式的"再分

---

① 雷颐：《被典型化的南街村》，《商界（评论）》2008年第5期，第15页。

② 冯仕政：《国家、市场与制度变迁——1981—2000年南街村的集体化与政治化》，《社会学研究》2007年第2期，第42页。

③ 卢晖临：《周家庄集体经济的实践与启示》，《南风窗》2016年第7期，第35页。

④ 战景赋：《"南学华西村，北学阿拉底"》，《世界经济与政治》1995年第8期，第83页。

⑤ 张建君：《发展模式和经济平等——苏南和温州的比较》，《管理世界》2006年第8期，第40页。

⑥ 王露璐：《乡土伦理——一种跨学科视野中的"地方性道德知识"探究》，人民出版社，2008，第226页。

配”手段，继续实践着共同富裕的道德目标。①

在坚持个体经济（民营经济）或个体求富模式中，亦大体分为两种模式，或两种现实图景。

其一为温州模式。改革开放初期，温州地区农村的基本状况是：人均耕地不到半亩，在浙江最少；几无自然资源可有效开发；国家投入少，政府资源有限。在此种现实的逼压下，民间的草根能量被激发出来。温州人从那些城市人不愿意做的低贱工作开始做起，如补鞋、理发、做衣服、拾垃圾、做小生意等，开始依靠自己摆脱贫困。由此逐渐形成了“以家庭工业和专业化市场的方式发展非农产业，从而形成小商品、大市场的发展格局”的温州模式。温州模式是一个全民参与经商求富的发展模式。在这种发展模式中，虽然充满了种种无序与乱象（如假冒伪劣产品的泛滥、当地环境的恶化、现代企业制度的缺乏、产权的混乱，等等），但客观上每个人都拥有公开而平等的发财机会，这一均等和公开的机会结构在温州产生了大量的富裕人群②。在温州模式逐渐成熟并遇到新的发展瓶颈时，长期“无为”与“弱势”的当地政府也不甘于“无所作为”，不过要如苏南模式一样以强政府来主导经济发展似乎也不现实，客观上政府只能扮演好适度有为的“引导者、协助者、服务者”角色。当然，政府如何掌握好有为与无为的平衡，也是一个艰巨的考验③。

其二为小岗村模式。小岗村人的“大包干”创举解放了农民的生产力，重组了农村生产关系，解决了农民的温饱问题。但是小岗村的经济发展并没有出现人们期望的巨变，至今还停留在传统农业社区，产业单一，经营方式分散，缺乏组织，村民松散，劳力外流④。因此，小岗村被人们形象地说成“一夜越过温饱线，20年没跨过富裕坎”。实际上，小岗村的情况在中国最具有普遍性、典型性，可以说是中国农村特别是中西部农村的整体缩影。这些地区有这样几个共同点：一是区位条件差，受自然环境的约束大，无密集而集中的大中城市群作为依托；二是

---

① 王露璐：《乡土伦理——一种跨学科视野中的“地方性道德知识”探究》，人民出版社，2008，第227页。

② 张建君：《发展模式和经济平等——苏南和温州的比较》，《管理世界》2006年第8期，第44页。

③ 傅白水：《“温州模式”将不复存在？》，《中国改革》2005年第1期，第41页。

④ 周沛：《农村社区发展道路与模式比较研究——以华西村、南街村、小岗村为例》，《南京社会科学》2000年第10期，第66页。另参见范迪军：《中国农村村级经济发展出路探讨——兼谈小岗村发展滞后原因》，《经济学动态》2004年第5期，第58—59页。

内部市场不发达，内部活力不足，工业化、城市化发展滞后，不能有效刺激内部市场的发育与发展，同时又缺乏走向外部市场的能力与条件，反而受到越来越强大的外部市场的挤压，导致搞农业种植越来越不划算，弱小的特色种养、小生意、小企业遭受冲击难以为继，结果是迫使大量劳动力（并非都是剩余劳动力）走上背井离乡的打工之路；三是工商传统较沿海地区为薄弱，观念的差距一定程度上也拉大了贫富的差距；四是在无温州那样的客观条件下，这些地区的农民多呈现出原子式的分散发展，随着市场化逐步深入，个体生产或家庭生产的脆弱性自难避免，导致大量农民无法实现根本的致富。

莲花村村民的求富之路就是典型的小岗村模式。在土地重新下户后的最初两三年，莲花村所在的㽏井镇以及其他乡镇一度出现了比较活跃的内部市场，最显著的标志就是集市的繁荣。村民们在集市上的交易行为变得频繁而普遍，农民搞副业生产的产品大多能在内部市场消化掉。村民熊德彪 1984 年承包了村集体的广柑林，每年收成的广柑都能在忠县当地销售完。但到 1988 年，熊德彪的广柑突然卖不动了，因为一些质量更好、价格又便宜的外地广柑产品进入了忠县市场。原先在忠县县城老街经营布料生意的村民雷震霄，后来也收摊不搞了，原因是江浙、湖北上来的小商贩们慢慢地垄断了忠县县城的布料及其他小商品生意，整个忠县县城老街长长一条街成了他们的天下。忠县丝厂的效益每况愈下，对蚕茧的需求量锐减，直接影响了莲花村村民的养蚕收入。这些自外部涌来的市场力量吞没了内部市场，本就脆弱的当地企业、商业分崩瓦解，曾经被誉为当地乡镇企业"一颗明星"的卫星桥纸厂于 1989 年破产关门。因此，忠县当地几乎等于零的工业无法给当地农民创造致富的机会。一方面，受外部市场的挤压，农业的比较效益从 1986 年开始急剧下降；另一方面，农业生产资料价格却不断猛涨，农民的生产成本越来越高，其种粮的积极性受到严重的损害，在这种情况下，农民自然要去打工或者经商①。由此，农民对待土地的态度开始显得"暴虐"，粗耕粗种现象普遍，传统的精耕细作方式被完全丢弃，一些村民甚至开始撂荒，一些地方在 1985 年、1986 年、1993 年都先后出现过严重的抛荒现象，如湖南省南县农村 1993 年春耕时节农民弃耕抛荒就达 10 万余亩②。同时，过高的生产成本、农贷利息使种

① 邹新月：《从农民理性经济行为看粮食市场的宏观调控》，《农业经济》1998 年第 2 期，第 36 页。

② 朱桂华、周建平：《弃耕抛荒——挫伤农民生产积极性的特殊信号——来自南县的调查与思考》，《农村工作通讯》1996 年第 8 期，第 38 页。

养专业户数量锐减。莲花村的种养专业户吴顺强最后也走上了外出打工的道路。此外，农民负担越来越重。1989年四川省农民的各种税费负担平均达28.45元，占1988年农民人均纯收入的6.3%，超过了限制在上年纯收入5%以内的标准，税费名目多达20—50种。① 受到这些多重压力的驱使，莲花人在20世纪80年代中后期开始成群结队地外出，并在90年代汇入到了全国性的打工浪潮中。一种新的经济形态出现：打工经济。

忠县是农民工输出大县。在90年代，每年春节前后，忠县汽车站、长江码头到处人山人海，放眼望去，大都是背着大包小包返乡或出门打工的农民工，此番景象至今如此。

农民外出打工是"生存压力"和"理性选择"共同作用的结果②，即在当地缺乏挣钱机会的情况下家庭经济生活的向外发力。对于农民而言，家庭就是其生活的全部，他外出打工的首要目的就是要在经济上和社会上巩固家庭，虽然悖论是他必须忍受与家人分离的痛苦。③ 1986年前后开始，莲花人开始了南下北上、东进西出的打工生活。最初出去的主要是男性青少年以及未婚的女性青少年，中年人、老人、已婚女性多还留守家庭，由此形成了"半工半耕"的家庭经济分工模式。"半工半耕"不仅是经济意义，而且具有相互分工合作、共同追求完成家庭目标的社会学意义。④ 外出家庭成员一般会省吃俭用，尽可能多地把打工收入全部汇回老家。未婚打工者会把钱汇给父母；做父母的除了把一部分钱作为家庭必要开支使用外，其他的钱都会存上，存下的这些钱最终多会用于盖新房子或孩子的婚事。在外打工的丈夫则会把钱如数地汇给妻子，让妻子统一掌管；做妻子的往往会由此来体会或检验丈夫的家庭责任感和对自己的感情深浅。这些从外地源源不断汇回的钱款成为农民家庭的主要收入来源之一，其所占家庭总收入的比重逐年提高。下表是村民何顺华家2009年全年的主要收入与消费的具体项目情况：

① 王新前：《当前农民生产积极性不高的表现、原因及对策》，《农业经济问题》1990年第7期，第53页。

② 文军：《从生存理性到社会理性选择：当代中国农民外出就业动因的社会学分析》，《社会学研究》2001年第6期，第25页。

③ 罗小锋：《制度、家庭策略与半工半耕型家庭生计策略的形成——兼论农民工家庭劳动力的再生产》，《福建行政学院学报》2013年第5期，第50页。

④ 夏柱智：《论"半工半耕"的社会学意涵》，《人文杂志》2014年第7期，第113页。

何顺华家2009年全年收支情况一览表

收入（32650元）	务农与副业收入（8650元）	水稻2000斤，以一斤1.2元算，2200元；玉米1500斤左右，以一斤1元算，1500元；油菜籽1000斤，以一斤1.5元算，1500元。 母猪一年产两次崽，大约20只，1只卖150元，总共3000元左右；平时小规模的养鸡（12只左右，不用饲料，由鸡自己出去觅食，年底拿10只去卖，2只自家吃）：大概450元。 （注：以上收入主要由何顺华妻子熊康芳在家劳动所得）
	务工收入（24000元）	何顺华长年在外边建筑工地打工，一年大概10个月，一天按80元算，一年大概24000元。
支出（35000元）	生产资料支出（3500元）	购买化肥、农药等物资：1500元 请人帮工：1500元 其他物资：500元
	教育支出（10500元）	儿子何天强（当时在读大学，由于是贷款，不算学费，只算生活费）一个月家庭支出400元，加上假期回家路费等，一年大约7000元； 儿子何天福（在县城上高中）一个月250元左右，一年大约3500元。
	家庭日常开支（14000元）	在农村一般很少吃肉，除非有亲戚来或是有一些节庆，一周80元左右（若按一月改善一次生活算的话，一月会支出500元左右）；一年日用开支大约7000元；年底购买年货，花去1000元左右。
	其他（7000元）	遇上亲戚的红白事，这是不可预料的，一年下来估计会遇到15～20桩，以平均一桩送礼200元算：4000元左右。生病等支出也不可预计，何顺华母亲得肺炎，花去3000元（农村医保报销60%之后）。

打工经济不仅缓解了农民的家庭生计压力，同时也使农民开阔了视野、长了见识，他们开始接受新的生活方式和新的观念，谋求更多的自我发展机会①。在企业打工的农民工培养起了初步的现代职业精神，包括良好的诚信、责任、纪律、时间意识。我们看到，在中国农民身上，其实也有将劳动视为天职的观念，虽然不是西方新教那种为上帝服务、增添荣光的天职观，但劳动是天经地义的、类似绝对律令的意味还是很浓的。韦伯认为近代西方新教天职观里所蕴含的勤劳、节俭、诚实、信用等美德，推动了资本主义精神的兴起，使人们的经济活动获得了巨大的宗教和道德力量的支持。而中国的儒教伦理缺乏新教的天职观和入世苦行

① 周大鸣:《农村劳务输出与打工经济——以江西省为例》,《中南民族大学学报(人文社会科学版)》2006年第1期,第10页。

的禁欲主义，导致资本主义没有最先在中国出现和发展。余英时认为，中国之所以没有出现资本主义，并非中国缺乏“入世苦行”的伦理，而在于中国的政治和法律没有经历过“理性化”的过程。在他看来，新儒家能够发展出“一种更积极的‘入世作事’的精神”①，如“敬”这一入世做事的行为准则，对后世中国社会所强调的“敬业”精神的形成有重要关联。余英时认为，这就是儒家伦理中的“天职”观念，与加尔文教的“天职”观异曲同工②。事实上，中国农民身上也有与市场经济契合的品质，包括韦伯所谓的勤劳、节俭、诚实、信用，乃至一辈子舍不得吃舍不得穿的苦行、禁欲精神，无不具备。就是现代职业生活所需要的纪律观念、敬业观念，中国农民具有的克己意识、尽己为人（忠）意识，其实也使农民能够比较自然而顺利地形成相应的职业观念，而并非我们想当然地认为“农民懒散、不守时、缺乏纪律性”。打工经济兴起后，农民迅速适应各种企业组织的职业岗位要求就是一个很好的证明。另外，有的年轻农民工开始关注自我的发展，而不仅仅是履行家庭责任，他们当中有人会把赚的钱私自存一部分，而不会再把全部钱汇给父母。有的农民工学会了炒股，试图在股市中大赚一把。莲花村村民石宏平在拿自己的本钱去投资失败后，总结出了他的经济哲学：要用盈利的钱来生钱，莫用本钱去投资。这些均充分说明，中国农民可以培养起现代观念，只要条件具备，他们也会产生西方意义上的经济理性与资本主义精神。

另外，打工不仅是一种经济行为，而且成为一种文化，进一步改变了村庄的社会结构与价值取向。在莲花村，外出打工越来越被视为一个村民有出息、有能力的表现，那些窝在村里不出去的年轻人往往会被人嘲笑、看不起。受这种观念的影响，到 90 年代末期，莲花村的中年人、已婚妇女几乎都跟着出去打工，村里开始只剩下留守老人和一部分留守儿童。这里，吸引村民出去的因素，就不仅是经济，也包括城市的文化、生活方式等。不过，能充分展示这些打工人的存在价值的空间场域还是只有在他们的村庄内部，因为他们在城市社会并不受人待见。打工赚了钱的莲花人首先把钱用来盖新房子，由此形成了 90 年代以来长达 10 年的盖房比赛。盖房比赛的首要目的并非为家庭成员居住得舒适，而是出于面子的需要。后者关乎村民在村里的尊严、地位与存在感，因而意义非凡。实际上在后集体时代，一个农民与其家庭能否实现发家致富往往会视为他个人的事情，因此

① 余英时:《中国近世宗教伦理与商人精神》,安徽教育出版社,2001,第 150 页。
② 同上,第 153 页。

发了财的农民会被人视为有能力、有本事，贫穷被看作是个人的无能、不作为、不努力的结果，因为“没有人拦着你发财”①。为了赚到这些用于维护面子尊严的钱，打工者在城市社会则必须忍受无尊严、甚至屈辱的工作环境。早年曾到深圳、东莞打工的村民石云兰说：“我最初打工的是一家玩具厂，我工作的地方像牢房一样，只有一扇门和一扇用铁栅条牢牢固定的窗子，里面光线很暗，白天都要开灯。为了赚点钱，我们活得像狗一样。”同时，为了赚更多的钱，许多农民工都会选择主动加班，有的人一天会上班十五六个小时。这种自觉接受剥削的行为，与他们曾经在自己的土地上进行的自我剥削具有一致的逻辑，都是为了获得最大收入或最大产量。但前者是令人屈辱、痛苦的；后者则是高兴、乐意的。

打工经济的兴起，再次全新地改变了农民的经济行为，其心理动机也变得更为复杂。在这当中，起决定作用的因素是打工收入的稳定性。莲花村出去的打工农民，后来成为老板的只有四五个，大多数人都在从事着任务繁重、报酬低廉的工作，而且有的人工作稳定性差，频繁地换工作是很普遍的现象，这就导致他们也难以获得稳定的收入。导致农民工收入稳定性差的原因是他们极易受到失业、生产事故、经济波动等社会风险的冲击②，加剧了其生计的脆弱性③。我的堂兄周泽康是做泥水匠的，在外打工二十多年，福建、广东、四川、重庆、云南、西藏都留下过他打工的足迹，他这样讲打工收入的稳定性：“有活儿干就有钱，好的时候天天有事干，不好的时候一两个月都找不到事做。”这种工作的不稳定性是他“总存不起钱”的重要原因。即使是一些工作稳定的农民工，由于报酬低，生计的脆弱也导致其生活并不稳定。因此，一分一分如蚂蚁式地不停攒钱就成为绝大多数农民工的行为选择。他们一般不会去考虑成本问题，一般情况下他也没法去考虑，尤其是他们对自己的身体更是很少顾惜。事实上，不是他们没有“成本—收益”观念，而是没有条件去考虑这个问题。也就是说，他们一般没有条件去追求基于成本考虑的利润最大化，他们只能去追求不计成本的货币收入最大化。这在已婚的年纪大的农民工身上表现得尤其明显。周泽康现在有四个孩子，都还未成年，所以他说：“我现在生活的目标很简单，就是拼命地多挣钱，养家、养老婆、

① 庄孔韶、赵旭东、贺雪峰等：《中国乡村研究三十年》，《开放时代》2008年第6期，第20页。

② 苏飞、马莎莎、庞凌峰等：《杭州市农民工生计脆弱性特征与对策》，《地理科学进展》2013年第3期，第389页。

③ 任义科、张生太、杜巍：《农民工生计脆弱性的制度分析及其政策建议》，《中国行政管理》2011年第2期，第39页。

养娃儿。”

打工使绝大多数的农民摆脱了绝对贫困，但同时又陷入了相对贫困陷阱。他们的财富收入增长速度低于整个社会财富的增长速度，整个社会的贫富分化进一步加剧。他们面临的各种风险却越来越复杂多变，生活的不确定性因素大量增加，所承受的生存压力也越来越大。一句话以概之，他们的生存问题并没有得到有效解决，而是变得更复杂、更严峻。当然，这种生存困境已经不是温饱层次上的生存困境，而是发展层次上的生存困境。这就使得大多数农民的经济行为还是围绕生存进行的，其理性也表现为一种新的生存理性。新生存理性有这样几个特点：钱具有最高的价值意义；家庭生活安全第一；不计成本，追求货币收入最大化；自愿或主动接受剥削；为了获得更多的货币收入，可以忍受恶劣的工作环境与屈辱的对待；即使采取经济理性行为也是立足于生存问题的考虑；强调个人独立奋斗、打拼，不奢望有救世主或天上掉馅饼；精明务实。

不过，我们在一些年轻的“80 后”“90 后”农民或农民工身上发现了一些相反的行为取向：首先，父辈那种为整个家庭打拼的经济行为动机在他们身上减弱了，他们考虑自我的成分多了，不想再像父母那样“为家庭操碎了心”，而是想“为自己活一把”。第二，在他们那里，钱虽然仍具有最高的价值意义，但他们不再愿意不计成本地去追求货币收入最大化。他们比父辈更“爱惜”自己的身体，不愿意透支自己的身体。按村里人的讲法：“现在的年轻人太娇嫩了，太爱惜自己的身体了，做啥事都怕苦怕累。”第三，他们不再愿意为了钱而忍受恶劣的工作环境与屈辱的对待。“90 后”村民熊小伟原在重庆西永的富士康工厂里工作，每月可以挣 4000 多元钱，但他觉得没法忍受里面压抑的工作氛围，于是就出来了，现在还“漂起的”，看他的样子也不着急，按他的说法“工作迟早会找到的”。第四，他们对生活风险的焦虑感没有父辈强，因此他们的生活过得更随意、更无计划，他们习惯于做消费的“月光族”，喜欢用信用卡，似乎更能够过一种“过了今天没有明天”的生活。

总之，打工经济使农民（工）的经济生活与行为动机呈现出多重面向，而且他们的行为选择受外在大环境的影响也越来越大。随着中国城市化、工业化、市场化、全球化的进一步发展以及全球经济的周期性波动，受此影响，中国农民也不得不努力调整自己的经济行为选择。

进入 2000 年后，外出打工仍是主潮流，但同时小股的返乡潮也开始出现，并在 2008 年亚洲金融危机后形成了第一次较大规模的返乡潮。就近几年的情况看，返乡潮有持续增强的趋势。造成农民工返乡的因素主要有：一是金融危机导致一些中小型企业纷纷倒闭关门，造成一些农民工因失业而返乡；二是打工收入降低，而打工地的生活成本逐年提高，迫使农民工返回生活成本相对较低的家乡；三是一些农民工家乡的城市化、工业化逐步发展起来，给他们提供了新的就业机会；四是一些年老的农民工在城市里打工已感"力不从心"，于是回乡养老；五是在外打工积累了一定资金、技术的农民工，出于家乡情感、关系成本、劳动力成本、自我价值、面子尊严等因素的考虑而回乡创业。

这里我们重点分析农民工的返乡创业行为。农民工大多具有强烈的创业冲动，外出打工的经历开阔了他们的视野、提升了他们的能力，同时也使他们积累了一定的资金，他们对于财富追求的愿望日益强烈①。事实上，自己创业当老板是很多农民工的理想。他们希望摆脱那种被人使唤、呵责、歧视的"当牛做马"的生活状态，他们厌恶替别人打工，他们也渴望自由与独立。②

2000年以来，国家级贫困县忠县在国家的大力扶持下，经济社会也得到了长足发展，开始初步形成食品加工、生物制药、能源化工、机械制造、水泥建材等工业体系，流通、服务、商贸等第三产业也有较快发展。同时，城镇人口大量增长，以忠县县城为例，20世纪80年代初期，忠县县城常住人口是1万人；到2000年已接近20万人。另外，农民外出打工使一些土地撂荒，有利于农业生产的重组。这些都在客观上为农民工返乡创业创造了条件和时机。

莲花村最早回乡创业的是石明阳。1988年，年仅17岁的石明阳就开始外出打工，先后做过建筑工地的小工、餐馆洗碗工、印刷厂装订工、猪饲料销售员。据他自己讲，他的人生转机是从做猪饲料销售开始的，他在这个行当干了五六年，积累了一笔资金，就一直琢磨自己创业。2001年，他回村当起了"猪倌"，并将莲花村、芭蕉村、三抚村一带的养猪户组织起来，创办了猪八戒合作社，指导村民搞规模化养猪场，赢得了村民的广泛赞誉，后来被选为莲花村村主任。谈到自己的创业动机和感想时，石明阳说："之所以选择回乡创业，是因为觉得在老家创业要方便些，养猪风险也不大。搞了合作社后，大家都很认可我，精神上觉得挺满足。我现在也不缺钱，光有钱也没意思。"诚如有学者指出的那样，农民工的创业行为是稳定生活际遇的追求、经济效益的追求、体面生活形式的追求等多种因素

① 唐有财：《从打工到创业：农民工创业的发生学研究》，《人文杂志》2013年第8期，第112页。

② 参见〔爱尔兰〕瑞雪·墨菲：《农民工改变中国农村》，黄涛、王静译，浙江人民出版社，2009，第155页。

作用的结果①，即对农民工而言，创业是实现安全、财富和自我价值的最好方式。

莲花村另外三个回乡创业的典型人物是冉崇全、彭大梁、周文江。冉崇全于20世纪90年代初到上海一家工厂打工，受过高中教育的他勤劳肯干、刻苦钻研，很得老板赏识，先后负责过厂里的销售与技术工作。90年代末期他全程参与了工厂环保节能新产品的开发工作。2005年他回到忠县，在城关镇红星村投资100万元建起了厂房，专门生产环保节能产品。彭大梁则是在2009年利用打工的积蓄20万元回忠县，在离莲花村10公里远的大岭乡搞起了乡村农家乐，一年可以赚10多万元。周文江曾长期在湖北打工，他发现当地农村有些村民通过租包的形式把一些撂荒的土地集中起来搞规模农业经营②。受此启发，2010年周文江回到莲花

① 江立华、陈文超:《返乡农民工创业实践中的资本和策略——基于个案研究的扩展》,《科学社会主义》2010年第6期,第124页。

② 关于农业的规模经营问题,学界主流的看法认为这是实现农业现代化的必由之路。但如贺雪峰、黄宗智、温铁军等学者则认为由于中国人地关系高度紧张的矛盾还会长期存在,而且即使按照目前的城市化速度,中国未来一个相当长的历史时期仍有将近8亿农民,因此家庭小农式的"半工半耕"的生产方式也会长期存在下去。在这种情况下,如果过快推进农业的规模化经营,或由此采取一些学者主张的土地的私有化、市场化政策,必然会导致大量农民失去在农村的最后生存保障,"拉美病"也就无可避免。半工半耕制度的逻辑是:人多地少的过密型农业因收入不足而迫使人们外出务工,而外出临时打工的风险又反过来迫使人们依赖家里的小规模口粮作为保险。这样使得"过密型"小规模、低报酬的农业制度和恶性的临时工制度紧紧地卷在一起。(参见〔美〕黄宗智:《经验与理论:中国社会、经济与法律的实践历史研究》,中国人民大学出版社,2007,第477页。)也有学者提出,从长远来看,以"半工半耕"为基础,村社内部依靠土地流转产生的一定数量的中坚农民("中农")群体共同构成了现阶段农村社会结构的主体力量。"半工半耕"将向两个方向分化:工或耕。发达地区例如苏南地区的许多农村已经很少有兼业户,村办集体农场从20世纪80年代后期已经重新在农业经营中占据主导地位,农民在其中充当现代农业工人。(参见夏柱智:《论"半工半耕"的社会学意涵》,《人文杂志》2014年第7期,第115页。)但现实情况要比学者们思考的要复杂得多。以莲花村为例,到2005年以后,其"半工半耕"的经济基本上就瓦解了,有相当一部分莲花人放弃了农耕,而是完全依托并不稳定的打工收入支撑生活。就他们的未来发展而言,大多数村民已经放弃回头向"耕"发展,但同时他们向"工"发展又充满不确定性,稳定性差。像莲花村这样的山区农村,不要说一般的年轻人不愿意再回去,就是像我堂妹周秀莹这样的中年妇女,宁愿在城里艰难度日(有一段时间连吃饭都发生危机),打死也不愿再回村里去。因为莲花村已经"空心化",按照周秀莹的说法,"只有鬼气,没有人气"。这就是有学者发现的现象:农村出现农业"去内卷化"、城镇出现"打工内卷化"。农业"去内卷化"在农村带来的是村庄空心化,而在城镇则表现为"打工内卷化"。"打工内卷化",是就农业劳动力在城镇就业状况而言的,指城镇打工者群体内部人数不断增多,而其打工收入和农民身份很少变化的过程。打工者"内卷化"行动的背后逻辑是,农业劳动收入微薄,农户将家庭主要劳动力安排到城镇打工,能挣到比农业劳动多得多的收入;借此,尽管打工者在城镇的劳动报酬低于劳动付出,工作条件、生活条件也比城镇正式职工差,但他们不会选择回到农村。在这种情况下,积聚在城市不愿意再回农村的农民会不会形成类似拉美的贫民窟,值得我们高度警惕。(参见吴业苗:《从"农业内卷化"到"打工内卷化":人的城镇化困境与诉求》,《河北学刊》2016年第5期。)

村以后，就开始租包一些村民出让或撂荒的土地，大概有50多亩，搞起了规模种植，水田种水稻，旱地种经济作物，一年也有接近10万元的收入。

在这些创业规模较大的回乡创业者身上，我们发现有这样几个特点：他们的观念比较开放，特别是市场观念很强，对市场信号比较敏感；他们所受的教育程度较高，多是高中毕业；在外打工使他们获得了一些专项的技术与能力；在创业过程中他们善于利用社会资本。拥有这些特点的农民工有更高的创业意愿与创业绩效。如一项研究也表明，拥有打工经历的农民创业绩效较高①。

这里我们需要特别指出的是，前面谈到的四个个案可以归之于成长型和价值型创业动机的农民工②。但事实上大部分农民工还是基于生存的考虑而回乡创业的。因而，他们的创业规模都是很小的，多采取自我雇佣的方式进行生产经营。这一部分农民工很多是失业回乡的，须面临现实的生计风险。他们在风险约束下的创业遵循的基本原则是投入少、见效快、技术含量较低、收益高，这里显示出了一种特殊的基于风险约束下的经济理性③。另外，还需特别指出，如莲花村这样的落后山区农村，农民工回乡创业的还是少数，绝大多数农民还是长年流动在外，继续着向外发力的生活与人生追求。

纵观改革开放以来中国农民的经济行为、动机与价值取向，我们可以总结出如下几个方面：

第一，“文革”结束后，中国广大农村迅速掀起了发家致富的浪潮。“穷光荣”不过是一时的政治噱头，想富、求富才是农民的真实心理，也是一代代中国农民遵循的常理。在农民看来，物质利益比空泛的主义和宏大的理想真实得多。当政治运动逐渐平静下来以后，如何挣钱致富，成为人们关注和讨论的焦点。财富资本重新取代政治资本，再次成为乡村社会中地位和声望的象征，革命小农也随之转变为求富小农。

第二，集体公社的解体，也标志着强制性的命令式集体经济的瓦解，农民的生产力得到解放，农民拥有了生产经营自主权，其生产积极性与发家致富的冲动

① 张鑫、谢家智、张明：《打工经历、社会资本与农民初创企业绩效》，《软科学》2015年第4期，第141—142页。

② 朱红根、康兰媛：《农民工创业动机及对创业绩效影响的实证分析——基于江西省15个县市的438个返乡创业农民工样本》，《南京农业大学学报(社会科学版)》2013年第5期，第60页。

③ 张大维、郑永君：《贫困风险约束：返乡农民工创业的发生机制——基于三个川北返乡农民工家庭的生计选择分析》，《河南大学学报(社会科学版)》2014年第5期，第43页。

得到了极大的释放，集体小农、依附小农随之转变为个体小农、自由小农。

第三，改革开放40多年来，中国农民经历了从土地崇拜到“弃土离土”、工商精神萌发复兴到市场打拼的历史过程。传统中国乡村，几乎村村有土地庙，家家祭拜土地神，他们认为土可生财、土能生金，土地直接与他们的生存与子孙繁衍相关联。所以土地崇拜成为中国农民的基本心理情结。总之，对土地的崇拜主要表现出农民对经济实用价值和金钱的追求。土地下户后，农民把所有的时间和精力都倾注在自家土地上，俗话说在土里“刨食”。然而，随着农业比较效益的降低，以及市场化的冲击，靠土地谋生已经不划算，于是智慧的农民开始离开土地，向工商界进军，搞副业、办企业，或进城打工谋生。在这个过程中，农民逐渐从自然小农转变为市场小农，从生存小农转变为理性小农，从温饱小农转变为发展小农。

第四，20世纪80年代中期以来，中国大多数农民由于遭遇各种的新的生存困境，因而其经济行为也表现出一种新的生存理性来。传统小农的生存困境主要是受地方和村庄内部的自然资源条件约束（主要的外部约束是国家税赋与战争），而现代小农的生存困境主要是由地方和村庄内部的自然资源条件约束与外部的全球化、市场化、资本流动、消费主义形成的侵袭、挤压、掠夺、诱惑这两个层面的因素叠加而形成的。因此，不论是舒尔茨所谓的“农民是理性的”，还是徐勇所谓的“小农卷入社会化大分工网络……打破了家庭自给性供给边界，农户经常面临短期性货币支出压力和周期性家庭赤字……其理性表现为追求货币收入最大化，缓解生产和生活的现金支出压力”①，这些都说明，小农变得越来越理性，但即使是农民采取经济理性行为，都是基于新的“生存困境”（此种生存困境并不比基于温饱匮乏的生存困境给农民形成的身心压力小）的考虑，因此表现为一种新型的生存理性。有研究显示，超过64%的中国农村家庭是脆弱的。② 家庭经济的普遍性脆弱决定人们的经济行为还是会遵循安全第一的风险规避原则。普通农民的经济理性冲动，还是服务于生存理性；只有富裕农民阶层才会有比较纯粹的经济理性行为。

---

① 徐勇、邓大才：《社会化小农：解释当今农户的一种视角》，《学术月刊》2006年第7期，第8—9页。

② 杨文、孙蚌珠、王学龙：《中国农村家庭脆弱性的测量与分解》，《经济研究》2012年第4期，第47页。

第五，人的动机是复杂的，因此农民的理性表现形式、程度也会随着其生活的时代、社会环境的变化而不同。是基于生存理性，还是基于经济理性；是追求生活效用最大化，还是追求利润最大化，农民一般会面对实际情况，经过合理盘算，而作出他认为最合理的应对策略，总之，他会在经济利益和安全需求两者间寻求平衡①，从而表现出有限理性②。一个农民也可能有追求利润最大化的野心，但客观现实条件可能会限制他去做这样的“非分之想”。人的行为策略大多是平衡、中庸的次优或折中选择的结果。另外，农民采取何种经济行为还会受到利益、消费、文化、道义、尊严、地位等多种因素的影响，他一般也会理性地对这些方面进行平衡。因此，借用管理学中的“复杂人”假说，我们可以说，农民其实是“复杂小农”或“综合小农”。

第六，摆脱了集体的中国农民，在获得自由与独立的同时，又逐渐陷入了原子化的困境。他们基本是上依靠单个人和单个家庭的力量在复杂多变的市场环境中艰难打拼，其未来命运令人担忧。因此，在这个充满了各种不确定性的高风险时代，我们必须思考农民的重新组织化与集体化的问题。显然，这种集体化不应是高度集中的、命令式的、等级制的、高度政治性的、依附性的或“只见集体，没有个人，只有家长的意志，没有个人的思想”的公社体制的复归。

三、道义：农民经济生活中的互助合作

道义是道德准则和公平正义的合称，是社会道德体系中最能反映道德主旨和根本要求的道德义理和道德律令的化身。③ 每一个社会的道德首先并且总是通过道义精神表现出来，在道义的旗帜下获得自己的现实存在。关于农民的道义问题，特别是其经济生活中的互助合作所涉及的道义问题，人们的看法一直显得莫衷一是。有人说传统农民是最讲道义的，人与人之间温情友爱、互帮互济；有人说农民最自私，并不如我们所想象的那样讲道义。我以为，这同样是一种固定的、本质论式的考察论断，从而形成“公说公有理，婆说婆有理”的局面而不得要领。我们的思路还是遵循纵向的历史发展与具体现实环境、情景条件相结合的考察方

---

① 彭晓宽：《经济理性抑或安全需求：城中村改造中农民行动考察》，《求实》2016 年第 3 期，第 83 页。

② 钟涨宝、李飞：《动员效力与经济理性：农户参与新农保的行为逻辑研究——基于武汉市新洲区双柳街的调查》，《社会学研究》2012 年第 3 期，第 141 页。

③ 王泽应：《论社会主义道义精神》，《湖南师范大学社会科学学报》1998 年第 4 期，第 8 页。

式，以期能把握并较好地说明农民经济生活中的互助合作及其道义的多面向与复杂性。

互助合作是人类社会最普遍、最重要的行为方式。从根本上说，没有不需要或不存在互助合作的社会，也没有不需要或不存在互助合作的群体与个人。当然，人们对互助合作具体内涵的理解有一定的差别：（1）合作是使双方支付近期成本而获得远期更大利益的“延期互惠行为”①；（2）合作是对公共产品作贡献②；（3）合作是指花费成本来帮助他人，而不是获得利他主义的帮助却不进行回报③；（4）合作是人类的一种基本活动，这种活动和竞争相比，强调自利和互利的统一。④ 事实上，这几个定义本质上是一致的：强调利益的互惠性；个人利益与共同利益统一；虽然不是纯粹的利他主义，但暗含着利他主义的道义要求。

当然，社会条件、生产方式、制度设置、社会地位、个人特质等因素的差异，会导致人们的行为呈现出复杂多变的一面。因此，对于传统小农非合作的一面，就有马克思所谓的“马铃薯效应”⑤，孙中山所谓的“一盘散沙”⑥，以及曹锦清所谓的“中国农民的天然弱点在于不善合”⑦ 等种种说法。为了厘清这些说法，需要我们从历史与现实两个层面并置于具体的情景与条件下予以说明。

（一）近现代以来农民经济生活中的互助合作

与农耕社会固有的小生产方式与稳定的村落社会关系结构相适应，传统中国乡村注重道义优先、人情往来为基本原则的互助合作，由此代代传承为一种礼俗。在传统时代，血缘宗族内部一般采取通财互助与义庄互助（如北宋皇祐元年（1049 年）范仲淹首创的族田义庄）形式，对宗族成员实施贫困救助、灾荒救助、教育救助与收养孤弱。血缘宗族之外则有邻里互助、民间性的单社互助组织（如

---

① E. S. Adams, M. Mesterton-Gibbons, “Lanchester’s attrition models and fights among social animals,” *Behavioral Ecology* 14, No. 5(2003):5.

② McNamara John M., Barta Zoltan, Houston Alasdair, “Variation in behaviour promotes cooperation in the prisoner’s dilemma game,” *Nature* 428, No. 6984(2004):745—748.

③ M. A. Nowaketal, “Emergence of cooperation and evolutionary stability in finite populations,” *Nature* 428, No. 6983(2004):646—650.

④ 黄少安、韦倩：《合作行为与合作经济学：一个理论分析框架》，《经济理论与经济管理》2011 年第 2 期，第 12 页。

⑤ 《马克思恩格斯全集》第 8 卷，人民出版社，2006，第 217 页。

⑥ 《孙中山全集》第 6 卷，中华书局，1985，第 412 页。

⑦ 曹锦清：《黄河边的中国——一个学者对乡村社会的观察与思考》，上海文艺出版社，2000，第 167 页。

为保障农业生产正常进行而结成的牛社、马社）等形式。[①] 传统乡村社会是伦理本位社会，“人一生下来，便有与他相关系之人（父母，兄弟等），人生且将始终在与人相关系中而生活（不能离社会），如此则知，人生实存于各种关系之上。此种种关系，即是种种伦理”[②]。伦理本位社会强调人与人之间互有的伦理道德义务，虽然互助合作也有利益相互需求的一面，但道义优先，道义主导着人们的互助合作行为，即所谓的“重义轻利”或“重义兼利”。此种互助传统自古及今，已经深深渗入乡村文化的骨髓，成为中国农民的常态行为，成为乡村社会整合的重要形式。

19 世纪中叶，中国开始由传统农业社会向近代工商业社会艰难转型。一般认为，百年来中国近现代经济的演化的中心线索是“中国资本主义经济的发展与不发展”[③] 或“市场化经济的发展”[④]。此种经济的资本主义化或市场化呈现出从沿海地区向中西部内陆地区逐步推进的趋势。受资本主义化和市场化的冲击，中国乡村自给自足的小农经济结构也呈现出不断松动的趋势。特别是到 19 世纪末、20 世纪初，中国农村经济已经脱离其原有的传统发展轨道，显著表现为农村经济与现代工业、城市经济和国际贸易之间联系日益紧密，旧的农业经济平衡已被打破，农业生产结构和家庭经济结构发生变化。[⑤] 但由于中国当时缺乏一个稳定的政治环境与完善的经济制度，使这种资源的重组和结构的变化并没有导致“新平衡”的产生，加之中国在国际市场竞争中的不利地位以及长期的战乱（特别是 20 世纪三四十年代的国内战争与全面抗战）更是造成农村经济的凋敝。同时，农村经济与社会结构仍然保留了诸多传统因子，如经济的“过密型”增长方式[⑥]，虽然不是全部性的，但至少也是局部性的，尤其在中西部地区更是如此。

在文化思想领域，19 世纪中叶兴起的经世致用思想，对传统道义优先的“重义轻利”观形成了一定冲击。如清代龚自珍认为自私乃天经地义之事，人皆有“得财

① 卞国凤：《近代以来中国乡村社会民间互助变迁研究》，博士学位论文，南开大学周恩来政府管理学院，2010。

② 梁漱溟：《中国文化要义》，上海人民出版社，2005，第 72 页。

③ 丁日初：《近代中国的现代化与资本家阶级》，云南人民出版社，1994，第 8 页。

④ 吴承明：《中国的现代化：市场与社会》，生活·读书·新知三联书店，2001，第 6—9 页。

⑤ 张丽：《关于中国近代农村经济的探讨》，《中国农史》1999 年第 2 期，第 9 页。

⑥ Philip C. C. Huang, *The peasant family and rural development in the Yangzi Delta, 1350—1988* (Stanford, NJ: Stanford University Press, 1990).

则勤于服役，失财则怫然愠”①之私心；魏源主张“于百姓则开之于利”②，力言民众逐利行为的合理性；陈炽谓“惟有利而后能知义，亦惟有义而后可以获利”③；包世臣主张“合众以财”，并提出了“本末皆富”才是“千古治法之宗”④ 的观点。这些主张都具有为逐利行为进行伦理辩护的意味，同时具有很强的国家功利主义或民族功利主义色彩。不过，这些思想没有根本改变传统的德性主义的“义利观”。

在上述大背景下，近现代以来的中国农民经济生活中的互助合作遂呈现出新与旧交织的景象。其旧表现为传统以来乡村民间自发存在的内生性互助合作，其新表现为民国以来由政府推动以及知识分子、民间力量发起的外生性互助合作。

晚清民国以来，虽然资本主义经济和市场化开始冲击乡村，但小农生产方式依然顽强存在，乡村社会人口流动性小，因此仍表现出显著的熟人社会特征，而且商品经济和市场化的冲击所带来的生存压力，这些都使得农民对传统的互助合作的需求更为迫切。因此，以血缘关系和地缘关系为基础的传统互助方式在中国各地乡村仍然普遍存在，如在农事生产、修屋建房、婚丧、借款等领域的互助，有效地缓解了农民面临的种种风险，在当时国家福利严重不足的条件下，对农民起到了关键的福利保障作用。⑤ 另外，晚清民初，基于传统互助的范围和形式也发生了新的变化。如各种“会”的出现，包括团会、摇会、请钱会、七贤会、拔会等各种名目的钱会，目的在于解决农民的资金困难，是农民在日常生活境遇中自发创设的一种救急机制；其他如看青会、青苗会、联庄会、油茶会、守牛会、制糖会等生产性互助组织，也与上述类似。这些增添了新内容与新形式的互助背后的道义观还是传统的，体现的是乡村社会“守望相助”之义。

民国时期，莲花村所在的忠县，借长江之便，很早已出现较发达之商贸流通，虽然农业仍是其主要产业，但受市场化之影响亦深。当时忠县农村各地包括莲花村，除了传统的种植业外，也较普遍从事种植烟叶、柑橘、桐油树以及养猪、养鸡鸭、养蚕、染布等副业，也有农民背米、贩运小百货到湖北利川一带售卖，或

---

① 龚自珍：《龚自珍全集》，上海人民出版社，1975，第 29 页。另见龚自珍：《龚自珍全集》，上海古籍出版社，1999，第 29 页。

② 魏源：《魏源集》，中华书局，1976，第 45 页。

③ 《陈炽集》，中华书局，1997，第 273 页。

④ 赵靖、易梦虹主编《中国近代经济思想资料选辑》（上册），中华书局，1982，第 8 页。

⑤ 卞国凤：《近代以来中国乡村社会民间互助变迁研究》，博士学位论文，南开大学周恩来政府管理学院，2010。

从梁平贩运纸张到忠县来卖。特别是当地盛产的桐油，常年都由数千挑油工通过水陆两道运输到万县。即使在此种商品经济风习的浸染下，莲花人在经济生活中仍秉承的是传统道义观。特别是在农事生产中，由于传统的精耕细作方式需要大量的人力、物力的投入，以水稻种植为例，要讲究“犁田三磨三耙”“七十二道脚手”；旱地的农耕作业至少需要六到七个劳动力，四到五头牲畜，三种以上的农具，这些客观上要求村民之间互助合作。当然，这种互助主要还是在亲密的私人关系之间进行的，主要包括耕畜和农具的借用或合用、人工互换以及人工换畜力、畜力换畜力等方式。另外，也有私人互助性的借贷以及纯粹道义性的救济。

2010 年，在聊到民国时期村民传统互助合作背后的动机与道德观念时，时年 85 岁高龄的莲花村村民周文孝这样说：“亲戚之间、邻里之间帮个忙，那都是应该的、天经地义，大家都这样，要不这样，唧个在村里活人呢?”我问他这是不是意味着村民之间的互助是无条件的问题时，他说：“道理上讲，是这样，做人都要讲个道义良心嘛。再说，你给别人帮忙，又不是白帮，别人也会帮你的嘛。”这句话充分显示，农民是将道义与互利等价的理性动机结合在一起的。因此，传统先贤大德所力倡的道义优先的“义利观”在农民那里，实质上强调的是互利等价的优先性，从而表现出农民独特的平等观、正义观。这样，我们可以看到：在换工时，农民对于劳动力与农具或畜力之间的换算会自然遵循“互不吃亏”的原则；合用农具时，农民会尽量寻找与自己经济实力相当的合作伙伴；在合耕时，按照各自付出的生产资料和劳动力的多少进行分配；在合伙养牛时，平摊喂养牲畜的费用。即使是一些纯粹道义性的救助行为，救助者也会期待将来能得到受助者的回报；而且对他人的援助会换取到较高的社会地位和人们的尊敬。

周文孝还讲到我外祖父熊安良当时的一些事情。我外祖父熊安良生于 1900 年，当时家里穷，其母在他三岁时上吊自杀，父亲不理家，丢下他跑了；叔伯婶娘无人肯喂养他，于是和爷爷相依为命，平常就靠去东家西家讨点饭菜生活。长到十多岁了，熊安良还没穿过一件像样的衣裤，经常是光着个身子。爷爷死后，熊安良和单身的一个叔叔住在一起，开始做点儿小生意，但没有起色。到二十四岁时，遇到我的外祖母周淑芬［外祖母原先是结过婚的，已经有了一个女儿，她的前夫因为参加“棒老二”（即土匪）被抓起来枪毙掉了］，两个人组成了家庭。结婚时，家里连一件像样的东西都没有。周淑芬去向熊安良的叔伯婶娘家借东西，他们均摆出非常鄙夷、不情愿的态度。在这里，我们可以看到与传统乡村“守望相助”的道义伦理相反的一面。后来熊安良开了染房、织布房、布店，购置了大量的田产，慢慢变得富裕起来，原来嫌弃他的亲戚们则纷纷贴上来了。由于熊安良不念旧恶，亲戚间关系才比以前更紧密，显得亲情暖暖。在熊安良的一生中，曾经帮助抚养过七八名亲戚的子女，其慷慨大方、义气在莲花一带远近闻名。周文孝对我讲："你外公这个人不自私，很少见，村里人无不称道、佩服。"这说明在实际生活中，自私的人很多，自私的行为也很普遍，但人们仍然愿意将无私、道义至上置于村庄价值观的最高层面。熊安良的义气、乐善好施正是在较高的层面维护了传统的道义精神，不过他的行为还是遵循了互惠原则。虽然他付出多，但他收获了人们的尊敬，使自己在村里更有地位、更有面子，因此他的救助行为事实上也得到了回报，实现了间接互惠，所以他身上散发出来的公平正义之光不仅照亮了他人，他自己也获得了公平正义。

另外，我们发现，在穷人和富人关系中，乡村社会具有平均主义色彩的公平正义观对富人有更高的道义要求。富人的慷慨大方被认为是应尽的道义责任，为富不仁则会被人指责。因此，出于人伦亲情与道义责任，富人会尽量照顾那些比较穷的亲戚或乡邻。而较穷的亲戚或乡邻，在亲情和道义上，就有了要求富裕的亲戚给予自己帮助的权利，并觉得这是再自然不过的事情。对有的人来讲，接受他人的帮助或馈赠是一种耻辱。不过，一般的村民还是对那些乐善好施的人抱有好感与期待。对那些吝啬的富人，村民们相信他们将在今世和来世遭受惩罚，不幸将降临在他们身上。在村庄中，"吝啬"都与富人的拒绝，尤其是拒绝帮助穷人联系在一起；同情则与施舍相连，并且穷人被界定为适宜的施舍对象。为了免遭谴责，富人在帮助穷人时，还必须以不让受助人感到羞愧和屈辱的方式去做。也就是说，穷人所需要的是无须让自己感恩戴德的救助。他们要求把获得帮助或施舍视为一项权利，而并非通过顺从、小小的效劳、忠诚或社会支持等方式向施主表示适当的感激之情。当然，富人的救济义务与穷人的索求救济的权利也不是绝对的。其中，传统的"施报"观念，对于维护双方之间的长久互动关系还是起着非常关键的作用。中国人讲"一报还一报"，讲"滴水之恩，当涌泉相报"，这样一报一还，一来一往，双方的关系就变得日益牢固、稳定。如果有人太不会做人，做得太过分就会受到村庄舆论的一致谴责，此种"惩罚机制"较好地维系了乡村社会中互助合作行为中的"互惠原则"①。

① 周婷婷：《20世纪上半期山东乡村互助研究》，博士学位论文，山东大学哲学与社会发展学院，2012。

面对传统道义观统摄下的中国农民，晚清民国以来接受西方现代文明影响的中国知识分子、革命人士却有了他们新的看法与观点。其核心点在于：农民成为需要被启蒙、被改造、被教育、被动员参加革命的对象，因为他们是“一盘散沙”，他们“愚、穷、弱、私”，他们“善分不善合”，他们保守落后、顽固僵化、不思进取，他们缺乏公心，只有小我，没有大我。在这样一种认识下，农民传统的自我主导的自发式、内生性的互助合作方式开始被国家、政党、知识分子、民间力量所主导或发起的外生性互助合作方式代替。这样，近现代以来的农民合作运动就不仅仅是经济意义的帮贫扶困，而且也是革命意义的社会改造运动。由此，合作运动背后的道义诉求变得日益复杂：有基于民族振兴、国家富强的国家道义诉求，有基于消灭剥削压迫、消灭私有制的革命道义诉求，有基于文化复兴的人文主义道义诉求，等等。

民间发起推动的农民合作运动以20世纪20年代的华洋义赈会为代表。华洋义赈会本是由中外慈善人士于1906年设立的临时性公益机构，赈灾结束后即自动解散。1920年，华北五省受灾，灾民多达2000余万，以“华洋义赈会”为名称的中外合办的慈善赈灾组织再次出现，但彼此各自为政。至1922年11月，各界慈善人士以华北赈灾的余款，成立了统一的“华洋义赈会”，开始发起乡村合作运动。该会援引国外合作制度的成例，从改善农村信用制度入手，于1923年6月，在北京附近的香河县成立了中国历史上第一个真正的农村信用合作社。在华洋义赈会的大力推动下，河北省农村合作运动一度得到了长足稳健的发展，在一定程度上改善了农民的生产、生活条件，增强了他们对抗各种风险的能力。不过，合作运动发起者很快就深切意识到工作开展的艰难：对上缺乏政府的制度保障，对下缺乏农民的理解支持。特别是当时政权式微的北洋政府，不能为新生的农村信用合作社提供强有力的制度供给，亦无法引导其健康成长，如“关于合作社内部的章程，没有政府的法令为之保障”①。

知识分子发起推动的农民合作运动以梁漱溟、晏阳初等为代表，他们致力于乡村建设运动，把农村作为民族复兴、文化复兴的基础，把通过教育建立新的乡村组织作为改造农村的途径，并期望由“振兴农业以引发工业”②，以推动工业化

① 张镜予：《中国农村信用合作运动》，商务印书馆，1930，第106—107页。

② 《梁漱溟全集》第2卷，山东人民出版社，2005，第158页。

的发展。梁漱溟认为，中国社会病在散漫，救之之道，在于团结组织①。中国经济建设的下手处就是组织农民②。出于一种人道主义的立场，梁漱溟认为合作组织必须遵循自愿、公私兼顾、逐步和自觉发展的原则。③ 梁漱溟通过20世纪30年代在山东邹平的乡村建设实践，较好地实现了他的一些农民合作思想主张。晏阳初是平教会的创始人和定县平民教育实验区的主持者。他认为，农民有“愚、穷、弱、私”四大缺点。在农村经济上，他主张“帮助农民发展乡村工业、办自助社或合作社”④，平教会的诉求是“从办平教而办合作，将来更会以经济的组织——合作社——为中心发展村治”⑤。这些知识分子发起的合作运动实质是社会改造运动，他们的方式比较温和，其目标指向现代文明，又强调传统的根基作用，具有浓厚的人文理性色彩。不过，这些知识分子自觉或不自觉将他们自己放到了“启蒙者”的位置上，所以有很强的启蒙、教育、改造农民的冲动。被人誉为“中国合作之父”的薛仙舟就强调对农民的人性改造，如改造农民的自私自利、懒惰、只求享受不肯吃苦的种种恶习，使其养成互助合作的美德。他指出：“制度的革命固为重要。然施行制度者仍属于人。倘人之自身，不先彻底改造，则虽有绝好的制度，也是徒然。”⑥

农民合作运动的国家道义诉求与革命道义诉求，则是不仅要改造农民，而且是要使之服务更高的政治目标与革命目标，这始于孙中山。他在《民族主义》演讲中，结合中国当时的国家危机与民族危机，谈到造成如此危机的一个重要原因，“中国人的只有家族和宗族的团体，没有民族精神，所以虽有四万万人结合成一个中国，实在是一片散沙，弄到今日，是世界上最贫弱的国家，处国际中最低的地位”⑦。这里，孙中山痛感中国人的“一片散沙”状态，已经意识到将国人团结起

---

① 梁漱溟：《乡村建设理论》，上海人民出版社，2006，第58页。

② 《梁漱溟全集》第2卷，山东人民出版社，2005，第547页。

③ 何建华：《梁漱溟的农业合作化思想与实践》，《东南学术》2007年第1期，第20页。

④ 〔美〕赛珍珠：《告语人民——与晏阳初谈平民教育运动》载宋恩荣主编《晏阳初全集》（第二卷），湖南教育出版社，1992，第610页。

⑤ 转引自刘纪荣：《国家与社会视野下的近代农村合作运动——以二十世纪二三十年代华北农村为中心的历史考察》，《中国农村观察》2008年第2期，第33页。参见章元善：《从定县回来》见《独立评论》（1934）第95号、《大公报·乡村建设》（1934）第7期、《合作讯》（1934）第106期，第9—10页。

⑥ 薛仙舟：《实现民生主义的根本计划——全国合作化的方案》，《中央半月刊》1927年第8期，第26页。

⑦ 《孙中山选集》，人民出版社，1981，第621页。

来、合作起来的重要意义。从民族主义立场来看，其最重要的目标就是培植民族生产力和民族经济政策自主。① 在其三民主义的政治纲领理论体系中的民生主义一项，孙中山就提出了诸多有关合作的观点与主张，如提出应实施"农业合作、工业合作、交易合作、银行合作、保险合作等事"②。在孙中山看来，通过举办合作社，不仅可以促进社会经济的发展、国家富强，而且可以调和社会阶级利益的矛盾冲突，并且可以把工人、农民联合起来进行革命斗争③。这里可看出孙中山赋予合作社新的国家道义诉求与革命道义诉求。

1927年，南京国民政府成立，其面临的现实是：国民党政府的财政收入90%来自农村，而当时农业经济危机日益严重，这直接威胁着国民党的统治。④ 因此，国民政府遂以孙中山的三民主义为理论纲领，开始致力于挽救农村经济危机的合作运动。近代以后，受市场化的冲击，金融的枯竭成为乡村经济发展的瓶颈，所以合作事业一般将信用合作作为重点⑤。华洋义赈会开办的中国第一个信用合作社，即与农村金融的枯竭分不开。但当时北洋政府的弱势无为，导致农村合作金融处于无序状态。因此南京国民政府对合作运动的介入，即从整顿农村合作金融业着手，对相关管理机构进行重新调整或另设，以加强对农村信用合作事业的管控。这样，国民政府开始主导合作运动。

1927年6月，薛仙舟受托撰写了《中国合作化方案》，得到国民党内高层肯定。1929年国民党中央要求各下层党部设合作运动组。1933年，国民政府行政院成立农村复兴委员会，下设经济组，主要负责农村合作事业的管理和指导。1931年《农村合作社暂行规程》出台，1934年出台的《合作社法》开始实施，1935年又公布《合作社法施行细则》，1939年制定和颁布新的《合作社法》，1945年修正颁布《合作社法施行细则》。据统计，1937年全国各类合作社发展到46983个，是1928年的722个的65倍。全面抗战爆发后，国民政府继续在四川、云南、贵州等大后方开展合作运动。在1927年至1949年的22年间，国民党及其政府在大陆推

① 刘纪荣：《寿勉成与近代中国合作运动》，《中国合作经济》2009年第3期，第49页。

② 《孙中山全集》第5卷，中华书局，1985，第224页。

③ 李一翔：《孙中山的合作思想与国民党的合作运动》见丁日初主编《近代中国　第十一辑》，上海社会科学院出版社，2001，第66页。

④ 林善浪：《中国近代农村合作运动》，《福建师范大学学报（哲学社会科学版）》1996年第2期，第28页。

⑤ 汪效驷：《合作运动与乡村经济的近代转型：以江苏省无锡县为中心的考察》，《古今农业》2009年第4期，第91页。

行的合作运动取得了一定的成功，起到了促进资金融通、发展工农业生产、改善人民生活和农村面貌的作用。① 不过，在合作运动中，南京国民政府另外的政治诉求越来越强。农村合作运动最终为国家所控制，国家力量在整个农村合作运动发展中起绝对的主导作用②。土地问题是中国农村问题的根本③，但南京国民政府试图避开土地问题，期望用合作运动这种在其看来既能调剂农村金融，又能取代中国共产党土地革命的调和方法，来达到既稳固政权又复兴农村经济的目的。④这里的关键是政治斗争目的重于经济发展目的，国家意志压制农民意志，国家道义诉求遮蔽农民道义诉求，此乃南京国民政府合作运动失败之根本原因。一如诺斯所谓："国家的存在是经济增长的关键，然而国家又是人为经济衰退的根源。"⑤

中国共产党自成立以来，即非常重视农民合作运动，亦赋予其强烈的革命色彩和革命道义诉求。此种革命道义诉求与国民党不同，其目标旨在消灭剥削压迫、消灭私有制、最终实现共产主义。

1931 年，中央苏区才溪乡创办了第一个"劳动合作社"。出于摆脱国民党的封锁围剿、发展经济的需要，合作社最初发展重点集中在生产合作方面。如组织"犁牛合作社"，依靠集体力量，解决了贫困农户的缺耕畜和农具的问题。在具体实施中，采取了发动群众入股，以及给予有耕牛工具的农民一定租金等办法，较好地贯彻了自愿互利的原则⑥。在这一时期，根据革命战争的需要，党还积极领导群众组织"消费合作社"，以避免奸商的剥削；组织"粮食合作社"，以调剂和运输粮食；组织"生产合作社"，以增加并改良农民手工业的生产；组织"信用合作社"，以堵绝高利贷者的剥削⑦。1934 年，毛泽东在论及合作社的性质与发展方向时，明确指出："合作社经济和国营经济配合起来，经过长期的发展，将成为经

---

① 李一翔：《孙中山的合作思想与国民党的合作运动》见丁日初主编《近代中国　第十一辑》，上海社会科学院出版社，2001，第 73 页。

② 刘纪荣：《国家与社会视野下的近代农村合作运动——以二十世纪二三十年代华北农村为中心的历史考察》，《中国农村观察》2008 年第 2 期，第 37 页。

③ 林善浪：《中国近代农村合作运动》，《福建师范大学学报（哲学社会科学版）》1996 年第 2 期，第 31 页。

④ 张士杰：《中国近代农村合作运动的兴起和发展》，《民国档案》1992 年第 4 期，第 124 页。

⑤ Douglass C. North, *Structure and change in economic history* (London: W. W. Norton, 1981), p.20.

⑥ 张水良：《第二次国内革命战争时期革命根据地的农业互助合作》，《中国经济问题》1961 年第 8 期，第 29 页。

⑦ 同上，第 32 页。

济方面的巨大力量，将对私人经济逐渐占优势并取得领导的地位。”① “造成将来发展到社会主义的前提。”②

全面抗战和解放战争期间，合作运动在陕甘宁边区和各抗日根据地、解放区得到了进一步发展。在这一个时期，生产合作还是重点，主要采取“变工”“扎工”“拨工”“包工”等形式。在具体实施中，比较注重实际情况，禁止用行政手段建立生产团体，否定家庭生产，片面强调集体劳动的做法。同时，一些新的举措、新的观念、新现象也开始不断出现并渗透其间。如注意发挥党员、干部、民兵和劳动模范在合作组织中的骨干作用；在合作组织内部实行民主选举、民主议事，培养农民的民主意识；组织农村女性积极参加合作社，减轻妇女对家长和男人的依赖，减轻男人轻视妇女的观念，给妇女打开了解放之路③；临时、简单、不固定的互助逐渐趋向长期、复杂、固定的合作，合作规模的扩大，使村民突破了家庭小圈子，有助于克服其小生产者心态。④ 总之，互助合作有效解决了战争破坏带来的生产困难，党对合作运动的积极领导、宣传、教育，则为新中国成立后引导广大农民由个体经济逐步地走向集体经济打下了深厚的群众基础和实践经验⑤。

在中国共产党领导组织的合作运动中，个体经济与集体劳动的矛盾开始突显出来，有的农民只愿意在自己的土地上出力，为别人劳动时则偷懒耍滑；有的劳力强的农民觉得在集体劳动中吃亏，不愿意留在合作组织中。按照党的逻辑，只要生产资料是私有的，这些内在矛盾就无法解决，因为生产资料私有必然导致集体劳动和分散经营的相互排斥⑥。这就使得中国共产党意识到必须将农民组织起来，引导他们走集体化道路。顺着这样的逻辑发展，即新中国成立后从互助组到初级社，一直到生产资料完全公有的人民公社产生的现实发展路径。这在相当长的历史时期，成为中国共产党发展生产乃至改造社会的某种路径依赖⑦。

---

① 《毛泽东选集》第1卷，人民出版社，1991，第133—134页。

② 同上，第130页。

③ 房桂芝：《合作运动与妇女解放——以胶东抗日根据地为例》，《山西师大学报（社会科学版）》2015年第4期，第11页。

④ 徐有礼：《试论抗日根据地的农业互助合作》，《郑州大学学报（哲学社会科学版）》1993年第6期，第79页。

⑤ 王俊斌：《抗日根据地时期的互助合作运动》，《山西档案》2016年第2期，第30页。

⑥ 刘大可：《山东解放区的农业互助合作运动》，《东岳论丛》1991年第3期，第29页。

⑦ 孙启正：《组织起来：传统互助合作的改造问题——以华北根据地为中心》，《中国经济史研究》2016年第2期，第55页。

新中国成立后，解决土地所有权分散和互助合作组织规模不经济的问题①，开始成为新政权思考的中心问题之一。

新中国成立初期，全国农业合作化运动起步于山西。当时山西面临的情况是：农村土地买卖现象增多，两极分化趋势出现；互助组内出现人心涣散的现象；一些党员干部出现“革命到头”思想，满足于传统小农生活状态。为此，山西省委主张将互助组提高为农业生产合作社，基本做法是提高互助组公共积累和扩大合作社按劳分配比重，逐步动摇、削弱直至否定互助组的私有基础。② 但也有意见认为搞农业集体化所需要的机械化条件和工业化条件还不具备。毛泽东明确表示支持山西省委的意见。1951 年 9 月，中共中央通过的《中共中央关于农业生产互助合作的决议（草案）》，明确指出农业合作社是引导农民走向社会主义的过渡形式。

循着这样一个指导方针和逻辑，从 1953 年开始，全国各地农村进行了大规模的私有制的社会主义改造，目的是断绝资本主义和农村的联系，农业合作化运动随之进入高潮。

当时党内高层对合作化运动事实上也曾有分歧。如刘少奇主张应先大力发展机械化，然后进行合作化，而毛泽东则主张先合作化后机械化；毛泽东主张立即全面实行合作化，消灭个体经济和富农经济；③ 刘少奇认为全面推行合作化的时机并没有到来，不能立即消灭个体经济和富农经济。后来刘少奇接受并尊重了毛泽东的意见。这里，刘少奇的意见源自经典马克思主义的观点：一定生产方式的变革必须待生产力发展到一定高度才可能实现。毛泽东的意见可能源自现实的观察，即农村两极分化的出现，他认为这是社会主义所不能允许的，他指出，“要克服这种状况的唯一办法就是逐渐地集体化，而达到集体化的唯一道路，依列宁所说，就是经过合作社”；如果“不给小农经济指出社会主义改造这一条正确的光明的和广阔的出路，那就一定会发展到放弃社会主义在农村的阵地，帮助农村资本

① 梅德平：《共和国成立前革命根据地互助合作组织变迁的历史考察》，《中国农史》2004 年第 2 期，第 107 页。

② 范玲巧：《山西初级农业合作化的实践与经验》，《当代中国史研究》2002 年第 1 期，第 118 页。

③ 刘国华：《毛泽东、刘少奇合作化思想之比较》，《中国农村观察》2000 年第 3 期，第 37 页。

主义自发势力的生长”①。

显然，毛泽东更关注合作运动的政治意识形态性质：“农业合作化运动，从一开始，就是一种严重的思想的和政治的斗争。”② 因此，农业合作化运动绝不仅仅是场孤立的农业经济变革，而且也是中国共产党“以非武装方式开展的具有更为宏大目标的社会革命——‘不断革命’序列中的一环”③。所以在整个合作化运动中，对农民的教育和思想改造也是很重要的部分。这里的关键是改变农民的小私有心理、小家庭意识、小生产观念，而培养起农民的公共精神、集体意识、集体劳动观念。农民对自己小块土地的迷恋、对家庭经营的坚持，被新的阶级政治视为自私、落后、保守、封闭。这样，农民传统的道义诉求、价值取向与精神追求，必然被新政权更高的道义诉求、价值取向与精神追求所取代。在这个过程中，农民们有过挣扎、迷惑甚至消极抵抗。如柳青的《创业史》中勤劳能干的富裕户梁生禄（梁生宝的堂兄）就曾这么痛苦地抱怨过：“自家的田地、牲口、农具归人家社干部管，这算啥呢？人也归人家社干部管呀！……咱有好田好地，好马好车的庄稼户儿，怎受得惯人家管束呢？受不惯呀！……”④ 互助合作运动却是实实在在而又残酷无情地打碎了他们个人发家致富的美梦，使他们再也无法按自己的内心意愿与希望来从事个人和家庭的生产与生活活动了。⑤ 经过合作化运动和随后的人民公社运动，广大农民终于成了超越家庭的“公家人”。但吊诡的是，突破了家庭小圈子的个体并没有如五四时期一样获得精神的解放与自由，而是开始依附于“公家”——一个更强有力的“父权”，而且个人的生存资源、身体、灵魂都被交给了“公家”，因此，真正的个人其实已不复存在⑥。

回顾整个合作化运动和人民公社运动的历史，我们认为：合作化运动和人民公社运动的理想信念代表了人类目前最高的道义诉求与价值追求，对于在新时期

---

① 中共中央文献研究室编《建国以来重要文献选编》(第 4 册)，中央文献出版社，1993，第 664 页。

② 《建国以来毛泽东文稿》第 5 卷，中央文献出版社，1991，第 497 页。

③ 吴帆、吴毅、杨蓓：《意识形态与发展进路：农业合作化运动再反思》，《天津社会科学》2012 年第 1 期，第 139 页。

④ 柳青：《创业史(第二部)》，中国青年出版社，1977，第 282 页。

⑤ 范家进：《“互助合作”的胜利与乡村深层危机的潜伏——重读三部农村“合作化”题材长篇小说》，《中国现代文学研究丛刊》2011 年第 4 期，第 64 页。

⑥ 林霆、侯颖：《当家庭遭遇革命——论农业合作化运动中家庭的解体及其文学表现》，《江西社会科学》2010 年第 4 期，第 123 页。

如何坚持社会主义的公平正义原则，重新将农民组织起来，使他们摆脱原子化困境，真正走上共同富裕之路，依然具有重要的启示意义。当然，这并不代表我们要复归那种压迫式的、强制性的实践体制。

再反思民国以来中国近现代的合作化运动历史，我们发现：农民被置于一个客体的位置，农民的道义诉求、价值追求、内心欲求被严重遮蔽、扭曲，他们被视为需要被启蒙、改造、教育的落后对象；在特定历史时期，农民甚至成为政治化工具，成为没有独立人格与尊严的依附个体。总之，整个近现代中国农民合作运动，严重缺乏农民本位观，缺乏对乡村传统和地方性知识的真正尊重，此乃其最大的问题与局限。

（二）改革开放以来农民经济生活中的互助合作

20 世纪 80 年代初，公社的解体与家庭承包责任制的实施，使农民成为拥有自主经营权的自由劳动者，一家一户的传统家庭经营方式得以复归，农民的生产积极性空前高涨。农民不仅在经济生活中可以按照自己的意愿来组织生产，而且在日常生活中也自由自在多了，按照莲花村村民何顺泽的说法：“政府不再啥事都把我们管起来。”农民获得自由后，首先即在利益的追求上变得理直气壮，发家致富因此成为农民的共识。但农民很快就意识到一家一户的家庭经营方式的局限性；同时，由于受市场化的影响日深，改革开放以后的家庭小农已不再是传统意义上的自然小农，而是越来越受制于市场经济控制与影响的市场小农。这就决定了农民经济生活中对互助合作的自然而迫切的需求，这包括传统的私人间互助合作，也包括集体性的、组织性的互助合作。

在熟人社会结构没有根本改变的 20 世纪 80 年代乡村中，村民之间的私人互助合作是非常普遍的。在莲花村，集体解散后的耕牛、农具一般以几家农户为单位进行分配，特别是耕牛，由几家农户共养共享，一些较大型的农机具也是共享，这客观上需要村民之间要进行协调合作。同时，各家各户的劳动力强弱参差不齐，一些弱劳动力家庭在农忙时节就感到非常吃力，急需他人帮忙。当然，这些协调合作、互助帮忙都是在村庄内部进行的。在低头不见抬头见的封闭村落社会，每一个人都无法做到独善其身、超然世外，包括情感的归属需要、日常生活的互帮互助皆是如此。若有人要有意违逆基本的道义，不通人情，不会做人，就会在村庄中陷入孤立无援的境地。一般而言，村民们的互助合作对象首先是选择亲缘关系，“毕竟是一家人”，基于亲情的道义优先原则会使此种互助减少了利益的考虑算计。不过，这只是事情的一个面向，事实上还有另外一个面向。在莲花村，分了家的父子之间、结了婚的兄弟之间互帮互助、关系融洽的不少；但是父子反目、兄弟成“世仇”的也不少。莲花村一队的老队长周成前与他的二弟周成明两家人几十年不和，由于两家比邻而居，所以平时吵架、冷战是常事，甚至出现过打起锄头、扁担对抗的情形。矛盾的源头即在那“亲情道义”。集体时期，周成前就是生产队长，按照周成明的老婆樊淑英的讲法，这个做大哥的对他们家不讲“亲情道义”，在派工、算工分、分粮食等方面从来没有特别“关照”过他们家，但对他三弟周成金一家就很关照。周成金当时在忠县丝厂上班，老婆黄红兰在家务农，属于“半边锅儿”家庭。樊淑英说，黄红兰集体时经常偷懒旷工，但周成前总会想办法帮她，所以他们两家人关系好。樊淑英认为，都是兄弟，做大哥的为啥要这样区别对待？樊淑英觉得无非是因为周成金的“公家人”身份，周成前才会这样做，是典型的“嫌贫爱富”。按照周成前的讲法，当时周成金家就黄红兰一个劳动力，她身子又弱，适当帮一帮是应该的；而周成明、樊淑英好手好脚，属于强劳动力，哪里还需要额外“关照”，况且那时全村人都盯着的，哪里敢随便“徇私”。周成前的老婆成家秀认为周成明没什么，是个老实人，就那樊淑英喜欢贪小便宜，而且啥事都胡搅蛮缠，跟她讲不清道理。总之，这理不清的亲情道义纠葛让两家人成为世仇，虽生活在一处，但互不帮忙，“连外人都不如”。两家人屋前屋后的自留地是紧挨在一起的，为争边边角角，互不相让。土地下户后的有一年夏天，周成前与成家秀都有事出门不在家；时逢下雷阵雨，他家晒在院坝里的谷子全部被淋湿了，当时樊淑英在家看着都不帮忙收一下。我们发现，住在一处的分了家的兄弟很容易闹矛盾，导致关系很僵。因此，后来盖房子比赛兴起后，村里很多亲兄弟都会将房子修得远远的，真是所谓“远香近臭”。因为上述缘故，很多村民一般会找不住在一处的亲戚帮忙，特别是妻子娘家的互助帮忙现象越来越普遍。其原因可能有两个方面：一是不在一处的亲戚间有较少的利益冲突，因而源于亲情道义的互助帮忙更容易形成；二是娘家人的道义帮助有助于维护妻子在夫家和村庄里的地位。由此我们可以看到，即使在亲缘关系内部，互助行为也不是单纯的亲情道义所致。如果亲人间涉及利益纠葛或长期住在一处的亲人感受到亲情道义付出的不对等、不公平，就会减少甚至取消彼此的互助合作。而住得较远的亲戚之间由于直接的利益纠葛较少，那种较纯粹的亲情道义互助行为反而容易形成。

正是由于亲情道义中扯不清的东西太多，越来越多的村民更愿意选择村里玩得好的朋友和邻里作为互助合作的对象。村里不管男人、女人都会有自己玩得很好的朋友，那种特别的情感有时比血缘亲情还深厚、稳定。这种基于朋友道义的互助合作虽然也遵循基本的互惠原则，但情感的成分也相当重。记得土地下户后，我们家七口人（父亲在一所中学当老师，外祖父那时已经是70多岁的人，四个未成年孩子）只有母亲一个劳动力，所以属于劳动力严重短缺家庭。母亲一天到晚都在田地里忙，有时大半夜还提着马灯干活儿。母亲在村里的一些好朋友如周昭梅、吴淑敏有时就经常主动来帮忙。相比而言，邻里之间、普通村民之间的互助合作则在基本的道义情感的统摄下，更注重道义中“互惠”的一面，显示出理性计算多于道义情感的取向。早期的一些乡村研究者，多注意于互助合作中的情感一面，而对于农家在劳动力与畜力的对等交换的原则下所实现的合作形式则很少留意。① 当然，由于个体“对共同体的依赖使极端的自我中心主义的行为也受到限制。因此在具有对等交换性格的换工习惯中便有许多并不追求绝对的等量、等价交换，或牺牲一方一定的利益的情况出现”②。所以完全的、纯粹的理性交换和情感援助都是少数。这在普通村民间和邻里间的互助合作行为中更是如此。在莲花村，普通村民或邻里间的互助合作包括两种方式，一是耕牛、劳动工具的合伙使用；二是换工，即甲家在从事某一劳动时，乙家去帮忙，乙家在从事某一劳动时，甲家又去帮忙。这种换工遵循“等价交换”原则，也就是说甲家为乙家付出的劳动，要求得到相应劳动回报。当然，村民们并不要求这种换工在数量上绝对相等，只要做到相差不多就可以了。相比与亲戚间的互助合作，村民更愿意与邻里进行合作，原因在于邻里属于不同的亲属团体，彼此没有更多的情感援助义务，因而甲家为乙家付出的劳动需要得到一定形式的报酬，而在商品经济不发达的时期，这种报酬往往表现为乙家为甲家付出一定的劳动，因此邻里之间的互助合作关系反而显得更持久、更稳定。而换工的可能性在于，农户之间的同一种劳动可以错开时间进行，例如在插秧时节，如果甲家的田已经犁好，而乙家还没有放水，这时乙家没有事情可以做，就可以到甲家帮忙；当乙家放好水、犁好田，甲家已经完成了自家田地上的农活，也可以去乙家帮忙。斯科特说，互惠准则和生存权利是“小传统”的真正的道德要素。在人际交往行为中，互惠起着核心道德准则

① 张思：《近代中国农村的村民结合与村落共同体——旧华北农村农耕结合形式研究》载复旦大学历史学系、复旦大学中外现代化进程研究中心编《近代中国的乡村社会》，上海古籍出版社，2005，第4页。

② 同上，第39页。

的作用。生存权利实际上界定了在互惠基础上结成的共同体的所有成员必须得到满足的最低需要。这两条原则同农民经济生活中生命攸关的需要是一致的。[①] 当人们的生活来源是封闭的村落中的那一小块土地，也就相应形成了与此相关联的互惠伦理关系及相应的道德观念。在乡村内部，共同体的社会压力强化了互惠的道德感。其基本意义是：一个人应该以德报德，而平等交换界定了何谓公正的关系；以均等互惠为特征的“地主—佃农”关系产生了感激之情及其合理性，而有利于一方的不平等交换则会导致道德义愤和不公正。[②] 总之，互惠这条道德原则已经渗透于农民经济生活乃至日常生活之中。

到 20 世纪 80 年代末 90 年代初以后，村里的互助合作方式就悄然发生了变化。在继续遵循传统的“请人帮忙”或互换劳动的同时，开始出现更多的“付钱雇人干活儿”的现象。请人帮忙属于人情往来，所以不需要支付实物或货币报酬，请者和被请者都遵循人情互动原则行事，比如请者对被请者有更多情感上的投注，要如待客一般热情对待帮忙人，干活儿过程中的烟酒茶水和丰盛饭菜的提供就必不可少，帮忙人也不辜负请者的情义，绝少偷懒耍滑。总之，这当中情感的互动是非常重要的。不过，由于打工时代的到来，村里人外出越来越普遍，“请人帮忙”就开始变得比较困难。因此，一些村民就采取花钱雇佣外村人帮忙干活儿的办法，慢慢地形成习惯，后来连村庄内部村民之间也开始采取花钱雇佣干活儿的办法。虽然在口头上还是强调道义性的“帮忙”，但实质已经变成明码实价的交易行为。在 80 年代末 90 年代初，莲花村雇人干活儿一般是按照 20 元—30 元/亩（如果是插秧，还要贵点）的价格计算；到 2000 年以后，大致是 120 元/亩。按照村民的讲法，这种方式方便，少些麻烦。我问他们会少什么麻烦？村民石宗秀说：“比如我有时帮你多点，你帮我少了，我心里就不大舒服；这些人情上的事，扯不大清楚。而雇人干活儿，清清楚楚，就没啥扯头，很方便。”其实，这种方式由于遵循等价付酬原则，让双方都不吃亏，因此更能体现公平，所以大家都心服口服，相处起来反而愉快些。据我的观察，这种雇人方式或许有体现村民利益计算的理性观念开始超越人情道义的一面，不过，我觉得更多是村民面对劳动力短缺后的策略性行为，这对村庄内部的人情互动、伦理道义并无多少伤害。而在打工兴起

---

① 〔美〕詹姆斯·C. 斯科特：《农民的道义经济学：东南亚的反叛与生存》，程立显等译，译林出版社，2001，第 215 页。

② 同上，第 209 页。

后，村庄社会关系开始松动、解体，村民流动性加大，频繁的互动减少，彼此的需求（情感的、利益的）减少，村民拥有的共同的东西越来越少，这些东西才真正开始伤害乡村固有的人情往来、伦理道义。

不过，传统的行为方式一旦成为习惯，人们就会自然而然、不假思索地遵循它，从而显现出顽强的韧性。20 世纪 90 年代以来，流动到城市的农民，正是依靠传统的伦理道义，与亲人朋友、同村人、老乡相互支持、相互鼓励，才得以在城市里艰难求生。打工兴起后，村里人几无单打独斗出去闯天下的，大多是成群结队出去。在陌生的城市社会，同村人、老乡提供了彼此最渴求的情感慰藉与及时帮助。莲花村村民石明武说，他最初出去打工时，开始有一个月都找不到工作，当时全靠同村老乡的帮助才渡过难关。平时大家互换工作信息，生活上互相关照，并非全在钱上算计。二十多年来，我了解到的在外打工的莲花村村民，绝大多数现在仍然依靠老乡圈子来求职、寻求帮助、一起玩耍。在这个圈子里还依然遵循着村庄的道义精神。这里不是只有纯粹的情感，也不是只有纯粹的利益。也并非如一般人所认为的，传统“先义后利”的伦理观逐渐滑向“重利轻义”的泥潭。事实上，在任何一个时期，人们都会在道义与利益之间进行平衡，因为过度偏向任何一方都是不理性的，而为了在群体社会中更好地生活下去，人们必然会理性地采取平衡策略。一个时代确实有一个时代的新问题，但随意的认为过去人们如何道德高尚、现在才“人心不古”“世风日下”，显然是有失偏颇的。

上面所谈乃农民之间的私人互助合作行为，下面来谈谈组织性、集体性层面的农民互助合作问题。

家庭承包责任制冲破了集体公社体制的一些固有束缚，恢复了传统的家庭经营方式，这具有历史的必要性与合理性。然而将其放到一个长期的历史阶段中来看，这显然又是一种“倒退”——当然是一种必要的倒退。“文革”结束时期，以工业化、城市化、市场化为核心特征的全球化浪潮方兴未艾，中国一系列改革开放政策迅速出台、实施，全面勃兴加速的工业化、城市化、市场化开始席卷中国大地包括广大的农村。因此，在某种意义上讲，特别是对于中国广大农村而言，真正意义的现代化始于 80 年代初。在这样一个大转型背景下，从事家庭经营的小农很快就感觉到了种种危机与困境。其显著表现为分散的家庭经营小农面对复杂多变的大市场，农民生产经营中的不确定性、各种风险增加，这客观上使农民有组织起来，以集体合作的力量来应对复杂多变的大市场的需求。

1984 年的中央一号文件就明确指出，为了完善统分结合的双层经营体制，应设置用于提供生产服务、资产积累和管理协调的合作经济组织。1987 年的中央五号文件又对此作了进一步的强调，并在这一年启动了合作经济组织建设的改革试验。进入到 90 年代，特别是 1992 年邓小平南方谈话以后，在意识形态上最终确立了市场经济的地位和发展大方向。在这一背景下，农村经济的市场化也进一步加快，小农户大市场的矛盾日益突出。这在东部、南方沿海地区更为显著，这些地区农村较早而且较多地出现了一些专业合作组织。其基本特点是由能人、大户带动形成，生产上还是分散生产，但在生产资料购买、技术服务、产品销售等环节进行合作，合作形式比较单一，没有触动家庭经营方式。从 20 世纪 90 年代中期到 2005 年，在中央的推动扶持下，合作组织的范围、内容、形式都有了新的突破，范围内容包括专业合作、技术合作、农机合作、股份合作、服务合作等；形式上包括“龙头企业＋合作社＋农户”“专业合作社＋农户”“股份合作经济组织＋农户”等。这一时期的合作组织呈现出参差不齐的特点，产权模糊的情况比较突出。2006 年以后，特别是 2007 年《中华人民共和国农民专业合作社法》的正式颁布实施，为农民专业合作组织的发展提供了法律依据与制度保障。不过，这部法律所涉及的合作只限定在生产领域，没有涉及金融合作和合作组织的所有制问题，客观上也影响了新型农民合作组织的深入发展。当然，由于国家对一些探索性的方向与领域持比较宽容的态度，因此包括金融合作探索、合作组织所有制改革都有一些新的试验与突破。中国农村合作事业将进入改革开放以来最活跃的创新、发展时期。①

在上述背景下，我拟在此重点讨论三个问题：第一，农民参加合作组织的行为与动机；第二，国家、政府在农民合作组织发展中的角色与道义；第三，中国农民合作组织的道义精神与未来走向。

第一个问题，农民参加合作组织的行为与动机。

在经济生活中，农民有自己的一套行为逻辑。其中包括历史传统、实践经验积淀形成的惯性路径，也包括农民面对现实环境（情景）做出的策略性应对。因此，特定的历史传统、实践经验、现实环境（情景）构成了农民行动的基本范围与方式、策略。其中历史传统、实践经验是比较恒定的因素，现实环境（情景）则是一个不断变动的因素。这就决定了农民的行为观念与行为方式兼有变与不变

---

① 陈柳钦、胡振华:《改革开放以来中国农村合作组织的发展》,《管理学刊》2010 年第 2 期,第 32 页。

的成分，变与不变的成分孰轻孰重，从根本上取决于现实环境（情景）的变化情况。当现实环境（情景）变动缓慢时，人们的观念与行为方式就倾向于恒定、保守，而且人们在面对迅速变动的现实环境（情景）的最初阶段，出于安全与确定性的考虑，也会继续按照历史传统与实践经验来行动。在这种情形下，我们就很容易以本质论的立场来解释人们的行为。比如谈到农民的合作意识时，曹锦清讲："农民的基本特点是他们无力在各自利益的基础上，通过平等协商的途径形成共同利益，缺乏共同利益的意识，也就不可能通过平等协商的途径建立共同的合作组织，并通过有约束力的章程与领导来解决自己的共同事务。"① 显然，这是延续了梁漱溟关于中国农民"善分不善合"的本质论观点。事实上，农民的观念与行为方式并不是本质性的、恒定的，其变与不变是多重因素综合作用的结果。兹举两例来说明此观点。

改革开放以后，莲花村最早的合作社是石明阳于 2001 年联合莲花村、芭蕉村、三抚村一带养猪户组织的猪八戒合作社。石明阳在外打工多年，开阔了眼界，长了很多见识，特别是猪饲料销售的经历让他对养猪行业有了较多了解。回到村里办起养猪场后，他就有了将村里的养猪户组织起来搞合作社的想法：通过合作社，统一进行猪饲料的购买、技术服务、销售，降低养猪成本，提高养猪绩效，切实增加社员养猪收入。他先找到自己的一些亲戚、邻居，然后再找其他村民谈了自己的计划。因为石明阳在村里人眼中是个为人厚道、脑瓜子活泛的人，所以大家都信任他。最关键的是石明阳的计划触动了他们共同的利益需求。以前养猪户们各自单打独斗，猪饲料购买、技术服务、销售等事情都得自己单独去解决，而且成本也高，很不划算。现在搞合作社，可以把这些问题都集中解决了，何乐而不为。比如猪饲料的购买，2001 年合作社成立后，通过石明阳自己的私人渠道，集中购买的价格每袋比 2000 年便宜了 10 元钱，这个优惠是实实在在的，养猪户们真真切切得到了。在养猪技术方面，合作社会定期请专家来集中指导，并购买了养猪方面的图书资料让村民学习，有时也组织养猪户们一起交流，共同解决问题。销售方面，则是与忠县县城几家大型的农贸市场合作，以特色山猪专卖店的形式进行销售。由此案例看出，只要有共同的利益需求，农民是很容易合作起来的。

---

① 曹锦清：《黄河边的中国——一个学者对乡村社会的观察与思考》(增补本)上册，上海文艺出版社，2013，第 161 页。

再举一个相对复杂的例子。2002 年，在外打工 10 年的冉启文回到莲花村，决定用积攒的钱在村里搞特色种植。在外打工时，他发现随着生活水平的提高，城市居民对特色水果的消费量越来越大，一次偶然的机会让他知道草莓是一种营养价值很高的水果，人称“水果皇后”，富含各种维生素，于是他决定以后回村里去种草莓。冉启文是个做事果断利落而且计划性强的人，他很快买了草莓种植方面的图书资料，并到成都郫县一家草莓园打了两年工，学会了草莓种植、养护、施肥、除病虫害、除草等全套技术，之后他就回到莲花村，开始实施他的草莓计划。万事开头难，冉启文可没有石明阳那么顺利。村民都熟悉如何养猪，而且养猪相对简单，因而石明阳的合作社计划很快就被村民接受了；冉启文花了很多时间去游说村民和他一起种草莓，但大多数村民虽然心被他说得痒痒的，但都不敢尝试，觉得那玩意儿没整过，怕有风险。结果只有三位和冉启文关系好的村民决定“冲着启文的面子”，拿出少量土地冒险试一下。2003 年初，冉启文开始和三位村民一起在选好的地块（一共 4 亩地）上忙碌起来，整地、除杂草、施足底肥、挖疏水沟，3 月下旬播种，到 7 月开始起苗移栽，8 月开花，9 月中旬开始结果。第一年四亩地共结果 1 万斤，按当时的市场价格 10 元/斤计算，共收入 10 万元；除掉买种、育苗、肥料、农药、地膜滴管、钢管大棚、雇工等成本费用 1 万元，纯收入 9 万元。一般来说，草莓第一年结果较少，第二年才是结果丰果期。冉启文对此还是比较满意的。一些先前观望的村民开始主动找到冉启文，要求一起种草莓，这样一下子有十五户村民共二十亩地入伙。冉启文顺势成立了莲花草莓合作社，决定将地块集中起来，统一种植、统一购买生产资料、统一日间管理、统一销售，最后按村民拿出土地的多少折算成股份分红。冉启文亲自制定了一系列规章制度，包括合作社管理章程、生产管理制度、劳动纪律规范、收入分配提成制度等。这样搞了两年，正当冉启文准备继续扩大草莓种植规模之际，天有不测风云。首先是 2005 年夏天一场突如其来的山洪冲毁了一半的草莓地；接着是当年忠县市场上突然上市了好几种外地草莓，冉启文们的草莓价格一下子掉了下来，当年收入相当惨淡。有好几户村民直接向冉启文提出了退社要求；一些碍于情面的村民虽然没有明提，但言语间也失去了信心和兴趣；只有原来那三个铁杆朋友表示愿意和冉启文继续干。正当冉启文决心和三个铁杆朋友重整旗鼓时，冉启文突然生病并于 2006 年夏天去世。群龙无首的草莓合作社也就此宣告寿终正寝。当年和冉启文一起种草莓的村民们现在大多在外打工谋生。我曾问过冉崇富（冉启文的铁杆朋友）为啥不继续种草莓。冉崇富的回答是：“种草莓不像种庄稼，要费时费力得多，而且市场好坏不好把握，我们又没启文那样的头脑和能力。所以他走后，我们也无心再整了。我现在在外打工，虽然也累，但比较单纯，不费脑筋，找的钱也还够用。”也有村民说，种粮食、蔬菜要安全些，风险小。还有村民说，一样都种点最保险。这些村民的话印证了为什么一些农民坚持家庭经营方式而不愿进合作社的原因：小生产的家庭经营方式面对大市场并不必然是被动的、不适应的，而是有其独特的生存智慧与生存策略。莲花村的蔬菜种植大户冉隆杰对我讲：“种菜是靠天吃饭的活儿，而且市场行情随时在变、不好把握，我的方法就是耐旱的、不耐旱的蔬菜都种点，再根据历年的市场行情，品种多搞点。如果今年菠菜不好卖，明年我就少种点，多种点其他的。这样下来，我虽然没有大赚，但收入是稳定的。”

由上述两个案例可看出，农民的合作或不合作都是建立在利益需求和风险防御基础上的理性选择，也是多重因素综合作用的结果。

如果我们把农民的合作行为与动机放到更宏观的层面来考察，我们就可以更清楚为什么中国农村的农民经济合作组织发展得最好的是沿海的江浙、广东一带，而中西部农村不容易发展起合作组织来的原因。沿海的江浙一带、南方广东等地区凭借独特的区位优势，城市化、工业化的发展最早、最快，第二、三产业发达，市场化程度高，像苏南地区本身就有较发达的乡镇企业和集体经济，存在较强的外部利润①，同时农民非农化程度高且非农职业与收入稳定，有利于土地集中，进而组织土地股份合作经济组织。以苏州为例，随着其工业化进程的加快和城乡一体化的深化，较高的工业化水平创造了较丰富的就业岗位，这使得90%以上的农村劳动力可以在非农产业实现稳定就业，于是农地的基本生活保障功能弱化。另外，苏州市的城乡一体化程度较高，特别是从2011年开始到2013年，先后实现了城乡最低生活保障、城乡养老保险、城乡医疗保险的全面并轨，解除了农民在土地流转中的后顾之忧。但是像莲花村这样的内陆山区农村，区位优势缺乏，自然资源也不丰富，城市化、工业化水平较低，第二、三产业也比较落后，农民在当地无法稳定就业，只有大量外出打工谋生。这就导致村落空心化，在外打工的农民大多不愿意、也无兴趣回来搞农业；留在村里的农民多是老人，更无力来搞合作经济组织；家庭经营方式的灵活性、安全性也使一些农民放弃了赚大钱的冲动，所以也无意搞合作社。不过，一些村民对我讲，如果有人愿意牵头来搞土

---

① 任辉、吴群：《外部利润、产权界定与土地资源优化配置——成都市农村土地股份合作制改革的制度经济学解析》，《地域研究与开发》2012年第3期，第155—158页。

地股份合作社，他们多愿意土地入股（这里的土地多是指那些撂荒的土地），毕竟土地荒在那里一分钱都赚不到。不过这里还有一个关键问题是，如果搞了合作社，到底经营什么项目能有较大利润。莲花村属于山区，适合种植水稻等粮食作物的良田有限，村民周文江流转了50亩田地搞粮食种植，在山区农村算是顶天的规模了，其他如果要搞特色种植，很难找到连片的地块进行规模经营，而且市场风险也较大，这些都使一些有心搞合作社的村民望而却步。

第二个问题，国家在农民合作组织发展中的角色与道义实践。

纵观整个中国近现代以来的农民合作运动，国家都起着主导作用。中国共产党自成立以来，一直将农民的合作化、集体化视为实现农业现代化，消灭家庭小生产和小私有，解决农民贫困问题，实现集体共同富裕的根本路径。在50年代，党和国家试图通过政治手段强力推进农业合作化运动，但由于违背农民的意志，结果招致失败。当时合作化的实质是集体化，这表现在：在建立高级社和人民公社过程中，自愿原则没有得到遵循，多数是通过政治或行政手段强制农民入社；不承认个人产权；合作组织自主权被弱化。① 因此，一些学者认为，60多年后的今天，“改造”农民的这一历史重任也许要靠农民自己来完成，也许只有当农民把自己“改造”成完全独立自由的经济主体，中国农业的现代化任务才有可能通过建立新型的合作制度来最终完成。② 但也有学者认为，我国农村分散的家庭经营方式，低下的农业生产效率，以及严重短缺的资源，这客观上使农民的合作化需要政府的主导介入。③

这里我们从党和国家的道义诉求与实践逻辑的关系角度来具体分析上述问题。

前已指出，党和国家在50年代推动农民合作化、集体化的道义诉求是：（1）消灭私有制，维护公平正义，实现农民的集体共富；（2）把自私、保守、落后的传统小农改造成为大公无私的社会主义新农民；（3）最终实现社会主义、共产主义的伟大理想。但在实践这些道义诉求的过程中，却有着更为复杂的动机与逻辑。比如，当时搞合作化、集体化，除了践行党和国家的道义诉求的目的，也有通过合作化、集体化促进农业生产，进而为重工业的发展提供必要的资金积累，以及降低农业提取成本的目的。因此，农业合作化、集体化是当时优先发展重工

① 郑有贵、龙熹：《农村合作经济组织研究》，《古今农业》2003年第1期，第8页。

② 王俊斌：《改造农民：中国农业合作化运动研究——以山西省保德县为中心》，博士学位论文，首都师范大学政法学院，2009。

③ 杜奋根：《农民专业合作社的发展及其政府角色担当》，《改革》2012年第9期，第82页。

业的经济发展战略的必然选择。① 这里的实质是通过工农剪刀差实现对农业剩余的占有，也就是对农民的剥削，显然这违背了党和国家自己提出的道义诉求。而且，这种工业对农业的剥削、城市对乡村的剥削的状态，在 2006 年农业税取消后形式上结束，但还没有得到根本性的改变，直到当前仍然如此。

1978 年，党和国家发起拨乱反正的改革运动，首先在农村实行家庭承包责任制，人民公社体制随之解体。这里的实质是党和国家采取极端手段践行社会主义和共产主义道义诉求遭遇挫折后的无奈之举。农民高兴从依附性集体中摆脱出来，恢复了谋生自由；国家也高兴暂时甩脱了一个大包袱，随之迅速从乡村全面退出，并再次将重心集中到城市和工业的发展上。由此，在农村社会出现一种非常奇特的景象：长期依附集体的中国农民一下子变成了一群好像美国式的个人奋斗者，国家以各种形式鼓励了这种个人主义的“发家致富”方式，并赋予其合法性，于是致富的万元户、专业户不仅在政治上“戴大红花”，而且也成为农民努力模仿、追赶的榜样。在这个过程中，一种新的思想观念产生：一个人的贫困是他自己的责任，是他自己不努力、是他自己不奋斗的结果。这里，国家的道义责任被悄然遮蔽，隐而不显。到 90 年代，这一群“美国式”个人奋斗者又来到城市，成为最庞大的市场弄潮儿，他们以超量的付出、微薄的薪酬支撑着中国的工业化、城市化，然而他们却处于低人一等的社会地位，不能享受和城市人一样的国民待遇，特别是社会保障。在这一过程中，他们遭受过普遍的不文明、不人性的剥削、歧视，至今如此。显然，国家道义在当中是失职缺位的，资本主义逻辑压制了社会主义逻辑。或者用一个中性的说法，效率压制了公平。

具体到农民合作问题，改革开放以来国家（包括地方政府）又有着怎样的道义诉求与实践逻辑呢？这是我们接下来讨论的重点。

90 年代以后，“三农”问题更加凸显出来，城乡差距不但没有缩小，反而越拉越大，社会阶层分化加剧，利益格局固化，贫富悬殊严重，这使国家特别是地方政府面临合法性危机，其执政合法性不断下滑。② 在这一背景下，国家的道义责任也再次被凸显出来。2002 年党的十六大提出“统筹城乡经济社会发展”；2004

① 董悦华：《农业合作化与家庭联产承包责任制的实施比较研究》，《当代中国史研究》1998 年第 4 期，第 34 页。

② 马得勇、王正绪：《民主、公正还是绩效？——中国地方政府合法性及其来源分析》，《经济社会体制比较》2012 年第 3 期，第 133 页。

年党的十六届四中全会明确提出"工业反哺农业、城市支持农村，实现工业与农业、城市与农村协调发展"；2012 年党的十八大提出"推动城乡发展一体化"。这些举措可视为党和国家力图解决"三农"困境、维护公平正义之努力。2006 年，农业税取消，是国家维护公平正义的标志性之举。在 2008 年十一届全国人大一次会议的记者招待会上，时任总理温家宝明确指出，"公平正义是社会主义国家制度的首要价值"，"推动社会公平正义就是政府的良心"①。

"三农"问题使农民的合作问题变得更为紧迫而必要。前已指出，在这个时期，国家虽有重塑合法性、维护公平正义的强烈愿望。但我们发现，从中央政府到地方政府，遵循的还是"效率优先，公平其次"的逻辑，具体的思路则是：让农民组织起来，建立合作组织，以集体的力量去闯市场，改变个体农民独立面对大市场的困境；引工商资本入农村，实施"工业反哺农业"；以项目制形式实施惠农资金、补贴下乡。"效率优先"或"效率至上"的路径依赖反映在农业农村问题上，就是党和国家长期遵循的关于"家庭经营的低效率、不能产生规模效益"的判断，因而要搞规模经营、提高生产效率，最终实现农业现代化的思想的体现。同时，长期形成的"城市政策偏向"或"工业政策偏向"，客观上使国家不愿意将更多的钱投入到农业和农村。国家对农民的期望实质是让他们继续在复杂多变的市场中自我奋斗，也包括解决他们自己的生存保障问题。所以，对于农民合作组织，国家首先关注的是效率问题，而非公平道义问题。地方政府更是如此。地方政府的行动逻辑受两个因素的影响最大：一个是 1994 年形成的分税制财政体制，一个是压力型体制，这两个因素往往是合二为一的。分税制客观上使地方政府成为谋财政府，有很强的经济人色彩。政府本承担着维护公平正义的责任，但其谋利冲动与行为却破坏了公平正义，由此产生了"政府公平悖论"现象②。一些地方普遍存在的政府与民争利现象即"政府公平悖论"的典型体现。所谓压力型体制，指的是一级政府（县、乡）为了实现经济赶超，完成上级下达的各项指标而采取的数量化任务分解的管理方式和物质化的评价体系。③ 压力型体制产生的根

---

① 温家宝总理会见中外记者（十一届全国人大一次会议），http://npc.people.com.cn/GB/28320/116286/116574/7013664.html.

② 陈国权、王勤：《论政府公平悖论与社会责任》，《政治学研究》2008 年第 1 期，第 68 页。

③ 荣敬本、崔之元等：《从压力型体制向民主合作体制的转变——县乡两级政治体制改革》，中央编译出版社，1998，第 28 页。

本原因是发展主义的意识形态，发展至上、经济增长至上成为政府和民间的共识。① 在这种意识形态的主导和影响下，经济建设成绩以及自上而下下达的各项任务成为衡量各级政府和考核官员政绩的首要指标，这样从上到下直达最基层的乡镇一级，最终形成了被称之为“压力型体制”的运作特性②。受这两个方面的影响，地方政府扶持“资本下乡”的涉农企业比扶持农民合作组织更上心。因为前者可以产生看得见的显著政绩（我们党和国家一直有发展规模农业，推动农业现代化的政治诉求，对于地方政府来说，这就成为一项重要的政治任务）；而后者不容易凸显政绩，因为培育、发展农民合作组织的成本是很高的，因此地方政府多不愿意在这上面着力，同时维稳的治理逻辑也使国家对农民的组织化心存顾忌，从而不敢放手让农民发展自己的组织。另外，一些地方政府即使有扶持、发展农民合作组织的动机，但也多将其寄希望于下乡工商企业特别是龙头企业，希望利用它们来改造传统农业，并带动农民实现组织化。③ 20 世纪 90 年代以来，大多数农民专业合作社是在农户分化、部门和资本“下乡”的格局下生发和运行的④，而且普遍采取“龙头企业＋农民合作社＋农户”模式。这种模式存在的潜在和现实的风险是合作社容易被企业控制、成为企业的附庸。一些龙头企业通过控制合作社的股权和决策权，使盈余分配以按股分红为主要方式向资本倾斜，加剧了合作社的不稳定性⑤，扭曲了合作社的组建初衷与运作原则。有的下乡企业甚至直接采取公司＋农户模式，造成“公司＋农户”模式顶替合作社。在这种模式中，农民的基本权利、自由个性不可能得到根本维护，反而造成农户对公司的依附，它不可避免商业资本对分散农户的控制，农户不可能真正拥有谈判权力，成为市场交易的平等主体⑥。没有属于农民自己的合作社直接或间接地支撑，农民就容

---

① 渠敬东、周飞舟、应星：《从总体支配到技术治理——基于中国 30 年改革经验的社会学分析》，《中国社会科学》2009 年第 6 期，第 113 页。

② 欧阳静：《压力型体制与乡镇的策略主义逻辑》，《经济社会体制比较》2011 年第 3 期，第 120 页。

③ 涂圣伟：《工商资本下乡的适宜领域及其困境摆脱》，《改革》2014 年第 9 期，第 73—82 页。

④ 温铁军：《农民专业合作社发展的困境与出路》，《湖南农业大学学报（社会科学版）》2013 年第 4 期，第 4 页。

⑤ 刘颖娴：《当前中国农民专业合作社的困境与发展方向——“2012 国际合作社年：农业合作社的国际趋势与中国实践”国际研讨会综述》，《中国农村经济》2013 年第 3 期，第 92 页。

⑥ 唐宗焜：《合作社真谛》，知识产权出版社，2012，第 14 页。

易沦为各类垄断性力量的盘剥对象。[①] 同时，地方基层政府容易与涉农工商企业结成“权力—资本”利益共同体，共同获取涉农项目利益和土地增值利润，其自主利益越来越独立于公共利益，乡村治理目标在一定程度上违背了农民的公共利益[②]。更有一些下乡企业在地方基层政府的默许和纵容下，为了争取更多惠农补贴，直接将自己伪装成农民合作社，借此套取农机具购置补贴等。[③] 资本的逻辑是追求利润，而非追求公平正义。期望通过“资本下乡”来实现“工业反哺农业”或实现工业对农业的道义补偿，这不是一个好的路径。事实上，农业特别是粮食种植业早已“无利可图”，很多下乡企业基本上没有从涉农项目本身获利，它们的利润多来自国家投入的大量农业补贴资金。所以我们可以看到，下乡企业产生的农业规模效应形式上完成了地方政府的政治任务，但资本下乡并没有推动农业发展，其非生产性再分配活动反而进一步阻碍了农业现代化。[④]

基于上述分析，我们认为如果国家，尤其是地方政府不能改变其“经济人”角色，不能改变其扭曲、异化的政绩观，不能重置其正义良心，就难以摆脱道义危机与合法性困境。[⑤] 就农民合作组织而言，国家包括地方政府所应扮演的角色既不是20世纪50年代的强制主导者，也不是80年代以后对农民放手不管的无为者，更不是90年代后与民争利或“权力—资本”结盟的逐利者，而应是公平正义的维护者，是社会主义在广大农村真正实现的领导者，是农民利益和农民合作组织利益的保护者，是农民合作组织的扶持者、支持者，是农民合作组织所需制度政策资源与其他资源的供给者。另外，国家特别是地方政府应继续在推进城乡一体化进程中发挥主导作用，不能任由市场消灭小农，不能撒手不管；不能只厚待下乡企业、大户、少数精英，更要善待普通农户；要通过社会保障解除农民的后顾之忧，让他们能放心大胆去追求更多的财富，使他们真正走上小康的道路；对那些长年在外打工、暂无

---

① 温铁军:《农民专业合作社发展的困境与出路》,《湖南农业大学学报(社会科学版)》2013年第4期,第5页。

② 张良:《“资本下乡”背景下的乡村治理公共性建构》,《中国农村观察》2016年第3期,第22页。

③ 冯小:《农民专业合作社制度异化的乡土逻辑——以“合作社包装下乡资本”为例》,《中国农村观察》2014年第2期,第4页。

④ 王海娟:《资本下乡的政治逻辑与治理逻辑》,《西南大学学报(社会科学版)》2015年第4期,第47页。

⑤ 曾红萍:《地方政府行为与农地集中流转——兼论资本下乡的后果》,《北京社会科学》2015年第3期,第27—28页。

合作意愿的农民，更应解决他们的社会保障，并在政策、资源、公共服务方面给予他们更多支持。总之，要真正让社会主义光辉普照广大农民，实现公平正义。

第三个问题，中国农民合作组织的道义精神与未来发展。

从世界各国合作社的发展历史来看，合作社是市场经济的产物，是市场经济中人们用来抗衡市场交易中的谈判权力垄断者的重要力量。在中国，改革开放以来，农民本位的重新组织化受到重重抑制，从而使农民在市场交易中的谈判权力难以形成，结果是“在经济市场化改革进程中各种利益集团纷纷兴起的同时，没有自己的组织的农民在市场交易中被边缘化”①。由此造成的公平正义危机是国家在一定时期以来遭遇合法性质疑的重要原因。

在中国，农民合作组织的道义精神在微观层面就是发扬“守望相助”的传统，培养农民的合作精神，以联合的力量去抗衡市场风险、争取和维护自身权益，并最终实现共同富裕；在宏观层面就是高扬社会主义核心价值，使作为社会主义国家制度首要价值的公平正义得以全面实现与彰显。后者涉及合作组织的性质问题。20世纪四五十年代，毛泽东就表示合作社是通向集体化的桥梁，即“经过合作社”，“达到集体化”②；“合作社经济是半社会主义性质的”③。当时将合作社定义为社会主义性质的依据是：合作社是劳动人民群众的经济组织，这种合作社是在无产阶级领导的国家政权管理之下的。但又言其“半社会主义性质”，是因为这种合作社是以私有制为基础的。④ 刘少奇在论及新民主主义经济时，也指出“合作社经济是在各种不同程度上带有社会主义性质的经济”⑤，“生产合作社的高度发展就是社会主义”⑥。刘少奇也认同合作社的集体化前途，但在集体化的时间表上与毛泽东有分歧。毛泽东的主张是不必经过生产力的高度发展，要迅速使合作社转变为集体经济组织，实现消灭个体经济、消灭私有制，让“资本主义绝种……小生产也绝种”⑦ 的目的。刘少奇则认为，只有经过生产力的高度发展，即“只

① 唐宗焜:《合作社真谛》,知识产权出版社,2012,第101页。

② 《毛泽东选集》第3卷,人民出版社,1991,第931页。

③ 《毛泽东选集》第4卷,人民出版社,1991,第1433页。

④ 唐宗焜:《合作社真谛》,知识产权出版社,2012,第128页。

⑤ 中共中央文献研究室、中华全国供销合作总社编《刘少奇论合作社经济》,中国财政经济出版社,1987,第45页。

⑥ 同上,第26页。

⑦ 《毛泽东选集》第5卷,人民出版社,1977,第198页。

有在有了农业机器时，生产合作社才可能发展和巩固”[①]，并最终达到集体化。在当前，中国农民合作组织的性质应更近似于刘少奇的主张：农民合作组织不是集体经济组织。核心在于前者承认、尊重个人私有，后者强调的是集体所有。根据唐宗焜的考论，马克思在《资本论》中论及社会所有制时提出“重建个人所有制”，并分析了其发展的阶段性[②]。首先是社会资本所有制阶段，即直接联合起来的个人的资本所有，这里仍然存在着资本和雇佣劳动的对立；然后发展到社会所有制阶段，即直接联合起来的个人所有，这里已消除了资本和雇佣劳动的对立。“社会所有制”概念中的“社会”，就是“直接联合起来的个人”。以上说明，即使发展到社会所有制阶段，“个人所有”体现的劳动者的自由个性、个人权利的维护和尊重仍然是社会所有制的基础。显然，我们现在正处于社会资本所有制阶段，与之相适应的就是合作社。这种合作社的内涵与国际合作社联盟在1995年成立一百周年代表大会上通过的《关于合作社界定的声明》中对合作社的界定是一致的(只不过我们是在社会主义基本制度下，在农村就是在集体经济制度下发展合作社)：合作社是自愿联合起来的人们通过联合所有与民主控制的企业来满足他们共同的经济、社会与文化的需求与抱负的自治联合体[③]。这个界定有两个关键词，即“联合所有”与“民主控制”。“联合所有”突出了每个社员个人在合作社中的所有者权益；“民主控制”突出了社员通过民主程序对合作社实施控制。[④] 合作社为势单力薄的弱势群体和个人的经济参与、社会参与、文化参与提供了坚强的平台，具有马克思所谓的“自由人的联合”的初级阶段性质。合作社坚持效率与公平统一的原则，带领社员以联合的力量去抗衡资本垄断、抵御市场风险，满足社员需求与抱负，并谋求社员利益最大化。合作社的联合所有制不是否定个人所有权的那种产权归属不清的“集体所有制”或“共同所有制”，而是每个社员都有明确份额的产权归属清晰的社员联合所有[⑤]。合作社充分尊重了人们的自由个性与合作愿望。因此，我们应在乡村大力推动的合作社运动，并非20世纪50年代的

---

① 中共中央文献研究室、中华全国供销合作总社编《刘少奇论合作社经济》，中国财政经济出版社，1987，第23—24页。

② 唐宗焜：《“重建个人所有制”的马恩本义》，《经济社会体制比较》1993年第6期，第10—11页。

③ 转引自唐宗焜：《合作社真谛》，知识产权出版社，2012，第20页。

④ 同上，第21页。

⑤ 同上，第17页。

那种在“合作化”名义下推行的集体化运动①，而是在市场经济条件下，按照国际通行的原则组建和运作的合作社。20 世纪 50 年代集体化运动的要害是“强制”和“控制”，没有尊重农民的自由个性，也没有尊重人们对土地产权的个人所有意愿，结果导致原本基于自愿的合作变为强制的集体化，农民的积极性受挫，生产力被严重束缚。因此，2007 年颁布的《中华人民共和国农民专业合作社法》就特别突出了对农民意愿、自由的尊重：“农民专业合作社是在农村家庭承包经营基础上，同类农产品的生产经营者或者同类农业生产经营服务的提供者、利用者，自愿联合、民主管理的互助性经济组织。”② 该法案还突出了农民专业合作社应当遵循的原则：成员以农民为主体；以服务成员为宗旨，谋求全体成员的共同利益；入社自愿，退社自由；成员地位平等，实行民主管理；盈余主要按照成员与农民专业合作社的交易量（额）比例返还。

关于中国农民合作组织的未来发展，近年来在江苏苏州地区实施的新型土地股份合作制改革，显示出了新的可能。如张家港市的农民土地股份合作社，对“统分结合双层经营体制”③ 实现了新突破：强化集体统一经营，恢复集体经营农业的模式，在村一级走“集体经济为主体、市场经济为主导、按劳分配＋按市场竞争成绩奖励＋按股分红相结合”的道路，进一步完善了农村集体经济运行机制。这一改革深化了“统分结合”的内涵，在“统”的层面强化规模经营、高效农业发展，在“分”的层面保持承包经营体制不变，鼓励农村剩余劳动力变身“农业产业工人”，充分释放“统分结合双层经营体制”的优势与活力。用农民的话说就是“个人干不了的集体干，集体干不了的个人干”。灵活的集体经济实践为农业农村发展注入了新的活力，缩小了贫富差距，避免了两极分化，使农民开始走上“家家有资本，户户成股东”的共同富裕之路④。这种新型的土地股份合作社不同于 20 世纪 90 年代以来流行的由“龙头企业＋合作社＋农户”合作模式，可以更

---

① 转引自唐宗焜：《合作社真谛》，知识产权出版社，2012，序言第 1 页。

② 《中华人民共和国农民专业合作社法》（2007），http://www.gov.cn/jrzg/2006－10/31/content_429182.htm.

③ 陆静亚：《新型土地股份合作制改革的调查与思考》，《江苏农村经济》2013 年第 9 期，第 42 页。

④ 陈俊梁、张雅文：《农村股份合作——新型城镇化道路的重要特征》，《中国农民合作社》2014 年第 2 期，第 61 页。

好地保护农民利益，增加农民收入①。不过，这种新型土地股份合作社自身也存在一些潜在风险，即难以摆脱村集体行政组织的束缚，容易导致“政社不分”②。

为了促进中国农民合作组织的良性健康发展，以下几点值得特别注意：

一是注意内部人控制引发的合作社治理失范。这突出表现在合作社社员利益冲突、利益侵占和委托代理等合作社治理失范问题等③。如一些地方的合作社被村庄“能人”和下乡企业控制，导致合作社被“精英俘获”“资本俘获”。因此，应加强制度规制与政府监督，切实按照《合作社法》来促进合作社的治理。

二是规范“资本下乡”，限制其过度逐利行为。有学者通过对大样本调查数据的统计分析认为，资本下乡既有利于农民增收就业，但也可能“伤农害农”，因此要真正把维护好、发展好农民的权益作为推进资本下乡的出发点和落脚点④。资本下乡为村庄再合作提供了机遇，农户的组织化应当成为部门和资本下乡的前提⑤。要强化合作社的能力与权力，使合作社与龙头企业、外来资本形成势力均衡的谈判格局，利用资本的优势资源发展农业，将资本吸纳进农业体系，而不是农业被纳入资本体系⑥。

三是将综合性的、多功能的合作组织作为新农村建设的主体，改变条块分割的复杂格局⑦。推动组建包括生产、加工、流通、金融、保险以及文化建设等众多领域的农民合作经济组织。⑧ 特别是要加强合作社的社会整合和文化整合功能，促进村庄的治理。合作社对乡村社会的整合具有正向促进作用，合作社可能成为乡

---

① 张云华、郭铖：《农业经营体制创新的江苏个案：土地股份合作与生产专业承包》，《改革》2013 年第 2 期，第 153 页。

② 李占雪、李瑞芬：《北京农村社区股份合作制改革问题探究——以通州区西马各庄村为例》，《北京农学院学报》2015 年第 1 期，第 119 页。

③ 崔宝玉、刘峰、杨模荣：《内部人控制下的农民专业合作社治理——现实图景、政府规制与制度选择》，《经济学家》2012 年第 6 期，第 85 页。

④ 侯江华：《资本下乡：农民的视角——基于全国 214 个村 3203 位农户的调查》，《华中农业大学学报（社会科学版）》2015 年第 1 期，第 81 页。

⑤ 陆文荣、卢汉龙：《部门下乡、资本下乡与农户再合作——基于村社自主性的视角》，《中国农村观察》2013 年第 2 期，第 44 页。

⑥ 赵祥云、赵晓峰：《资本下乡真的能促进“三农”发展吗？》《西北农林科技大学学报（社会科学版）》2016 年第 4 期，第 21 页。

⑦ 温铁军等：《部门和资本“下乡”与农民专业合作经济组织的发展》，《经济理论与经济管理》2009 年第 7 期，第 5 页。

⑧ 温铁军：《农民专业合作社发展的困境与出路》，《湖南农业大学学报（社会科学版）》2013 年第 4 期，第 5 页。

村社会整合的一种实践性策略。① 要将合作社作为培养社会主义新农民的重要平台，增强其民主参与、合作协调、平等友爱、诚信正直、开放创新的意识与能力。在这个过程中，应秉承的宗旨是：把小农扶上合作之路，但坚决让他们自己走路②。

四是要尊重和保护土地股份合作社社员的财产权利和入社、退社自由。财产是自由的保证，这有利于减少个人对他人行为的依赖。入社、退社自由中最关键的是退社自由。历史经验表明，剥夺农民的退出自由，最终会导致合作制度的失败；没有退出权作为保障，也就没有真正的产权安全和财产自由。今后土地股份合作制的健康发展，取决于剩余权与退出权保障机制的政策供给③。

五是合作社的外部环境是影响合作社发展的最重要因素之一，合作社所需要的资金、信息、营销、技术、安全保障等，都主要从外部进行供给和输入，因此政府要为合作社的发展提供良好的制度环境和政策环境，如建立健全完善的农业社会化服务制度和社会保障制度。特别是健全的教育、医疗、养老等社会保障制度，会有效解除农民的后顾之忧，有助于增强农民加入合作社的意愿与积极性。

六是合作性金融是合作组织的重要基石。由于种种原因，我国的合作性金融已被“简单地”用行政权力人为地将其下放或取消，或者是将其变成商业性金融。结果是现阶段中国已无真正意义上的合作性金融，这一领域出现了巨大的空白或缺失④。

未来中国合作性金融的发展应重点注意两点：一是坚持市场导向，尊重市场机制那双“看不见的手”的调节作用，以市场化的方式推进农村合作金融互助组织的发展。二是发挥政府的作用，研究表明，发达国家和地区农村合作金融的成功，政府的支持起决定性作用⑤。政府的作用发挥重点是以公共服务为中心，着力于改善和优化农村合作金融生态环境，创造公平竞争的发展条件，提供良好的政策和制度保障⑥。

---

① 张纯刚、贾莉平、齐顾波：《乡村公共空间：作为合作社发展的意外后果》，《南京农业大学学报（社会科学版）》2014 年第 2 期，第 8 页。

② 曹锦清：《黄河边的中国——一个学者对乡村社会的观察与思考》（增补本）下册，上海文艺出版社，2013，第 715 页。

③ 陈会广、钱忠好：《土地股份合作制中农民土地财产的剩余权与退出权研究》，《中国土地科学》2011 年第 7 期，第 19 页。

④ 白钦先、胡巍：《试论综合视角下的农村合作金融改革——基于哲学、历史、人文、经济与社会的综合视角》，《经济问题》2014 年第 9 期，第 2 页。

⑤ 李明贤、周蓉：《我国农村合作经济组织开展资金互助业务探讨——基于国外农村合作金融组织成功发展经验的启示》，《当代经济管理》2015 年第 6 期，第 97 页。

⑥ 施同兵：《农村合作金融发展中政府行为的选择》，《中国行政管理》2013 年第 8 期，第 89 页。

第三章
乡村公共空间中的日常生活、伦理与政治

在社会学中，最早对空间进行理论探讨的是涂尔干，他认为："与原始社会组织相似，空间、时间和其他思维类型，在本质上是社会性的。"① 西美尔认为，空间的社会属性高于自然属性，甚至可以归结为人的心理效应。② 布迪厄则以"场域"的概念来表达空间的内涵，指在各种位置之间存在的客观关系的一个网络。这些位置的存在和它们对占据特定位置的行动者或制度所产生的决定性影响都是客观决定的③。

关于公共空间概念，不同学者有不同的理解。20 世纪 50 年代，政治哲学家汉娜·阿伦特较早对公共空间进行了界定，指出其乃相对于私人领域的公共领域，是人们行动与沟通的领域，人们在其中进行言行经验的相互分享。④ 而且这是一个摆脱政治和国家干扰的纯粹公共空间，同时也不受个体利益干扰，公共空间只在于公共参与。20 世纪 60 年代，哈贝马斯延续了阿伦特的探讨，认为公共空间就是诸如咖啡厅、聚餐会、沙龙等自发形成的公众聚会场所，它们是公共领域的外在表现形式与载体。哈贝马斯强调公共空间的市民社会政治意涵："资产阶级公共领域首先可以理解为一个由私人集合而成的公众的领域；但私人随即就要求这一

---

① 〔美〕刘易斯·A. 科瑟:《社会学思想名家——历史背景和社会背景下的思想》,石人译,中国社会科学出版社,1990,第 158 页。

② 〔德〕盖奥尔格·西美尔:《社会学——关于社会化形式的研究》,林荣远译,华夏出版社,2002,第 460 页。

③ 高宣扬:《布迪厄的社会理论》,同济大学出版社,2004,第 137 页。

④ 蔡英文:《政治实践与公共空间——阿伦特的政治思想》,新星出版社,2006,第 84 页。

受上层控制的公共领域反对公共权力机关自身，以便就基本上已经属于私人，但仍然具有公共性质的商品交换和社会劳动领域中的一般交换规则等问题同公共权力机关展开讨论。”①

20 世纪 80 年代以来，国外汉学家和中国学术界在关注转型时期中国的国家与社会关系时，开始有意识地运用公共空间或公共领域来研究相关问题。一些学者继续沿着公共空间的“政治学范畴”进行研究，有的学者则沿着公共空间的“日常生活范畴”进行研究，也有的学者则力图从综合的角度来展开研究。本研究即尝试从综合的视角来进行，重点考察：第一，乡村公共空间中农民的日常生活、伦理的变迁；第二，乡村公共空间中农民的政治参与、政治伦理的变迁，因此，本研究是在以下两个界定上使用公共空间概念，认为公共空间是公众可以自由进入、进行日常交往与参与公共事务的公共场所的总称②。村落公共空间是“社会内部业已存在的一些具有某种公共性且以特定空间相对固定下来的社会关联形式和人际交往结构方式”③。

在传统乡村社会，安土重迁的农民生活在一个相对封闭的空间中。即使是这个封闭的空间，也被人们有意无意地进行了分割，从而使不同的空间满足或对应人们不同的行为、伦理情感和心理需求，同时保障着村庄的和谐有序。传统村庄最重要的空间分割是以住宅为载体的家庭私人空间和以祠堂、庙宇、场院、集市、水井等为载体的村庄公共空间。村庄公共空间是人们家庭之外的主要生活场所，人们在这里进行互动，交流消息、情感，或从事有关全村人利益的共同事务。当然，这里也是人们为利益、权力、地位、面子、尊严、人生意义等进行表演、展示或博弈、争斗的场所，同时也是外来力量、信息、观念等影响村庄与村民日常生活进程与方向的场所。

① 〔德〕哈贝马斯：《公共领域的结构转型》，曹卫东等译，学林出版社，1999，第32 页。

② 李小云、孙丽：《公共空间对农民社会资本的影响——以江西省黄溪村为例》，《中国农业大学学报(社会科学版)》2007 年第 1 期，第82 页。

③ 曹海林：《村落公共空间演变及其对村庄秩序生成的意义：兼论社会变迁中村庄秩序生成的逻辑》，《天津社会科学》2005 年第 6 期，第 61 页。

由于长期的自给自足的小农生产方式与社会的超稳定结构①，两千多年来，中国传统乡村的公共空间与农民的日常生活呈现出很强的重复性、同质性、稳定性、封闭性的特点。到19世纪上半叶以来，受到中国社会自身内生发展与西方现代化浪潮外在刺激的双重作用，“丸未出盘”② 的中国传统开始出现倾斜、断裂，结果导致“丸已出盘”。稳定的乡村社会结构出现了颠覆性的改变，包括乡村的公共空间与人们的日常生活亦发生了深刻的变化，这样“不断书写着乡村社会和农民的新历史”③。我们这里重点截取1949年新中国成立以来的历史来分析此变化。

第一节　革命化的乡村公共空间与日常生活

1949年以前，莲花村和中国其他乡村一样，虽然不断受到外来力量的冲击，但仍然保留着传统的诸多面貌。其公共空间在整体上是按照家族进行分割的，形成了诸如石家院子、何家院子、熊家院子、冉家岭、唐家湾、彭家湾、周家院子等各自相对独立的空间单元。这些空间单元多住着同姓家族的村民，其内又有一些独立的公共空间，如祠堂（或供奉祖先牌位的堂屋）、院坝，这里是同族人祭拜祖先、商讨家族事务、日常互动交流和休闲娱乐的场所。而庙宇、集市、道路等则成为村庄整体层面的公共空间。总的看来，村庄的公共空间和人们的日常生活还遵循着传统的逻辑，呈现出自然发展的一面。

不过，晚清民国以降，市场力量与国家力量开始强劲地进入乡村，不断地冲击、改变着乡村的社会空间结构与人们的日常生活。在经济生活方面，外在市场与村民的生活变得息息相关，洋火、洋灯、洋瓷碗、洋皂已经成为当时村民的生活必需品。20世纪三四十年代，受国际市场对桐油需求旺盛的影响，莲花人大量

① 超稳定结构是金观涛在20世纪80年代讨论中国传统社会时提出的观点。他认为中国古代的经济结构、社会政治结构、儒家意识形态三个方面相互支撑，由此形成了一个超稳定结构，并导致中国在19世纪之前走上资本主义道路（参见金观涛、刘青峰：《开放中的变迁：再论中国社会超稳定结构》，法律出版社，2011）。金观涛的观点或有可争议之处，但他指出了中国传统社会稳定、同质的一面，则是事实。

② 余英时在讨论中国“士”传统时，以“士”的传统比之于“盘”，而以那些“断裂”性的发展比之于“丸”，认为在近现代以前的两千多年中，实是“丸未出盘”（参见余英时：《士与中国文化》序言，上海人民出版社，2003）。他虽是讲的“士”传统的稳定性，其实中国传统社会与文化亦如此。

③ 戴利朝：《茶馆观察：农村公共空间的复兴与基层社会整合》，《社会》2005年第5期，第116页。

种植桐子树，到秋天漫山遍野都是摘桐子的村民，一些村民的院坝里出现了榨桐油的洋机器，成群结队的村民背着桐油长途跋涉到万县长江码头，轮船装满桐油即出川运到世界各地。我外祖父熊安良当时在自己院子里开起了染布坊，每逢赶集天则拿到大岭场自己的铺子上售卖。当然，对于绝大部分村民而言，土地仍然是他们日常经济生活的主要空间，由于主要采取家庭合作劳动的方式，土地更具有家庭私空间的性质。在乡村，对于村民日常生活影响最大的公共性的经济生活空间是集市。集市不仅仅满足了人们的经济需要，而且也满足了人们更广泛的社会需要。因此，施坚雅将中国传统乡村称其为基层市场社区，她说"如果可以说农民是生活在一个自给自足的社会中，那么这个社会不是村庄而是基层市场社区"①，"注意一下，当一个农民对他的基层市场区域的社会状况有了充分良好的了解，而对基层市场区域之外的社会区域却全无了解时，会引起的某些结构上的后果"②。她认为集市不仅是一个经济空间，也是人们日常交往的空间以及乡村伦理、文化的空间。2010 年，我访谈了时年已经 85 岁高龄的莲花村村民周文孝，在聊到解放前乡村集市时说："集市对农村人可重要啦。赶场对我们来说就像过节，可不是只是去买点东西，大家一年到头都在田地里干活儿，难得闲一下，所以到集市去转转、逛逛，会会亲戚朋友、拉拉家常，农村人就图这点热闹、这点小享受。"周文孝还讲道，每逢赶大岭场，他和村里的人最喜欢到我外祖父的布摊子去坐一坐、吹吹壳子（聊天）。总之，集市成为村民在日常余暇调节生活、放松身心以及交流沟通、增进彼此感情的重要空间③，在一定程度上凝铸了当地人共同而持久的时间感与共享的地方感④。

国家力量介入乡村空间始自近代。清代中叶，清政府即开始在一些地方赋予地方宗族首领一定行政权力，这实是国家政权冀图借助族权或政权联合族权来加强对基层社会的控制，共同维持乡村社会秩序⑤。这就拉开了颠覆"皇权不下县"

① 〔美〕施坚雅：《中国农村的市场和社会结构》，史建云等译，中国社会科学出版社，1998，第 40 页。

② 同上，第 45 页。

③ 岳谦厚、郝正春：《传统庙会与乡民休闲——以明清以来山西庙会为中心的考察》，《山西大学学报（哲学社会科学版）》2009 年第 1 期，第 87 页。

④ 马光亭：《赶集：再现于乡村生活中的地方性时间——以苏北依村村集为例》，《广西民族大学学报（哲学社会科学版）》2007 年第 4 期，第 54 页。

⑤ 沈成飞：《保甲制度与宗族势力的调适与冲突——以民国时期的广东地区为例》，《福建论坛（人文社会科学版）》2016 年第 5 期，第 141 页。

的传统乡治模式的序幕。到晚清民国时期，国家权力介入乡村的力度越来越大，其中最典型的就是保甲制度①的实施。特别是民国时期的保甲制度，反映了现代国家权力直接介入乡村社会、控制乡村社会的目标诉求。像莲花村这样缺乏宗族大户势力的乡村，国家权力的进入就更容易一些。村里的公共事务开始更多由保（甲）长进行处理，在20世纪40年代，对于莲花村村民的公共生活影响最大的莫过于由保甲长组织的“拉壮丁”②，也让村民真切感受到国家政权的威力。

1949年以前，对莲花村村民日常生活影响很大的另外一个公共空间是寺庙。当地有两个大寺庙，即汪家寺、三抚寺，据说当时两家寺庙各有二三十个和尚，香火旺盛，远近香客每日往来络绎不绝。在那个时代，90%的莲花人都信佛，因此礼佛拜佛是村民非常重要的日常活动。此外，莲花村及附近乡村的山崖石壁上多有佛龛造像，也是村民进行佛事活动的重要场所。

1949年中华人民共和国成立，一个全新的时代开始了，乡村空间与农民的日常生活被注入了新的力量、被赋予新的意义，按照莲花村村民周文孝的说法，“搅翻了锅”的历史巨变开始了，传统中国乡村逐渐发展出来的许多公共空间如村肆、祠堂、庙宇、茶馆等一度被打断③。

1949年12月7日，忠县解放。过了几天，上面派来的工作组进驻莲花村（当时属于三抚村），组长是个人称“胡组长”“胡同志”的山东人，是来自北方解放区的共产党干部。工作组进村后，就与村民雷德孝、范银柳、何新杰等开始频繁走户串门开展工作。这个时候，村里人才知道了雷德孝他们的真实身份：原中共川东地下党员。12月15日，村里人突闻有人在山梁上鸣锣通知：“全体村民听好了，明天上午，谭家院子开大会，所有人都要参加，不得有误，相互转告。”第二天开会时，全村来了几百号人。会议宣布成立农会，村里权力归农会，主席是贫农吴玉新。谭家院了是原莲花村国民党保长周成玖的祖屋，是一个砖石结构的两层三合院楼群，非常气派，当地人称之为“洋楼”，新中国成立后就成了驻村工作组、土改工作组以及村（大队）的办公室，几十年来，莲花村大大小小的会议、公共集会都是在这里进行的。所以这里是莲花村的政治中心，也是最重要的公共

① 保甲制度是宋朝时期开始带有军事管理的户籍管理制度。它是中国封建王朝对社会进行严密控制的重要统治手段，它以“户”（家庭）为社会组织的基本单位。不过，在传统时期，保甲制度的实行并没有改变乡村社会自治和乡绅治理的基本格局。

② 民国时期，国民党政府为了解决兵源问题，而在乡村采取的强制征兵手段。

③ 戴利朝：《茶馆观察：农村公共空间的复兴与基层社会整合》，《社会》2005年第5期，第97页。

空间。当时村民最感稀奇的是那个会场布置与盛大场面：房屋墙壁上贴上了诸如"毛主席万岁""中国共产党万岁"之类的标语，会场正中央悬挂着毛主席的巨幅画像；工作组组长胡同志在讲台上大声说着他的山东话，大部分村民听得半清不清、半懂不懂，但主要意思还是明白的，比如"现在的政府叫人民政府"，"是毛主席解放了我们"，"劳动人民从此要过上好日子啦"，等等；曾经穷得叮当响、连婆娘都讨不到的农会主席吴玉新涨红了脸也憋不出几句话的样子让村民一阵哄笑；雷德孝的老婆曾凡莲竟然也坐在主席台上，更是让村民觉得新奇无比，没弄明白世界咋一下子就变成了这个样子。但不管村民是怎样想的，不以他们的意志为转移的巨大力量将推动着他们不断前行，并不断改变着他们日常生活的轨迹与面貌。

随后就是清匪反霸运动开始。忠县当时的敌特匪乱主要集中在后乡拔山、新立一带。比较典型的有两件事：1950 年 3 月 19 日，忠县中岭乡恶霸地主谢铸久伙同陈朝海、陈朝见、黄家穆等匪徒 50 多人攻打六区区公所，打死新立乡工作组长单策勋，随后公安与解放军出击，击毙陈朝见，抓获黄家穆和陈朝海；同年 8 月，原国民党军队营长丁永福勾结旧军官组织"137 师"，盘踞忠县、石柱、丰都三县 19 乡，并图谋攻打忠县县城，但很快被解放军全歼。在这期间，莲花村被镇压枪毙的反革命分子和恶霸地主有 4 个：黄再芳，解放前任忠县国民党县党部书记，忠县解放时没跑掉，不久即被枪毙；周成玖，原莲花村国民党保长，因解放前强拉"壮丁"，民愤较大，被枪毙；石宗玉，解放前任三抚小学校长、国民党莲花村（保）党支部书记，被枪毙；黄龙轩，拥有田地较多的大地主，民愤较大，被枪毙。清匪反霸运动不仅稳固了新政权，也树立起了新政权的权威，为下一步开展土改运动奠定了基础。

新中国成立对年轻人和妇女影响是最大的。因为年轻，有激情、有憧憬，容易被新事物所吸引、召唤，他们并不满意曾经平静的村庄生活，他们渴望改变，新的时代给他们带来了新的机会，因此他们最早成为新政权的积极拥护者。像周成前、周成银、罗文林、冉遂良、熊安柏、石明安、石宗轩等，当时都才二十多岁，是新组建的民兵连的骨干力量；曾凡莲、何新梅等女青年则成为新成立的村妇女会的骨干；一些更小的少年也被组织起来参与村里的一些事务。除了吃饭睡觉，这些年轻人很少落屋（即待在自己家里），大部分时间都在外面忙碌。他们的一个非常重要的任务是维持村庄的治安，当时村里各个重要路口昼夜都有人手持梭镖站岗放哨，并严密监视村里的地主、富农，以防止他们勾结敌特、匪首搞破坏或卷财逃跑。抗美援朝战争爆发后，村里的年轻民兵们和妇女会的积极分子以及一些少年会成群结队到一些地主、富农家催缴公粮。另外，这些年轻人也是新政权各项政策、主张的积极宣传者，他们经常在一起写标语、办板报、编排戏剧、组织文艺演出等，每天都乐此不疲。在这个时期，他们第一次全面地越出了家庭，一种新的公共集体生活代替了家庭生活并成为他们日常生活的主旋律，他们互称“战友”“同志”，并由此结成了不同于传统血缘关系的革命同志关系。这种新的革命同志关系让他们感到神圣、自豪，有的还因此结成了革命伴侣或革命夫妻。

清匪反霸结束不久，1950 年 11 月，莲花村开始搞土改，村里成立了土改工作组，组长是范银柳。土改确定的基本方针是：“依靠贫下中农，团结中农，孤立富农，打倒地主，分田分地分财产。”土改第一步是查田定产、划定成分。查田定产就是依据 1951 年中央人民政府财政部颁布的《农业税查田定产工作实施纲要》，查清各家各户土地数量、等级类别并核定产量。在查田定产的基础上开始划定成分，划分的标准主要有两条：（1）各家各户田地占有多少以及家庭成员人均拥有土地多少；（2）剥削量，即是否雇工以及雇工多少，一般剥削量超过 25%即可定为富农。但具体执行起来，这两条标准也很难细化操作，所以还会结合民意进行灵活划分，农村社会的“敌”“我”界限就这样被划分出来，每个家庭、每个人也因为这一划而被彻底改变了命运与人生方向。莲花村当时总人口是 1200 人左右，家户 200 户左右，成分划分大致情况如下：

地主 11 户，包括黄再芳、周成玖、石宗玉、黄龙轩、周淑筠、周关氏、熊胡氏、周成强、周龙光、熊卫阳、袁孔泽；

富农 1 户，石宗德，人称“石麻二”；

业主、上中农 18 户，包括我外祖父熊安良、周建中、吴树森等；

贫下中农 171 户。

其中，上述 12 户地主、富农拥有的田地占全村田地的 20%左右。袁孔泽家的土地其实只有七八亩，但因家庭人口少，人均占有的土地多，所以被划为地主。周成玖家占有的田地最多，也不过十七八亩。正如有些学者指出的：“中国是小农经济的汪洋大海，地主经济也受小农经济规律的制约支配。……地主富农破产而成小农，小农致富而成富农。……地主经济只是小农经济的放大，其思想文化、经营方式、生产方式，都与小农并无根本差别。”① 事实上，当时全国各地虽然都

① 唐致卿：《近代山东农村社会经济研究》，人民出版社，2019，第 352 页。

会有极少数大地主，但小地主还是占绝大多数。这些大多数与贫农本无多大区别的农民，一旦被划定为地主，就可能遭遇难以想象的灾难性后果。

土改的第二步就是开始“斗地主”。“斗地主”的整个过程主要分为划成分确定斗争对象、访苦、引苦、诉苦、算账等①。在莲花村，村级层面的批斗典型确定的是周关氏（其丈夫于解放前已去世），各个村小组也可以确定斗争对象开批斗会。将周关氏作为村级层面的批斗典型原因在于：像黄再芳、黄龙轩、石宗玉、周成玖这四个罪行大、民愤大的地主在土改前即已被枪毙，剩下的几个地主中，周龙光、熊卫阳、周成强解放前都是长期在外工作，周龙光在忠州精忠中学当老师（范银柳是他的学生），熊卫阳曾是国民党军队团长（黄埔生），周成强在县城经商，他们和村民们没什么交道和过节，所以作为批斗典型意义不大；这样就只剩下周关氏、周淑筠、熊胡氏、袁孔泽，经过工作组讨论，最后确定为周关氏。

为了发动村民斗地主，工作组开始挨家挨户访贫问苦，访贫问苦的重点是那些替地主干过活儿或受过地主欺负的村民。最初村民们都很难对地主们产生多大的仇恨，在他们看来，有的地主以前是有点耀武扬威或欺负人，不过大多也不“万恶”，而且乡里乡亲的，很难抹下情面。这个时候，工作组就会积极诉诸情感的力量来引导村民诉苦情、讲苦感，以激发他们的仇恨之情；同时，还会给他们讲苦理、挖苦根，让他们认识到自己的贫苦是因为地主的剥削。一旦认识到贫苦的根源，一些村民终于产生了对于地主的“愤怒”。由“苦”到“怒”，农民群众也就自然完成了从诉苦走向复仇、从诉说走向行动的重要转化②。

工作组在进行访贫问苦的同时，也开始组织民兵连、妇女会的年轻人们到各个地主、富农家里收缴财物或“挖浮财”③。为了防止地主私自转移财物或逃跑，一些民兵会昼夜轮流站岗放哨，有的会径直到地主家里蹲点。要地主们自觉自愿交出财物也不容易，这时候就免不了要使用一些硬办法。一般做法是把地主捆绑起来吊在房梁上抽打，也有用檬子树刺来戳手指或木杠压腿，逼他（她）老实交代。没有几个人能忍受这样的折磨，弄不了几下，基本就乖乖就范，交出了私藏的财物，如金银首饰之类。除留下一些必需生活品外，地主、富农们的所有财产

---

① 何志明:《土改中的必修课:“斗地主”》,《党史文苑》2012 年第 7 期,第 45 页。

② 李里峰:《土改中的诉苦:一种民众动员技术的微观分析》,《南京大学学报(哲学・人文科学・社会科学)》2007 年第 5 期,第 108 页。

③ 浮财,顾名思义是一些可以流动的财产,它不像土地那样有村民可以看得到的确切数目,但村民根据平时的观察,对地主浮财的多少一般都有个大致的估算。

包括房子都被充公。如周成玖被枪毙后，他的“洋楼”除了一部分成为工作组的办公室外，大部分都分给了一些贫雇农，周成玖的家人则被赶到了杂物间住。

上述工作完成后，就进入了土改工作的最后一步，也是最关键的一步：开全村诉苦会或批斗会，分田分地分财产。毛泽东说：“一个新的社会制度的诞生，总是要伴随一场大喊大叫的，这就是宣传新制度的优越性，批判旧制度的落后性。”① 这句话一针见血地指出了开诉苦会或批斗会的目的与动机。1951年1月25日上午，莲花村的诉苦批斗会在谭家院子举行，主斗对象是周关氏，其他地主、富农陪斗。周关氏当时双手被麻绳反绑着，面朝群众跪在主席台前，其他地主富农也被反绑着手站成一排，院子东西两边各站着一排民兵，土改工作组的领导高坐主席台。院子四周及墙壁上悬挂或张贴着“不忘阶级苦，牢记血泪仇”，“诉苦翻新”，“有苦诉苦，有冤申冤，血债要用血来还”，“感谢毛主席领导穷人翻身做主人”之类的标语。大会的第一个议程是由民兵连和妇女会的年轻人们拉歌对唱革命歌曲，村民何新梅回忆起当时的情景，至今“还觉得热血沸腾”。接着的议程是农协主席吴玉新讲话，他介绍了土改的基本情况，并号召村民起来诉苦申冤，揭发地主们的滔天罪行，并指出只有把地主们的威风彻底打下去，并让他们永世不得翻身，我们才能保住革命的胜利果实。然而，轮到村民们来诉苦申冤的时候，开始却没人愿意第一个来出头，当时整个会场鸦雀无声。驻村工作组组长胡同志看到这个状况，开始用他的山东口音讲话了，为了让村民听得懂，他讲得很慢。他主要讲了自己的故事（根据村民石宗全转述）：“俺家很穷，俺爹给地主当长工，每天累死累活，地主给的工钱很低，有时还要想方设法克扣。俺家那时天天吃的是糠粑粑，没见过白米饭。有一天俺爹生病了，去找地主借钱看病，狗日的地主忒狠心，硬是不借，说‘借了钱给你们，你们还得起吗?’可怜俺爹活活拖了十多天就咽气了，临死前他想喝碗面糊糊都没有。下葬的时候也没有棺材，是用草席子裹了埋的……”胡同志讲到这里时，自己已经是泣不成声，台下的气氛也开始变了，有的人不停抹眼泪，有的人竟然哭出了声。突然一个村民举臂高呼：“打倒狗地主，血债血还!”一下子整个会场像炸开了锅一样，全部是震耳欲聋的口号声，在场的地主、富农们人人脸吓得煞白、大气都不敢出。曾给周关氏长期当长工的何顺宝第一个冲了出来，诉说自己当年给周关氏当牛做马，但是没有得到周

① 毛泽东：《〈一个整社的好经验〉一文按语》，载《毛泽东选集》第五卷，人民出版社，1977，第245—246页。

关氏的好报，还经常额外替她做了很多活儿。周关氏反驳说：“我并没有亏待过你！”何顺宝听了这话，反手就给了周关氏一耳光：“你没亏待我？只是没让我饿死，好继续给你卖命。你们一家人吃好的穿好的，我有什么？”这时会场上也响起“砸烂她的狗头”“打倒地主婆周关氏”的口号声。接着，村里出了名的二杆子（也称“天棒”，类似于混混、地痞之类）熊德林也跳了出来，上来首先打了周关氏两个耳巴子，然后斥责她：“你这个狗地主婆，你也有今天，当年你正眼都不瞧老子一眼，还敢教训老子！”原来当年熊德林想到周关氏家做事，但周关氏没答应，还教训他整天不务正业、混日子。

受到会场气氛的影响，开始有更多的村民站出来诉苦，有的更是讲得声泪俱下。裴宜理认为，在中共革命的历史进程中，“情感”在革命动员工作中起着相当重要的作用。① 在群体的哭诉中，有相似命运或经历的村民自然走到了一起，产生了“我们是一个阶级”的意识，而被诉斥的地主、富农自然被划入了敌对的阶级，“亲不亲，阶级分”的敌我界限由此形成。因此，革命动员就是在“阶级兄弟”的发现中，开始了它的乡村感情之旅。② 事实上，诉苦会就是一种大众化的戏剧表演，目的是要调动村民的感情来实现革命的目标，其中哭诉往往能够起到超乎想象的效应。③ 哭诉引起的情感共鸣就成为一种促成阶级团结、群体一致的黏合剂。当然，诉苦作为一种政治规训，农民对其采取的态度、动机乃至实际行为也是很复杂的。这里有从内心真正接受了“阶级剥削导致底层农民苦难”的意识形态话语的村民。因为这一套话语给农民提供了一个解释苦难的新的角度，同时也给他们提供了一种改变命运的新机会与新途径，或者说成为社会底层的“解放政治”④。也有村民是从自身利益出发来看待诉苦与斗地主，多有挖浮财的逐利动机。还有的村民是将诉苦和斗地主作为昔日的弱者挑战、仇视昔日的强者（地主）所产生的一种“终于翻身”的情感宣泄方式，同时也给他们自己从前的贫穷与弱势找到了合理的解释，即“社会不公”与“富裕有罪”。也有村民的诉苦与革

---

① 〔美〕裴宜理：《重访中国革命：以情感的模式》，李冠南、何翔译，载刘东主编《中国学术》第8辑，商务印书馆，2001，第98—99页。

② 满永：《政治与生活：土地改革中的革命日常化——以皖西北临泉县为中心的考察》，《开放时代》2010年第3期，第26页。

③ Yung-fa Chen, *Making revolution: The communist movement in eastern and central China, 1937—1945* (Berkeley and Los Angeles: University of California Press, 1986), p.186.

④ 吴毅、陈颀：《“说话”的可能性——对土改“诉苦”的再反思》，《社会学研究》2012年第6期，第152页。

命行动的实际动机是以个人、宗派和家族恩怨搭革命的“便车”。

村民们诉完苦、申完冤，就开始分田分地分财产。田地根据“耕者有其田”的原则按人头进行均分，同时好田坏田搭着分，地主、富农会被有意分一些坏田。财产方面，地主、富农的房子一般会分无房或少房的贫农。收缴来的地主富农的衣服、被子、柜子、箱子、坛坛罐罐、农具、银圆、铜钱、手镯等，都弄成一小堆一小堆摆放在院子中，由贫雇农身份的村民抓阄领取相应的财物。

最后，土改工作组组长范银柳作总结讲话，土改运动就此结束。

在整个土改运动中，莲花村算是相对温和的，没有出现把地主打死或地主自杀的现象。不过当时采取的一些极端的做法，至今让一些村民谈起来仍“心有余悸”。村民石宗秀提到了三件事。

第一件事是莲花村七组斗地主婆周淑筠。新中国成立前，周淑筠的丈夫熊安游在忠县县城帮人守铺子，因勤奋踏实，深得东家信任，东家无儿无女，临死前将铺子白送给了熊安游。熊安游后来把铺子转给了别人，遂把积蓄都用来买了田地，哪知他也命薄，不久就死了。新中国成立后，他老婆周淑筠就成了地主婆。周淑筠这个人能干、持家，但嘴巴子毒，得罪了不少人，所以土改时一些村民借机报复，斗她很狠。她“享受”过三种刻骨铭心的刑法（多是一些村民发明的，显示出特别的民间智慧）：一是裸露双膝跪瓦碴子和檬子树（其上长满了刺），人一跪下去，顿时鲜血直流，人如杀猪般嚎叫；二是用细铁丝将双手大拇指相向并拢捆绑起来，然后在中间插入木楔，据说有一次她痛得晕死了过去；三是在七月伏天让她穿着厚厚的棉衣跪在太阳底下，然后将八斤重的棉被裹在她身上，四周烧起火堆，村民戏称“火烤地主婆”。不过，周淑筠这人命长，有韧性，那么多年的折磨与无休止的批斗，她硬是挺了过来。她是2001去世的，算是善终。

第二件事是莲花村三组斗地主婆熊胡氏。熊胡氏当时被斗的主要原因是她偷偷私藏、转移财物，刚好被巡逻的民兵抓了个现形。民兵们先是让她罚跪，打耳光，然后把她捆绑起来，吊在院坝的一棵树上，拿鞭子抽她，“二杆子”何顺峰突发奇想，一下子把熊胡氏的裤子扯了下来，让她裸露下身，惹得好多村民都来围观，一些小孩子还捡石头扔。我外祖父熊安良实在看不下去了，把何顺峰一顿臭骂，骂他是畜生。其他民兵也觉得何顺峰做过分了，于是同意熊安良的建议，把熊胡氏放下来，让她穿上了裤子。熊胡氏一家人从此将熊安良当一辈子的恩人待。

第三件事是有一天石宗秀从䃢井镇回莲花村路上发生的事情。当时石宗秀在山路边歇息，同村的两个“二杆子”周建华和石明昌也在那里歇息。这时山路下远远地来了两个人，走近了才看出是隔邻芭蕉村的两个地主（名字是什么石宗秀也忘记了）。周建华和石明昌站了起来，挡住了二人的去路，周建华突然冷不防地向一个地主猛推了一下，还恶狠狠地骂了一句："狗地主!"那人完全没有提防，一个趔趄，沿着山路滚了下去，摔得满脸是血。

关于土改时期的暴力事件，当时全国各地都普遍存在。如苏南区土改期间仅斗争会上就打死了数十人，并造成了293人自杀。① 四川郫县土改头两个多月枪毙了562人，也造成222人以自杀相抗②。广东土改初期，全省农村不算被镇压的，光是自杀就死了17000人之多③。其实，在1947年土改的时候，就曾发生过一起开明绅士牛友兰被儿子牛荫冠（时任晋绥边区行政公署副主任、党组书记）牵着"牛鼻子"挨斗的惨剧。④ 虽然中共中央多次明令反对乱打乱杀，但仍然难以禁绝。其原因在于：新政权亟希望通过发动群众来打倒农村旧势力，以树立领导权威。因此不能压制农民的革命热情和阶级仇恨，反而应有所鼓励，即使做过了头，也是情有可原的，即一种现实的政治需要⑤。像莲花村的"二杆子"何顺峰、周建华、石明昌，均是好逸恶劳、偷鸡摸狗、欺软怕硬之徒，身上的痞子气重，属于毛泽东所谓的"流氓无产者"。在土改和历次政治运动中，他们耍痞都要得理直气壮、理所当然，周建华经常挂在嘴边的话是："老子就是人民，老子叫你死你就得死!"有一天早上，不知道是袁孔泽什么地方得罪了周建华，也可能是他看袁孔泽不顺眼，周建华竟拿起斧头闯到袁孔泽家里，将袁孔泽从床下拖下来要劈他，吓得袁孔泽跪在地上直求饶。其实，村里人都讨厌他们，但没人敢打压他们的"革命精神"。在莲花村斗地主最狠的就是这些流氓无产者、地痞。暴力总是会与权力密切相关。在土改期间，正是权力的纵容，使乡村社会人性恶的一面得以肆虐，也让一些流氓地痞横行。

中国共产党主导的土改通过团结依靠一批人、打倒消灭一部分人，从根本上改变了乡村社会，旧的统治秩序与权力结构被彻底摧毁。在这场天翻地覆的大改组、大变革中，原来处在农村社会中上层的地主、富农阶层成了这场社会大变革

---

① 中共苏南区党委农村工作委员会编《苏南土地改革文献》，1952年印刷，第801页。

② 杨奎松：《新中国土改背景下的地主问题》，《史林》2008年第6期，第12页。

③ 同上，第13页。参见《刘田夫同志在粤西区第三次土改干部扩大会上关于目前情况与工作任务的传达报告》，1952年11月8日，广东省档案馆藏，243/1/124/2—6。

④ 智效民：《土改中的蔡家崖"斗牛大会"》，《炎黄春秋》2012年第11期，第63页。

⑤ 杨奎松：《新中国土改背景下的地主问题》，《史林》2008年第6期，第18页。

的牺牲品①，而且被肆意妖魔化。被杀者或自杀者固然死了干净、一了百了，但活下来的地主和他们的子女们，就不得不屈辱地活下去。他们不仅在经济上失去财产，而且在精神上要承受被集体隔绝的痛苦。② 为了生活，他们不得不改变策略、顺应时代的变化，一些地主的女儿纷纷嫁给贫下中农以求庇护。在莲花村，地主周成玖的女儿周莲芳（据村民讲，这是一个相当漂亮的女子）先后嫁给了家徒四壁的贫农石胜国和熊世泽；贫农周康乾娶了芭蕉村的地主女儿杨继芳；贫农熊德涛娶了黄金乡的地主女儿彭佳琳。

土改后，农民生产积极性得到极大提升，农业生产很快得到恢复，各地农村呈现出一片生机勃勃、和平繁荣的景象。村民石宗全说，1951 年到 1956 年，这是解放后“文革”结束前将近 30 年中农民最感满意的几年。曾经陷入短暂政治狂热的农民们冷静下来，开始把主要的时间和精力都投入到自己的土地上，因为这才是他们的本分，由此足见农民的务实理性。地主、富农和贫下中农们之间的鸿沟虽已形成，但在日常生活中仍然主要以传统的方式和谐相处，很少有人在政治上上纲上线，贫农身份的侄子仍然礼貌地招呼地主身份的远房叔伯，大家都觉得这是天经地义的事情。地主的子女考大学、参军、招工基本上也得到平等对待，如周关氏的儿子周成教考上了清华大学，并未受母亲地主身份的影响。必要的暴力革命似乎将永远成为过去式，乡村将从此永享太平安宁。

然而，执政党及其主要领导者对于社会主义新政权随时可能被颠覆和社会主义路线被修正的高度警惕而由此形成的“无产阶级专政下继续革命”思想，将再次搅动乡村社会和农民的日常生活。

为了给新中国的工业化建设提供原始积累，国家在 1953 年开始实行“统购统销”政策。到了 1955 年，莲花村村民明显感觉到粮食开始紧张。当时在忠县中学读书的周成香说，1955 年前学校食堂的伙食非常丰盛，之后就开始实行定量配给，伙食也越来越差。1956 年，社会主义改造完成，毛泽东和中共中央决心加快农村合作化运动的步伐，全面实现农业集体化生产。其动机有两个：一是通过集体化减少国家提取农业剩余以支持工业发展的成本；二是铲除农村的小私有、消灭私有制，让社会主义在农村大地和广大农民心中扎下根。这里面的悖论在于：国家

① 杨奎松：《新中国土改背景下的地主问题》，《史林》2008 年第 6 期，第 1 页。

② 程娟娟：《土改文学叙事研究》，博士学位论文，南开大学周恩来政府管理学院，2012，第 121 页。

既要剥夺农民，让农民作出牺牲、享受不了社会主义的好处，饿着肚子支持国家的工业发展；又要消灭农民的小私有观念，让农民认同社会主义。但当农民出现反抗行为时，则又视之为反社会主义，往往诉诸政治暴力手段进行压制。一些反抗的农民被捆绑、吊打、非法关押、刑讯逼供，并造成一些农民自杀，如 1954 年湖南全省因购粮问题被迫自杀者 111 人①。莲花村对统购统销政策和农业集体化没有出现激烈的反抗，但私底下的牢骚和怨气较多。村民石宗全说，当时分得了田地的贫农们意见最大，他们不能理解为啥才分给他们的土地又要收回去。当时有村民去问范银柳，范银柳的回答是："你们要相信党和国家的政策总归是好的，要相信党和政府!"有村民说："我们饭都吃不饱，让我们咋相信啊?"范银柳最后只得警告他注意政治立场，这个最有威力，再有满腹牢骚的村民一听到这个，多数都会自动闭口。当然也有个别脑壳方（忠县土语，指不灵活、不会变通之意）的村民会由着自己的性子做些出格的事。1956 年 6 月的一天，村民艾玖到㽏井镇供销社买东西，由于要的东西没买到，加之他平时对统购统销政策就不满，爱发牢骚，所以在回村的路上，一时气愤，就在一块大石头上写了句"打倒毛主席!"结果被查出来定性为反革命，押送到奉节硫磺厂劳改了 5 年。1957 年，当时就读㽏井中学初三年级的周康淑（地主周成玖的女儿），因为在班会上发表质疑统购统销政策的言论，被学校党支部叫去谈话，还被班上同学贴大字报，大意是说她是地主的女儿，所以一贯反动。由于不堪忍受，周康淑在㽏井溪龙滩跳河自杀，年仅 16 岁。1959 年，村民熊安中的儿子熊康平（当时在忠县城关镇中学读高二）因在学校食堂吃不饱饭，批评伙食定量政策，被定性为反革命，押送到奉节硫磺厂劳改了 3 年。

莲花村于 1956 年搞高级社，1958 年 11 月随着㽏井人民公社的成立而进入集体大队时期，在经过公共食堂大鱼大肉的短暂幸福日子后，1959 年川东出现大干旱，一直到 1961 年，莲花人靠吃树皮、草根、糠粑粑，才艰难地熬过了苦日子。村民周成香说，当时很多人都得了水肿病，直接饿死的人倒没多少，不过那时即使死了人，也没人去关注那人到底是饿死的还是病死的。当时忠县临近的达县专

① 中华人民共和国农业委员会办公厅:《农业集体化重要文件汇编 1949—1957》上卷，中共中央党校出版社，1988，第 291—293 页。

区的巴中、宣汉、通江等县，曾出现过数十起人吃人的案例。[①] 周成香说，三年自然灾害让农民怨气更重，说怪话的人更多了，有的村民竟大胆地替国家出主意“干脆把田地重新分到户”。事实上当时中央高层中刘少奇、邓小平、陈云就有类似想法。不过，毛泽东对政治路线问题的关注重于对农民现实利益的关注，在他看来，“‘分田单干’是瓦解农村集体经济，解散人民公社，是中国式的修正主义，是走哪一条道路的问题”[②]。正是出于防止修正主义的考虑，毛泽东自始至终都强调资本主义道路和社会主义道路的矛盾是当时的主要矛盾，在 1962 年党的八届十中全会上，毛泽东更是明确指出要讲阶级斗争，警惕资本主义复辟的危险性。这个逻辑一直延续到“文化大革命”的爆发。在这样一个背景下，怨气重、怪话多的村民们也越来越感觉到政治气氛的紧张，认识到“龙门阵”不能乱摆、话不能乱说。

在那个政治统摄一切的时代，乡村社会的公共空间和农民的日常生活高度政治化、集体化，人们的社会交往、人际关系、道德伦理、精神情感也无不政治化、集体化，其造成的影响延续至今。在那个时代，革命伦理与乡村传统伦理呈现出一种复杂微妙的互动关系，兹以周成銮冤案为例予以分析。

周成銮父亲周武德在解放前当过村里的保甲长，为应付国民党乡公所的苛捐杂税事情，也曾得罪了不少乡邻，不过他 1944 就去世了。周成銮母亲雷开玲带着老大周成骧（1939 年出生）、老二周成銮（1942 年出生）、老三周成宗（1943 年出生）艰难度日。据周成骧回忆，莲花村解放前的几年，母亲雷开玲长期是在村里曾凡莲家当女佣，照看曾凡莲的儿子雷平（1945 年出生）。那时，曾凡莲的丈夫雷德孝在县城做生意，从经济上讲在莲花村算是宽裕的，至少他们家没挨过饿。雷德孝解放前就秘密加入了川东地下党，新中国成立后身份才公开，而且继续在县城里工作。因此，雷德孝家在村里的地位是很高的。雷开玲因为照看过雷平的缘故，加之一贫如洗的家境，土改时被划为贫农，并作为积极分子，被推荐入了党。虽然当时有人把周武德的事拿出来说，但都被曾凡莲驳了回去。那时，曾凡莲是村妇女主任，雷开玲是妇女宣传委员，两个人关系形同姐妹，后来雷平长大后碰见周家兄弟，都会

① 韩福东:《跃进过后是饥荒　川东达州市三年“灾害”纪实》,《南方都市报》2011 年 09 月 28 日“深度周刊新史记”版。

② 周太和:《陈云同志四下农村调查的前后》,载《陈云与新中国经济建设》编辑组编《陈云与新中国经济建设》,中央文献出版社,1991,第 169 页。

很尊敬地叫哥。雷开玲不识字，但天生嘴巴子厉害，讲起政策来也是一套一套的，在历次政治运动中，她都是冲锋陷阵的积极分子。不过，两人的关系因为一件私事而生裂隙。

事情的起因是，雷开玲有一天偶然发现曾凡莲与大队会计石宗轩勾搭成奸。雷开玲本是嘴不严的人，这件事就经她的口一传十、十传百，很快全村人都知道了。雷德孝知道这事后，也不管曾凡莲如何百般分辩与哭闹求情，坚决与她离了婚。大队因为没有掌握真凭实据，对这件事也就不了了之。但曾凡莲对雷开玲就此怀恨在心。不知道她采取何种手段，竟然成功地将雷开玲家的贫农成分悄悄改成了“业主”成分。1961 年，周成銮考大学失败，于是留村务农，不久与邻村熊淑安恋爱，在两人即将准备结婚的时候，熊家却突然取消了这门婚事。后来才知道是曾凡莲在其中挑拨是非。由于家庭成分被改、恋爱失败，招干甚至加入村基干民兵这样的机会，都通通向周成銮关上了大门。

受此种种不如意的刺激，1966 年，周成銮遂邀约石马村的李启雄、李育英（李启雄的妹妹）等去闯新疆。李启雄那时已经三十多岁，本是大学生，1957 年在学校读书时发表了一些不当言论，被打成右派，结果被遣返回老家。他们落脚的地方是新疆焉耆县博斯腾湖边一个大约三四百人的渔村。渔村里大部分都是外地人。周成銮他们在那里住了下来，跟着那些外地人学打鱼。开始一切都顺顺当当的，不料到了 1968 年，渔村突然被传出里面有一个里通苏修（苏联修正主义）的反革命集团。谁也不知道这个谣言是怎么造出来的。据说当时原兰州军区派了一个师的部队将这个渔村团团包围，所有外地来的渔民都被关押起来。接下来就是严刑逼供与相互检举揭发罪行。结果有二十多人被确定为反革命，其中就有周成銮与李启雄。周成銮的罪名是“反对毛主席”。在审讯时，周成銮揭发一个外地渔民曾经偷过当地村民的一只羊，这算不得反革命罪，所以这个渔民逃过了一劫；该渔民则揭发周成銮有一次对他说过一句“打倒毛主席”，就这一句他随口编的罪证，就让周成銮丢了命。李启雄则是被一个与他有些过节的外地渔民诬陷为“偷听敌台，里通外国”，结果也丢了性命。

在周成銮被收审关押期间，专案组专门派人到莲花村进一步了解核实情况。当时接受调查的有周成銮的初高中同学何新文，还有曾凡莲以及其他一些村民。其中何新文、曾凡莲讲了很多周成銮的坏话。同时，专案组在征询是将周成銮送回当地处理还是在新疆就地处理时，公社、大队两级均表示就在新疆处理，免得节外生枝。周成銮所有可能的生还机会就此消失了。被执行枪决的那天，周成銮全身已经瘫软，是被人架出去枪毙的。李启雄到底是大学生，行刑那天，为显示其英勇就义的气象，李启雄一路上还高呼“毛主席万岁!”似乎想让毛主席他老人家明白自己是被冤枉的、自己的内心是热爱毛主席的，不可能干出反对他老人家、里通外国的事情。

周成銮在新疆被枪毙的消息很快在村里传开了，这对于雷开玲一家来说，无异于晴天霹雳。雷开玲被通知到大队队部，接受正式宣告：你的儿子周成銮因为反对毛主席，罪大恶极，犯反革命罪，已在新疆被执行枪决。一向利嘴利舌的雷开玲一下子瘫坐在地上，半天没回过神来。其后不久，雷开玲被开除党籍。周成骧 1965 年于成都电讯工程学院（现电子科技大学）毕业，分配在成都灌县（都江堰）一个国防研究所工作；因为周成銮的事情，被单位停止研究工作，下放到单位附属养殖场养猪。1969 年，林彪在党的九大上作为毛主席的接班人被写进党章，周成骧彻底绝望，感觉二弟的冤案今生不可能再有翻案的机会，于是在 1972 年主动申请回原籍忠县，做了一名普通的中学物理老师。

在周成銮被枪决后的一段时间里，为了弄清楚雷开玲一家的立场和态度，曾凡莲曾派人经常深夜悄悄地到雷开玲家门口偷听，听他们是否在哭、是否在同情反革命。原本家里想给周成銮摆个灵位祭奠一下，连这个都不敢弄，一家人只能蒙着厚厚的棉被痛哭。当时也不敢去收周成銮的尸首，平反后周成骧询问当地，回答已经找不到了。这成了周成骧心中一辈子的痛。1976 年“四人帮”倒台，周成骧开始着手申诉二弟的冤案，平时除了正常的上课、辅导学生、批阅作业之外，他开始把大部分的时间和精力用于写一封封的申诉信或一份份的申诉材料。由于“文革”造成的冤假错案堆积成山，国家有关部门处理起来也相当艰巨棘手，有些案子得不到及时处理。一直到 1983 年，周成銮的冤案最终得以平反，在 1976 年到 1983 年的 7 年中，周成骧自己也记不清到底写了多少信和申诉材料。到他终于接到二弟的平反通知书时，虽然周成骧时年才四十四岁，但头发已经几乎全白了。周成銮冤案平反获得的补偿金是 4200 元人民币。这笔钱大部分被用于雷开玲晚年的日常生活开支，小部分用于救济三弟周成宗（一直和母亲雷开玲住在一起）。周成骧回忠县工作后，每周末都要回莲花村看望母亲，有时在路上碰见曾凡莲，他连正眼都不会瞧她一眼；就是有时碰见雷平小心翼翼地喊他“哥”，他都只是哼一声就走开了。他还特别交代母亲和三弟，绝不要和曾凡莲这种人有任何瓜葛。

但不知为什么，周成銮平反没过两年，雷开玲与曾凡莲竟又像姐妹一样亲近起来。这是周成骧最恨自己母亲的一点：在自己这里，是一辈子都不可能原谅曾凡莲这样的仇人。周成骧这样的心理很容易理解；雷开玲为什么那样做，我们不得而知，我在做这个访谈调查时，她已经去世多年。据周成宗讲，雷开玲曾说儿子的死都是命，过去的就过去了，再去恨谁也没用。不过周成骧、周成宗两兄弟却做不到他们母亲那样的大度，都认为她是越老越糊涂。周成宗像他大哥一样，一直不和曾凡莲家有任何走动，至今如此。按照他的讲法，乡村人不是像有些读书人、城里人认为的那样淳朴善良，有的人坏得很，专门整人，根本就没人味儿。谈到目前乡村的伦理道德滑坡问题，周成宗摆摆手连连否定："这不光是这些年的事，集体时期就开始了。那个时候你整我、我整你，把人和人的关系都搞乱了，把人的良心也搞坏了，谁敢去真心信谁呀?""莫太轻易相信人"，很多村民说这句话时，也如周成宗一样，多喜欢举历次政治运动中发生的事情来作为例证。

雷开玲与曾凡莲的关系，纠缠着革命伦理与传统伦理的复杂互动。雷开玲因与曾凡莲的私人情感，而被后者积极推荐入党，加入革命阵营；而又因为二人私人情感的破裂，而被后者置于革命的对立面。二人同处革命阵营的时候，传统的伦理关系、情感具有天然的合法性，所以雷开玲与曾凡莲二人以姐妹相称。革命者之间的关系除了政治取向的志同道合而互称同志之外，同时也遵循传统的家庭伦理，相互之间可互称兄弟姐妹，谓之"革命兄弟""革命姐妹"；同时，上下级之间的命令服从关系与父子之间的服从关系也自然地合二为一。但是一旦人们处于对立的不同阵营时，传统的伦理情感就会被弃置一边，显示出革命伦理的铁面无情。不过我们发现，在乡村人之间真正发生作用的运作逻辑与方式还是如惯性一样的传统。如曾凡莲对于雷开玲的所作所为以及二人的纠葛，皆非由一个真正的革命正义所主导，而是由私人之间的恩怨情仇所主导。在这里，革命正义往往会成为一些占据革命位置者寻报私仇的最合理、最有效的致命手段。这也是很多人在"文革"后，对革命伦理的神圣性与正当性产生根本质疑的一个重要原因。

不过，在革命伦理无可置疑的年代，人们只能主动或被动地迎合或接受它。特别是在1962年以后，随着阶级斗争意识和唯成分论的日益浓厚，人们不得不按照阶级立场与阶级身份来进行划界限或自我区隔。其中，地富反坏右分子与贫下中农之间的鸿沟被拉大了，许多有血缘亲戚关系的村民为此断了来往、过年过节都不走动。像周成銮的亲堂兄周成前（时任莲花大队第一生产队队长）为了表明自己的政治立场，曾公开表态说："周成銮这样的反革命就该杀!"村民熊康云讲述了她家与地主婆小姨周淑筠的故事，痛感革命伦理对亲情的伤害：

土改时，我老汉儿（父亲）熊安堂是贫协的干部。有一次吃饭的时候，他郑重其事地要求我们少和小姨家来往。我经常看见我妈抹眼泪，说她妹妹命苦。我们那时小，不懂事，有时在路上碰见小姨，都要招呼她。她却好像尽躲着我们似的，总是咧嘴一笑，低着头就快步走开了。后来，我们读了小学，也慢慢长大了，懂得了些革命道理，晓得小姨是地主婆。小时候和村里的其他娃儿吵架的时候，对方一句“你小姨是地主婆、坏分子”，我就哑巴了。那时，我心里就恨，恨自己有这样一个地主婆小姨。去问我妈“你为啥有这样的妹妹?”我妈给了我一个耳刮子。为我小姨的事，我妈一直都不开心，而且和我老汉儿也一直疙起疙起的（关系不好）。莲花村开大会的时候，周关氏、袁孔泽、熊胡氏、熊卫阳和我小姨都会去站高板凳（指站在高板凳上，戴着纸糊的高帽子，一直低着头，接受人们的批斗）。会开多久，他们就要罚站多久。我妈最怕开这样的会，所以每次都是躲在最远的角角，低着头纳鞋底。有些小娃儿不懂事，有时捡些石子儿扔他们，边扔边喊“打倒地主婆，打倒坏分子!”有一次一个娃儿扔的石子儿刚好打在小姨的额头上，血一下子就冒出来了。旁边有个人好心提醒我妈，说你妹被打流血了。当时我妈像发了失心疯似的，扔下鞋底，冲到台上，一把将小姨从高板凳上拽下来，一手捂住小姨的额头，一手指着台上那几个大队干部，边哭边骂：“你们还讲不讲点天理良心，你们要遭雷劈的。她是地主婆不假，但她也是人啊，是我的亲妹子啊，你们谁没有哥哥妹子？革命就不认亲戚吗？革命就不讲点人味儿吗？……”当时所有的人一下子都懵了。大队（大多以村为单位）书记周世禄当时就把会停了，让我老汉儿把我妈弄回去了。这事儿以后，我老汉儿就渐渐被大队干部们晾起来了，说是没管好自己的家属，同情地主婆。我老汉儿从此再没参加过那些活动（政治运动），三天两头都是闷在家里吃烂酒。我妈和老汉儿本来感情挺好的，但因为隔着小姨的事，几十年都疙疙瘩瘩的，“文革”结束后才好了些。我妈常说，小姨命贱命苦，但她心眼儿不坏，所以老天爷眷顾她，挨整挨斗几十年都没死。村里那些杂种让她跪过瓦碴子，两个膝盖都跪得烂皮化脓，她还是硬挺过来了。同在一个村几十年，我们家与小姨是在“文革”结束后才光明正大地走动起来。不过，小姨不怎么和我老汉儿说话，老汉儿似乎也怕碰见她。其实他们两个心里都有一道坎，谁也迈不过去。

在政治化、革命化、集体化时代，个人亲情让位于革命情感，家庭生活让位于公共生活，个体生产让位于集体生产，构成了那个特定时代的典型特征。在生产、生活、政治的集体化过程中，农民完成了心灵集体化的过程，在重新建构农村社会的同时也重构了农民的心灵①。频繁的公共集会，如开会、革命宣传、上夜校等等，这些都深刻地改变了乡村的社会关系与人们的生活。村民们在频繁的公共生活中体验到一种涂尔干所谓的“集体欢腾”。这种集体的、政治的、仪式化的活动让村民产生精神的兴奋与共鸣。他们说：“生活很苦，生产劳动也很累，但觉得很快乐，心里踏实。”在那个年代，为了配合土改、三反五反、抗美援朝、“文化大革命”等政治运动，村民们经常要参与编排节目、唱歌跳舞、做宣传板报、开会学习。这些集体活动给村民提供了聚在一起的场合，与传统时代单家独户的生活方式相比，这种集体生活给人们带来了前所未有的新感受。特别是对于农村女性，集体活动有如“革命的庙会”，它能够带来节日的气氛和开放的感受②。她们突破了家庭生活的狭小空间，开始在村庄的空间中和男人一样平等地参加村里的政治活动，一样平等地发表她们的主张与意见。

事实上，革命对传统乡村社会进行的革故鼎新，也确实冲破了乡村的一些痼疾，让诸如民主、平等、自由、公平、正义等现代性理念第一次进入乡村人的头脑，同时让人们在集体公社中初步培养训练了一些公共性的观念。当然，这些东西不可能一下子就以纯粹的状态呈现出来，而是同时粘连着传统的脐血，连带着对中国现当代乡村社会产生着复杂、深刻而长远的影响。由此，我们也可明白，传统与现代本就是一体的，不可能将二者截然断裂开来。

莲花人对民主、平等、自由、公平、正义这些观念的初次接触起始于 1953 年的土改。土改工作组进驻莲花村的时候，首先着手的工作就是向村民进行大力宣传动员，同时物色一些表现积极的贫雇农进行重点培养，随后成立了贫农团、农协。其次是召开村民大会，选举产生村民代表，经村民代表大会选举产生村长（后来称大队长）等村干部。选举的办法是：村民可以先自由提出初选人选，并由 10 人附议；由土改工作组、村党支部、村民代表各占三分之一比例人员组成的选举委员会，对初选人员进行甄别、商议，最后确定符合条件的 30 人作为候选人，再通过村民大会选举出正式代表 25 人；最后由这 25 人组成的村民代表大会选举产生村干部，并报上级政府任命、批准。莲花村村民第一次迎来了“选举下乡”。

---

① 郭于华：《心灵的集体化：陕北骥村农业合作化的女性记忆》，《中国社会科学》2003 年第 4 期，第 88 页。

② 同上。

当时绝大部分村民都异常兴奋，确有一种当家做主人的感觉，并产生了一种神圣感。按照村民们的讲法，当时的选举不汆假水，是实打实的。选出来的代表和干部大部分都是好的。这些人接受了党的教育与培养，大多清正廉洁，作风正派。即如曾凡莲，长期担任莲花村的妇女主任，也是由村民选出来的。虽然她在雷开玲事情上公报私仇，给雷开玲一家带来巨大的痛苦，但我采访的一些村民，对她的印象并不是很差，而是普遍认为她能干，处理事情总体上还算公道。

以民主选举为代表的这些新事物、新观念在乡村的出现，在相当程度上改变了乡村传统的政治结构、日常伦理关系以及人们的互动方式、价值观念。首先，传统乡村政治中的官民关系、绅（士绅）民关系让位于新型的干（部）群（众）关系，从而形成新的政治伦理。新中国成立后，党即在乡村大力培养新的政治精英（人民干部）。这些政治精英党性强，对党忠诚，是党的路线、方针、政策的忠实执行者；群众观念强，能和群众打成一片，公平公正地为群众办事。因此他们在群众中具有崇高的威望。同时，群众舆论对这些新的政治精英们也具有强力的约束监督作用。因此，在新中国成立后的相当长的一个历史时期，乡村这种新型的政治伦理在某种程度上确实实现了较高的民主、公平、公正。老一辈的莲花人多对新中国成立到“文革”发动前这十七年的干群关系持肯定态度，用现在的学术术语讲，那时的乡村政治比较清明，村干部比较民主、公正、无私。在莲花村担任书记长达二十年的周世禄即为一个典型代表。村民们对他的基本评价是：为人沉稳大度，行事公正无私，是一个难得的好人。他也曾经做过很多错事、得罪过很多人，说过很多违心的话，但他心胸坦荡，没谋过一己之私。所以村民都信服他。在他当村支书二十年，招干、推荐上大学等这些机会，他的儿女、亲戚一个都没有沾过边。共产党在莲花村村民中建立起的合法性与政治威信，在某种意义上讲正是通过周世禄等这些村干部的言行表现而实现的。

当然，这一切都是建立在政治正确的基础上。当革命伦理成为政治伦理的核心，而当这种政治伦理偏离了现实，偏离了时代发展要求，偏离了人们的真实的利益需求时，立足于现实和人们真实的利益需求的生存伦理得不到合理的伸张，人们的行为、社会关系就会极度扭曲变形，乃至形成全民的精神变态。结果是高喊“抓革命促生产”，生产始终搞不上去。此时的革命伦理已经沦为一个虚假、装腔作势的怪物。但革命伦理的“绝对正确”、铁面无情、六亲不认，使人们无从质疑也无从反抗，这时人们就会采取要么曲意顺从，要么圆滑变通的阳奉阴违的行为。当革命政治的目标诉求、政策措施与人们普遍的真实利益需求一致时，人们就会以一种发自内心的自觉热情与规范行为；当革命政治的目标诉求、政策措施与人们普遍的真实利益需求不一致时，人们就会采取一种灵活变通乃至圆滑算计。新中国成立后十七年的情形大致属于前者，“文革”十年的情形大致属于后者。这些政治精英兼具双重身份，一是作为党和政府的代言人的身份，一是作为村民代言人的身份。这两重身份就其本质而言是一致的，但在实践中却往往呈现出复杂而微妙乃至激烈的冲突博弈。

农民对集体化的复杂情感与态度说明两点：他们有对集体化所蕴含的道义精神、价值追求、理想目标、生活方式的认同、肯定；也有对集体化造成的自由剥夺、权利剥夺、人身依附、人格丧失、严格控制的恐惧与抵制。所以我们看到，农民曾经真诚拥抱过革命、集体化乃至阶级斗争，因为这里面关于公平正义、平等、共同富裕的道义诉求，在一定意义上契合或暗合了农民的行动逻辑与生存理想。因此当时那一套政治意识形态并非完全依靠于权力的强制推动，也有通过群众运动让农民主动接受的一面。这可以说是一种“共谋”或“合谋”。

而农民对于革命、集体化乃至阶级斗争由欢迎、拥护慢慢转向疏远、消极抵制，就在于其极端的、非理性的、暴力的推行方式，伤害了农民的实际利益与心理情感，造成农民生活、伦理、人格、价值的大断裂、大破坏，其实质是违背了生活世界的常识常理，缺乏农民本位观，也是反历史的（如企图彻底割裂、打倒传统，以塑造出全新的人、建设全新的世界）。集体时期的道义精神、合理内核是可以发扬继承的，但是那种暴力的、极端的实践方式是必须彻底清算和抛弃的。农民不仅需要集体的温暖，拥有集体的心灵，也需要个体的独立，拥有只属于自己的心灵角落。

第二节　改革开放以来的乡村公共空间与日常伦理

1976 年，“文革”结束，乡村社会开始悄然拉开转型、巨变的序幕。历史的发展是连续的，从来就不曾有过真正的断裂。因此，我们将会看到，在乡村社会的巨变中依然保存着集体时期乃至传统时代的因子。这是我们考察改革开放以来乡村空间与农民日常生活变迁的基本立足点与基本角度。

一、乡村公共空间

华国锋主政时期，曾一度按照“两个凡是”① 执政，阶级斗争的弦依然绷着，集体时期形成的政治、经济、社会机制还在循着惯性逻辑运转，但已显示出松动的迹象。莲花村谭家院子的社员大会还在定期召开，周淑筠、熊卫阳、袁孔泽、秦新华②这些地主、反革命分子依然还要站高板凳挨斗，但再没有愤怒的群众冲上去打他们的耳刮子，人们的革命热情似乎已经耗尽。开会的时候，大队领导在上面依然板着面孔讲话，并不时提醒大家认真听，下面的村民则多是在那里自顾自地窃窃私语，妇女们多是边聊家常边干些纳鞋底、绣鞋垫、打毛衣等针线活儿，严肃的政治集会变成了轻松的日常聚会；没有资格参会的其他地主、富农们依然被勒令参加一些义务劳动，但他们的神情要放松得多了，有时还能相互开玩笑，在旁边监督的民兵也不会再声色俱厉地呵责他们，有时还会加入他们的谈话。每天，各个生产队的队员们还会集体出现在田间地头，为一家人的口粮而努力挣工分，同时互相戏谑打闹以消磨单调的日子，有的村民大胆地哼起了“阿哥阿妹”的情歌小调。一年一度的忆苦思甜会照旧举行，几口大铁锅架在院坝中央，熊熊的火苗舔着锅底，妇女们有说有笑地把采回来的野菜淘洗干净，和着面粉倒到锅里煮，小孩子们在坝子里穿梭玩闹；大家吃完忆苦思甜饭，村里的贫农代表讲起过去的苦，依然会惹得不少人抹眼泪，但愤怒的阶级情绪没有了。这一切都显示出革命浪潮的日渐式微。

1978 年，党的十一届三中全会召开，实现了党的思想路线、政治路线、组织路线的拨乱反正，明确提出了废除“阶级斗争为纲”思想，将党和国家的工作重

---

① “两个凡是”指的是：“凡是毛主席做出的决策，我们都坚决维护；凡是毛主席的指示，我们都矢志不渝地遵循。”“两个凡是”最早在 1977 年 2 月 7 日《人民日报》、《红旗》杂志、《解放军报》的社论《学好文件抓住纲》中提出。“两个凡是”虽然不是华国锋提出来的，但反映了他当时的思想理论体系，即坚持“文化大革命”这个理论路线。“两个凡是”遭到了邓小平等人的批评、抵制，由此引发了“实践是检验真理的唯一标准”的大讨论，这个大讨论解放了人们的思想，为拨乱反正、改革开放奠定了思想舆论基础。在 1978 年召开的党的十一届三中全会否定了“两个凡是”，重新确立了“实事求是”的思想路线。

② 秦新华当时是“现行反革命分子”。1976 年毛泽东去世后不久，村民秦新华的一只猪得瘟病死了，有村民就问他是怎么处理的，秦新华开玩笑说：“咋处理的？我让它像毛主席他老人家一样‘住水晶棺’了。”因为此番对毛主席不敬的言论，秦新华被定性为“现行反革命”，在随后的一段时间成为村里批斗的典型。

点转移到经济建设上面，并作出了改革开放的重大决策。1982 年莲花村土地下户，实行家庭承包责任制，1983 年脊井人民公社改名脊井乡，人民公社制度由此废除，重新确立了乡镇体制。曾经喧嚣一时的谭家院子逐渐冷清了，常态化的村民代表大会成为记忆；社员们一起在田间地头集体劳动的场面消失了，各家各户回归家庭生产。莲花村这两个最重要的公共空间的萎缩与消失，标志着革命化、集体化时代的最终结束，乡村社会由此进入了后革命时代。后革命时代的到来，意味着农民的思想观念、行为方式、伦理关系、心理情感重新回归日常，对切身利益与自己生活的关注代替了对宏大的革命目标与理想的关注。

在后革命时代，大型的、整体的公共空间场所开始被分散的、局部的小公共空间所代替。这是由于大型集体活动的减少，村民们互动的范围也相应缩小，人们更多地在邻近的水井、院坝、小卖部、隔邻的田间地头摆摆龙门阵，尤其是小卖部更慢慢地成为新的重要的公共空间。莲花村一组的小卖部位于村口的大路梁，是吴启华开的。这里原是生产队的库房，有三大间，土地下户后，吴启华将其中一间承包过来开了小卖部，吴启仁也在旁边占个小角落，烙饼子卖。由于这里是入村的主要路口，遂成为村民集聚的主要场所。平时大家都在各自的田里忙碌，互动交流的机会并不多，在茶余饭后或农闲时，村民们有事无事都喜欢往小卖部那里蹭，有的人在那里天南海北地吹壳子，有的老人抽着旱烟慢悠悠地打川牌；一些小孩子则会围着吴启仁的火炉子，一边闻着锅里的烙饼香味，一边使劲吞口水。经常在小卖部聚会的多是男性村民，小卖部是男性村民专有的公共空间，女人除了来买点东西外，一般不会在这里逗留，主要是她们对男人们谈论的那些话题也不感兴趣。乡村社会的男性村民大多有一个共同特点，就是在一起摆龙门阵时，很少摆那些“渣渣草草”的事情，他们喜欢摆点历史故事、政治话题，有时把一些道听途说的国外的事情也拿来摆，这时村里喜欢读书看报的石宗全就会根据《人民日报》和《参考消息》上的报道来纠正讲话者的错误之处。显然，女人们在这样的场所是多余的。虽然村民们都经过了几十年的革命浪潮的洗礼，但政治以及外面的世界似乎仍然是男人的专属范围。女人们的公共空间更多的是在水井边或路边，她们在井边洗衣服或在路上相遇，都会自然而然聊起家常，话题多是有关东家长西家短的事情。有时两个女人站在路边聊天会一直聊一两个小时，直到某一方的孩子扯着嗓子喊妈妈回去吃饭，这时两个人才会结束聊天，不过皆会相约下次一定把没摆完的话题摆清楚。列斐弗尔认为，所有的社会活动都发生在空间，但也同时在创造着空间。从一定意义上说，村民们在小卖部、水井边创造了一个“自由空间”，他们在这里畅所欲言，尽情展示各自丰富多彩的内心世界，同时，人们在这里“消遣”与“休闲”，满足了各自的精神需求。村民石宗全说，在革命时代，村民们摆个龙门阵都摆得小心翼翼，生怕哪句话说错了被人告发，一不小心就可能成为“反革命分子”，而现在随便说个话，一般不会再担心被人在政治上上纲上线，所以还是生活在现在这个时代好，“说话自由，人活得自在些”。

改革开放以后，集市重新成为村民重要的公共空间。莲花村村民一般赶集的去处是所属的眘井场以及附近的黄金场、顺溪场、大岭场，一般村民一个月会赶场四五次。到赶场那天，山路上的人群络绎不绝，有的是两口子一起，有的是拖儿带女。大家在路上谈笑着、热情地打招呼，到了集市，展现在人们眼前的更是一副乱哄哄的热闹场面。虽然集体时代刚刚过去，但集市已经初现繁荣景象。村民吴启仁说，那时集市上的物品还多是农民自己生产的，从鸡、鸭、鱼、肉、蛋、小猪仔、小鸡儿，到锄头、镰刀、筲箕、木桶等等，可说是应有尽有。村民们卖出自家的物品，又去购买自家需要的物品，显现出自由交易的趋势。虽还偶有“割资本主义尾巴”的余悸，但发家致富的冲动让人们的胆子变得越来越大，有的村民已经开始干起在当时仍是禁忌的所谓的“投机倒把”的事情。和传统时代一样，集市不但是人们交易的场所，而且也是人们交流聚会、休闲娱乐的场所。村民们在这里会会亲朋好友，聊些并不打紧的话题，或带孩子到一家小食店里吃两碗满是酱油香味与葱香味的薄皮抄手，或围堆看一个河南人耍猴戏……就这样一天很快过去了，顶着夕阳的余晖，村民们兴尽而归。

由于革命时代和集体体制的结束，村民们的公共活动大量减少了，很多人直言不大习惯，主要是“不好耍”。当然说这些话的主要是那些在革命时代没受过多少冲击的村民，对那些曾经的“地富反坏右”村民来说，他们可不想再回到那个“好耍”的时代。革命的退出和公共活动的减少，客观上也使人们能自由地去开辟新的公共空间。其中比较重要的有两个，即宗教空间与家族空间。

传统时期，莲花村的宗教空间主要集中在寺庙、土地庙、山崖佛龛等场所。莲花村附近曾经有两座大寺庙，即汪家寺和三抚庙。三抚庙在解放前被国民党政府征用办小学，即三抚庙小学。汪家寺则延续到新中国成立后，在 20 世纪 50 年代，其香火都非常旺盛，常住的和尚有将近 20 个。随着革命浪潮的全面席卷，村里的年轻人首先放弃了佛教的信仰和其他传统信仰，为了表明他们的革命立场，这些宗教场所开始成为他们斗争的对象。在 50 年代，一些土地庙就被村里的革命青年毁掉了，汪家寺的一部分殿堂开始被征用为学校校舍，这就是后来的汪家寺小学。到60年代，特别是破“四旧”以及随后“文革”的爆发，汪家寺的和尚被勒令全部还俗，殿堂里的一些佛像也被村里的革命青年摧毁，寺庙的香火就此熄灭。同时，村里附近山崖上的佛龛洞里的佛像几乎尽数被革命青年摧毁，大多遭遇“割头”的命运。村子里的善男善女们，一部分人接受了革命的道理、幡然醒悟，大部分人则转入了地下，悄悄烧香拜佛。“文革”结束后，由于种种原因，三抚庙、汪家寺一直没能恢复，但善男善女们开始公开在家里供佛烧香，也有的到幸运保留下来的山崖佛龛前顶礼膜拜。到90年代后，基督教也开始进入莲花村，大岭乡的一处废弃的洋人修的教堂成为信徒们日常活动的重要场所。

家族空间主要集中在祠堂、堂屋、祖坟等场所。莲花村没有在村里拥有绝对影响力的大家族，杂姓很多，家族意识并不浓厚，这可能与明清时期湖广填四川的历史有关。解放前，莲花村的家族祠堂有两个，一个是熊家祠堂，一个是周家祠堂，解放后皆被农协的革命农民摧毁。80年代中期，周成玖的儿子周康维①和周关氏的儿子周成教曾回村邀请莲花村周姓村民商量修族谱、重修周家祠堂的事宜，但因故没有实现。不过，一些同姓家族修缮祖坟，并在清明节、春节前集体祭拜的现象开始增多。有的村民恢复了堂屋的功能，在里面重新供奉上了祖先和去世亲人的牌位。家族意识的复兴，使得村庄里家族性的公共活动也变得更为频繁。革命时代因为阶级成分不同而疏远的亲戚们又开始走动起来，村民们的行为选择开始重新依据传统家族伦理而非革命伦理来进行。

进入90年代以后，莲花村村民开始用打工积攒起来的钱修房搭屋。这个时期的新建房屋有一个重要的特点，即村民们开始搬离大院子，过上了单家独院的生活。这样，整个村庄的空间被分割成了一个个独立的家庭私空间，这使得本来就大大缩减的村庄公共空间进一步消失。同时，随着电视的兴起，村里人各自窝在自家屋里守着电视看，彼此的日常交流互动也大大减少。

二、人情往来

随着村庄世俗性与日常性的日益浓厚，日常的人情往来重新成为村民们生活中的主要内容。村里人最重大的集会不再是集体时代谭家院子举行的全村社员大

① 周康维是周成玖的大儿子，解放前即加入中共川东地下党组织，新中国成立后因受父亲牵连，被开除党籍和公职，“文革”后方获得平反。

会，而是在各家各户院坝中举办的结婚宴、生日宴等。在相对封闭的村庄社会里，人们抬头不见低头见，各种社会关系具有恒定、不可轻易改变的特点，注重人情关系、会做人成为一个人在村庄里生活的基本道德要求。在中国文化背景下，人情不仅是指一个人的自然情感，而且也是源自社会人际互动的职责，强调道义与情感亏欠①。因此，若一个人不懂人情，不按“人情”行事，就会被视为“一种不道德的行为”②。在具体的人情往来实践中，人们会遵循亲疏远近、内外有别的伦理原则来决定自己的行为策略。下面举莲花村原生产队队长周成前的儿子周康书1988年举办婚礼的例子予以说明。（此案例材料来源于我对周成前的采访）

周成前因为集体时期当过生产队队长，所以村内外的人缘较广。在确定为儿子办结婚宴后，除了婚宴的准备外，最重要的事情就是确定要“请”的人，这是最“费脑壳”的事情。周成前分别拟定了三个层次的请客名单：

第一层次，男方女方的亲戚。男方这边主要是村内周姓家族的人，原则上全请。村外周姓家族中，如果是远房的亲戚，而且平时已经没有走动的，就不请；如果平时有走动，就请。这里唯一让周成前“费脑壳”的是他的亲二弟周成明，他们两兄弟因为种种矛盾，长期以来形同水火不容的仇人。最后考虑的结果还是决定请，自己不能先“不仁不义”，至于周成明最后领不领这个情，那就是他的事情了。第一个层次要请的是25家。

第二层次，村里的干部、邻居、朋友。在乡村，一般人家请客，村干部属于必请对象。周成前自己当过干部，所以全村的干部都确定要请。住在一个院子的邻居当然必须全请。朋友主要是周成前与他老婆陈家秀、儿子周康书平时在村内外玩得好的人。第二个层次要请的人数是20家。

第三层次，一般村民。这属于可请可不请范围，但也最“费脑壳”。有时请了人家，被请者也许心里并不乐意；有时没有请人家，没有被请者容易被得罪。周成前和陈家秀仔仔细细把人过滤了一遍，最终确定了这个层次要请的是10家。

到正式婚宴那天，周成前家的院坝摆了整整50桌酒席。结果送了礼金的客人是51家。第一层次的客人来了24家，其中一个远方亲戚因路途较远没有来；周成明和他老婆樊淑英没有参加婚宴，但派了自己的儿子周宏康作代表。他们这样

---

① Mayfair Mei-hui Yang, *Gifts, Favors and Banquets: The art of social relationships in China* (Ithaca: Cornell University Press, 1994), pp. 68—70.

② Yunxiang Yan, *The flow of gifts* (Stanford: Stanford University Press, 1996), p. 145.

做，既表明他们是讲仁义的，同时也表明他们与周成前的过节不会就此了结。礼金多是20元、30元、50元不等。第二层次的客人全部来齐，共20家。礼金也多是20元、30元、50元不等。第三层次客人来了6家，礼金都是10元。没有来的4家原因不明。周成前估计可能是自己以前当生产队队长时得罪过他们。另外还有一名外村的干部碰巧赶上婚宴，也补了礼金。

周成前把来的客人姓名和送的礼金都详细记录在一个本子上。这个本子将成为他以后还礼或还人情的依据。由此看出，农民的人情往来都遵循对等的互惠原则，结果是大体平衡，谁也不吃亏。

人情往来之所以在村庄社会非常重要，是因为它涉及情感、道德、利益、资源、面子、村庄地位等诸多方面，而这些方面对生活在封闭村落里的每一个村民来说都是至关重要的。以周成前给儿子办婚宴请客为例，对主人一方而言，能请多少客人、请不请得动，反映的是周成前及其家人在村里的地位、面子；反过来，对客人一方而言，有没有人请，也可反映出自家在主家心目中和村里的地位。一般来说，改革开放以来，村庄里的干部、富裕户在村子里最有面子、最有地位，他们请的客人往往很多，而且都请得动。而一般村民特别是贫困户要请个客就不容易，因为有时候请不动人。这充分说明权力、财富在村庄日常生活中的支配性地位，崇尚权力、嫌贫爱富是农民内心真实的行为逻辑。在传统时期，升官发财就是包括农民在内的中国人的基本人生理想。这是因为在中国，权力、财富不仅给人们区隔出了不同的社会地位等级，而且也区分出了不同的人格尊卑等级。我们以前对于费孝通先生的“差序格局”概念的运用分析，多侧重于分析人们在情感、伦理关系上的“差”，而忽略了对人们在人伦辈分、权力、财富基础上形成的人格尊卑等级之“序”的分析。事实上，等级尊卑观念在中国人心中一直根深蒂固。在革命时代，一些农民狠斗地主时遵循的是这个逻辑；在后革命时代，一些农民努力发家致富遵循的还是这个逻辑。因此，在一定意义上讲，人情、道德是乡村社会的面上逻辑，明争暗斗、成为人上人则是乡村社会的内在逻辑。村民石宗全说，“有的人的德性就是见不得别人比自己好”，很难做到真正平等看待自己和他人。其实，在中国城乡社会中，我们都会发现一个普遍现象：对自己无法赶超的有权有势有财者，往往采取谄媚奉迎的态度；而对比自己差的弱者则采取凶狠轻侮的态度，一副耀武扬威的派头。传统的等级体制和现行的等级体制强化了人们的这种心理逻辑。村民何天芬是村里最穷的农户之一。有一次他过生日请客，据说他当时请了将近20家的客人，结果来了不到10家。对于何天芬这样的弱势者，村民们并不期望从他那里通过人情往来获得必要的面子、地位与资源，所以他们可以无所顾忌地不领这个情、不给何天芬面子。

改革开放以来，在莲花村和中国其他一些村庄中，与阶层的分化、固化相一致，人情往来圈子也开始分化、固化。村民何天平说："现在都是穷的跟穷的好，富的跟富的好。跟人家那些条件好的交往还害怕人家看不起咱们。"在革命时代，阶级成分在人们之间划下了一条深深的鸿沟；而在后革命时代，权力与财富又在人们之间划下了新的鸿沟。村民石宗秀说："集体时期，大家条件都差不多，不存在谁看不起谁的问题，大家都吃不饱。土地下户后最初几年，村里人也还都不富裕，谁家盖房子、娶媳妇儿都要相互帮忙的，也比较好相处。越往后走，越难相处：越往后走，人们的生活条件越来越好，但是这种差距也越来越大了，富的看不起穷的了，穷人也不想去受那份气了。所以现在的人不好处，只有知根知底的人，条件差不多的，才更容易相处。就是因为生活条件好了，但是贫的富的，差距越来越大，人跟人的关系也就不一样了。"贫富分化对乡村人际关系和弱势村民心理造成的伤害正在进一步加大，这已经影响到乡村社会的和谐，应足以引起当政者和社会的关注。

另外，20 世纪 80 年代末、90 年代初，随着打工浪潮的兴起，莲花村村民也成群结队地走出去，开始了向外发力的人生。村民们越来越认同村庄外面的那个更大的空间与世界，同时也就越来越脱离于村庄对自己的控制①。村民之间的联系急剧减弱，村庄共同体意识迅速解体，村庄舆论的作用越来越小。② 这就直接导致村庄原来的人情网络的断裂。很多村民在外面的世界发展、建构起了新的人情网，从而对以前村里的人情网就不大重视了，有的村民之间的人情往来完全中断。在这里，也很难说是村民们的道德水平下降了，或者说已经不重视人情了，他们只不过是改变或转移了人情往来的对象、空间，但人情往来的基本原则与逻辑与以前相比并无实质性的不同。

三、村庄礼数

在莲花村，礼数是指村民在日常生活中遵守礼俗规矩的自觉意识，以及施礼的质和量，也包括施礼的恰当性。一个人是否遵守约定俗成的礼俗规矩，通常是

---

① 何兰萍:《从公共空间看农村社会控制的弱化》,《理论与现代化》2008 年第 2 期,第 103 页。

② 贺雪峰:《乡村的前途——新农村建设与中国道路》,山东人民出版社,2007,第 47 页。

被看作懂不懂“礼数”、通不通人情世故的标志。这些礼数包括仪式活动中的礼数，过年过节的礼数，乃至日常的互动、问候、称呼人的各种礼数等。一个人对他人的礼数忽略、不够或不当会招致“太不会做人”的指责。礼数的基本精神是“上心”“有心”“尽到人情或心意”。这也是“做人”的基本精神，即能处理好熟人圈子里与他人的情感关系。在传统乡村社会，每个人似乎终归要通过私人的感情交往生活而成为“人”。①

周文孝说，在农村，人们在做每件事情时，都要考虑“缺不缺礼数”或“礼数够不够、恰当不恰当”。以下是莲花村人讲究的一些礼数。

1. 婚丧嫁娶、庆生祝寿等仪式性活动中的礼数，比如仪式中一些基本环节、程序、内容不能轻易简省，要按照礼数来。结婚不请客就是缺礼数，也是很失面子的事情；结婚时该请的人没有请，置办宴席的酒水、饭菜太差，也是缺礼数的表现；被请的人拒绝捧场，更是缺礼数的表现。礼数衡量的是一个人的情感、心意，也是对人的道德义务要求，同时也关乎人们的脸面。1999 年，村民熊德侯 86 岁的老母亲周武香去世，熊德侯为其母亲操办的葬礼非常隆重，棺木用的是最好的；寿衣穿了三层，也是最好的；请了三拨锣鼓班子，葬礼宴席饭菜安排也非常丰盛。就这点来说，村民们觉得熊德侯的礼数是足够的，表达了他对母亲的孝顺。在熊德侯一方而言，隆重的葬礼让他在村里人面前长了脸。不过，村民们对他的老婆冉素珍却颇有微词。周武香生前，冉素珍就与婆婆长期合不来，婆媳俩经常不是吵架就是互相冷战。在葬礼的亲人哭丧环节（主要由女性哭丧），冉素珍干号了几声，就是哭不出眼泪，也就索性不哭了。这些都被村民们看在眼里，冉素珍也被村民们私下里嘲笑缺礼数。村民们在嘲笑别人的时候，往往会忘记他们自身也许亦是如此。村里那些不孝之子一般在父母去世后的葬礼上大做文章，卖力弥补对父母生前的不好，以博得最后“孝”的名声。大家都心知肚明这是表演，但都会遵循这样的表演逻辑与表演方式，不断地表演下去。事实上，乡村人有一个基本的共识：一个人如若做不到内心的“礼数”，至少面上的“礼数”不能缺、不能少。在集体公社时期，受革命新风尚的影响，村庄里的仪式性礼数大大减少，

① 廖申白：《我们的“做人”观念——涵义、性质与问题》，《北京师范大学学报（社会科学版）》2004 年第 2 期，第 78 页。

一切从简，如“在葬礼上哭泣、送礼、磕头或是跨阶级参加葬礼都是被禁止的”①。那时的莲花村很多革命青年结婚时都没有办酒席，村民习惯了，也就不觉得缺什么礼数。由此亦可见人对环境的适应性。1978年后，很多传统仪式在农村地区又迅速恢复起来，村里人又开始讲究起这样或那样的礼数来。20世纪90年代打工潮兴起后，特别是2000年过后，村庄里的仪式性礼数又出现减少或改变的现象。依然以葬礼为例，莲花村在2000年后开始出现雇人哭丧的现象。2001年，村民冉洪勇的父亲去世，冉洪勇没有请传统的唢呐锣鼓班子，而是请的县城里专门从事婚丧代理的洋乐队。葬礼上，洋乐队里的一个漂亮时尚的女子，又哭又唱，声泪俱下，据说当时很多村民看得目瞪口呆。一些年纪大的村民见此直摇头，觉得冉洪勇太缺礼数了；不过，年轻的村民大多觉得无所谓。

2. 过年过节的礼数。在莲花村，过年时有一个很重要的礼数是晚辈给长辈磕头拜年。传统时期，磕头拜年的礼数是：大年初一早晨起床，子女要给自己的父母磕头拜年；已婚子女带未婚孙子女给健在的祖父母磕头拜年；有时一个大家族还会组织起来到宗祠给祖先磕头拜年，同时家族内部晚辈给长辈磕头拜年。以上属于家庭或家族内部的拜年礼数。在“一家人”的磕头拜年完后，就开始全村范围内给长辈磕头拜年，这时候不分姓氏，只要是村中年龄较大且辈分大的年轻人都要去磕头，每到一家长辈（岁数大的）人总是会说：“人到了就有啦，别磕啦。”小辈（岁数小的）则常说：“一年一个头当然要磕啦。”村民们有时开玩笑说：“你看老头（老太太），就等着过年给他（她）磕个头呢。”集体公社时期，磕头拜年就渐渐被移风易俗了，“文革”结束后又慢慢有所恢复。在80年代，有的人家还比较注重和在乎这些礼数。村民李淑兰讲到一件事，1983年她嫁到莲花村，过第一个年时，由于“偷懒”没有给公公、婆婆磕头拜年，公公、婆婆很生气，骂她不懂礼数。在农村，媳妇作为“外人”，要很好地融入家庭和村庄，“懂礼数”是非常重要的。在做公公、婆婆的看来，“我不是稀罕你给我磕个头，我是看你有没有这个‘心’”。不过，随着村庄流动性的加快，村子里的年轻人越来越不在乎这些礼数了。过年的时候，连小孩子给祖父母磕头拜年的礼数都被取消了，祖父母直接把压岁钱塞给孩子就完事。过年的另外一个重要礼数是从初二到十五的走亲戚朋友。在过去，按礼数，该走的亲戚朋友一定要走完，而且年年

① Andrew B. Kipnis, *Producing Guanxi: Sentiment, self and subculture in a north China village* (Durham: Duke University Press, 1997).

都要“走”。90年代打工潮兴起后，这个礼数就被破坏了。有的村民还没“走”完亲戚朋友，又匆匆外出打工去了。

3. 日常互动、问候、称呼人的各种礼数。传统乡村社会中，亲邻之间频繁走动、嘘寒问暖，遇到盖房搭屋、庆生祝寿、贺婚吊丧等大事时相互帮忙。这都是在“尽心意”“尽人情”，是一个乡村人必有的礼数。比如，村民日常互动中的礼物赠送、仪式活动，表达的是人与人的情感关爱、道德寓意和社会象征①，这有助于维护和增进村庄社会团结②。日常互动中的礼数实践遵循的亦是互惠等额原则。当然所谓等额是一个大致的状况，通常的人情回馈，是要超过当初自己收取的份额。如果是等额回馈也可以，但总觉得在人情面子上不那么好看。③

关于问候、称呼的礼数，莲花村人的说法是“会招呼人”，要用敬语，体现出尊重。不能直呼长辈名字，遇到人要主动招呼，否则会视为无礼、没大没小、没教养、没礼数。我记得小时候住在村子的时候，有一次姐姐称呼一个周姓本家“你”而不是“您”（忠县人将之发音为“yǎng”，主要用于对长辈的尊称），导致后者勃然大怒，直斥姐姐没有家教，不懂礼数，害得母亲亲自出面去道歉才算了事。关于称呼人，也有很多礼数讲究。中国社会有着复杂的称谓系统，在乡村社会尤其突出。在传统时期，父母给孩子的一个重要教育就是教他们能正确且准确地称呼村里的人，特别是对长辈，该喊伯还是喊舅，该喊孃还是喊姨，这都很重要，关键是不能乱辈分。以前村民给孩子取名时很注重字辈（也叫行辈、班辈、派行、行第、昭穆、派序等，是指用以表明同宗亲家族世系和血缘秩序的命名序列）④，就是为了使辈分清晰可辨。不过，村里的人似乎越来越不在乎这些了。

村庄传统礼数的式微乃至消失，反映的是乡村伦理秩序的瓦解。在乡村，“没大没小”式的缺礼数现象日益突出，人们越来越对一切事物失去了“讲究”，也没兴趣“讲究”。传统礼数、道德的神圣性、庄重性没有了，代之的是“无可无不可”的彻底放纵。

① 孙邦金、陈安金:《论儒家的礼物观》,《哲学研究》2013年第10期,第35页。

② 陈柏峰:《农村仪式性人情的功能异化》,《华中科技大学学报(社会科学版)》2011年第1期,第108页。

③ 萧放:《“人情”与中国日常礼俗文化》,《北京师范大学学报(社会科学版)》2016年第4期,第45页。

④ 郭茂灿:《试论字辈在村庄里的特点和功能》,《社会》2004年第5期,第57页。

四、村庄友谊

友谊是一种表达双向的（相互的）亲密关系，反映个体间互惠的、积极的情感。① 其核心内涵包括相互关心与支持，思想、情感的彼此分享与交流，共同活动与联系，矛盾及冲突等。② 中国人自古就对朋友之间的情谊非常重视，属于儒家五伦之一。在传统社会，友谊是突破家庭血缘伦理的一种真正具有公共意义的伦理德性。

谈到友谊或朋友，莲花村村民周文孝说："真正的朋友就像你的自家兄弟，有时比自家兄弟还重要。兄弟之间有时还会争这争那，朋友之间就一个'义'字，'义'字当头，肝胆相照，可以为你两肋插刀。就像你外公熊安良就是这样的人，所以他的朋友多，别人也愿意结交他。"我外祖父熊安良在当地的侠义，确是远近闻名的。他的一个生意朋友被山里的棒老二（土匪）绑架勒索，我外祖父就用自己的钱财把这个朋友赎了回来；他的一个朋友去世后留下一个孤女，我外祖父就将这个女孩养到成年，在其结婚时，我外祖父将其当亲闺女一样置办了全套陪嫁。周文孝还讲道，友谊的维系除了"义"，还有一个字是"信"，朋友相交要讲"信"。我采访的村里的其他一些人，都谈到朋友在他们的日常生活中的重要性，并且认为朋友关系比较单纯、直接，有时还没有家人亲戚关系那样复杂、微妙。长期与其二弟关系不和的周成前就感叹说："朋友比亲兄弟强!"尽管如此，多数人在情感上还是会在亲人与朋友之间区分出亲疏远近。在传统五伦中，朋友一伦也是排在最后。因此在传统时代，真正的好朋友大多要结拜为兄弟，这样才算真有手足情③，这种心理足见中国人的亲亲为大的观念是何等强烈。这也说明，在中国文化背景下，朋友相处遵循的还是血缘亲亲原则，是家庭伦理的推衍。

集体时期，共同的生产劳动和公共活动使人们有了更多交流的机会，这也有

---

① Busowski W. M., Hoza B., "*Popularity and friendship: Issues in theory, measurement and outcome*," in *Peer relationships in child development*, edited by Thomas W. Berndt and Gary W. Ladd(Chichester: John Wiley, 1989).

② 徐伟、李朝旭、韩仁生:《友谊的结构研究——一项对大学生友谊内隐观的调查研究》,《心理科学》2006 年第 5 期,第 1099 页。

③ 杨适:《"友谊"(friendship)观念的中西差异》,《北京大学学报(哲学社会科学版)》1993 年第 1 期,第 33 页。

助于在村庄里发展出有别于血缘亲情的“友谊”。如村里的媳妇们自然会形成自己的友谊小圈子。她们在日常生活中频繁互动，一起东家长西家短地闲聊，一起纳鞋底、绣花，或相约一起去赶场；遇到生病、生娃娃或其他事情时，她们必相互帮忙、关心安慰。这正如吉登斯所说：“友谊——女人之间的友谊，一方面有助于缓和对于婚姻的失望，另一方面对于她们自己也有合理的报偿。”① 村民周昭梅说：“当初嫁到莲花（村）的时候，开始一段时间好不习惯。我屋头那个又是个闷葫芦，半天打不出个屁，和老人公、老人婆（公公婆婆）也说不了几句话，有时让人实在憋得慌。还好后来认识了（熊）康兰、（吕）成光、（周）淑敏她们几个，就觉得好多了。因为都是从外村嫁过来的，就有很多共同的感受和想法，所以也容易说到一块儿去。在家里或村里受了什么委屈，我都愿意找她们去讲，讲完了就舒服了。”村民熊康兰说，她家是“半边锅儿”家庭（丈夫在中学教书），1977年村里实行生产任务家庭包干，由于孩子年纪小、父亲年老，一个人要承担一家六口人的生产任务，为了完成生产任务，有时深夜都提着马灯在地里干活儿。她的那些姐妹周昭梅、周淑敏、吕成光知道后，纷纷都来帮助她，在土地下户前的几年都是如此。多年后，已经离开莲花住到城市里的熊康兰每每回忆起这些，都忍不住掉眼泪：“她们比亲姊妹还亲！”

在频繁的政治运动和集体生活中，人们还发展出了革命友谊。当然，这种革命友谊往往会和私人友谊紧密联系在一起。就如我们前面讲到的曾凡莲与雷开玲的关系即如此。但是在那个政治高于一切的时代，友谊也是相当脆弱的。雷开玲没有想到，在他儿子周成銮的冤案中，无情痛下杀手的竟然是她曾经情同姐妹的朋友曾凡莲；周成銮至死都不知道，在关键时刻对他落井下石的竟然是他中学时最好的朋友何新文。曾凡莲当然不是出于革命正义，而是出于报私仇而已。那么何新文是为什么呢？周成銮与他情同兄弟，彼此家人之间也从无过节，难道他是出于革命正义吗？我曾经试图就周成銮的事情采访何新文，但被他拒绝了。他儿子何刚后来对我讲：“我老汉儿一直对这件事闭口不提。不过，他曾经说过一句话，说很多事情都是没有办法的。我估计当时在成銮叔那个事情上，因为他和成銮叔关系很好，怕受牵连，所以违心说了很多成銮叔的坏话。”何刚的解释说明了一些问题，在那个时代，很多人出于自保，而不惜背叛友谊、出卖朋友，相互检

① 〔英〕安东尼·吉登斯:《亲密关系的变革——现代社会中的性、爱和爱欲》,陈永国、汪民安等译,社会科学文献出版社,2001,第58—59页。

举揭发、告密被视为“革命之举”“大义之举”，结果造成人人自危，甚至相互栽赃陷害、无情批斗，人性最卑劣的一面被极度纵容、肆虐。

1982年，土地重新下户后，虽然村民们把大量时间放在自己的田地和家庭上，但还是会与自己的朋友经常互动，并形成各自的友谊圈。如集体时期一样，在已婚女性中，会形成所谓的“女人共同体或女人社区”，它不但帮助缓解已婚女性的家庭内部矛盾，更能维护她们在婆家的社会地位。在未婚女青年中，姐妹团或姐妹小圈子则比较普遍。成年男性村民也有他们自己的男人圈或哥们儿圈。在朋友相处方式上，男性村民多注重“义气”，平时不会说那么多交心的话，只是在关键时候说出一两句掏心窝子的话，而且言出必行；女性村民则更注重“情感”，喜欢在无尽的交心话语中感受彼此的友情。在封闭的乡村熟人社会，时间的绵长、持续与空间的稳定性，使村庄里的友谊也显得牢固而持久。不过到20世纪90年代后，由于村里人东南西北各处去打工，很多友谊圈子自然就散了。进城的村民们会在陌生的城市里建立新的友谊圈，努力适应新的生活。不过，城市里的友谊圈的流动性大，不如村庄里的稳固。而且由于打工地点的不断转换，他（她）们的朋友也处于不断的流转中，因此也很难结成很深厚的友谊。[①] 这种交往的表面化、浅层化，也使他（她）们的情感分享与慰藉日益内缩。手机兴起后，与以前朋友的联系多了，但由于打工的地点、工作、生活经历的差异，共同话题就少了，彼此的情感需求自然也减少了。因此，内心深深的孤独，就成为农民工普遍的情感体验。

关于改革开放以来村庄里的友谊的变化，村民何顺军说：“出门打工后，村子就开始散了，以前的好朋友也经常不在一起，各忙各的事。只有春节见个面，久了就淡了。”村民何顺国则说：“现在这个社会，如果你没有钱，哪有啥朋友啊！我好像在哪本杂志上看到过这样一句话，我印象很深刻：没有永远的朋友，只有永远的利益！我觉得这句话说得太对了，现在的社会就是这个样子！”村民周成平也谈到，以前人们交朋友是出于情感和生活的需要，现在则多是出于经济利益的需要。很多在外打工的村民特别认同这一点，“在外面朋友多才吃得开！”在这里，

---

① 孔海娥:《消失的“姐妹情”:流动对农村女性交往的影响》,《中南民族大学学报(人文社会科学版)》2009年第2期,第84页。

朋友成了实现目标的工具，朋友数量成为社会资本的指标①。村民吴启华说："以前的人交朋友认'刘（备）关（羽）张（飞）'，现在的人交朋友认的是钱。"不过村里很多年轻人并不认同这些老辈村民的看法，"90后"村民何晓旭说："现在这个社会这么开放，当然可以交到很多朋友。而且朋友多也不是坏事啊，朋友多、人脉广，你发展的路子才多、才广啊。"同样是"90后"的周朝阳说："现在的人也不都是冲着经济利益才去结交朋友啊，况且真的那么露骨地唯利是图，别人也不会认你这个朋友啊。其实，现在的人朋友虽然很多，但也不都是一般的泛交，每个人多多少少都有两三个能够说知心话的知己。"

虽然村民们对友谊有着不同的看法，但毋庸置疑的事实是：时间、空间的变化以及市场经济的兴起，确实使村庄里的友谊发生了新的变化。其最显著的是朋友圈的范围、数量扩展了，但友谊的深度、情感浓度或有变浅、变淡的一面。或许，在一个崇尚发家致富和个人打拼的时代，人们无暇给友谊腾出更多的时间与空间。这里显现出的悖论性的困境是：脱离共同生活、独自打拼的人们不得不承受越来越孤独的代价；与此同时，社会的团结也呈现出瓦解的危机。在中国当代城乡社会，重建朋友伦理，或可成为公共生活或公共空间重建的重要力量，成为一种将不同的人联结在一起的生动而持久的社会团结机制。② 友谊意味着人与人之间的相互信任、彼此敞开心扉，相互宽容、克制、自律，相互尊重，以及一种平等的观念，这些都是建构公民精神所需要的。

五、日常生活纠纷

传统时期，乡村社会的熟人社会性质，使村民之间既情感浓烈，又难免产生这样或那样的矛盾纠纷。出现纠纷时，人们一般会找双方都信得过的"中间人"来进行调解。中间人一般是村里德高望重、有面子的人。在熟人社会中，关系的维系与稳定是第一重要的事情。因此，纠纷的解决不仅是着重于对错的分辨以及权利义务的分配，而是更关注持久性社会关系的稳定与安全。③ 维持人际关系的

① 罗朝明:《友谊的可能性——一种自我认同与社会团结的机制》,《社会》2012年第5期,第119页。

② 同上,第114页。

③ 栗峥:《流动中的乡村纠纷》,《现代法学》2013年第1期,第175页。

和谐成为调解的正当性基础。[①] 莲花村村民周成孝曾给我谈到他对乡村纠纷的看法，大意是：解放前，村里人出现纠纷，调解人往往会各打五十大板，指出双方各有不对之处；当然基本的是非曲直也会辨明清楚的，只是调解的重点并不在"理儿"上，而是在"情"和"关系"上。在农村那样的社会，低头不见抬头见，若一个人只认"理儿"，就算他赢了"理儿"，但可能就得准备承担失去"人情"与"关系"的代价。因此实际的情况往往是：占"理儿"的一方一般不会得理不饶人，而是采取大度的方式；失了"理儿"的一方也不再胡搅蛮缠。这样双方在调解人的见证下，化干戈为玉帛。总之，传统纠纷解决立足于人情、关系的维系而采取内部解决、内部消化，不到万不得已，一般都不会走诉讼那一步。

集体化时代，建立在传统村庄共同体基础上的公社体制，使每一个村民无选择地生活在一个准军事化环境的集体中，严格的户籍制度也阻断了他们的其他谋生选择，因此，他们只能依附于集体或听命于干部，只能在生产队里努力挣工分、讨生活。在这样一种权力关系结构中，村民生存资源的分配权掌握在代表国家的大队、生产队的干部手中，村民对他们的服从也就无可选择、也无从违背。加之那时的干部受党的教育培养以及革命意识形态的威压，大多数干部都能做到公正廉洁，这也增强了他们在村民心目中的权威性。所以我们可以看到，集体时期的依附村民不可能也无力对抗决定其生存的集体组织，"服从集体意志"成为村民主动或被动接受的共识，进而村民之间的日常纠纷也纷纷"公有化"，而且也被置于"服从集体意志"这一更高的价值规范之下。因此，集体时期的村民纠纷往往就通过政治压力与家长制传统予以强制性化解，其效果也自然不言而喻[②]。这里举一个集体化后期莲花村发生的一起家庭房产纠纷案例予以说明。

村民熊康发、熊康兰是我外祖父熊安良的儿女。熊康发不是熊安良亲生的，本姓叶，是在他一岁多时抱来熊家养的。1962 年，我外祖母去世。当时熊家里共有五间房，三间正屋，一间堂屋、一间灶屋。1963 年，熊康发与范永秀结婚，很快就分家独立，分得了两间正屋，后来他自己在旁边搭了个灶屋。1965 年，熊康兰结婚，丈夫是周成骧（当时大学毕业后在成都灌县一个国防研究所工作，后受二弟周成銮冤案牵连，1972 年回到忠县一所中学任物理教师）。周成骧家房子太

---

① 王汉生、王迪：《农村民间纠纷调解中的公平建构与公平逻辑》，《社会》2012 年第 2 期，第 175 页。

② 栗峥：《流动中的乡村纠纷》，《现代法学》2013 年第 1 期，第 180 页。

小，所以熊康兰婚后没有住到周家去，而是留在娘家与父亲熊安良住在一起。周成骧回忠县后，一般周末回来住一天。熊康发、熊康兰兄妹两家一直都相安无事、相处融洽。1977年，不知受谁撺掇，熊康发却突然向熊康兰提出了房产的要求。两兄妹为此事闹得很僵。由于周成骧平时不在家，熊康兰在与大哥的争闹中就很吃亏。加之熊康发的老婆范永秀又是个比较刁蛮的女人，经常指桑骂槐地故意挑衅。那时我外祖父熊安良还健在，也拿自己的儿子和那个蛮横的儿媳妇没办法。无奈之下，熊康兰只好将大队干部请出来调解此事，当时请来的干部有大队书记周世禄、大队妇女主任何新梅、生产队队长周成前。熊康发见此情况，遂找了他叶家的大哥叶大发来为他撑腰。那天的调解是在熊康发、熊康兰兄妹共有的院坝进行的。周世禄书记让熊家兄妹先分别讲各自的意见和理由。熊康发的意见和理由无非是说父亲熊安良当年偏心，分给他的房子少了，而熊康兰作为女儿结婚后赖着不走霸占了家里的房子。熊康兰的意见和理由是当时她丈夫家确实房子小，而且她也有权利分得家里的房子，何况父亲一直是她在赡养，没让她大哥操过心。范永秀一听熊康兰这话，马上就跳起来了："俗话说，嫁出去的女儿泼出去的水，你有啥权利得房子呢?"何新梅忍不住说话了："我说范永秀，你怎么还那么多封建思想呢？现在是新社会，讲男女平等。"那叶大发（听说解放前读过几天私塾，识得几个字，有时还喜欢说点古话）这时也慢条斯理地说话了："古人分家产，乃谓'一子独得，二子均分'。"他的意思是只有儿子才有分家产的权利，女儿是没有这个权利的。周书记起先一直没说话，听了叶大发这话，他就说道："叶大发同志，你刚才的话我不大明白，什么叫'一子独得，二子均分'呢？而且你是讲古人分家产，我们在座的都是古人吗？如果不是，我们为什么还要按照古人的规矩办事呢？刚才新梅同志也讲了，现在是新社会，要讲男女平等，哪还有那么多古人的陈腐思想呢?"周成前接着周书记也说了话："我说康发，你也是在新中国的学堂里读过几天书的人，咋还有那么多老思想、老观念呢？说实话，你老汉儿把你抱过来，一直当亲儿子喂，几时亏待过你？康兰也是识大理的人，要不是你和范永秀两口子太过分，她怎么会把周书记和我们都搬到这里来呢？平时，康兰、成骧他们对你两口子也不错呀。兄妹之间和和气气的多好，为啥一定要这样闹腾呢?"熊康发自知理亏，当时无话可说，那范永秀却不依不饶，开始哭闹起来："康兰，你搬这么多人来欺负我们，这算什么?"接着又转向公公熊安良："爸爸，你说个话，你不能这样偏心，康发虽不是你亲生的，但也是你的儿子。"熊安良就问她到底要怎样？范永秀说至少要把堂屋拿出来。熊安良就说："是不是全部都给你们，你们才觉得安逸?”范永秀说：“本来就是，康兰嫁给了成骧，就应该住到成骧家去，凭啥赖在这里?”何新梅看她这样纠缠，就说道：“范永秀，你是不是好话歹话都听不进去？你是想到公社去‘办学习班’[①] 吗?”一听“办学习班”，范永秀也就不敢吭声了。

由于大队干部的出面，这次纠纷可以说是得到了强制性的解决，但在随后的两三年，两家私下里的争吵还是时常发生。1980 年熊康兰离开莲花村到丈夫任教的中学做临时工，遂把自家的堂屋让给了大哥熊康发，另外的一间正屋和灶屋卖给了同村的熊康茂。熊家兄妹两家人的纠纷通过这种方式最终得到解决，两家人的关系也自然恢复了。这里熊康兰的大度起了关键作用，她经常说的一句话是：“都是一家人，要讲个感情。”

1982 年，莲花村土地重新下户，集体化时代结束。去集体化的直接后果是村民的个体性增强，集体对村民的约束减弱，村民的行动越来越独立，其生产、生活也越来越分散。村民个体性的增强也推动了村庄的流动性，使乡村及农民与外部世界的关系发生了巨大变化[②]，这反过来又开始不断冲击村庄原有的社会关系结构，从而使村庄里的矛盾纠纷及其调解方式出现了新的变化。有研究表明，这个时期乡村社会日常生活中的主要纠纷包括邻里纠纷、婚姻家庭纠纷、医疗纠纷、财产纠纷、债权债务纠纷等。[③] 莲花村土地下户后，村民间的矛盾纠纷主要集中在田间地头，如争田地的边边角角、灌溉用水等。兹举一例予以说明。

村民何顺强和袁孔泽的两块大田是挨在一起，袁孔泽的在上方，何顺强的在下方。1984 年春耕的时候，各家各户田里开始蓄水准备插秧。有一天早上，袁孔泽发现自己田里才蓄的水几乎全没有了，而下边何顺强的田里则蓄满了水。袁孔泽认为事情是明摆着的，是何顺强偷偷放了他家田里的水。于是袁孔泽将何顺强找来理论，那何顺强毫不示弱，反问道：“你凭啥说是我放的水?”袁孔泽说：“不

---

① “办学习班”是集体公社时期的一种具有政治浓厚意识形态、强制性的惩罚教育制度，主要惩罚教育对象是那些够不上反革命罪行、也够不上刑法处罚的农民，他们往往会因为搞封建迷信、乱搞男女关系、家庭暴力、虐待父母等被送到公社去接受强制性教育。具体做法是：被“办学习班”者自带日常生活用品，在规定时间到公社接受集中教育，时间一般是两个月。在此期间，被“办学习班”者不仅要集中学习、接受教育，还要写汇报检查，参加一些义务劳动。被“办学习班”者在村里会被人看不起，是非常失面子的事情，所以一般村民都害怕被拉去“办学习班”。

② 陆益龙：《乡村社会变迁与转型性矛盾纠纷及其演化态势》，《社会科学研究》2013 年第 4 期，第 98 页。

③ 同上，第 100 页。

是你放的还能是谁放的？你田里哪来的水，是你家田里有泉水洞还是天老爷专给你家田里蓄水？”何顺强说：“就是呀，我这田里就是有泉水洞，天老爷就眷顾我，你不服气吗？”袁孔泽强忍怒气道：“你等着瞧！没有这样欺负人的！”第二天早上，何顺强发现自家田里的水被人放了个干干净净，他明白这是袁孔泽报复他。他提起锄头就直奔袁孔泽家去，两个人遂在袁孔泽家的院坝里打了起来，幸好被其他村民及时劝开了。这边两个男人才消停下来，那边两家人的女人开始破口对骂起来。在莲花村，如果遇到打架，村民多会去劝阻，但若是遇到两个女人吵架，则很少去劝，反而喜欢当热闹看。两家的女人站在院坝里整整对骂了一个上午，要不是何顺强的女儿来喊她妈妈回去吃中饭，这骂架可能就没有个完。何顺强本是个逞强的人，只有他欺负别人的份，没有人敢和他较劲。于是他把平时关系好的何家本性亲戚和老婆那边的亲戚召集起来，准备要好好把袁孔泽收拾一顿。当一群人气势汹汹地闯到袁孔泽家院坝时，那袁孔泽竟也横了，举起一把菜刀冲了出来，直直地站在门口。何顺强一看袁孔泽这架势，忍不住笑了：“你这个狗地主，长熊心豹子胆了？”袁孔泽涨红了脸，怒吼道：“你今天试试！你以为还是那个年月。老子是地主不假，是地主不丢人，有本事才能当地主！你格老子也当个地主给我看看！你老汉儿当年穷得连裤子都没穿的，两个卵子都吊在外面，好光荣哟，真资格的贫下中农呢！”何顺强一听这话哪里受得了，举起扁担就朝袁孔泽打过去，袁孔泽躲闪不及，扁担正好打在他握刀的手上，菜刀哐啷一声掉在地上。何顺强乘势将袁孔泽按在地上狠揍。袁孔泽那时都五十多岁了，何顺强才三十多岁，袁孔泽完全不是对手，被何顺强打得满脸是血，只有不停地嚎叫。好心的村民把村书记何顺盘叫了过来，那何顺强才住了手，不过仍不停地骂骂咧咧：“敢惹老子，揍不死你！天王爷来了老子都不怕！”何顺盘就对他讲：“你可以不怕天王爷，王法恐怕还是管得到你！”土地下户后，村干部对村民的约束力也减弱了，所以何顺强对何顺盘的到来并没当回事，不过由于都是本姓，而且论起辈分何顺盘算是兄长，所以何顺强也没有继续闹下去。何顺盘当场进行了调解。何顺强依仗人多势众，认为主要是袁孔泽的错，应该让袁孔泽给他赔礼道歉，这事就可以了了。站在一旁的村民熊安仁（当时已经 60 多岁）说：“顺强，我卖个老，今天这个事我也看明白了。我说顺强，都是一个村子的人，何必搞得那么武逆呢？啥子事都莫做绝了！莫要啥事都比哪个拳头硬！”其他村民见熊安仁说话了，也纷纷说何顺强的不是，本是来帮何顺强忙的一些人也劝何顺强算了。何顺盘又趁机讲了一番大道理。那何顺强或许也自觉做过分了，也就同意握手言和。

事实上，20世纪80年代初的农村还比较封闭，村庄的流动性还不大，因此村民生活中的互动博弈不是一次性的，而是反复的多次博弈，所以任何事情都不能做绝，强势村民也一般会自己被动收敛，而且村庄内的舆论力量也能促成弱者对强者的某种平衡①。

进入20世纪90年代，打工潮兴起，村庄的流动性增强，乡村社会固有的关系结构开始松动，村庄传统的伦理道德日渐式微，自私的个人在村庄里大量出现。按照利益原则来缔结新的社会关系，成为很多村民的自然选择。这样就使得村民在出现矛盾纠纷时，只会单纯考虑利益的问题，而不考虑人情、面子与关系的维系。兹举一例予以说明。

村民王安富（人称“王九”）和周世群是邻居。王安富是莲花村较早发家的人，1985年他就开始跑在外跑运输，他老婆则留守家里种田地。周世群以种田为业，当时孩子也小，所以经济上比较窘迫。这两家人最初关系还不错，后来有了经济差距后，竟不知不觉变得别扭起来，而且慢慢就有了些摩擦。按王安富的老婆周妞的话说，周世群两口子嫉妒她家，看不惯别人比他们过得好；照周世群的老婆熊康芳的话说，王安富两口子有了两个臭钱后喜欢显摆，处处做出不得了的样子。1993年的一天，周妞发现屋后种的蔬菜被放养的鸡啄得一片狼藉，她认为肯定是熊康芳喂的鸡干的好事，因为熊康芳最近经常把鸡放出来敞放。当周妞找到熊康芳要说法时，熊康芳觉得附近那么多户村民都在敞放鸡，周妞凭什么敢咬定菜是被她家的鸡啄食的。周妞心里咬定是熊康芳家的鸡啄的，但又拿不出证据，只得暂时忍住气。不久，熊康芳家的鸡莫名其妙地全死了，熊康芳认定是周妞干的，把她家的鸡毒死的。周世群有个亲戚在镇防疫站工作，把鸡拿去化验，果然是被毒死的。周世群去找王安富评理，王安富说没有证据不要乱咬人。周世群于是威胁说要去告到镇派出所，王安富说随便你。这件事后，两家人更是形同水火。时任村主任的黎文有一次劝王安富说：“不要把关系搞得太僵，都是一个村的，还要共同生活在这里一辈子呢。”哪知王安富竟冒出了这样一句话来：“我又不在村里讨生活！”这话的意思是村庄的关系网络、伦理道德、人情面子对他既没有约束力，也无价值和意义。所以他可以不在乎村庄的人怎么看他，也不在乎原有社会关系的损失与中断。

---

① 李庆保、梁平：《农村纠纷中的实力博弈及其应对策略》，《河南社会科学》2013年第2期，第59页。

我们发现，20 世纪 90 年代末、21 世纪初以来，大量村庄日益瓦解，里面住着的是彼此无关的或只关注自己利益的原子化个体，他们没有了共同认可和敬畏的价值规范，这样村庄也就失去了整体的结构力量和道德力量，对村民们出现的纠纷的调解也就无能为力。在这种缺乏共同生活、共同情感、共同价值规范的村庄里，包括村干部、每个村民彼此都成了事实上的无关者或旁观者，觉得一切与我无关。而村里名义的调解组织，由于压力型、任务型体制导致其行动的逻辑是被动的执行政策与完成任务，因此对村民矛盾纠纷之类的琐事不愿意“惹事”或“多事”，缺乏调解的内在动力，面对村民的矛盾纠纷，就多采取消极无为的做法。

乡村人情网络的瓦解与伦理道德的式微，使村庄里出现纠纷后，村民们开始越来越抛开人情、面子，而集中于自身利益的诉求，这样，倾向于通过法律途径解决纠纷的趋势日益显著。有学者认为，这是村民法治观念、法律意识提升的表现，说明传统的礼俗社会逐步迈向法治社会①。村民倾向于诉诸法律解决纠纷，不过是没有了共同伦理、共同情感约束的村民采取的个体性的或者自私的行为策略而已，并非其法治观念、法律意识有多大提升。同时，我们还发现，村民在出现纠纷时，更多的并不是寻求法律解决，也不是寻求村干部解决，而是强调“我现在很多事靠自己”②。因为即如“打官司”，在村民看来，如果没有钱、没有关系，官司就没法打，也打不赢。而对于找村干部，村民的说法是“他们不顶卵用，而且也不上心！”所以在一些农村，有的农民竟然会找一些“混混”（莲花人所谓的“天棒”）来帮助解决纠纷，这凸显了村庄缺乏调解纠纷的原生型内生权威与资源，以及乡村组织体系的日益松弛③状况。

2005 年以后，曾经拥有 1500 口村民的莲花村常住人口只剩下两百多人，而且多是老人，莲花村一组到 2012 年更是只剩下 8 位留守老人。村子里的纠纷矛盾没有了，也无从有了。但是，没有吵架、打架的村庄变得更冷清、更寂寞了。

---

① 陆益龙、杨敏：《关系网络对乡村纠纷过程的影响——基于 CGSS 的法社会学研究》，《学海》2010 年第 3 期，第 180 页。

② 吴艳红、李红琼：《中国农村的纠纷解决：资源与可及性——以湖南一个村落的研究为例》，《中外法学》2007 年第 3 期，第 359 页。

③ 陈柏峰：《村庄纠纷解决：主体与治权——皖中葛塘村调查》，《当代法学》2010 年第 5 期，第 30 页。

六、村庄里的竞赛

土地下户后，农民的发家致富欲望得到了极大的释放，而且这也受到国家的大力提倡和鼓励，宣告了集体时期的平均主义被竞争主义所代替。村民们喜欢说一句话，“各家过各家的日子”。话虽这样讲，但事实上，各家各户相互是较着劲儿的，哪家也不希望在这场发家致富的竞赛中落后。这不仅关乎家庭的兴衰、财富的多少，也关乎各家各户在村庄中的地位、面子以及个体存在的价值感等。

在集体公社时期的乡村社会，物质财富上实行的是平均主义，社会地位上实行的是阶级成分等级主义。由于在物质财富上无可比较、竞争，村民们比的就是阶级成分，看谁红谁黑。根正苗红的贫下中农在村庄里的社会地位高，说话硬气，腰板挺得直，有尊严，存在感强，虽然生活穷点、苦点，但精神上是快乐的；反动透顶的地富反坏右分子在村庄里的社会地位低，没什么发言权，夹着尾巴过日子，没尊严，无存在感，只有羞耻感或羞辱感，不仅生活上穷苦，精神上也抑郁。因此，在那个时代，除了那些地富反坏右分子外，大多数农民由于在物质上没什么可比较、“大家都差不多”，加之集体提供的基本社会保障（如五保供养制度、合作医疗制度），所以大多村民心态平和、相安无事。我前面曾指出，在等级传统浓厚的中国社会中，成为“人上人”、“不甘人后”是大多数中国人的基本人生理想。在集体时期，政治上翻身做主人的贫下中农阶层，在对阶级敌人的无情斗争中，获得了成为“人上人”的快感，并找回了做人的尊严与存在感；而政治和财富上被双重革命的地富反坏右分子，沦为了村庄社会的最底层，彻骨地体验到“人下人”的屈辱与痛苦。中国文化等级主义的要害或实质是把人在人格上区分出尊卑贵贱的三六九等，其对中国社会中人与人的关系的伤害影响至今都没有消除，反有形成不变的传统的趋势。

20 世纪 80 年代以来，物质财富再度与人们的社会地位、人格尊卑、存在价值等联系在一起，而且在意识形态上获得了“政治正确”的合法性（如改革开放初期，乡村里的“万元户”会被政府作为发家致富榜样进行大力宣传、戴大红花），这都极大地推动了村庄里的发家致富竞赛。在现象层面看，乡村人似乎在物质追求的道路上狂奔。细究其内里，并非乡村人对于物质有极端的迷恋。对于“成为人上人”的强烈冲动，对于生存的惯性式忧患心理或不安全感，加之时代潮流的推波助澜，使乡村人特别看重那些物质背后的有关个人地位、尊严、面子、人格、存在价值等符号意义。在村子里，哪家盖了新房，哪家最先买了洗衣机、电视机，哪家买了车子，这都是人们私下里议论的重要事情。

在莲花村，大约从 1994 年开始，全村掀起了长达 10 年的盖房竞赛。由于打工经济的兴起，很多村民的货币收入得到快速增长。对于农民而言，手头有了钱，第一件想要做的事情就是盖房搭屋。因为这是最实在的事情，而且对外最能够起到“很有面子”的展示意义。村民王安富、石金林等人是土地下户以后村里最早盖新房的一批人，都是清一色的两层或三层楼的砖瓦房。其他村民看在眼里、急在心里，于是一幢一幢的砖瓦房在村子里如雨后春笋冒出来。盖了新房子的村民在村子里风光体面，仍然住在老房子里的村民度日如年，见到他人都自觉矮了大半截。受到此种有形无形的压力的影响，一些村民甚至举债盖新房，以改变让人看不起的窘境。我曾经问过村民石宗秀：“盖新房对你们到底意味着什么？为什么很多村民为此焦虑不安？”石宗秀的回答是：“为了活人！”我问：“活啥人呢？”石宗秀笑道：“活个有脸有面的人啊！”我以同样的问题问村民周建康，他的回答是：“大家都差不多，谁也不想被比下去啊！”我问：“你们到底在比什么呢？”他说：“比谁有本事啊，比谁能干、有出息啊！”我问：“比这些有啥意思呢？”他说：“你有本事、有出息，你才有脸有面，别人才看得起你啊！你看何天芬，哪个看得起，活得都不像个人！”何天芬家是莲花村最穷困的农户之一，可以说是家徒四壁。村民在教育自己的子女时，一般都喜欢将何天芬作为反面教材。由此可看出，“活得像个人”涉及农民活着的本体性价值与尊严。而这种本体性价值与尊严主要不是由个人自己定义的，而是由与个人相关的他人定义的。这在一个注重关系的社会中更是如此。因此，盖房竞赛就具有维护村民的本体性价值与尊严的意义。同时，在将人格区分出尊卑贵贱的等级文化中，盖房竞赛的失败者或无力盖房的穷困村民意味着在人格上都要低人一等，竟至于“不像个人”，从而遭受他人的轻贱。这种人格上可能遭受到的被人轻贱的体验和自我内化的羞耻感，会迫使绝大多数村民不敢懈怠，必须较着劲儿地参与村庄的各种竞赛。有学者认为，改革开放后农村兴起的盖房竞赛与集体时代的平均主义心态有关，即“大家都是人，谁也不比谁差多少”的观念使得盖房竞赛成为不折不扣的地位竞争仪式。并由此指出，看似决然对立的新旧两个时代，背后存在着割不断的联系①。这种观点有一定道理，但我认为农民盖房竞赛的根本动力还是源于“人上人”的传统逻辑与“活得像个

① 卢晖临：《集体化与农民平均主义心态的形成——关于房屋的故事》，《社会学研究》2006 年第 6 期，第 163 页。

人”的本体性价值。

对于莲花人来说，这个社会永远是一个等级制的社会，出身、个人努力、运气等各种复杂的因素决定了每个人在这一等级序列结构中的位置层次。处在一定等级层次的人一般不会和比自己等级层次低的人比，因为这不会增强其价值感和面子感；他们也不会和比自己所处等级层次高得多的人比，因为这会降低其价值感、加重其羞愧感，只有处在同一个等级层次或“大家都差不多”的情况下的相互比较、攀比，他们才会觉得是有意义的、有价值的，至少在同一个等级层次或群体中如果能够成为“人上人”，就会体验到较强的尊严感、面子感和存在感。因此，在90年代，莲花村村民外出打工时都暗暗下定决心要“混出个人样！”当然，“人样”的展示还是在村庄、在彼此相似的村民中进行，具体的象征物就是那些新盖的房子，新买的电视机、电冰箱、车子，等等。兹举莲花村的家电竞赛为例予以具体分析。

莲花村第一个买电视机的是杜文明家。杜文明曾经是村里的赤脚医生，他身材高大、性格懦弱，在村里出了名的“惧内”，妻子方文淑则是远近闻名的“风流女人”。杜文明有一双儿女，大的是姐姐叫金秀，小的是弟弟叫银亮。1989年，金秀高中毕业，没考上大学，就跟随村里的何天琼去了广东，在那边打工。具体打什么工，大家也不知道。直到1991年杜文明家突然安上了电视，大家才开始好奇起来，并纷纷猜测金秀到底在打什么工，竟然可以赚那么多钱。且说杜文明家安了电视，这个小小的山村顿时像炸开了锅。那段时间，村子里的话题基本上是围绕这个来展开的，人们的情绪、精神也像被狠狠地扎了一下，而变得异常兴奋、焦躁以及莫名的愤怒。总之，人们的心很少这样翻江倒海过。村民何天平回忆起当时的情景，都觉得事情犹如发生在昨天：

> 我记得杜文明安电视的那天下午，我正在垭口做活路（干活儿），我屋头那个（老婆）突然深一脚浅一脚地跑来告诉我，说杜文明家买了个电机，她说得又急，一脸的兴奋，所以我误以为她说的是电机，结果才知道是电视机。这玩意儿还是我在县城百货公司第一次见过。杜文明买电视机，这出乎我的意料。当我跟着我屋头那个赶过去时，杜文明家的院子里已经老老少少挤满了人，好像过节一样热闹。电视机摆在他家堂屋靠北墙的正中央，就是过去摆祖宗牌位的地位。屋外头有两个人搭梯子在屋顶上安那个锅盖天线。方文淑屋前屋后地招呼着人，一脸兴奋与热情。我发现杜文明那个家伙当时嘴巴

里叼着根香烟，神气活现的样子，有些宝器。杜文明以前都是我们随便开涮的家伙，现在似乎翻身做主人了似的。他那个样子让我当时莫名有些愤怒。我也不知道这愤怒从何而来。

我屋头那个回家后一个晚上都闷闷不乐，好像谁招惹了她。以往我就只想待在家里侍弄好那一亩三分地，觉得一家人肚儿吃得饱，就心满意足了。杜文明家买电视的事确实刺激了我和我屋头那个。当时我都快奔四十的人，突然觉得有啥东西在逼着我也要有所行动。我也决定出去打工，这对我和家庭是一个重大的决定。我最先是在县城里当“背篓”（即在河坝码头、车站帮别人背行李、货物等，类似于重庆的“棒棒儿”）。当时做这种活路的人不是很多，所以业务多，只要肯卖力气，一天一二十趟活儿是揽得到的。运气好的话，一天可以找十几块钱。在河坝码头接的活儿工钱要贵些，老板（客户）一般会给你一块到一块五，因为从河坝码头到县城街上要爬很长的梯坎。其他的业务一趟差不多一块钱。

还好村里离县城也就 30 里路，每天我都赶回家里，第二天一大早再出来。我屋头那个会把中午的饭预备好让我带着，所以在城里不花一分钱，找的就净是现钱。抛开农忙时间或其他走亲串户的时间没在城里，我那一年基本上都是在城里当“背篓”。到年底，我屋头那个把箱子里存的钱拿出来数了数，竟然都有 1500 多块钱。我们两口子在讨论这笔钱的用途时，自然而然地把买电视机放在了第一位。在过年前，我们到城里买了一个黑白的熊猫牌电视机，当时好像是 600 多块钱。买了电视机，我觉得像完成了好重大的一件事情，有些如释重负的感觉。

很快，莲花村的大部分村民陆陆续续都买了电视机。除了电视机，还有电冰箱、洗衣机等都开始进入莲花村，短短几年，家家户户都步入了“电器化”时代。对于电器的需求问题，村民何天军是这样回答我的：“对我们农村人来讲，这些（电器）都不是急用的东西，大家伙儿不过相互比着罢了。当时我买电视机时，村子里已经有多人都已经买了，我屋头那个就着急了，说无论如何要买，就是吃差点也要把电视机买了，否则在村里就有些抬不起头的感觉。总之，我们那时是憋足一股劲把电视机买了。”

周康堂是莲花村最后拥有电视机的农户之一，还不是买的，是他城里的大伯把已经用旧了的一台黑白电视机送给他的。回忆起这件事情时，周康堂脸上还是一副羞愧的表情："没办法，家里条件不好，娃儿又多，我屋头那个又是个病壳壳（当地人将长期生病的人称为"病壳壳"）。哎，那时真是没办法，买不起。娃儿们一天都吵着要看电视，去别人家看多了，人家就会做脸做色的。一个村子里，你穷嘛，别人就瞧不起你，在村里就没地位，处处受气。有一天我家二娃放学回到家里就净哭，问他为啥，才知道班里的同学嘲笑他，说家里连电视机都买不起。我当时听了，心里像有个钻钻儿在钻。第二天我就进城去找我家大伯伯，硬着头皮准备想向他借点钱买电视机。刚好大伯伯新换了彩电，就把那台黑白电视送给我了。"

2000年以后，电话、手机、电脑又开始进入莲花村。这些最初的村民间"脸面"之争的物品也逐步成为乡村人日常生活中的必需品。我们发现，几乎每一样现代化的时兴物品进入乡村，首先是"脸面"的驱动，而非实际需要的驱动。一旦这种物品普及后，人们逐渐发现了它的好处，并适应了，也就觉得必需了，好像从来就是如此一样。

2005年，大部分已经流动出莲花村的村民们的竞赛继续在新的空间展开，那就是比谁在忠县县城买商品房，比谁买了车子，比谁在忠县县城最高档的饭店为子女举办婚礼，比谁到新（新加坡）马（马来西亚）泰（泰国）去旅游了一圈，等等。在一个等级制文化成为不变传统的社会，人们之间的攀比竞赛还会继续下去。

七、村庄里的"男女关系"

在中国，"男女关系"特指两性关系。我们这里主要讨论的是乡村社会中那些与性相关的不合伦理规范的男女关系或两性关系。

乡村社会的"男女关系"，很难简单以保守、纯洁或放纵、淫乱的二元对立思维视之。莲花村村民周文孝说，解放前，村里那些富户或一般正经人家，对男女关系问题还是看得很重的，也管得比较严。原国民党忠县县党部书记黄再芳的妹妹黄再香婚后与他人乱搞男女关系，当时村里很多人都知道这件事。黄再芳痛恨其妹"辱没家门"，于是雇人将其妹杀死。地主黄龙轩的儿媳与人勾搭成奸，事情败露后被逐出黄家，因自觉无脸见人，遂背一块大石头跳水塘自尽。不过，村里人对那些乱搞男女关系的人，多数时候都持一种见怪不怪的态度，那些当事人也很少有因为"羞耻"而"以死相谢"的。周文孝讲，解放前农村时兴养童养媳，所以经常有"扒灰"的事，也就是公公与儿媳有染，莲花人把这种公公称为"烧火佬儿"。有一个"烧火佬儿"还让其童养儿媳怀孕生下了个儿子，该"烧火佬儿"的老婆先是寻死觅活，过了一段时间也就接受了现实，儿子成年后照旧和父亲的“女人”圆房，后来也生了个儿子，一家人似乎也相安无事。周文孝说，村民有时和那个“烧火佬儿”打趣、开玩笑，那人也只是憨乎乎笑，并不觉得羞惭。周文孝说，村里的寡妇与那些光棍汉更是明来暗往，很少有村民骂他们“不道德”“无耻”。周文孝还讲到，村里的一个已婚的女人长期在县城“窑子”里当“窑姐”，因为丈夫是个残疾人，婆婆又长期病瘫在床，所以她这样做无非是为了养活一家人、为生计所迫。对此，村民更不会以“无耻”视之，而多认为值得同情。

费尔巴哈说：“性关系可以直接地看为是基本的道德关系，看为是道德的基础。”① 对这种两性关系的道德规范，一般来说，上层阶层要求更为严格，而下层民众对此多采取实用主义的态度，注重生存和人性的自然欲求，从而形成了有别于上层教化伦理的民间生活伦理。② 所以我们看到，乡村社会里的两性关系远非儒家理想中那样纯洁，而且很多婚外性行为的背后潜藏着迫不得已的理由——生存和自然的需求，③ 这也使人们对此能报以理解乃至同情的态度。

尽管性关系属于私人生活领域，但婚外性关系者毕竟冲破了当时人们的道德底线，在重视伦理道德的乡土社会被视为“丢人现眼”的事情，人们表面上可以装聋作哑④，其实内心中还是瞧不起那些违背性道德的男男女女。特别是对那些天性“犯骚”的人，村民更是非常鄙视的。在莲花村，村民对这类人有特别的带惩戒性和侮辱性的称号，女的称“破鞋”⑤、“骚货”，男的称“骚棒”。不过，具有讽刺意味的悖论是：在乡村社会，宗法礼教的性禁锢与“贫民的性自由”是并存的。一边是道德的严酷桎梏，一边是情欲的强烈渴望。⑥ “农村环境一方面制造

---

① 〔德〕路德维希·费尔巴哈：《费尔巴哈哲学著作选集》（上卷），荣震华等译，商务印书馆，1984，第572页。

② 李长莉：《晚清上海社会的变迁——生活与伦理的近代化》，天津人民出版社，2002，第9—12页。

③ 成淑君：《贞操与生存：民国时期天津贫民性行为失范现象探析》，《济南大学学报（社会科学版）》2009年第5期，第45页。

④ 张志永：《华北抗日根据地妇女运动与婚外性关系》，《抗日战争研究》2009年第1期，第83页。

⑤ 有的地方是这样定义“破鞋”的：“所谓‘破鞋’，是一个屈辱的称号，是指一种半公开的或秘密的带着私娼性质的女子而言”。参见刘英：《关于破鞋问题》，《中国妇女》1939年第2期，第6页。转引自张志永：《华北抗日根据地妇女运动与婚外性关系》，《抗日战争研究》2009年第1期，第77页。

⑥ 郑尚宪、黄云：《激越的浪漫　凄美的感伤——〈牡丹亭〉和〈长生殿〉“情至”理想比较》，《东南大学学报（哲学社会科学版）》2007年第5期，第120页。

‘破鞋’以满足性需要，一方面又嘲骂‘破鞋’以维持‘道义’，看起来颇为荒唐。”① 更为微妙之处还在于，村民对“破鞋”与“骚棒”的看法是不同的。“破鞋”女人更容易被唾弃、辱骂。在男女关系问题，女性往往被认为是祸首，最不可饶恕。这是因为传统性道德对女性有着更高的要求。如对女性有性贞操的特别要求。性贞操成为乡村社会判别好女人和坏女人最重要的尺度。在传统伦理道德观念中，性的基本功能是传宗接代，而非满足个人的性需求；即使有要求个人的性满足，那也是男人的权利，对女人而言，不能有性的要求，但有满足男人的性需求的义务。放眼整个世界历史，基本情况亦是如此：女性性欲的特殊性从未被承认过。② 现代妇女运动最早的权威理论家西蒙·波伏娃指出，即使在我们的时代，女人对性快感的要求仍会让男性感到愤怒。③ 因此，性贞操的实质是女人对男人的单向的性忠实、性专一。在乡村社会，一个女人必须忠诚于自己的丈夫，不能有婚外性关系；但是若一个男人在外偷腥，虽然也会遭受道德谴责，但压力要小于女性，大多时候甚至会仍然我行我素④。

1949年新中国成立，革命伦理道德也迅速地进入到乡村社会。男女平等、婚姻自由、恋爱自由等观念开始冲击村民的头脑，并被许多年轻人迅速接受。在集体性的革命活动中，男女村民接触的机会增加，客观上促进了自由恋爱，也增加了发生婚外性关系的可能性。如当时莲花村妇女主任曾凡莲与村里的会计石宗轩之间发生的“私情”就属于此种情况。有学者就指出，中国共产党在政治理念和政治实践中主张的婚姻自由的政策实施反倒鼓励了非婚性关系的发生。⑤ 但事实上，中国共产党虽然主张婚姻自由、恋爱自由、男女平等，但在性道德、身体观念上倾向于维护传统。因此，在新社会，“性”问题遭遇到了历史上前所未有的阻

---

① 张鸣：《乡土心路八十年——中国近代化过程中农民意识的变迁》，三联书店，1997，第36页。另参见刘中一：《本质还是建构？——一个乡村女人“破鞋”称谓的由来》，《妇女研究论丛》2011年第3期，第83页。

② Jaggar A. M., Young I. M., *A comparison to feminist philosophy* (Blackwell Publishers, 1998), p. 323.

③ 〔法〕西蒙娜·德·波伏娃：《第二性》，陶铁柱译，中国书籍出版社，1998，第499页。

④ 刘中一：《性的乡村社会表达：基于北方乡村几起性事件的典型研究》，《中国农业大学学报(社会科学版)》2011年第3期，第80页。

⑤ 徐进：《革命与性：晋察冀根据地村干部“男女关系”问题的由来》，《史学月刊》2011年第10期，第97页。

力，爱情也在“不便多说”的范围之列。① 正如有学者疑问道：“革命的成功使人们‘翻了身’，也许翻过来了的身体应是‘无性的身体’？革命的成功也许极大地扩展了人们的视野，在新的社会全景中‘性’所占的比例缩小到近乎无有？”②

在莲花村，对革命政策的执行往往是和乡村传统复杂纠缠在一起的。当时村里对非婚性关系的革命行动首先是从清理寡妇与光棍之间的混乱关系着手的。村民冉宏义是个老光棍，和村里村外好几个寡妇都有染。但由于他穷，所以被吸收进了贫协，后来还入了党。他在革命工作上很积极，但就是无法扯断与那些寡妇们的瓜葛。时任莲花村党支部书记的范银柳多次找冉宏义谈话，教育他要克制身体的欲望，要做一个纯粹的革命者。所谓纯粹的革命者，就意味着他要放弃个人的享乐与欲望，因为这些会腐蚀革命者的意志。为此，“只有禁欲是持续革命的保证”③。不过，这在事实上似乎是很难做到的。据说，冉宏义当时就反问范银柳：“革命就不准想那事、不准做那事儿吗？你也不做那事儿吗？”范银柳当时竟无话反驳。当然，随着新政权的权威的逐渐确立，强制性的权力也逐步显示出其威力，未婚性关系被视为腐化堕落行为而纳入政治斗争范畴，并在 20 世纪 70 年代以“办学习班”的形式来加强对此类行为的打击与控制。这样，人们的身体与欲望也被牢牢控制在党和国家的手中，以使人们的行为与思想服务于党和国家的意志要求。正如福柯所说：“在任何一个社会里，人体都受到极其严厉的权力的控制。那些权力强加给它各种压力、限制或义务。”④ 但即使这样，村里的“风化事件”还是持续不断、时有发生。同时，村民们会以“过嘴瘾”的形式来满足他们的自然欲求。在集体生产中，村民们聊天的主题 60％以上会和“性”有关，各种“荤段子”“荤笑话”成了人们每天必打的“精神牙祭”。这样就由此形成一个很有趣的局面：一方面，受新旧道德与革命权力的影响与控制，未婚性关系大量减少，女性的“贞操”观念在新社会被进一步强化，同时也得到党和国家的充分肯定和尊重。另一方面，肆无忌惮的“过嘴瘾”现象就更趋突出，说点荤段子还不至于被

---

① 金宏宇、高田宏：《“革命”与“性”的意义滑变——〈蚀〉三部曲的版本比较》，《武汉大学学报(人文科学版)》2005 年第 5 期，第 578 页。

② 黄子平：《革命·性·长篇小说——以茅盾的创作为例》，《文艺理论研究》1996 年 3 期，第 47 页。

③ 南帆：《文学、革命与性》，《文艺争鸣》2000 年第 5 期，第 25 页。

④ 〔法〕米歇尔·福柯：《规训与惩罚：监狱的诞生》，刘北成、杨远婴译，生活·读书·新知三联书店，1999，第 155 页。

喊去“办学习班”。这里似乎自然取得了某种平衡。

集体公社时期，莲花村因为“男女关系”问题被“办学习班”的几乎清一色的是女性。由此亦可看出新旧道德的合谋一致性以及二者的复杂关联。兹举村民方文淑的事例以说明。

方文淑是莲花村远近闻名的“风流女人”，是村里女人私下骂的“骚货”或“烂货”，1975 年的时候，也到公社去办过“学习班”。方文淑人长得高挑，脸瓜子端正，身上收拾得干干净净的，老远能闻到一股雪花膏味道，平常一双乌黑大眼睛直勾勾看人时，确有十二分的魅惑。不过她一开口说话，就完全两样，最粗俗不堪的话她也敢说，稍微正经点的人都不敢接她的茬。集体时出工做活路（干活儿）时，她是唯一一个敢和男社员说荤笑话的女人。

方文淑的风流事，全村人皆知的有两件，一件与石宗坤有关，一件与“杜秀才”有关。石宗坤人长得健壮结实，参过军，退伍后回村，担任村基干民兵连的连长。他平时少言少语，一脸严肃，做起事来认真细致。因此，当他和方文淑在苞谷地被捉了个“现形”时，大大出乎村里人的意外。不过，几乎所有人都无一例外地认为，肯定是方文淑勾引石宗坤。按照一些女人的说法，方文淑那样的“骚货”“狐狸精”，哪个男人遇上都会倒大霉。男人们私下里则津津乐道于一些细节的讨论，少有女人们那样的激动与愤愤不平，多的是一些羡慕与意淫，骨子里恨不得自己就是那被勾引的石宗坤。因为这件事，石宗坤被抹去了民兵连长的职务；方文淑则被戴上“一贯风流成性”的帽子，被送到公社去办了“学习班”。方文淑在公社待了一个月，回到村里后，照旧跟村里的男人们说荤话，好像啥事都没发生过。不过也有人注意到一个细节，只要石宗坤在场，那方文淑就像变了个人似的，一句话不说，只是埋头干活儿。

再说“杜秀才”。“杜秀才”本名杜德才，是方文淑老公杜文明的远房侄子，比方文淑和杜文明都要小两三岁。杜德才人长得瘦长秀气，一年四季日里雨里过，肤色依然白净，加之他又是读过高中的人，所以村里人戏称其“杜秀才”。杜秀才多才多艺，拉得一手好二胡，还会唱点《沙家浜》《智取威虎山》《红灯记》之类的样板戏，是村里的文艺骨干。平时，杜秀才都很恭敬地称呼杜文明、方文淑“叔”“孃”。不知什么时候起，方文淑心血来潮，想学拉二胡，于是就经常去找杜秀才。杜秀才似乎并不在意他这个“孃”的风流名声，对别人的提醒劝诫也不当回事。这样，村里人就常常看见他们在一起，一个学，一个教，村子里也就经常飘散着曲调悲凉幽咽的二胡声。很多年过后，我才知道这是阿炳的《二泉映月》。

方文淑与杜秀才之间的“风流事”曝光，乃是源自方文淑自己孩子银亮的发现，说是有一天看见他们在屋子里抱着啃嘴。不过这一切，又好像是杜文明有意无意放出去的消息，好让村里人知晓。因此，其真实性也值得怀疑，不过村里人却宁愿信其真。由于方文淑与杜秀才是娘侄关系，这种乱了辈分的行为最为村里人不齿，特别是村里那些老头儿、老婆婆见了方文淑，就把头扭在一边，随即还要往地上狠狠吐一口沫子。

方文淑是我特别想亲自访谈的一个研究对象，主要是想听听她自己怎么讲述那些“风流事”。由于话题的敏感性，我一直没有勇气去找她访谈。直到2012年春节回忠县时，在忠县县城街上偶然碰到她，我终于硬着头皮提出了访谈请求，没想到她非常爽快地答应了。以下是她讲述内容的整理记录：

我在莲花（村）背了几十年的“风流女人”的名，怕是这辈子也背定了（她苦笑了一下）。当时你还是几岁的娃儿，都晓得这些事。我说出来，怕是莲花（村）没哪个人会信，真正和我有过那种关系的就石宗坤，和杜秀才的事都是我老公杜文明瞎鼓捣出来的。

我和石宗坤是初中同学，那时彼此就喜欢上了，算是你们说的早恋吧。初中毕业后，我们都没考起高中，于是他就回了莲花（村），我回了芭蕉（村）。我有一次去找他，让他家托个媒人来提亲，他当时也应承了。结果十天半月都没个音信。我又去找他，刚好撞见他妈，就把我拦住了，要我以后不要再去找她儿子，说他要去参军，我不能影响他的前程。我当时一下子就懵了，但很快就想明白是咋回事了，还不是因为我们家的地主成分。我没话讲了，也无法反驳。石宗坤在部队的时候给我写过一封信，讲他的难处，请我原谅他。我没回他的信，就当没他这个人，我认命。

后来我嫁到莲花（村），也是命。讲良心话，我对杜文明说不上有啥感情，对我来说，嫁给他就是嫁人罢了，不过是每一个女人命里要去做的事情。嫁给他，在那个年代是最般配不过的。他（杜文明）大伯伯解放前在国民党部队里当过军医官，解放那年随部队去了台湾，所以他就成了国民党反动派家属。我和杜文明结婚，双方都没啥可嫌弃对方的。在村里，像我们这样的家庭，就是最没有地位的，处处都吃亏，却又只能装哑巴忍了。杜文明跟他大伯伯学过两天医，所以在村里还当了一段时间赤脚医生。但有些人议论他的出身不好，说怎么能让他当赤脚医生呢？结果他就被大队出脱了。后来村里发派他去修马耳坝水库，一次抬石头时把左脚砸断了。那个年代，活人真不容易。

杜文明一天跛着个脚，做不了多少重活儿，而且别人也净欺负他，所以每天只能挣三四个工分（最高是十分）。我一般每天挣七个工分，有一次计分的那个杂种（方文淑没提他的名字）说可以给我再多计点儿分，前提是要我跟他那个一下。我没有应他，觉得心里受了天大的侮辱。不过后来我却想明白了，人要先活起，活起才是最重要的。有一天我就直截了当地对那个杂种说，你每天给我多记一个工分，老娘就让你摸两下，但那个事还是不能干，我也有我的底线。唉！是什么世道哟!？那以后，我索性没脸没皮，和那些男的尽说些荤段子，最粗的话都敢说。人越没脸没皮、越歪（即厉害的意思），别人就越不敢欺负你。那个杂种看我越来越歪，后来都不敢碰我，但每天还是照样给我多记一个工分。

自嫁到莲花（村）后，也经常碰到石宗坤，但相互间从不打招呼。有一次在路上又碰见他，他突然拦住我说："你现在变了，不像读书那会儿，现在净说那些烂话，哪里像个女人家的样子?"听了他这话，我觉得受了莫大的委屈："你当我愿意这样吗？我也要活人！你家成分好，在村里有头有脸的，我们这种人净遭人作践，我不那样，我不歪点，我咋活？你说，当年你闷声闷气地屁都不放一个就把我撇一边，现在你有啥资格来教训我？……"我越说越激动，忍不住大哭了一场。他一下子慌了，竟把我抱住了，不停说些安慰我的话，结果就莫名其妙发生了那种事情。可能我心里还是有他，还是喜欢他。不过这事却害了他。那时村里说闲话的好多哟，口水沫沫都快把人淹死了。我都无所谓哟，早就背了那样的名，再背一个也没啥。那事把石宗坤害惨了，民兵连长被抹脱了，一直在村里抬不起头。那以后，我没见他高兴过一天，他 1989 年就死了。他死的时候，我也没敢去看他。唉，真是造孽哟！（方文淑边说边抹眼泪，待她平静后，我们的话题转向了杜秀才）

出了和石宗坤的事后，杜文明就经常在家里做脸做色，说话怪里怪气的，但他也不敢跟我硬顶。我自己也觉得在这事上亏欠他，有时也尽量让着他。你莫看我说了这么多伤心事，但我这个人也想得开，我会自己去找乐子，人活起不容易，所以更要想开些。跟杜秀才学拉二胡，也是我一时心血来潮，觉得好耍，好打发日子。他都是我侄儿辈，我对他真没那个意思，一般的理儿我还是晓得，不至于干那种禽兽不如的事。杜文明心里一直有气，他又不敢直接找我发脾气。他觉得自己当了乌龟王八，受了天大的委屈，这都是我给他带来的耻辱。他想作践我，也作践他自己，索性来个底朝天，不管不顾，破罐子破摔，也许他觉得这样他心里好受些。我和杜秀才没做啥子事，都是杜文明搞的名堂。我没有怪他，他心里也苦。

（我把话题转向方文淑后来和现在的情况，特别是她和杜文明的关系）我这人想得开，气完了，哭完了，照样笑，照样耍。我这人懂享受，人死了啥子都没得，要趁早享受，莫亏欠自己。金秀、银亮很早就到广东揭阳那边打工，找了些钱，都结婚了，娃儿也有了。2009 年，他们在县城买了房子，就把我和杜文明接到了城里住，好照顾留在家里的两个孙子。今年（2012 年）我已经六十五岁了，平时在家里买菜做饭、带孙子，有时也会去跳跳广场舞。杜文明现在也还好，心情要比原来好多了。我们关系嘛也还可以，老来伴嘛。前段时间，金秀给我们报了个新马泰六日游，算是出了趟国。现在的生活蛮好，老来能这样，我还是很满意的。

在集体时期，方文淑既是村庄传统道德的反面典型，也是革命新道德的反面典型。村民教育自家的姑娘，村干部在大会小会讲男女关系问题时，必拿方文淑说事。在一般村民看来，方文淑就是一个天生水性杨花、不知羞耻的“破鞋”。在村干部看来，革命干部要特别警惕，要能抵御住像方文淑这样的女人的勾引，以免被销蚀掉革命意志与革命理想。村民石宗全说，有一次大队副大队长罗文林在一次会上就讲，方文淑这样的女人欲望强，村里的男性干部要把自己的裤裆管好，否则抵抗不住就会犯错误。这里的逻辑是：像方文淑这样的“红颜祸水”，不仅伤害传统道德，也伤害革命新道德，腐蚀革命干部。因此，针对方文淑这样的女人，新道德、旧道德结成了同盟。但有意思的是，在私下里，村里男人们津津乐道的也是方文淑，诸如她一天可以干多少次那种事儿，她的身子如何白净、丰满，等等。这个时候，他们身上曾有的旧道德和新中国成立后接受的革命新道德完全不见了踪影，他们对于“方文淑”似乎并不真正痛恨，也不再义愤填膺，反倒似乎对她有些喜欢与同情。我曾就此大胆问过石宗全：“方文淑其实是不是很多莲花村男人的梦中情人?”石宗全笑而不语。上述种种情形，让我们能窥见集体时期男女关系问题中交织晃动着的欲望背影、生存背影、男权背影与革命背影。

土地重新下户后，革命道德逐渐退出乡村，传统旧道德重新占据村庄日常生活的主导地位。那些解放以来接受过革命洗礼的村民们，在自己有了孩子后，他们一般还是会拿那些老理儿、老规矩来教育自己的孩子。特别是对女孩子，村民们都有更严格的管教。但这种旧道德的回归有如回光返照，持续的时间并不长。随着村庄开放性与流动性的日益增强，旧道德还没有完全恢复就开始了新的瓦解、式微的进程。在男女关系问题上，首先给村庄带来冲击的是那些开始在村外谋生的村民。早在 20 世纪 70 年代中后期，莲花村的能工巧匠们（主要是裁缝、木匠、泥水匠等）就开始外出云南、贵州等地开辟新的生计。1986 年，木匠冉崇岳从云南回到莲花村，突然告知其老婆周世兰他要离婚，因为他在云南认识了一个女人。不管周世兰如何哭闹哀求，也不管亲朋好友、村里干部如何苦劝、调解，冉崇岳似乎已经铁了心要离婚。周世兰觉得自己没有做错什么，他冉崇岳做了那样的丑事反倒有理似的，所以她也死活不离。冉崇岳没办法，一赌气就又去了云南，据说后来一直没回过莲花村。在村子里，不仅男人开始让女人不放心，而且男人们对自家的女人也越来越不放心。1984 年，村民周成宗的老婆雷若兰认识了在㽏井镇农机站当司机的程尚旭，遂三天两头都不落屋，有事没事都往程尚旭那里跑。有一次程尚旭开车带雷若兰到忠县各地去兜风，一个礼拜都没回家。生性懦弱的周成宗除了用最脏的话咒骂妻子外，也无计可施。这样拖了两三年，结果两人以离婚了事。村民们用“现在的人心野了”来解释这些大胆的越轨行为。事实上仔细分析，我们就会发现：在后集体时代，由于村民们遭受的各种有形无形的束缚的减弱，人们变得自由了，集体时期接受的婚姻自由、恋爱自由、男女平等的观念并没有被人们摒弃，反而在新的时代和环境中成为他们采取新的行为或行动的最重要的精神资源，只不过在其中他们更重权利而非义务而已。就如雷若兰在与周成宗对骂时说的话：“我又不是你的私有财产！我想嘟个就嘟个，我有我的权利，你管不着!”

进入 20 世纪 90 年代，冉崇岳、雷若兰这辈人的儿女也已经成长起来，开始了和他们父辈不一样的人生。他们走出了村庄，在广东、福建、浙江、上海、北京、四川以及重庆等各地打工，他们有着父辈没有的见识与想法，也享有比父辈更大的自由。这种自由是一种摆脱了家庭管束、村庄道德束缚的自由，这就大大增加了此种自由的放纵、无节制的可能性。冉崇岳这一辈的村民外出打工后，虽然也开始出现“男女关系”问题，但总体上看，并不普遍。毕竟家庭、村庄的传统道德观念对他们还有较强的约束作用，即使进城后他们也还遵循着固有的做人的本分。如潘绥铭的一项研究中谈到，年龄稍大的男性农民工热衷于谈“小姐”话题。可是在说起“会不会去找小姐”时，很多人会笑着说：“我们只是说说，光打雷不下雨，过嘴瘾。”而且他们认为“做小姐”是不要脸，“找小姐”会破坏家庭、破坏社会道德①。

但是冉崇岳这一辈村民的儿女们的情形就不一样了，他们属于“70后”“80后”。他们一般十六七岁就开始外出打工。在此前，他们所接受的家庭与村庄的传统道德还没有完全内化，而且父母也很少对他们进行与“性”相关的两性教育。在80年代的乡村社会，“性”对于未婚的青少年还是一个不涉及、不谈论的“禁锢区”“神秘区”“淫秽区”；“性”是已经结婚了的村民可以无所顾忌地讨论的话题，而且也主要是作为男性村民的一种“精神娱乐”方式，很少有严肃的讨论。与“性”稍微相关的教育，大多是有女儿的父母会叮嘱自家孩子要自爱，在外面不要随便结交男孩子，而对男孩子基本没这方面的提醒与教育。

家庭因素有利于抑制个人婚外恋行为的发生。② 但当家庭成员流动性增加、长久分离时，家庭功能就萎缩了，其对家庭成员的道德制约作用就大大降低了。这些“70后”“80后”农村打工者进入一个比村庄大得多的城市空间后，如鱼得水，痛享无羁的自由，但随之而来的则是道德感的弱化。这表现在男女关系和性道德上，他们大多显示出一种很随便的态度。“70后”村民石明江讲道，在90年代，很多年轻男性农民工是通过录像厅、发廊等场所第一次接触或了解到“性”。当时城里的录像厅，一般就放两种录像，不是武打片就是黄片，看一场两三块钱，看录像是很多男性农民工业余时间主要的娱乐休闲方式；一些地摊书刊也是当时农民工接触和了解“性”的重要渠道；当时从事色情业务的发廊，有高端的，也有低端的，男性农民工经常光顾的色情发廊，有10块钱就可以搞定的。发廊里那些卖淫的女子也多半是来自农村的女孩子。石明江讲道，当时同村的一个女孩子就是在发廊从事色情交易，找了些钱，把她家的旧房子推倒、新盖了三层砖瓦房，她父母最初一直不知道她在外面从事什么工作。刘中一的一项研究中也谈到一个在城里从事“卖身体”工作的女孩儿，被村里人冠以“破鞋”而大加谴责。然而具有讽刺意味的是，尽管村里的女人们不时拿这个女孩子的例子来对其他女孩子们进行警示教育，告诫她们如果像那个“破鞋”一样不学好，将来就会找不到婆

① 黄盈盈、王文卿、潘绥铭：《男民工与阶层、社会性别、主体建构》，《社会》2011年第5期，第122页。

② 吴银涛、肖和平：《青年农民工婚外恋的社会学分析》，《当代青年研究》2008年第2期，第22页。

家；但是事与愿违，半年的时间不到，村里就有两个女孩儿受到那个“破鞋”的“事迹”鼓舞，到城里“上班”了。[①] 村里人一面谴责那个“破鞋”的“钱”不干净，一面却又在心里泛起莫名的嫉妒与羡慕。村民石宗秀说：“搞不懂现在的人，好像越来越不知羞耻了。”她也提到了石明江所讲的那个在城里发廊从事色情交易的女孩子的事，事情后来还是被她父母知道了，她父母把她弄回来关在家里，不准她再出去。据说有一次她母亲骂她“一个女孩子这么不知羞耻，怎么活人？怎么嫁人？”那女孩子竟回应道：“我就是不知羞耻！又啷个？”“羞耻感要求有外人在场，至少要感觉到有外人在场。”[②] 按照这个观点，那个女孩子对她做的事没有一种“外人在场”的感觉，所以就很难有多少“羞耻感”。一般来说，耻感文化产生于集体组成的社会。上述事实从一个侧面反映了村庄集体和集体文化下的伦理道德的瓦解与式微。村民石宗秀说：“现在的人越来越胆子大，好像没什么顾忌，做什么事都很随便。”随便当然是人的自由度增强的表现，但同时也说明人们受到的必要的道德束缚减少了，人们对道德的遵从与敬畏减少了，也说明村庄道德的结构性力量减弱了。

第三节 村庄里的国家与政治

近现代以来，随着现代国家政权下移、逐步进入乡村社会，国家与乡村、农民呈现出日益复杂的互动关系。农民对于国家有着复杂的情感，归结起来，核心是两个字：爱与怕。

有学者对新中国成立以来国家与乡村、农民的关系进行了这样的总结：1951—1958 年，是国家与乡村、农民关系的第一个蜜月期，土改第一次真正实现了“耕者有其田”的目标。1959—1977 年，是国家与乡村、农民关系的紧张期，个中要害是依附于全能集体的农民的权利与利益受损，没有得到充分保障。1978—1989 年，是国家与乡村、农民关系的第二个蜜月期，因为家庭承包责任制的实行和改革开放，农民不仅重获土地，也重获自由特别是谋生的自由，农民的

① 刘中一：《本质还是建构？——一个乡村女人“破鞋”称谓的由来》，《妇女研究论丛》2011 年第 3 期，第 85 页。

② 〔美〕鲁思·本尼迪克特：《菊与刀——日本文化的类型》，吕万和等译，商务印书馆，1990，第 154 页。

发家致富冲动得到极大释放。1990—2002年（该学者的文章发表于2002年），重新出现国家与乡村、农民关系的紧张，“三农”危机凸显。①

前面章节我们已经讨论过1949—1977年有关国家与乡村、农民关系的问题，这里重点讨论1978年以来的情况。

土地重新下户以后，国家在诸多领域有所后撤，吴毅将其称为乡村社会的去政治化。他认为高度意识形态的阶级斗争和政治运动都取消了，乡村社会又进入日常的社会生活，“生活即政治”重新成为支配村民意识和行为的基本逻辑②。这个判断在一定意义上大致符合当时的实际情况。莲花村村民石宗全讲道，土地下户后，各家忙各家的事，“感觉一下子和村里的那些干部没有了关系，国家和政府也好像离我们远远的，它不来打扰我们，我们也不去麻烦它，大家相安无事”。不过，石宗全也讲道，这种情形主要是体现在生产领域。事实上，国家除了取消了那些无休止的政治运动外，也一直在努力对乡村社会加以各种影响和介入。吴毅所谓的“去政治化”不过是“去阶级斗争式的政治化”。在新时期，国家继续在乡村社会推行新的政治，而且集体时期的政治逻辑与新时期的政治逻辑并不是截然两样的，而是有着复杂而微妙的关联。这里重点就20世纪80年代的“严打”、90年代初的“计划生育”和“社教运动”来予以分析。

一、“严打”

“文革”结束后，虽然政治混乱的状况得到拨乱反正，但社会治安状况则有恶化的趋势。客观讲，这是长期的政治运动带来的巨大“后遗症”。特别是“文革”砸烂“公检法”、破坏法治，破“四旧”导致传统伦理道德失序，这就导致人们的行为得不到有效的约束。在城市，大量的无业、待业青年特别是回城知青无事可干，打架斗殴、抢劫偷盗等现象日益突出；在农村，摆脱了集体束缚的年轻“混混”“天棒”们，在村庄里四处流窜、游手好闲，尽做些寻衅滋事、偷鸡摸狗的事情，而且有恃无恐。这些都严重影响到城乡社会的稳定。于是在1983年8月25日，中共中央发出了《关于严厉打击刑事犯罪的决定》，在全国范围内广泛组织群众、动员群众参与严打斗争，“严打”由此拉开序幕。

---

① 曹树基：《国家与农民的两次蜜月》，《读书》2002年第7期，第19—22页。

② 吴毅：《村治变迁中的权威与秩序——20世纪川东双村的表达》，博士学位论文，华中师范大学社会学院，2002，第224页。

经历过“严打”的莲花人讲起当时的情形，显得特别兴奋，印象也非常深刻，仿佛是昨天才发生的事情一样。村民吴启华讲道，1983 年 9 月初，莲花村在谭家院子举行了关于开展“严打”的全村群众动员大会。这是“文革”结束后，莲花村少有的几次全村性的大会。吴启华说，当时会场非常热闹，村民们也特别兴奋，毕竟大家都好久没有过过这种集体生活了。村民袁孔泽说，当时村党支部书记冉遂良在进行动员讲话的时候，他听得特别仔细，让他当时心头一惊的是冉遂良在讲话中强调“严打”是一场新的阶级斗争，是对敌对阶级的专政。袁孔泽集体时期是地主成分，是历次政治运动冲击、批斗的对象，所以他一向对政治非常敏感。事实上，从当时中央领导人的一些讲话中，可以看出当时“严打”的政治性、意识形态性是非常浓厚的，显然延续了集体时期的阶级斗争和政治革命的一些逻辑和做法，在观念上也有一脉相承之处。如“严打”的主要决策者邓小平就指出，“除了十年动乱不算外，我们一直坚持对各种敌对势力、反革命分子、严重危害社会秩序的刑事犯罪分子实行专政，决不对他们心慈手软”①。时任公安部部长刘复之更是明确说：“‘严打’就是加强专政力量，就是专政。”② 显然，按照上述逻辑，“严打”要解决的是敌我矛盾问题，犯罪分子就是阶级敌人，对他们必须进行专政。专政就意味着暴力，意味着无情打击。所以当时“严打”的基本精神是：依法“从重从快，一网打尽”，这里的侧重点在“从重从快，一网打尽”。如当时的一些标语口号的内容即是：“可抓可不抓的，坚决抓；可判可不判的，坚决判；可杀可不杀的，坚决杀。”③ 这样充满革命杀气的标语口号，不能不让曾经的“阶级敌人”袁孔泽感到心惊。

不过，对于其他村民来说，“严打”有一种重温革命岁月的激动与兴奋。特别是对于一些土地下户后“无事可干”的村干部，似乎又找到了工作的动力与方向，并试图借此重新树立起干部的权威。时任村干部周武棣说：“土地下户后，干部就被群众晾在一边，没人愿意找你，也没人愿意理你。尤其是村里的那些‘天棒’，更是脚踩到天上去了，一天到晚打架斗狠，把村干部根本不放在眼里。‘严打’一来，这下好了，那些‘天棒’成了‘ 孙子’，见到你都点头哈腰的、给你烟抽，恭

① 中宣部、司法部《邓小平论民主法制建设》编选组编《邓小平论民主法制建设》，法律出版社，1994，第 21—22 页。

② 刘复之：《“严打”就是专政》，《人民公安》2000 年第 1 期，第 56 页。

③ 陶盈：《1983 年“严打”：非常时期的非常手段》，《文史参考》2010 年第 20 期，第 33 页。

敬得不得了。”当然，也有的干部并不是仅仅想找回自己的权威感和存在感，他们确实想做点事情，但土地下户后能让他们做的事情又非常有限，“严打”无疑给他们提供了一个为党和国家、群众做事的契机。在召开全村动员大会后，村里干部经常碰头开会，研究、布置任务，干部们还分别到各个村民小组（原生产队）进行走访、动员，个个工作热情高涨。

在村民这边来说，虽然土地下户让村民的离散性趋势增强，但当时村庄的流动性还不大，村庄的组织化程度仍然比较高，村民的集体观念也比较强。因此，村民很快就被动员起来，而且积极性也比较高。谈到对当时“严打”的总体看法和印象时，村民们谈的有相同的、一致的，也有不同的，其中相同的、一致的居多。村民吴启华说，群众普遍是支持“严打”的，当时社会治安确实比较糟糕，因此“严打”是符合民心、民意的。在当时，有相当部分的群众对犯罪分子有一种“阶级敌人”般的仇恨，所以高度认同对他们的打击应“从重从快”“绝不手软”的做法。我故意问道：“这样做就意味着像革命一样，要掉好多脑袋啊，当时你们觉得合适吗?”吴启华说：“没几个人会觉得不合适，不掉几个脑壳，社会风气咋好呢?”我又问：“你们看到当时枪毙人的场面不害怕吗?”吴启华说：“当然还是有些害怕，不过这样的场面见多了，也就觉得没什么。”村民石宗全说：“治乱世用重典，历朝历代都是这样做的，朱元璋杀人就很厉害，所以他那个时候贪官少，也没人敢反他。”村民冉崇福说：“搞斗争没有心慈手软的，毛主席说过，革命不能有同情心。”（冉崇福讲的毛泽东的话，估计应是毛泽东曾经说过的这样一段话：“革命不是请客吃饭，不是做文章，不是绘画绣花，不能那样雅致，那样从容不迫，文质彬彬，那样温良恭俭让。”①）我问他：“当时有不有冤枉被杀的?”吴启华说：“我看没有冤枉被杀的，即使有被冤枉的，也应该是少数，大部分人还是罪有应得的。”冉崇福说：“当时芭蕉（村）有个男娃儿喜欢他们村的一个女娃儿，但那女娃儿和她父母都不喜欢他，这个男娃儿就经常死皮赖脸去骚扰人家，听说还威胁过那女娃儿，那女娃儿和她父母就告他强奸，结果那男娃儿被抓去枪毙了，但那男娃儿至死都没承认强奸的事，这个可能有些冤枉。”（冉崇福讲的这个个案由于相关资料难以获取，所以难以确定是否是一个冤案）冉崇福讲的个案属于强奸罪，不过当时人们普遍将其理解为与“男女关系”相关的“耍流氓”的“流氓罪”。1979 年颁布的《刑法》第一百六十条规定：流氓罪的范围是指聚众斗

① 《毛泽东选集》第 1 卷，人民出版社，1991，第 17 页。

殴、寻衅滋事，侮辱妇女或者进行其他流氓活动，破坏公共秩序，情节恶劣的犯罪行为。由于流氓罪的范围很广，当时把乱搞两性关系也纳入其中。如著名影星迟志强因为在家聚众跳贴面舞，并与多名女子发生性关系，结果以“集体搞不正当男女关系”为由被判以“流氓罪”。陕西西安的一位单身女子马燕秦，因组织家庭舞会，作风放荡，并与多名男性有不正当关系，结果被判以“流氓罪”，与另两名首犯一起枪毙。有的地方把流氓罪当作结合犯来认定，把抢劫、伤害、强奸等罪统统结合进去，作为流氓罪的一个从重情节。① 我对冉崇福讲：“如果是放在今天，像当年的迟志强、马燕秦就构不成犯罪，特别是马燕秦死得确实有些冤枉。”冉崇福说：“当时没多少人会同情他们，因为他们败坏道德和社会风气。”

与男性村民不同，莲花村的女性村民回忆起“严打”，印象更深刻的是那些感到“好害怕”的枪毙人的场景。村民石宗秀这样讲“严打”时罾井镇召开公判大会并枪毙罪犯的场面：大会台子上站了10个死刑犯，双手被反捆着，每个人背上都插着个打叉叉的牌子，两边站着荷枪实弹的武警，木杆子上的高音喇叭在一遍又一遍地控诉他们的罪行。其中一个死刑犯看起来还像个孩子，脸色惨白，没一点血色。围观的群众人山人海，好像过节一样热闹。

在与这些村民的交谈中，我发现他们在心理上既有对暴力的害怕、恐惧，又有对暴力的肯定。他们对那些罪犯，显示出的是一种与“彻底的革命精神”相一致的“不同情”态度，毫无传统儒家的“恕道”精神。在这里，我们能看到集体时期的革命伦理、革命暴力观念已经不知不觉地积淀在他们的内心，并内化为一种属于他们自己的人格心理。当前社会中存在的暴力心态、缺乏宽容精神，恐怕也是与此有关联的。特别是在乡村社会中，普遍存在的农民暴力抗争行为，也与那种通过暴力追求公平正义的革命逻辑是一致的。但是，古今中外的历史已经反复告诉我们一个事实：以暴制暴的逻辑不可能带来真正的正义，更不可能树立法律精神和制度文明（秦德良）。②“严打”可能会致使被告人不能得到公正的待遇，在实体上和程序上都可能不公正。③“严打”实施的“重典治乱”政策虽然不能等同于重刑主义，但客观上导致了一定的重刑主义倾向④，违背了罪刑相适应原则，

① 王崇槐：《对流氓犯罪集团的定罪要准确》，《法学》1984年第1期，第22页。

② 尹鸿伟：《“严打”模式的思考》，《南风窗》2010年第15期，第21页。

③ 陈光中：《严打与司法公正的几个问题》，《中国刑事法杂志》2002年第2期，第4页。

④ 欧阳竹筠、杨方泉：《“治乱重典论”的历史与现状》，《江汉论坛》2004年第4期，第114页。

影响了刑法公平。在当时，国家也力图通过“严打”来实现国家权力的再生产①，并重塑国家权力的“威严”，因此“严打”延续了革命逻辑、阶级斗争逻辑、群众动员逻辑，但由此也唤醒、强化了群众的革命意识、暴力意识，具有一定的消极影响。

由“严打”，我们可以得到如下启示：国家政治逻辑、政策行为对塑造群众心理具有极大的影响。当国家政治延续专政思维，群众的心理就会浸染专政色彩；当国家政治注重宽容、恕道精神，群众心理就会多一些宽容成分；当国家政治注重法治，群众心理中就会多一点法治观念。当然，群众也不会完全被动地接受这些影响，在这个过程中，他们总会和自己的利益、思想观念、价值观结合起来考虑。所以我们看到，群众有时会紧紧地和国家站在一起，显示出一种合谋一致的立场，有时又会与国家保持距离乃至采取反抗的立场与姿态。

二、“计划生育”

新中国成立后，党和国家即开始关注计划生育问题。1953 年，《农业发展纲要》首次提出要试点进行计划生育。1957 年，马寅初发表《新人口论》，明确提出要控制人口增长。1959—1961 年，三年自然灾害导致人口负增长，计划生育被搁置。1962 年后，人口又开始快速增长，到 1973 年，总出生人口已达 3.2 亿。20 世纪 70 年代初，党和国家也曾提出要进行计划生育，但受“文革”影响，推行力度不大。“文革”结束后，计划生育开始被中央高层列入重要政策议题。1980 年，在《中共中央致全体共产党员和共青团员的一封公开信》中，中央发出“一对夫妻只生一个孩子”的倡议。1981 年国家计划生育委员会成立，并相应建立了各级计划生育机构。1982 年 9 月，党的十二大把实行计划生育确定为基本国策，并写入《宪法》。同年，国家计划生育委员会提出“一胎上环，二胎绝育”的一孩政策，拟强制实行生育一胎和“少稀晚”的政策，力图实现 20 世纪末人口增长率为零并将人口控制在 12 亿以内的目标。

莲花村的“计划生育”基本上和“严打”是同步开展的。当时村里也召开了生产小组组长会议，会上传达了中央和上级政府的指示精神。重点是严格控制计划外生育，加大对违反计划生育政策行为的打击和惩罚力度。

农民没有料到国家对计划生育“来真格”得那么猛烈、那么彻底、那么让他

① 唐皇凤：《常态社会与运动式治理——中国社会治安治理中的“严打”政策研究》，《开放时代》2007 年第 3 期，第 123 页。

们刻骨铭心，国家也没料到计划生育几乎遭到了全民性的集体大反抗。时任莲花村妇女主任的何新梅说了这样一句话："计划生育让国家和农民互伤了感情。"

莲花村所在的㽏井乡如全国各地的做法一样，也成立了在乡计生站直接领导下的"计划生育小分队"。当时小分队人数最初有十几人，后来增加到二十几个人，除了几个有正式编制的人员外，其他均是从各个村临时抽调或聘用来的，大多是三十岁左右的男青年。后来搞得厉害的时候，吸收了一些"天棒"（即"混混"）加入。

㽏井乡的计划生育工作最初还比较温和，乡里专门组织了计生文艺宣传队配合计生小分队到各个村进行宣传，主要采取开座谈会、文艺表演、贴标语等形式。当时的标语口号也比较温和，主要是诸如"只生一个好""少生孩子快致富""控制人口数量，提高人口质量""响应国家号召，落实计生政策"之类的。但是在紧接着对育龄妇女进行身孕检查、上环结扎检查时，矛盾冲突一下子就尖锐、激烈起来。何新梅当时兼任莲花村计生主任，她讲述了当时的情况：

> 计生工作以前就一直在搞，我也参与这个很多年了。以前村民对这个也抵触，但因为执行并不严，所以矛盾并不尖锐。但这次就不同了，上面要求必须逗硬，所以矛盾一下就来了。农民的观念是，自古就没有不让生娃儿的。那就是说生娃儿是天经地义的事情。特别是想生男娃儿的，你不让他生，他说你是想让他断子绝孙，是要遭天打雷劈的。村里的冉崇强，他老婆前后生了七个女娃儿，村里人都开玩笑说是七仙女，但他们两口子最想要的是男娃儿，所以这样不断地生，后来到第八个终于生了个儿子，两口子满意了，才觉得算了了一桩人生大事，由于当时还是"文革"，所以生了就生了，也没受处罚。所以这次开展工作时，我们重点就盯那些第一胎是女孩儿和家里没男孩儿的家庭。当时莲花村是由我负责组织村里的育龄妇女到乡里做检查，该安环的要安环，该结扎的要结扎。那段时间，我和几个村骨干从早到晚，挨家挨户地进行动员、做思想工作，但效果不好。因为都是一个村的，他们对你说话也还客客气气，但一说到关键的问题，他（她）就不接你的趟。你给那些男的讲国家搞计划生育的目的，他们会这样回答你："国家的出发点无非是说人口多了，吃饭的人就多了，而国家没那么多粮食给你吃，大家想有吃的、吃好点儿，就要少生娃儿。这些道理我们都懂，但国家也该听听我们的道理啊，农村人过日子不就图个儿孙满堂吗？说到生儿子，没个儿子，我们

老了谁养啊，国家咋就不替我们想想呢？”还有的人会说：“我们几十年都在理解国家，国家也应该理解我们。”他们说的话也在理，我们都是生活在农村的，其实内心也觉得是这样。他们这样讲，有时让你无话可说。给那些女的讲话就更麻烦了，一说到国家的政策、政府的良苦用心，她们多半会说：“国家那些事情，我们搞不懂，也不想懂，我就想生个娃儿。”有的女人更是扯横经，你根本没法跟她讲什么道理。

在何新梅讲述的这段话中，我们可以看出农民对于计划生育的抵触，根本上基于两点。一是农民对于人活着的意义的理解。在他们看来，多子多福，儿孙满堂就是最大的天伦之乐。同时，这里还包含着中国人对于生命延续的看法，在男权文化中，生命的传递是通过儿子来进行的，没有儿子就意味着绝后，这就是很多农民拼命想要个儿子的文化观念根源。这种几千年延续传承下来的文化观念是很难改变的，所以农民从内心深处排斥、抵制计划生育政策。二是从现实层面考虑，农民认为多生一个娃儿，就多一个劳动力，而生儿子则涉及养老的问题。这里，养老防老不仅是一种文化观念，也是一种现实需求。在当时中国社会缺乏完备的社会养老体系的情况下，想方设法要生儿子，就不仅仅是一个“重男轻女”的性别偏见问题，而是一件实实在在的利益诉求①。因此，将农民们的行为简单地理解为落后、愚昧、狭隘、保守，显然是有失公允的。

何新梅讲的状况在当时眘井乡各个村都存在。乡党委、乡政府感觉来软的不行，只能来硬的。何新梅记得当时乡长说了这样一段话：“对农民讲道理没用，你不来点狠的，他会当你搞起好耍，我们这次要动真格的，必须动真格的。”不久后，县上又传达了关于计划生育的新的指示精神，重点是落实计划生育工作的责任制，即将计生工作同各级党政组织的绩效考核挂钩，实行“计划生育一票否决制”②。由此，从中央到地方各个层面，“一票否决”逐渐成为政府管理和干部考核中广泛采用的特殊方式，甚至成为事实上的行政惯例。③

① 栾梅健：《面对历史纠结时的精准与老到——再论莫言〈蛙〉的文学贡献》，《当代作家评论》2012年第6期，第79页。

② “计划生育一票否决制”是湖南省常德市于1982年率先实行的，是指对于存在违反人口和计划生育法律法规生育情况的单位、部门、各级党委、政府及其有关负责人，取消综合性先进、荣誉称号的评选资格的一项干部和单位考核管理的制度。

③ 唐璨：《论“一票否决”考核制的滥用及其防治》，《理论与改革》2014年第6期，第53页。

在这样一个背景下，瓮井乡的计划生育运动转入了长达10年的暴风骤雨式的强力推进阶段。如在计划生育宣传上，充满威吓的革命暴力语言开始代替温和劝诫的语言。一些村民房屋墙上出现了“谁敢超生，叫他家破人亡”、“该扎不扎，见了就抓”、“宁可血流成河，不准超生一个”之类杀气腾腾的标语。类似的标语在当时中国农村四处可见，如“宁可家破，不可国亡”“该扎不扎，房倒屋塌；该流不流，扒房牵牛”“逮着就扎、跑了就抓，上吊给绳、喝药给瓶”“打出来，堕出来、压出来，就是不能生出来”“宁添十座坟，不添一个人”“一胎环，二胎扎，三胎四胎杀杀杀”①。这些通俗的语言，形象地反映了当年计划生育暴力推动的情形，带有浓烈的高压政治色彩②。当年瓮井乡党政人马基本上是全体出动，并将各个村的基干民兵组织起来，配合计生小分队的行动。经历过那些事情的村民回忆起来，至今都觉得刻骨铭心，特别是那些女性村民，讲起来都忍不住掉眼泪。

村民王芝兰，1983年时30岁，之前她生的是两个女孩儿，所以一直想生个儿子。按照当时的规定，王芝兰属于必须结扎对象。何新梅给她做了很多工作，她死活都不愿意去结扎。她丈夫何顺华更是不同意老婆去结扎。在他看来，一旦结扎了，就再也要不成儿子了。村里干部不好硬来，就悄悄把他家的情况告知了乡计生站。计生站派了五六个人到王芝兰家里逼她到医院结扎。当时何顺华扛起锄头和计生人员对抗，王芝兰更是在躺在地上哭闹。计生人员也不管他们怎么闹，三下五除二就把何顺华控制住了，并把王芝兰拖起来，强扭住她往医院送。据说王芝兰一路上又哭又骂：“你们要遭报应的，你们会断子绝孙的，你们会不得好死!”王芝兰被强制结扎，精神受到很大刺激，出现了神经错乱，而且时好时坏，至今如此。2011年，我曾试图去访谈何顺华，他拒绝了，他丢给我的话是：“我不想谈那些事情，那个时候都是在乱球整!”

村民周世菊，1984年时35岁，之前已经有三个女儿，没有儿子，所以这成为她们一家人的心病。她丈夫冉遂福是独子，他与其父母对要儿子的愿望更为迫切。特别是冉遂福的母亲长期为此与儿媳不和，认为是儿媳成心让冉家绝后。周世菊为此也希望生个儿子来改变自己在家庭中的处境。按照规定，她也属于必须结扎对象。不知道她通过何种渠道，竟然搞到了份结扎证明。1983年底，她就

① 欧阳竹筠:《计划生育的“历史阵痛”与刑事政策的渐进调整》,《法学》2012年第8期,第45页。

② 唐玉萍:《计划生育标语宣传的创新思考》,《人口与计划生育》2006年第1期,第30页。

悄悄怀了孕。到 1984 年 4 月份，由于肚子开始一天天大起来，周世菊就跑到大岭乡娘家躲了起来。周世菊娘家的一户村民由于与她家平时有些矛盾，故告发了周世菊。同年 6 月的一天，昝井乡计生站得到消息后，遂派了 10 个人去抓周世菊。当时周世菊是被捆在滑竿上强行抬到医院的。到医院后，医生在她的宫腔内注射天花粉和雷夫诺尔，两天后分娩，产下一个已经成型的死胎，是个男娃儿。据说当时周世菊在医院里不停撕心裂肺哭喊的就是一句话："我就想生个儿娃子！"

王芝兰和周世菊二人的案例是莲花村当年计划生育暴力推动的缩影。曾经在昝井乡卫生院工作的赵碧霞 20 世纪 80 年代也是计划生育的执行者。她说回忆起当年的事情让人很难受，有时还会做噩梦。她讲道，当年有一段时间几乎天天都有十几个被计生队抓来强迫引产或结扎的妇女，一个个都在那里声嘶力竭地叫喊、哭闹、骂人，听得人精神都要崩溃；引产下来的死胎儿，直接就扔在水桶里，然后集中丢到粪坑里。赵碧霞说："计划生育中遭罪的主要是女人，在那个年代，做女人真的很不幸。如果有来世，我都不想再做女人。比如结扎，大部分是女人，没几个男的做结扎。男的觉得那个丢脸，所以丢脸的事情让女人去做、去承受。那个时候，没人去关注个人的权利，都是要讲为国家着想，要服从国家。"事实上，在国家利益、集体利益高于一切的文化中，个人利益的被忽略、被牺牲似乎显得是那么理所当然。计划生育显现了国家政治意志对个人及其生命的掌控与压抑①，国家政治根据自己的需要掌控整个国家的出生率。从国家的立场而言，计划生育符合人民群众的根本利益，是为了"国家前途，民族未来"。符合人民群众的根本利益当然是"有理"的，但是"有理"不一定"合情"，而且"有理"的事情也应该"合情"地做，不能忘记或忽视国家是由一个个个体的人构成的，不能忽视了他们的心声、情感。正如有学者指出的那样："现行的'计划生育政策'尚合情不合"理"——合乎国情不合乎民众心理。"② 计划生育政策自始至终没有得到广大民众的理解与认同。计划生育伤害了很多农民的感情，在这一个时期，国家与农民之间的关系是最紧张的。这里的关键在于：计划生育延续的还是革命逻辑、暴力逻辑、斗争逻辑，同时，缺乏法治意识、人本意识，把农民视同阶级敌

① 李松睿：《"生命政治"与历史书写——论莫言的小说〈蛙〉》，《东吴学术》2011 年第 1 期，第 86 页。

② 李媛媛、袁跃东：《中国生育秘闻录》，春风文艺出版社，1990，第 130 页。

人一样对待。如在强制流产问题上的刑事政策，过去30年我国实践的是“强制流产无罪论”①。又如采取暴力手段肆意侵犯农民的公民权，不仅招致民怨，也在很大程度上败坏了国家形象。② 党和国家根据中国国情，制定“计划生育”的国策，目的本是希望在“人的生产”问题，让中国人自己掌握自己的命运，使自己的生命成为更有价值的存在。③ 但具有反讽性的是，计划生育却成了一场剥夺、损害人的权利和尊严的运动，生命的价值没有得到体现，反而被践踏。

曾在㽏井乡计生站工作的副站长孙学彪，被当地人称为“孙屠夫”，因为他身形彪悍，而且在计生执行中最卖力、下手最狠，故得此称号。莲花村的女人们当时一说起孙学彪，犹如谈虎色变。后来一些村民吓唬孩子时，都习惯于这样讲：“再不听话，我就喊‘孙屠夫’来抓你!”2011年，我在忠县县城见到孙学彪的时候，他已经是一个已经七十岁的老人。我说明来意后，他并没有表现出拒绝的意思，反倒是表现出很想谈谈当时的事情的样子。下面是我（周）访谈孙学彪（孙）关于当时计生执行的方式手段的对话。

孙：真没办法，当时只能那样弄！农民都是认死理的，你给他讲政策、讲道理，真的是白费口舌，就算你把嘴皮子都说破了，也没人听你的。农民追求的就是多子多福、养儿防老，有他的道理。但国家也有国家的道理，国家是站在大局上思考问题、出台政策，农民就看不到这些，农民没这个大局观念。你给他讲正理，他就尽给你扯歪理。所以你不来点狠的，工作根本推动不走。而且上面也压得紧，层层是落实了任务和责任到人头的。当时叫“三定一包”。“三定”，就是定人、定点、定任务；“一包”，就是乡里干部承包各个村的计生任务，村干部承包各个生产小组的计生任务，党员骨干承包计生任务到具体人头。我们做不好工作、完不成任务，上面就要打我们的板子，搞不好工作都要出脱。

周：当时你们采取的基本上是强制性的做法，你们这样做不是要得罪很多人吗？而且都是乡里乡亲的。

---

① 欧阳竹筠：《计划生育的“历史阵痛”与刑事政策的渐进调整》，《法学》2012年第8期，第44页。

② 张凤阳：《任务型组织的生存逻辑——以计划生育委员会为例》，《中国行政管理》2015年第1期，第78页。

③ 李衍柱：《〈蛙〉：生命的文学奇葩》，《山东师范大学学报(人文社会科学版)》2011年第6期，第6页。

孙：肯定得罪人啊，你不是知道那些人都叫我孙屠夫吗？我不怕做恶人，总是要有人做恶人。没办法啊！一边是国家，一边是农民，你听谁的？你总得做出选择。国家的政策没有错，我现在也是这样认为的。这么大个国家，这么多人口，每一家多生一个，那多吓人啊！我们当时是替国家办事，我觉得我们也没有做错什么。方式方法是过火了一点，但那个时候只能这样整啊！而且我也是党员，党叫我们做啥，我能不做吗？

周：当时你们计生队用了很多“天棒”“混混”，有村民说这是恶人当道，你们当时是怎么考虑的呢？

孙：刚才你不是说做那种事情要得罪人吗？你叫一般的村民谁愿意来？没人愿意做这种工作，那就只好用那些“天棒”。当然，我们尽量会对他们有所管束，不能让他们完全乱来。

周：有村民说，你们这样做，很伤害老百姓的感情，也败坏了国家的形象，你怎么看？

孙：有这个问题。但那没办法，非常时期行非常之事，这是难免的。

周：你觉得农民最终理解和认同计生政策吗？

孙：没有！

周：据说你们通过计生罚款搞了很多钱，是这样吗？

孙：是罚了很多款，但不是属于计生站的，都要交到乡财政所，当然计生队外聘的人员你要给报酬，工作做得好的，你得发点儿奖金鼓励一下吧，有一部分收的罚款要用在这上面。而且当时乡里财政状况也吃紧，所以乡里有时也会拿这个钱去补亏空。

周：有村民说，计生队有人敲诈村民来聚财，有这样的事情吗？

孙：这种情况可能有，但不能说很普遍，应该是个别现象。

周：有村民讲，有些人通过找关系、塞钱等方式开假结扎证明，或逃避超生罚款，有这样的事情吗？

孙：这个我不好说，但我没做过这样的事情。我 1991 年就没在计生站工作了，后面的情况我就更不清楚了。

周：上级政府一般怎么考核你们的工作？

孙：一般是向上面交汇报材料，当然上面也会定期来检查，有时也会搞突然袭击，但比较少。

周：在应付上级检查中，会不会出现造假的情况？

孙：这个确实有，有时完不成指标，多多少少会在数据和材料上做点儿手脚。这比较普遍。说实话，有时候我们也有种“逼良为娼”的感觉，那没办法，那是体制的问题。其实上面的人也知道这种情况。

孙学彪所讲述的情况显示了当时政府行政运作的基本模式，即压力型体制。① 这种体制混合着革命逻辑、斗争思维时，其造成的后果更是灾难性的。如一些人以国家代言人自居，甚至自设道德高点，在执行国家政策时采取无所不用其极的手段，只讲所谓的“党性”，而不讲人性，只对上负责，对群众缺乏同情、缺乏尊重，不把人当人。特别是让“混混”进入体制内，更是败坏政府形象。在激烈的碰撞与冲突中，干群关系迅速恶化，基层干部的公众形象大大受损，基层政府合法性、公共权威迅速流失。②

在计划生育推进过程中，不仅国家与农民的关系受到伤害，同时村民之间的关系也受到影响。特别是村里的那些党员干部，往往夹在政府和村民之间，两头不是人。何新梅讲，她当莲花村计生主任时，得罪了不少村民。有的女村民咒骂她是不下蛋的母鸡，有的村民曾经半夜拿石头砸她家的窗子。由于身心俱疲，何新梅 1988 年终于撂挑子不干了，但至今还有一些村民不原谅她，视她为仇人。当时村干部一般不会出面去抓人，但他们必须及时向乡里汇报情况。何新梅说：“有时你想帮一些村民隐瞒，但又怕上面发现。而且你瞒了这个，那就还得瞒那个，那是瞒不完的。”何新梅还讲道，有的村干部就很聪明，在村民中他就顺着村民们说乡里的不是，但私下里却又悄悄给乡里报告村里的动向。还有一些村民出于个人私怨，有时也会自愿充当内线，向乡里告密。何新梅说：“这和‘文革’时期人们之间相互检举揭发是一样的。”这种检举揭发的要害在于：很多人不是出于公义，而是出于私欲或私心而充当告密者。其严重的负面后果是人与人之间失去信任、失去互爱。莫言说：“在不正常的社会里，是没有爱的，环境使人残酷无情。”③ 这也迫使我们必须思考一个问题，即在后革命时代，怎么尽快摆脱革命的

① 荣敬本、崔之元等：《从压力型体制向民主合作体制的转变——县乡两级政治体制改革》，中央编译出版社，1998，第 28 页。

② 田先红：《弃婴与收养：计划生育与村落生育文化的冲撞与耦合——对 1990 年代赣南农村计划生育政策运行逻辑的一项微观解读》，《青年研究》2012 年第 1 期，第 42 页。

③ 莫言：《恐惧与希望——演讲创作集》，海天出版社，2007，第 306 页。

暴力思维，怎么尽快消化掉革命的后果，改变“体制病，运动治”① 的困境。让我们真正“告别残酷的革命”②，重建国家与农民、政府与民众以及人与人之间的良好关系，真正实现社会的和谐。

三、“社会主义教育运动”

新中国成立以来，党和国家在农村开展了各种形式的社会主义教育运动。在改革开放以前，影响最大的是 20 世纪 60 年代初开始发起的社会主义教育运动（文后简称“社教运动”）。当时社教运动要解决的主要问题是农民的“资本主义自发倾向”以及农村中存在的“走资本主义道路”的“方向”③ 问题。把农民塑造成为社会主义新人，一直是党和国家及其主要领导者的诉求。特别是毛泽东，对于农村的社会主义性质可能被“修正”时刻保持高度的警惕。这些“修正”威胁既有来自经济领域的“私有化倾向”，也有来自人们头脑中的封建思想残余。因此，改造乡村社会的精神世界，就成为当时党和国家非常重要的政治目标。社教运动的一个重要目的就是要用社会主义理想和思想来统领村民的生产、生活以及精神。具体而言，可以归结为四个层面：一是在乡村社会树立起集体主义观念，消除私有观念和家族观念；二是用社会主义和阶级观念去改造血缘宗法伦理；三是破旧立新，移风易俗，树立起社会主义新风尚；四是用无神论取代封建迷信。④当然，随着阶级斗争为纲的突出，社教运动也就转变发展为更激烈的政治革命，那就是“文革”的爆发，可称之为暴力式的社会主义教育运动。

“文革”结束后，党和国家的工作中心转向经济建设。在农村就是通过实行土地的家庭承包责任制，鼓励农民发家致富，促进农村经济发展。莲花村的农民在土地下户后，整个心思都转向了如何发家致富上。那时，村里人最喜欢把邓小平的“猫论”挂在嘴边。现在看来，邓小平的“猫论”带来的影响得分两个方面看。好的方面是鼓励了农民的生产积极性，不好的方面是导致一些人为了发家致富不

① 郑谦：《农村社教运动的体制困境——研究农村社教运动的一个角度》，《中共党史研究》2015 年第 2 期，第 26 页。

② 许子东：《“‘文革’故事”与“后‘文革’故事”——关于莫言的长篇小说〈蛙〉》，《文学评论》2013 年第 1 期，第 100 页。

③ 郑谦：《农村社教运动的体制困境——研究农村社教运动的一个角度》，《中共党史研究》2015 年第 2 期，第 15 页。

④ 吴淼：《决裂——新农村的国家建构：江汉平原中兴镇的实践表达（1949—1978）》，中国社会科学出版社，2007，第 195 页。

讲良心、不讲道德底线。村民熊安仁说："我在这村里生活了几十年，总的感觉是生活好了，但人的精神出问题了，人的道德出问题了。"事实上，邓小平自己也较早地意识到社会转型过程中出现的价值失落、道德失范的问题，提出要"一手抓物质文明建设，一手抓精神文明建设"。1986 年党的十二届六中全会就专门通过了一个《关于社会主义精神文明建设指导方针的决议》，其中阐述了物质文明和精神文明的关系、精神文明建设的重要性。同时，80 年代出现的资产阶级自由化思潮以及 1989 年发生的"政治风波"，使党和国家意识到加强社会主义理想信念教育的必要性和重要性。1991 年 2 月，中共中央发布《关于在农村普遍开展社会主义思想教育的意见》，农村社会主义教育运动遂在全国普遍展开，运动持续到 1992 年结束。这次社教运动着力想解决三个问题，即用社会主义思想占领农村阵地；全面贯彻党在农村各项方针政策，引导农民沿着社会主义道路，建设富裕文明的新农村；加强村级党组织建设，充分发挥党支部的核心领导作用和党员的先锋模范作用①。

莲花村的社会主义教育运动持续了一年的时间。当时上面往村里派驻了一个五人工作小组，其主要任务是指导社教运动的开展。当时工作组内部就如何开展社教运动是有分歧的，一位年龄比较大的组员坚持要按照上面提供的社教资料来开展工作，明确目标是加强社会主义理想信念教育。另外一位组员认为，应注意农村社会中已经出现的道德滑坡的苗头，不能让农民实现了物质富裕，精神、道德却没有了。最后大家还是一致同意先做做调查研究，摸摸村里的情况再做决定。石宗全回忆起当时的情况，"工作组进村后，花了五天时间挨家挨户进行了走访调查，后来形成了一个调查报告"。调查报告归纳了莲花村存在的四大主要问题：一是农民社会主义理想信念淡化，一些封建思想回潮，包括一些党员干部也搞封建迷信；二是穷的面貌没有得到根本改观，个别村户还处于赤贫，可谓是家徒四壁；三是人们的思想观念混杂，有的人仍然持"变天"的说法，对一些地主、富农重新"翻身"耿耿于怀，所谓地主、富农的重新"翻身"，不过是因为他们当中发家致富的比较多，这是让那些以前以"穷光荣"自居的贫下中农在心里面很难接受的事实；四是土地下户后，村里确实也存在道德滑坡的现象，一些村民经常为一些私利互相争斗，乃至出现一方毒死另一方牲畜以图报复的恶性事件。此外，邻里之间的互动越来越物质化、功利化。

① 王东维：《三次农村社会主义教育及其启示》，《理论探索》2012 年第 2 期，第 23 页。

根据调查反映出来的问题，工作组统一了思想：一要加强对农民的社会主义理想信念教育；二要继续鼓励村民发家致富，批判那些“变天”的陈旧意识；三要提倡村民互助互爱，止住精神道德滑坡势头。随后，工作组利用标语、墙报、广播、开座谈会等形式，进行了为期近一年的教育宣传活动。在活动内容上，主要有这样几个方面：第一，生活对比，类似于集体时期的“忆苦思甜”，让农民通过纵向的生活比较，认识社会主义制度的优越性，坚定社会主义理想信念；第二，查摆村干部工作作风，着力改善干群关系；第三，学习党的政策文件，使农民坚定“发家致富”的念头；第四结合殡葬改革、计划生育、五好家庭评选，加强乡村精神文明建设。

我访谈的一些莲花村村民，普遍对这次社会主义教育运动缺乏深刻印象。村民石宗全说：“这次运动搞的时间不长，也没啥过火措施，但村民参与不积极，有些走过场。”村民石宗秀说：“因为计划生育搞得很过分，村民对国家有看法，所以对这次运动比较冷淡。”村民周成前说：“村民对这次社教运动不热心，唯一感兴趣的是工作组提出的帮助村民发家致富的一些举措。”村民冉宏林说：“这次社教运动对村民基本上没产生什么影响，可能时间短是一个原因，还有一个原因是村民只关心自己的实际利益，对那些理想信念之类的东西没兴趣关心。”

这次社教运动自始至终都是非常温和的，没有采取极端的推行方式，但实际效果并不好，农民似乎也不买账。造成这种情况的原因是什么呢？我认为还是长期的革命留下的后遗症。一方面，“无产阶级专政下继续革命”所带来的灾难性后果，客观上降低了社会主义的合法性和说服力，同时长期抽象的理想信念宣传及其向人们许下的空洞承诺与农民实际利益期望的不一致，使农民将那些理想信念视为脱离实际的形式主义的东西。另一方面，计划生育、殡葬改革中的革命暴力行为严重伤害了农民的感情，农民的一些基于文化习俗形成的观念（如多子多福、入土为安）被视为社会主义新思想的对立面，这些都影响了农民对社教运动的态度与参与。这也说明，党和国家要把农民彻底改造、培养成社会主义新人，除了要改变革命的逻辑和斗争的逻辑，同时不能处处站在传统的对立面，而应和传统握手言和，充分尊重农民的传统观念、传统习俗，不能一概以落后、封建而强力革除；即使要革除一些陋习，也应和平推进，留出让人们思考、适应、转变的时间，不能期望一蹴而就。

四、农民的政治心态与政治参与

传统时期，自给自足的小农经济、社会等级体制，使处于社会最底层的农民没有机会也无意愿参与政治，因而表现出对政治的隔离与冷漠心态。

1949 年新中国成立到 1976 年“文革”结束，这一个历史时期是中国农民政治心态最为积极、亢奋、复杂，政治参与最为频繁的时期。这个时期又可以分为几个小的阶段。第一个阶段为 1949—1958 年。通过党的卓有成效的政治动员，特别是通过土改运动，农民的政治意识得以萌生而增强。广大底层农民从社会边缘地位进入到核心地位，这主要是通过阶级成分划分实现的；同时，分田地使底层农民获得实实在在的物质利益。因此，这个阶段的农民具有真正的“做国家主人”的感觉，其人格尊严、权益都得到了极大的尊重，从而表现出极高的政治参与热情和政治认同。第二个阶段为 1959—1965 年。这个阶段，通过统购统销政策、集体化、人民公社制度、城乡户籍隔离制度，革命的承诺被回收，农民的权益遭受损害，农民继续享受着政治声誉上的“主人”地位，但同时沦为集体或国家的依附阶层，并成为国家意志和利益的工具，乡村自有的逻辑和利益被“他者化”①。在这一个阶段，农民的政治心态出现了微妙的变化，抱怨、说怪话、发牢骚的多了，因此政治参与的积极性开始趋弱。第三个阶段为 1966—1976 年。这个阶段，由于政治斗争成为全民生活的主轴，农民也被卷入到一场疯狂的革命运动中来。农民在最初也表现出一种变异的狂热与亢奋，但持续的时间并不长。由于农民的实际生活长期处于赤贫状态，这显然背离了党改造农村和农民的初衷，也背离了农民对美好生活的价值追求。② 因此农民普遍表现出了对政治参与的消极厌倦心态，其政治认同也急剧降低，农民的“国家主人”感也降到了最低点。

1976 年，“文革”结束，这标志着革命时代的结束，中国社会开始进入后革命时代。后革命时代以农村家庭联产承包责任制为开端。其实质是党和国家为挽回“民心”、顺应“民心”，在保留“集体产权”壳的前提下，将土地权益还给农民。在这个阶段，农民胸中又萌生出了“主人”感。但这个“主人”感不是“国家主

① 吴淼：《嵌入大历史的小村庄——读〈产权与政治：国家、集体与农民关系视角下的村庄经验〉》，《社会主义研究》2007 年第 3 期，第 146 页。

② 米华：《当代农民政治性格变迁之考察——以湖南省溆浦县桐木坨村农民为例》，《马克思主义与现实》2005 年第 3 期，第 130 页。

人”感，而是“土地主人”感。家庭承包责任制在一定意义上使农民又回复到自然小农状态。自家的小块土地和物质利益再次成为农民关注的焦点，其政治心态又回复到对国家前途、村庄公共利益、公共事务漠不关心的状态。当然，即使在集体公社时期，由于农民在集体中不过是挣工分的谋生者，所以也没有培养起真正的集体意识，因此一直呈现出公与私的对立紧张关系。下面是2010年我（周）访谈村民何顺国（何）时关于这个问题的对话。

周：集体公社时期，对村（队）的集体财产，村民爱不爱护？

何：有专人负责的东西一般都很爱护，因为谁用谁保管。但是对公共的，就不爱护了。比如说，以前队里晒麦子的时候突然下雨了，队长赶紧吹哨集合社员收麦子，但是社员们还是该干什么还干什么，慢慢悠悠地过去收拾时，麦子都被淋湿了。现在要是谁家晒麦子，看见天一阴就赶紧收了，都是各管各的了。

周：集体公社时期村民有没有偷队里的东西的？

何：一般的东西不偷，偷了也没有用。吃的东西偷得多，因为人们都吃不饱。后来队里发现了也不说，但是后来偷得多了，所以队里就设立了巡工，下工的时候专门站在地头看管，挨个搜身，搜到了就让掏出来，有时候要反复几遍。这是个得罪人的活儿。

周：集体公社时期，要求人们要“大公无私”，人们那时一般怎么看这个问题？现在人们怎么看这个“公心”和“私心”的问题？为什么？

周：那个时候总是什么都讲要先顾公家，私人的事情得让着公家，但是那也只是个口号，村里人连吃都吃不饱，还顾着公家？总是想办法先吃饱。现在都是“私”的了，毛主席社会把资本主义的尾巴割了，现在呢？虽然不说走资本主义了，但是资本主义道路就形成了，什么都成私的了。现在人都是给自己捞利益，丝毫没有“公家”的概念了，什么都是钱说话，干什么都是要付钱的。

周：土地下户以后，村里的集体性质的事情还多不多？主要有哪些类型？人们的参与情况怎样？有怎样的看法？村里一般是怎么组织、动员这些集体性质的活动的？现在的情况怎样？

何：土地下户以后啊，村里只是收公粮了，主要的集体劳动就是咱们的电灌，因为要浇地了，就得先掏水渠，村里就在大队的喇叭里吩咐各队里人去掏渠去了，主要是干这个活，后来电灌被承包给村里个人了，去掏渠的人也就少了，后来干脆也没有人去了，承包电灌的那几个人只有雇人去掏渠，还得给人家付钱。因为电灌不属于村里的了，成了私人的了，村里人也就不去参加义务劳动了。现在基本没什么集体义务劳动了，地成了个人的了，什么都成了个人的了。农业税免了后，村里人也不用怕收税了，也就不怕村里那些领导了，集体的义务性的劳动也没有了。

周：土地下户以后，一些集体的公共设施、公共事务怎么处理？这个时期村里主要的公共事务有哪些？人们一般怎么看待这些问题？在具体的行为上又是如何？

何：村里的公共事务其实也没有什么，就是村里道路的卫生清扫啊，以前电灌掏水渠啊，还有村里的治安啊，就这些小事，以前在毛主席社会，这些事都有人专人负责，路上什么时候都是干干净净的，治保主任就管了，谁敢乱扔乱倒？土地下户以后啊，村里的干部就是负责收点公粮，村里还有点收入，还有人管管，现在公粮也没有了，电灌也承包出去了，村里只有村民盖房子的时候收点钱，村里的公共的事情早就没人管了。你看现在村里道路上到处是垃圾，路都没法走了，连咱们村委办公的那个院子里都被倒满了垃圾，村委没办法，也没人管了，也管不着。还有就是村里的治安，在生产队里的时候，治安好，社员家里基本没有被偷过；但是现在，你看看，这儿被偷啦，那儿被抢啦，咱们村里以前丢的牛不下80头，有的人家被偷了好几次了。以前还有治保主任、有民兵连，现在也有治保主任，但是却不管事了。

事实上，关注个人利益、关注“私”是农民的自然心理。农民对于公共利益的关注一定是建立在与自己的个人利益密切相关的基础上。或者说，只有当农民的个人利益和权利得到充分满足和尊重的前提下，农民才会真正关注起公共利益。这也是建国初期农民政治参与热情高、国家认同高、集体意识强的重要原因。在集体公社时期，极端化的“一大二公”造成对农民私人权益的损害，高度集体化的体制也严重束缚、阻碍了农民的其他谋生选择，农民难以树立起真正的“公”的意识，而只能被动形成“公”的意识，其政治参与的主动性、积极性也自然减弱。在整个集体时期，不断的革命运动不但没有兑现对于农民的美好承诺，“大公”没实现，反而是农民对于“私利”的合理追求被当作了革命的对象，造成农民权益被全面剥夺和伤害。所以集体体制解体后，农民有很强的补偿心态，曾有的一点集体观念很快消失，代之的是对个人私利的报复性的追求。集体体制的退出，使集体日益“空壳化”，村集体能够控制的与农民利益直接相关的资源日益减少，村干部整天忙于应付事务性工作。当农民摆脱了村集体的束缚，而且又不能从村集体获得多少实际利益的时候，其参与村庄公共事务的需要和动力就没有了。同时，“集体”日益“空壳化”①，也使农民失去了进行公共参与的组织平台，农民的个人化、离散性增强，所以对与自己利益没有直接相关的公共事务，不愿意去做；而即使与自己利益相关，也抱着投机心态，希望其他人去做，自己搭便车、占便宜，表现出极强的自私心理。

为了改变后革命时代农村基层政治乏力和农民政治参与消极状态，以及为了保持国家权力在农村社会的继续存在，党和国家主要从两个方面进行了着力。一是延续革命时代的政治运动逻辑，通过一系列专项活动如“严打”“计划生育”“社会主义教育运动”“殡葬改革”等来实现国家权力在乡村社会的再生产，并强化国家在改造、教育农民中的主导作用。运动式的政治治理虽然使国家权力实现了权威性，但其合法性却受到了削弱，客观上加大了农民与国家的紧张关系。二是国家尝试通过农村基层政权建设推动农民的政治参与，以改变其冷漠消极的政治心态。这里的关键举措即为村民自治。“村民自治”的提法始见于1982年《宪法》第一百一十一条，规定“村民委员会是基层群众自治性组织”。到20世纪90年代，村民自治的核心内涵逐步形成并明确下来，即民主选举、民主决策、民主管理、民主监督，也就是所谓的“四个民主”。由此，村民自治开始在全国范围内推进，直选、海选等选举政治在农村兴起。

村民自治的提出，除了上述背景之外，还有一个重要的时代背景，即中国城市化、工业化、市场化的快速发展，给农村经济社会发展带来了巨大的挑战。与此同时，国家的整个政策重心和工作中心已经转移到城市，事实上已经无暇顾及农村。于是国家在继续提取农村剩余的同时，又寄望于农村经济的自我发展、壮大，同时通过基层政权建设改变农村社会日益离散化的状态。总之，党和国家就是希望通过村民自治，让农民自己组织起来，以集体力量应对市场挑战，同时稳定农村社会。

然而，纵观村民自治近30年的实践历史，我们很难说它是失败的，但也很难

① 吴淼：《嵌入大历史的小村庄——读〈产权与政治：国家、集体与农民关系视角下的村庄经验〉》，《社会主义研究》2007年第3期，第146页。

说它是非常成功的。对于村民自治，缠绕纠葛其中的有太多的复杂因素。这些也极大地影响和改变着农民的政治心态与实际的政治参与行为。我们这里试着从以下几个方面进行具体分析。

第一，革命逻辑与民主逻辑的交织。在中国社会进入后革命时代以后，历史的惯性使革命逻辑并未完全退出乡村社会，这使乡村政治仍然保留革命时代的一些运作方式与手段。最典型的就是运动式治理①，即针对政府治理中遇到的重大和棘手问题而开展的一种突击性运动②。虽然运动治理与政治运动在性质上已经发生了许多变化，但二者在逻辑上具有一致之处。前面我们谈到的“严打”“计划生育”“殡葬改革”就是典型的运动式治理。运动式治理强调利益与目标的一致性，也强调行动的一致性。但在现实生活中，利益往往呈现出的是多元化的状态。因此，追求所谓的一致的利益往往是以牺牲多元利益为代价的。同时，运动式治理往往使国家意志、集体意志凌驾于个人意志之上，强调牺牲“小我”成全“大我”，强调国家责任、集体责任重于个人权利。如计划生育运动就是以“国家前途，民族未来”的意志凌驾于个体民众意志之上，以国家、民族整体发展权利牺牲个体民众的生育权利。运动式治理往往秉持“非常时期行非常之事”的理念，习惯于采取革命式的强力手段，这又往往以牺牲人权、法治、制度为代价。特别是其具有的反民主、反法治的特征，容易偏离公共治理本质。③ 运动式治理对一致性、一元化的强调，实质是一种权威式的治理，主张权力的集中而非共享，具有浓厚的人治色彩。④ 运动式治理使人们的革命暴力心理长期难以消除，也使人们难以形成对规范、法律的真正尊重与内化。这是相当长一个时期，农民习惯于暴力抗争而非依法抗争的重要原因。同时，在压力型的官僚体制下，运动式治理往往以完成上级任务和目标为基本动力，这就使得其往往成为一种形式的躯壳，“形式主义、不敢说真话、欺上瞒下等不良风气”⑤ 由此滋生。改革开放以来，大

① 狄金华：《通过运动进行治理：乡镇基层政权的治理策略——对中国中部地区麦乡“植树造林”中心工作的个案研究》，《社会》2010 年第 3 期，第 102 页。

② 叶敏：《从政治运动到运动式治理——改革前后的动员政治及其理论解读》，《华中科技大学学报(社会科学版)》2013 年第 2 期，第 77 页。

③ 吕承文：《我国运动治理的内涵、特征及发展方向》，《管理学刊》2012 年第 5 期，第 89 页。

④ 张成福：《政治运动：作为一种社会管理方式的逻辑及其困境》，《公共行政评论》2012 年第 1 期，第 23 页。

⑤ 朱中人：《告别政治运动——纪念邓小平诞辰 100 周年》，《宁波党校学报》2004 年第 3 期，第 6 页。

量农村问题呈现出复杂性，运动式治理难以为继，也无法根本解决农村公共问题。以民主为核心的村民自治，具有和运动式治理不同的逻辑与立场。首先，村民自治改变了长期以来的高高在上的国家立场和国家意志，更多注重了村民个体的立场和意志。这样，村民在乡村政治中获得了主体地位，而不同于集体公社时期依附于集体的客体地位。这有助于农民独立人格和公民意识的形成。其次，村民自治的政治运作以民主和法治为基础，有助于农民规范意识、制度意识、法律意识的形成，对于消除农民长期习染的以暴力追求公义的革命思维具有非常重要的意义。再次，村民自治强调以与村民切身利益紧密相关的公共问题作为政治运作目标对象，是一种眼睛朝下的治理体制，不仅可以有效避免形式主义，而且可以真正解决实际问题，增进村民权益。当然，前面所讲，乃就理论而言，应是如此而且也可以如此。但在实际的实践中，革命逻辑、运动治理逻辑则不断影响、干扰村民自治的实行，导致村民自治不能发挥其应有的功能。

第二，行政逻辑与自治逻辑的交织。理论上讲，村民自治为农民参与村庄政治提供了现实可能性。但实际的情况是，村民的政治热情和政治参与并没有得到实质性的提升。事实上，在莲花村，很多村民都经历过 20 世纪 50 年代的民主选举和政治参与，头脑里或多或少具有一些民主的观念，对于村民自治强调的民主选举、民主决策、民主管理、民主监督并不陌生，而且从内心来说是认同的。莲花村在 90 年代正式推行村民自治的时候，村民们也曾认真参与选举，对村民自治寄予了较多的期望。但村民们很快发现，他们选出来的村干部并没有把大部分时间和精力用来解决与村民利益直接相关的问题，而是陷入大量自上而下布置下来的行政性事务中。这就是徐勇所谓的“行政抑制自治”，在 90 年代，仅国家法律赋予村委会法定的行政职能就达 100 多项，由此导致村委会的“行政化”。①

在后革命时代，农村的社会生活并没有脱离国家政权的控制，反而在某些领域国家有了更深的进入，如前述的“计划生育”“殡葬改革”。这些国家的“大事”极大地压制了农民的“小事”。村干部疲于应付国家“大事”，而村民又不关心；村民关注的“小事”，国家与村干部也无暇顾及。而且，国家“大事”往往会伤害村民的“小事”，损害村民的权益。这就导致村民不但难以进行真正的自治政治参与，反而与国家、村干部形成对抗，导致关系紧张，甚至引发抗争。80 年代到 90

① 徐勇、赵德健：《找回自治：对村民自治有效实现形式的探索》，《华中师范大学学报（人文社会科学版）》2014 年第 4 期，第 5 页。

年代末期，村干部主要做的事情被形象地概括为“催粮催款，刮宫引产，抬死人脚杆，灭鼠打犬”。曾任莲花村村委会副主任的何顺强说，在还征收农业税的时期，各种税费名目繁多，一般统称“三提五统”①，那时村干部几乎天天都在找农民收钱，年年收，年年都收不齐，农民闹，干部也觉得闹心；另外，村干部还要忙计划生育、土葬改火葬等事务，村民非常反感，时常有冲突，干群关系有时相当紧张、对立，工作很不好做。最让村民反感的还有村里的“天棒”“混混”进入村庄政治。这是当时村干部为了应对一些棘手事务，采取的所谓“以恶制恶”的办法。何顺强谈到，隔邻的芭蕉村当时就是这样做的，村干部把村里的一些“天棒”或“二杆子”（特指忠县当地那些游手好闲、不务正业、好吃懒做、偷鸡摸狗、打架斗殴的人）组织起来，成立了一个催款队。这些以前最被人瞧不起的“二杆子”，一下子威风起来了，他们做事狠、毒、辣，不留情面，所到之处，没有催不来款的，因此深得村干部信赖。这些人有时竟破天荒成了村里人巴结讨好的对象。村里人私下里痛骂邪不压正、“官匪一气”。当然，对于村干部来说，他们也觉得委屈，“做夹心饼干的滋味不好受”。何顺强说：“现在的农民有个什么事就喜欢闹，只顾自己的利益，可以说已经没有一点集体观念，有时简直扯横经（忠县当地土话，蛮横无理的意思），你没法跟他讲道理，简直像‘刁民’。”2006年，国家取消农业税，农村进入后税费时代。但全能型的压力型体制依然存在，很多“硬任务”没有了，但各种“软指标”又越来越“硬化”了。这就使得村庄政治还是继续遵循着行政逻辑而非自治逻辑进行运转。有时为了完成大量的行政性事务，乡村基层政权还会采取运动政治，形成“行政吸纳运动”② 的治理方式。由上述状况，我们可以看到，当村庄政治不能围绕村庄事务为中心进行运作，村民自治就不可能真正实现，村民的政治热情与政治参与就无法有效激发与提升。这里的实质是国家权力对农民权利的忽视，国家意志对农民意志的压制。

第三，传统逻辑与现代逻辑的交织。近现代以来，国家政权逐步进入乡村社

① “三提五统”即农业税时期的村级三项提留和五项乡统筹。村提留是村级集体经济组织按规定从农民生产收入中提取的用于村一级维持或扩大再生产、兴办公益事业和日常管理开支费用的总称。包括三项，即公积金、公益金和管理费。乡统筹费，是指乡（镇）依法向所属单位（包括乡镇、村办企业、联户企业）和农户收取的，用于乡村两级办学（即农村教育事业费附加）、计划生育、优抚、民兵训练、修建乡村道路、灭钉螺等民办公助事业的款项。

② 狄金华：《通过运动进行治理：乡镇基层政权的治理策略——对中国中部地区麦乡“植树造林”中心工作的个案研究》，《社会》2010年第3期，第103页。

会，揭开了乡村政治的现代化进程。在这一过程中，传统逻辑并没有完全退出乡村生活领域，而是表现为传统与现代因素之间经历了一场冲突、替代和纠葛、融通复杂历史过程的结果①。

在革命时代的乡村政治中，传统虽然遭受全面的冲击与摧毁，然而传统并没有因此被清洗、扫荡干净。传统与现代呈现出时而格格不入、时而又相安无事的状态。如革命政治虽然力图打破乡村血缘关系与地缘关系，但基于血缘和地缘的传统伦理依然悄无声息地浸染着革命政治。正如学者指出："尽管共产党努力提高他们的生活水平，适应和转变农民的价值观和社会关系，但中国农民（包括党员在内）继续保持他们自己的传统和习惯。"②当然，在对传统进行革命的过程中，现代逻辑开始主导乡村政治。如民主选举政治代替了传统的乡绅政治或长老政治；现代性政治组织如乡村党的组织、乡村政权、共青团、妇女组织开始代替宗族、家族等传统社会组织。③ 不过，国家实行的全能主义政治模式又具有传统宗族政治、家长政治、长老政治的特点，二者具有相似的逻辑。

改革开放以来，革命政治虽然退出历史舞台，但全能主义政治模式保留下来了，同时村庄的一些传统也开始复兴，这就使得以村民自治为主的乡村政治同时受到这样几个逻辑的制约：一是以民主为主要内涵的自治逻辑，二是混融传统与现代因素的全能主义政治逻辑，三是现代革命逻辑，四是传统逻辑。前面已经对革命逻辑、全能主义政治逻辑（主要表现为压力型行政体制）有所分析讨论，这里重点讨论传统逻辑对村民自治的冲击与影响。

传统乡土社会主要依靠千百年流传下来的礼俗进行治理。礼俗来自人们日常共同生活，基于血缘、地缘而产生。④ 传统乡村政治即遵循礼俗进行治理。即使在追求现代民主的村庄自治政治中，脸面、人情、报等传统因素仍然在其中发挥着重要的作用。谈到村民对于选举村干部的标准时，莲花村村民石宗全说："村民选村干部，一般会考虑这样几个方面：一是彼此关系，村民一般会选沾亲带故的

---

① 王先明、常书红：《传统与现代的交错、纠葛与重构——20世纪前期中国乡村权力体制的历史变迁》，载复旦大学历史学系、复旦大学中外现代化进程研究中心编《近代中国的乡村社会》，上海古籍出版社，2005，第68页。

② 〔美〕弗里曼、毕克伟、赛尔登：《中国乡村，社会主义国家》，陶鹤山译，社会科学文献出版社，2002，导言第3页。

③ 何朝银：《革命与血缘、地缘：乡村社会变迁研究（1949—1965）——以江西省石城县为个案》，博士学位论文，福建师范大学社会历史学院（社会发展学院），2008，第102页。

④ 徐勇：《乡村治理与中国政治》，中国社会科学出版社，2003，第203页。

人，因为毕竟是自家人，而且自家人当选后自己也可能得到某些方便；二是在村里的威望和地位，办事有能力；三是处事公道，不能有太多私心，愿意为村民办事。”虽然公道、公正也是传统乡村政治的基本诉求，但同时由于基于血缘关系形成的差序格局，使得所谓的公道与公正在事实上不可能全面实现。受传统伦理影响、制约的当代乡村政治，也摆脱不了差序格局的政治运作逻辑。这就使得村庄政治不可能完全按照正式制度逻辑运行，而是更多地遵循着传统的人情关系等非正式制度逻辑来运行的。和村干部关系近的人，会得到更多的照顾和利益，反之则可能获得较少的照顾与利益。村民何天瑞说：“九九年黎才文当村主任的时候，他就尽是照顾自家的亲戚和与他关系走得近的人。国家给的贫困补贴，他弟弟每年都会得到，有很多比他弟弟家困难得多的都没有。村里有个鱼塘，他私自就承包给和他关系近的熊德平了，听说承包费很低，完全是象征性的。”黎才文是村民民主选举出来的，但他实行的不是民主政治，而是传统的“家长政治”，很多村民对他当村主任的那几年相当不满，有村民说：“那个时候，整个莲花村好像都是他家的一样，他想怎样就怎样。”有的村民想把黎才文搞下台，但黎才文是个很精明的人，他对支持自己的村民施以了很多小恩小惠，所以他也有一帮支持者。据村民讲，黎才文经常公开讲的一句话就是：“谁对我好，我就对谁好！”后来，村里换届选举的时候，村里另一个能人彭德林将黎才文的反对者团结起来，并承诺当选后会给他们更多照顾，同时还派人通过送烟、送钱的方式去瓦解黎才文的支持者，让他们转而支持自己。彭德林“扳倒”黎才文，成功当选村主任后，治理村庄的基本逻辑与黎才文没有根本区别。只是村民普遍认为他私心要少些，比黎才文要公道一些，而且还做了一些实事。不过，他对黎才文的那些铁杆支持者也没有手下留情，除了打压他们之外，也基本上不会给他们特别的照顾与好处。

我们从莲花村的情况可以看到一个现象：传统的人情关系这些非正式制度逻辑渗透到正式制度之中，替代正式制度，主导着村庄政治的运作，所谓的村民自治成为人情政治、家长政治。在这里，所谓的民主选举、民主决策、民主管理、民主监督的现代正式制度逻辑不能有效发挥作用，民主治理不能彰显，反而退化为人治。这正印证了张乐天说的一段话：“传统的村落社会犹如一个具有强大吸纳力的‘循环的陷阱’。……一切进步的因素一旦进入村落，就被强大的的传统势力所化解。尽管村落也在缓慢地发生变化，但是，村落的性质未变，村落依然沿着传统的轨迹再生。”①

第四，城市逻辑与乡村逻辑的交织。20 世纪 90 年代以来，随着城市化、工业化、市场化的快速推进，乡村社会遭受到全面性的冲击和挤压。城市拥有的更为广阔的就业空间、谋生选择、公共资源以及城市社会的生活方式、价值观等都对农民产生了极大的推拉效应。像莲花村这样的山区农村，由于所在的地区城市化和工业化水平低，本就不发达的内部市场受到外部市场的强烈挤压，导致创业、就业的资源和机会很少，农民无法从中获得更多的谋生选择，因此只能大量往城市化和工业化水平高的沿海地区流动。在这个过程，城市逻辑开始替代或冲击乡村逻辑，进而主导着农民的行为选择与乡村政治。

这里讲的城市逻辑有这样几个方面的含义：一是指城市的经济、政治、文化对整个社会的主导、引领作用，其实质是城市由于集中了资本、资源和市场，因而能提供给人们更多的就业机会、发展机会，所以城市逻辑也是资本逻辑、资源逻辑、市场逻辑；二是指国家政策的城市偏向，形成城市对乡村的挤压与吸纳。

在莲花村，村民们越来越感觉待在村里没有什么前途，所以开始纷纷外出打工。当村庄缺少可以去努力争取的资源和利益，而人又开始大量流动的时候，村庄政治就更难以有效地运转，村民也就更无心参与村庄政治。村民何新炳说，到 90 年代末期以后，“莲花村的村干部选举就很难进行了，在外打工的村民基本上都不愿意回来参加选举”，在他们看来，谁当干部，跟他们“没有球相干”，总之都觉得无所谓。因此，后来村干部就由乡里指定，然后走一个选举的程序，让那些留守村里的村民在指定的人选名字上画个圈圈就完事。曾担任过莲花村委副主任的何顺国说：“我们那样的农村，当个村干部没什么‘油水’，而且当得也遭罪，事务性的任务多，很繁杂。”所以他后来干脆辞了那个“副主任”，也到外面打工去了。不过，对还待在莲花村的人来说，当个干部还是有好处的，明里一个月有个两三百块钱，暗里也可以搞到一些钱。村民石宗渝就讲到一件事情，九九年川东油气公司探井队在大岭发现了天然气，后来正式开采，修天然气输送管道经过莲花时，占了些地，村主任黎才文负责与油气公司谈判补偿事宜，村里人说这里面是有猫腻的，黎才文是拿了油气公司的好处费的，听说还是他老婆说漏嘴泄出了这消息。一些村民也讲道，上面拨给村里的扶贫资金，账目也不清楚，村务公开栏里虽然也公示了，但没几个人相信这个。村民内心有一个顽固的看法：不沾

① 张乐天：《告别理想：人民公社制度研究》，上海人民出版社，2005，绪论第 2 页。

腥的猫是没有的，不贪点儿钱的干部也是没有的。

2000年以后，莲花村的村民自治政治基本上就处于一种“有名无实”的状态。决定村庄政治的三个最基本的要素是人、公共利益、资源，而这三者在莲花村都极度匮乏或在急剧流失。这就形成了村庄的“空心化”导致的村庄政治的“空心化”。有学者认为，农村空心化是指“城乡转型发展进程中农村人口非农化引起‘人走屋空’，以及宅基地普遍‘建新不拆旧’，新建住宅向外围扩展，导致村庄用地规模扩大、原宅基地闲置废弃加剧的一种不良演化过程”。① 不过，空心化显然不仅仅是地理意义上的，它也表现在村庄社会的各个领域：生产领域表现为农民与农业的分离，生产主体高龄化；分配领域表现为公共产品供给缺位；制度领域表现为认同感弱化。② 也有学者特别谈到乡村基层政权“空心化”③ 程度堪忧。空心化的实质是城市对农村、外部市场对农村内部市场的挤压，造成农村资源不断被解构和汲取。留守村民何新炳说：“2006年农业税取消后，国家很多惠农资金、贫困补贴进入到村庄的还是不少，这些钱怎么用，哪些人享受，基本上就那几个干部说了算，大部分村民在外打工，也没人监督他们，所以现在当个干部还是很实惠的。看起他们没几个工资钱，可他们手中的权力可以捞到不少利益啊！谁说不想当官，那是说假话。村干部的权力大得很，好多事情都是他们一手包办，做完了，我们就听他们宣布结果。”

为了解决农村经济社会发展乏力甚至出现空心化的三农问题，党和国家在战略层面适时提出了新农村建设、工业反哺农业、城乡统筹等举措与理念。这对农村政治也产生了重大的影响。其中最关键的是大量资金、公共产品、公共服务开始进入村庄。这就是所谓的“项目下乡”“资本下乡”“部门下乡”“服务下乡”等各种名目的“下乡”。这些下乡的部门、企业、组织或多或少、或深或浅都参与到了村庄的政治运作中。在有的地方，这些下乡资源、部门、组织对村庄政治产生了积极的促进效应，客观上促成了村庄政治多元治理格局的形成，突破了村庄自治的治理瓶颈，代表了未来乡村政治的发展方向。但在更多的地方，由于资本逻

---

① 刘彦随、刘玉、翟荣新：《中国农村空心化的地理学研究与整治实践》，《地理学报》2009年第10期，第1193页。

② 张亚鹏：《农村空心化的生成逻辑与应对策略——以华北庄村为例》，《山西农业大学学报（社会科学版）》2016年第6期，第407页。

③ 刘杰：《乡村社会“空心化”：成因、特质及社会风险——以J省延边朝鲜族自治州为例》，《人口学刊》2014年第3期，第89页。

辑、部门利益逻辑、村庄人情逻辑、村干部自利逻辑、压力型体制逻辑的联合作用，导致村庄政治出现新的异化。如一些下乡资本、部门与村委会、少数精英农户合作，形成对村庄小农的排挤，使多数小农被“客体化”和边缘化。[①] 由此造成村庄社会阶层的分化乃至新的对立。而在莲花村这样的空心化村庄，各种“下乡”进村后却找不到人，对于那些在外打工的莲花人来说，并没有多少足够的理由吸引他们返回村庄，很多村民连村庄的老房子都拆了，而是在忠县县城买了房子，他们已经很少再回村里。所以，各种“下乡”“反哺”对莲花村是失效的，大多村民也是无感的，村庄政治由此也陷入空心化。

上述四对逻辑的综合作用，形成了以村民自治为核心的村庄政治的现实面貌以及诸多复杂的问题与矛盾。我们这里可以总结出如下几点。

第一，在很多农村地区的村庄政治中，没有多少是农民自己真正能做主的事情，农民手中能真正拥有并发挥作用的权利也是非常有限的。特别是在 20 世纪八九十年代，国家在提倡民主的同时，仍然延续着非民主的革命运动治理方式，如计划生育、殡葬改革。让国家意志凌驾于个人意志之上，国家利益剥夺个人利益，农民权利受损，而且无法进行自我保护。从长远来说，真正向农民赋权应该成为未来村庄政治健康发展的基础。

第二，当农村的公共产品供给有限时，农民的政治参与就没有着力点，反而是税费、计划生育、殡葬改革等将农民推入了反抗性政治参与的轨道。同时，集体产权的模糊性，也使农民缺乏维护、关注集体利益、公共事务的动力。特别是在中西部内陆农村地区，最重要的资源土地价值也不高。但在城郊地区，在征地拆迁运动中孕育出了维权政治、抗争政治，但这一切对于莲花村这样的偏远山区农村而言，基本上不会产生与土地有关的维权政治和抗争政治，因为在这里土地不值钱、没效益，农民弃之如履，大量村民离开了村庄，村庄没有政治。因为，有人、有资源、有利益才会产生政治。因此，国家在农村特别是广大中西部应该有退有进，继续汲取农村剩余、农村资源的“手”应该退出，企图控制、干预农民生活的“手”应该退出，但公共产品、公共服务以及其他公共资源提供的“手”要进入农村，为农民提供基本社会保障、维护农民生存安全感的“手”要进入，让农民免受市场、资本压榨剥削、真正让社会主义惠及农民的“手”要更深入地

① 温铁军：《部门和资本“下乡”与农民专业合作经济组织的发展》，《经济理论与经济管理》2009 年第 7 期，第 5 页。

进入。特别是社会主义（核心内涵就是公平正义），应该继续成为村庄政治的灵魂。①

第三，传统的人情法则为核心的传统非正式制度逻辑替代正式制度逻辑主导了村庄政治的运作，结果导致村民自治的民主治理失效，反而退回人治状态，村民自治政治异化为人情政治、权威政治、家长政治。中国社会目前面临的一个很大的问题就是正式制度面对非正式制度的冲击无力抵御。这就导致人们的行为乃至政府的行为不能在正式制度框架内进行，而是大量在非正式制度框架内进行。其造成的危害就是公平正义无以彰显，在政治上表现为破坏正式制度，暗箱操作，拉帮结派、贪污腐败。因此，鼎新革故农民的负面传统文化心理，改变政治上的依附性参与、人情参与，对于村庄政治的健康发展至关重要。就这一点而言，针对全社会的新的启蒙是必要的。

第四，乡村社会建设乏力，出现乡村公共性危机，导致村庄政治缺乏坚实的基础。改革开放以来，农民物质生活确有显著改善，但乡村社会的离散性、流动性进一步增强，村庄原子化趋势突出，国家在公共领域中不当的“退出”和“进入”，造成村庄整合度下降，农民之间横向联结匮乏，应对市场乏力，又缺乏政府的有力支持，由此出现公共性危机。因此，“公共性”构建对于当前农村社会的重要性不言而喻的，是“促成当代‘社会团结’的重要机制，……还是形塑现代国家与民众间良性相倚、互为监督新格局的重要条件”②。村庄政治的未来走向应是：以村庄内生自治能力的开发、提升为中心，将更多的外部支持性力量引入村庄，形成自治与他治的互动。也就是形成村两委、家族组织、政府、企业以及其他社会组织“共生合作，多元治理”的村庄政治局面，而且“公”与“私”之间，“大公”与“小公”之间，既协作互补，又具有各自独立的运行边界。③

第五，农民普遍存在政治冷漠和政治参与低的状况。其实质是他们感受不到与他们切身相关的“真正利益”的存在，不明了那些遥远的政治问题如何与他们

---

① 申端锋:《治权与维权:和平乡农民上访与乡村治理 1978—2008》,博士学位论文,华中科技大学社会学院,2009,第 364—366 页。

② 李友梅、肖瑛、黄晓春:《当代中国社会建设的公共性困境及其超越》,《中国社会科学》2012 年第 4 期,第 126 页。

③ 吕方:《再造乡土团结:农村社会组织发展与“新公共性”》,《南开学报(哲学社会科学版)》2013 年第 3 期,第 138 页。

的切身利益有关和有什么样的关系。① 同时，农民的政治冷漠不仅是其无觉悟的表现，而且也是政治态度与立场的体现。事实上，当代农民身上的政治能量已经快速积累，并且正在寻找释放渠道。把握不好这种能量的释放渠道，或者不能引导这种能量的良性释放，将导致社会灾难。因此，试图把农民与国家政治做出间隔的想法更是危险的。② 目前，不能在既有制度内参与政治的农民采取非制度化参与的现象日益普遍、突出，其表现形式主要有行贿、越级上访（不违法，只是不合程序）、打击报复、暴力对抗、暴力围攻等。③ 造成此种现象的根本原因是农民权益遭受公权力伤害，又找不到有效的渠道来表达他们的利益诉求和讨回属于他们的权益。这充分说明农民实质的政治权利的虚弱性。这种虚弱性导致农民在遭受利益伤害时，有一种强烈的被剥夺感、被歧视感、被抛弃感和挫折感④，从而采取极端的抗争方式，由此形成所谓的抗争政治。这种非制度化参与的抗争政治不仅给农民带来经济上的代价、法律和政治上的风险，也严重影响农村乃至整个社会的政治稳定。⑤ 因此，给农民以宪法关怀，切实保障农民的权利，建立有效的利益表达、维护渠道与机制，“让他们在更广的范围对更重大的事情能够表达自己的意见”⑥，这是改变农民政治冷漠以及非制度化参与的关键。

---

① 郭倩倩、秦龙：《政治冷漠与积极公民重塑》，《探索与争鸣》2016 年第 3 期，第 51 页。

② 赵树凯：《农民的政治：路在何方？》，《人民论坛》2009 年第 16 期，第 7 页。

③ 李锐：《现阶段中国农民非制度化政治参与行为的思考》，《理论导刊》2004 年第 7 期，第 24 页。

④ 彭正德：《我国转型期农民政治认同的弱化倾向探析》，《湖南师范大学社会科学学报》2007 年第 3 期，第 40 页。

⑤ 孙玉娟：《农民非制度化政治参与的成本分析和理性思考》，《科学社会主义》2007 年第 1 期，第 73 页。

⑥ 胡荣：《农民上访与政治信任的流失》，《社会学研究》2007 年第 3 期，第 52 页。

第四章
乡村家庭结构、伦理与情感

中国是一个家族主义历史悠久的国家，家庭对于每一个中国人都具有特殊的意义。在传统乡村社会，家庭更是农民日常生活最重要的空间，是他们生于斯长于斯的地方，是他们的情感、精神寄托之所。在任何人类社会中，家庭都是非常重要的，但没有任何文化像中国文化这样，把家庭生活当作思考的基本出发点。① 几乎每一个乡村人的人生都是围绕着家庭来展开和延伸的。近现代以来特别是改革开放以来，中国乡村社会包括乡村家庭被卷入了以工业化、城市化、市场化为主要内容的现代化浪潮中，家庭结构、家庭伦理、家庭情感等由此也发生了巨大的变化。本章围绕这几个方面，力图揭示农民在其中的心理、精神的变动轨迹，并探究这种变动呈现的复杂动因以及其他诸问题。

第一节　择偶、婚嫁、亲密情感与离婚

一、择偶与婚嫁

在乡村社会，择偶与婚嫁是农民日常生活和一生的大事。俗话讲，娶妻生子，才能安家乐业。择偶与婚嫁虽然是个人与家庭私事，但实际上要受到传统习惯、时代背景与社会现实诸多因素的影响，因此人们在其中的行为、动机与观念也呈现出非常复杂的面向。

择偶是婚姻的前奏，它既受个人因素的影响，也受到外部条件的影响与制约。很多学科如人类学、社会学、心理学都对人类的择偶行为和择偶观进行了研究，

① 吴飞:《论“过日子”》,《社会学研究》2007 年第 6 期,第 71 页。

主要的理论视角如进化论、社会交换理论、婚姻市场理论等。① 如进化论取向认为，人类的择偶观与择偶行为具有跨文化的一致性。② 如男性择偶时对女性身体的吸引力更为关注，③ 而女性更关注对方的社会经济地位和身体的健康状况。④ 进化论取向揭示了人类择偶行为中的自然属性。不过，人类的择偶观与择偶行为受到社会文化的影响则越来越大。⑤

在传统时代，择偶与婚嫁遵循的是“父母之命，媒妁之言”。因此择偶主要由父母掌握主动权，并通过媒人说媒的形式进行。莲花村村民周文孝说：“在解放前，农村人谈婚论嫁，一般都是父母说了算，两个人结婚前连面都可能没见过，是个跛子、瞎子，你都得认命。”我问：“那时不是已经是民国了吗？不是有很多新思想吗？”周文孝回答说：“那些东西对农村没啥影响。”不过，周文孝同时又谈到，那时父母做主的婚姻，结婚后大多感情也还稳定，除了特殊情况，父母也不可能给自己的儿子、女儿找个跛子、瞎子，一般都能做到“门当户对”，男女双方在个人长相等方面也基本“般配”。林耀华《金翼》亦谈道，民国时期的东南农村，婚姻“都是一家之长主动提亲，订亲与成婚均由长辈安排”⑥，也讲究双方孩子“合八字”与门当户对，儿女对此不容置喙。同时要经过提亲、订婚、商定婚期、结婚这一套繁琐的婚姻程序。⑦ 关于婚嫁中的彩礼、嫁妆，周文孝说：“一般家庭条件好的，都会给彩礼、办嫁妆，搞得也很丰厚，家庭条件差的就搞得简单些。这都看情况，因人而异。”一般来说，婆家支付的彩礼会转化成嫁妆，最终实现财物从婆家到娘家、再回到婆家的流动。如果嫁妆远远少于彩礼，女方家庭通

① 李煜、徐安琪：《择偶模式和性别偏好研究——西方理论和本土经验资料的解释》，《青年研究》2004 年第 10 期，第 1 页。

② David M. Buss, “Sex differences in human mate preferences: Evolutionary hypothesis tested in 37 cultures,” *Behavioral and Brain Sciences* 12, No. 1(1989): 1—149.

③ Li Norman P., Bailey J. Michael, Kenrick Douglas T., Linsenmeier Joan A. W., “The necessities and luxuries of mate preference: Testing the tradeoffs,” *Journal of Personality and Social Psychology* No. 82(2002): 947—955.

④ Oda R., “Sexually dimorphic mate pre ference in Japan: An analysis of lonely hearts advertisements,” *Human Nature(Hawthorne, N. Y.)*, No. 12(2001): 191—206.

⑤ 唐利平、黄希庭：《择偶观的进化论取向述评》，《西南师范大学学报（人文社会科学版）》2005 年第 3 期，第 47 页。

⑥ 林耀华：《金翼——中国家族制度的社会学研究》，庄孔韶、林余成译，生活・读书・新知三联书店，1989，第 10 页。

⑦ 同上，第 35—37 页。

常会遭受非议。为了维护娘家的面子，并出于对女儿在婆家的地位的考虑，娘家一般在嫁妆不会太小气，而是尽量丰厚。

新中国成立后，党和国家提倡新的婚姻观念，这对人们的择偶行为与择偶观产生了较大的冲击和影响。1950 年颁布的《中华人民共和国婚姻法》规定："废除包办强迫、男尊女卑、漠视子女利益的封建主义婚姻制度"，"结婚须男女双方本人完全自愿，不许任何一方对他方加以强制或任何第三者加以干涉"。[①] 在莲花村，择偶的主动权开始从父母手里转移到子女手中。自由恋爱得到新政权的鼓励和支持。特别是村里的年轻人，很快将民主、平等、自由的观念付诸自己的婚姻实践中，开始挑战父母在择偶与婚嫁中的权威地位，越来越注重维护自己的权利。莲花村村民汪家琼就是一个典型。

汪家琼在莲花村曾经是风云一时的人物，我采访时（2011 年）她已经七十五岁了。她的故事算是莲花村妇女争取婚姻自由的一个缩影。汪家琼很小就和邻近的芭蕉村的熊安福家的儿子熊康贵订了娃娃亲。论起来关系来，两家还是远亲。汪家家境差点，熊家比较殷实。所以，熊家一直对汪家多有接济、照顾。1953 年的时候，两家人就决定正式给两个孩子办婚事。哪知道汪家琼死活不同意。汪家琼本没读过书，新中国成立后受曾凡莲的鼓励，上了村里办的夜校，才识得了几个字，也了解了一些外面世界的一些道理。在她当时那个年龄，恋爱婚姻自由的思想可能对她冲击是最大的。她对熊康贵并不反感，只是觉得他不是自己心目中的男人。熊康贵在父母眼里是一个标准的孝顺儿子，在父母面前从来就是唯唯诺诺的。汪家琼看不惯这种"听话"的男人，觉得有些熊样，没点儿男子气。她这个看法也不是一开始就有的，实际上是她在夜校里接触了石宗良有了对比后才产生的。石宗良的父母在解放前就去世了，他是跟着自己的爷爷长大的。1950 年，爷爷去世，他就成了孤儿。那时，他已经 20 岁，还没结婚，实在地说，一个穷得叮当响的孤儿，哪家愿意把闺女嫁给他呢？不过这石宗良是个积极上进青年，上夜校、搞土改、当民兵，样样都活跃，很受村里干部的器重，是当时村里的重点培养发展对象。后来他入了党，担任过莲花村大队副主任。汪家琼和石宗良在夜校里接触并熟悉起来，相互觉得说话投缘，许多想法也一致，慢慢地彼此产生了爱慕之情。汪家琼被家里逼婚，就去找石宗良商量。碰巧被一个邻居遇见，回去

① 中共中央文献研究室:《建国以来重要文献选编》(第一册)，中央文献出版社，1992，第 172 页。

告知了汪家。汪家琼的父母就此找到石宗良，拉他去找村里干部评理，说石宗良勾引自家女子，破坏他家姑娘的婚姻。当时村里让妇女主任曾凡莲负责处理这个事。曾凡莲一直都想在村里塑造一个恋爱婚姻自由的典型，没想到机会一下子就来了。她全面了解了事情的原委，心中有了底。曾凡莲先与芭蕉村的妇女主任熊安芬进行了沟通，就将汪家、熊家两家人召集起来，开了一个现场调解会。汪、熊两家似乎事先也通过气，当时就一致将矛头对准石宗良，认为如果不是他横插一杠子，两个孩子的婚事早就成了。曾凡莲耐心听他们两家七嘴八舌把话说完，当即对熊家琼说："家琼，你自己来说，他们讲的是不是事实。你不要有啥子顾虑，现在是新社会了，大胆说，是啥子说啥子。我们共产党最讲事实。"熊家琼早已横了心，加之有自己崇拜的曾凡莲做主，于是大起胆子说出了自己的心里话："我对康贵哥也没啥看法，就是觉得他不是我想找的人。老汉儿、妈你们两个也没征求过我的意见，这是不尊重我！"汪家父亲听了这话，气得七窍生烟："你个死女子，真是翻天了，老子做主的事情，要征求你的意见？要尊重你？八辈年没听说过这样的事！你个死女子，不孝的东西，在这里给我不知羞耻，丢人现眼，老子捶死你个死女子！……"曾凡莲忙拉住他，说道："大哥，这就是你的不对了。新社会讲恋爱婚姻自由，家庭里也要讲民主平等，不能再拿封建社会那套东西来吓唬人、压迫人。家琼马上就满十八岁了，不是小孩子，她有她自己的想法。做父母的不要包办娃儿们的恋爱婚姻，要让她自己做主。"熊家母亲忍不住咕哝道："让娃儿们自己做主，那还要做父母的干啥？"曾凡莲回驳说："做父母的，不要因为养了孩子，就把自己的孩子当私有财产，想哪个就哪个，那怎么行呢？这些都是封建思想，我们共产党就是要把这些思想扫掉！"这汪、熊两家听曾凡莲嘴里冒出"封建思想""共产党"这些词，都不敢吭声了。最后的结果是汪、熊两家同意退婚。熊家父母当即拉着一直没说半句话的熊康贵，悻悻然地走了。汪家母亲追过去不停地赔不是。汪家父亲狠狠瞪了一眼自己的女儿，摔出一句话："你的事，我们做父母的以后不会再管了，有啥事也别来找我们！"汪家琼争取到了恋爱婚姻的自主权，后来与石宗良结了婚；不过因为这个事，也与父母关系僵了好长时间。好在石宗良能干，后来当了大队副主任，对岳父岳母也孝敬，于是关系也慢慢地融洽起来。

汪家琼的行动刺激了村里的其他年轻人。受她的影响，村里有好几对年轻人都自主结了婚。不过，整体看，莲花村村民的婚姻几十年来主要还是遵循传统的说媒介绍的形式实现的。当姑娘小伙长到十七八岁时，家里人或热心的人就开始张罗他们的人生大事。一切都显得自然而然，一切都在一个相对固定的框架（这个框架是由特定的价值观、道德、习俗、舆论、行为方式、心理、地域等综合因素构成的）里运行。虽然经历了解放以来关于恋爱婚姻自由、男女平等等思想的洗礼，但村里人的行为在根子上还是遵循着传统的逻辑。但其中也有比较明显的变化，那就是儿女意见在其中的分量重了，择偶与婚嫁最后的决定权转移到儿女手中了。说媒介绍形式的沿袭，除了传统惯性作用的原因，也说明了它在现实生活中的适用性。按照一些村民的说法，谁不希望自己的儿女找个好人家呢？大多年轻人也很尊重父母的意见，觉得父母选媳妇、看女婿的眼光还是蛮准的，毕竟他们走的路、过的桥要比年轻人要多得多。其实，在农村说媒，人们不仅要考虑双方经济状况与家庭状况，也要考虑双方的八字、性格、相貌等因素，最后基本都能做到般配和门当户对。

另外，在新中国成立后到“文革”结束这一个历史时期，由于革命伦理代替了传统伦理，因此择偶与婚嫁中的革命伦理因素越来越突出。特别是阶级成分、社会身份几乎成为人们择偶的首要标准。在阶级斗争为纲的革命时代，那些贫下中农子女成为婚姻市场上的“畅销品”，而地富反坏右分子子女则成为婚姻市场上的“滞销品”。那个时候，很多“黑五类”分子的子女为了躲避政治风波，不得不选择自己也许并不心仪的结婚对象，以此作为避风港。为了活下去，他（她）们不得不改变择偶策略，如一些地主的女儿纷纷嫁给贫下中农以求庇护。在莲花村，地主周成玖的女儿周莲芳（据村民们讲，这是一个相当漂亮的女子）先后嫁给了家徒四壁的贫农石胜国和熊世泽；芭蕉村的地主女儿杨继芳嫁给了贫农周康乾；黄金乡的地主女儿彭佳琳嫁给了贫农熊德涛。有的“黑五类”分子子女为了解决择偶难的困境，还往往采取“换亲”的方式。在整个革命化时代，人们择偶的政治取向远远高于其他时期：1949—1966 年为 30.5％、1967—1976 年为 23.5％、1977—1986 年为 15.5％、1987—1996 年为 13.9％。[①] 另外，拥有较高职业声望的军人、工人等成为农村女青年择偶时的首选。[②] 这是由于这些公家人不但拥有较高社会声望，而且经济收入较高，特别是后者，对赤贫时代的农村家庭来说是非常重要的。

---

① 徐安琪：《择偶标准：五十年变迁及其原因分析》，《社会学研究》2000 年第 6 期，第 22 页。

② 李秉奎：《婚介、择偶与彩礼：人民公社时期农村青年的婚姻观念及行为》，《当代中国史研究》2012 年第 4 期，第 74 页。

在革命化时代，由于党和国家提倡文明婚姻、新事新办，男方给彩礼、女方送嫁妆的风气有所收敛。而且当时人们的生活普遍都比较困难，所以很长一段时间莲花村都不兴送彩礼，一般是男方在结婚前给女方买一套像样的衣服，女方出嫁时的陪嫁品也比较简单，不过是一些桌子板凳、被盖之类的日用物件，也很少办酒席。村民何新梅说："那个时候兴文明结婚，很多年都是村妇女会组织一个腰鼓队，吹吹打打把女方接回到男方就完事。"因此，老一辈的莲花人对现在年轻人结婚时兴的高彩礼、高嫁妆都觉得不可思议。

"文革"结束后，农民的择偶行为和择偶观又有了新的变化。在择偶的方式上，自由恋爱的增多了，父母包办的则急剧下降，不过介绍方式还是占最大比例。一项 1989 年做的基于 2261 名农村已婚女性的择偶方式的调查数据显示：亲戚邻居介绍占 65.3%，自由恋爱占 26.4%，父母包办占 4.7%，同学好友介绍占 3.0%，其他占 0.6%。① 在择偶标准上，则变得更加复杂、多元化，政治因素淡化，但家庭经济状况、个人自身条件更加凸显出来，特别是男女双方对所谓"有感觉""浪漫""有味道"等心理、情感的因素也开始注重起来。对女性而言，择偶重点看男方家庭经济条件，特别是有没有房子，还看男方有没有本事、会不会找钱，然后才是长相、性格等能让人"有感觉"的因素。对男性而言，择偶也看女方的家庭条件，同时对女方的长相、性格更为看重。在择偶的空间范围上，20 世纪 80 年代和传统时期差不多，主要集中于以村庄为中心的附近村落，由于择偶介绍主要是通过亲戚实现的，所以择偶圈基本就在亲戚圈日常交往的范围，基本上不出"乡"的范围。在 80 年代，村庄的流动性还比较低，以单家独户为单位的生产方式，客观上需要亲戚之间的互助合作，所以很多农民喜欢就近进行婚配。在独生子女政策下，有的农民更愿意将女儿嫁在近的地方，期望日后有所照应。② 在彩礼、嫁妆上，传统习俗全面复兴。送彩礼这种习俗本有其合理性与对于婚姻的正向功能，彩礼是"敲定两家之间的婚姻契约"③。"本来，女方家把长大成人的女儿嫁出去，丧失了劳动力，男家为女家送财礼作为对女家经济上的一种补偿，也是合乎情理的。同时，男家付出一定的礼金，出于经济上的利益而不至于悔婚，

① 程度：《农村妇女择偶问题调查》，《人口与经济》1992 年第 1 期，第 48 页。

② 新山：《婚嫁格局变动与乡村发展——以康村通婚圈为例》，《人口学刊》2000 年第 1 期，第 36 页。

③ 阎云翔：《私人生活的变革——一个中国村庄里的爱情、家庭与亲密关系：1949—1999》，龚晓夏译，上海书店出版社，2006，第 168 页。

这对于婚姻的稳定也产生了积极的作用。”① 彩礼趋向于对新婚夫妇提供资助，进而将新郎父辈或整个家族的财产权转移到新娘手中。② 另外，彩礼还具有深刻的社会意义，它体现了女性的尊严和价值。③ 在莲花村，80 年代的彩礼数目都不大，基本上就几百块钱左右，陪嫁品中除了日常家用的桌椅、床、衣柜等之外，开始出现收录机之类的电器产品。进入 90 年代后，男方必须有新盖的房子，并送上千乃至几千、上万的彩礼，女方陪嫁电视机、洗衣机等电器，慢慢成了新的时尚。最近这几年，莲花村年轻一代大多在城里打工，所以结婚的习俗又吸取了很多城里的做法，如男方在县城买一套房子、女方买车子等。在这样的变化中，人们要么积极适应现实，要么被现实抛弃。一些迟迟娶不上媳妇的小伙子，就只有抱怨“现在这个社会太现实了”。新时期农村择偶、婚嫁中的这种高彩礼、高嫁妆的异化现象，似乎有越演越烈之势。有的男方家庭几乎“砸锅卖铁”式地筹彩礼钱，而女方家庭也不甘示弱，会尽量提高嫁妆层次，双方似乎都在为各自的声誉和面子进行痛苦的较劲和竞争。对男方来说，付得起丰厚的彩礼，在村庄内和女方那里在“说得起硬话”“有面子”；对女方来说，男方丰厚的彩礼会让她“感到非常自豪”，同时娘家送的高嫁妆会让她在婆家“抬得起头”“以后遇到矛盾同样说得起硬话”。受计划生育政策的影响，有女儿的家庭越来越加强了对女儿择偶、婚嫁的支持，“用以争取与新建立家庭的联系，来达成与婆家地位平等的谋划”④。

20 世纪 90 年代中后期以来，农村地区的婚嫁费用的增速显著快于农民收入的增速，特别是彩礼更以惊人的速度攀升，致使许多家庭把多年的收入集起来也凑不够彩礼。⑤ 高彩礼、高嫁妆抬高了新时期农村婚姻市场的门槛。一些家庭条件差或本人特别是男方没本事、不会找钱的往往会遭遇择偶与婚嫁的挫折，有的人甚至沦为“光棍”。同时，农村男女性别比的失衡，客观上抬升了女性的地位，所以男性在择偶中往往处于不利的地位，并引发这些男方家庭的心理重负以及在村

---

① 段友文:《黄河中下游家族村落民俗与社会现代化》,中华书局,2007,第 52—53 页。

② Yunxiang Yan, “The individual and transformation of bridewealth in rural north China,” *Journal of the Royal Anthropological Institute* 11, No. 4(2005):637—658.

③ David Hicks, Margaret A. Gwynne, *Cultural anthropology* (Harper Collins College Publishers, 1994), p. 141.

④ 吉国秀:《婚姻支付变迁与姻亲秩序谋划——辽东 Q 镇的个案研究》,《社会学研究》2007 年第 1 期,第 134 页。

⑤ 魏国学、熊启泉、谢玲红:《转型期的中国农村人口高彩礼婚姻——基于经济学视角的研究》,《中国人口科学》2008 年第 4 期,第 30 页。

庄内部的边缘化。下面介绍一个男方遭遇择偶挫折并被女方退亲的案例。

莲花村村民熊安华，有一儿一女，儿子熊康波，女儿熊康碧。康碧于2006年结婚，2009年时康波已经24岁，还没有找到对象，在农村算是大龄青年了。2009年，在村中媒人的介绍、撮合下，康波与隔邻高安村一个女孩子秦红兰相亲成功，秦红兰比康波小两岁，在农村也算是大龄女了。当时男方家提出让两个孩子先把结婚证拿了，然后一起出去打工。而女方家庭对女儿的终身大事比较审慎，只答应先让两个孩子一起出去打工，交往好了再谈领结婚证和办婚嫁宴席的事。两个人一起出去杭州打了半年工，2010年春节前，秦红兰独自一人从杭州回来，说是她与康波性格合不来。据知情人说，秦红兰私下里觉得康波在外面不会混、不会找钱，人又过分老实，一天说不了几句话，交往起来“没啥感觉”。于是这桩亲事就以失败告吹。受此打击，康波很感郁闷，就不愿再谈恋爱了，想缓两年再考虑找对象、结婚等事。康波虽然这样，但做父母的很着急，所以还是四处托人操心儿子的亲事。

2011年春节前两个月，康波父母和媒人又为康波介绍了隔邻芭蕉村的一个女孩刘仕珍。在媒人的引见下，康波和刘仕珍在集市上见面，相互感觉还可以，于是两家就你来我往地开始走动了。康波家在往来中积极主动，每次到女方家都会提去丰厚的礼品，女方家长知道这样的表示意味着什么，也极力想促成女儿与康波的亲事。一个月后，家长认为时机成熟了，男方给了女方家5000元的预定礼金，算是一次简单的定亲。男方、女方家长和媒人都以为这次的亲事已经成定局的了。可是，让人意想不到的是，刘仕珍在忠县县城一家超市做收银员期间，竟然就与其一个初中同学交往上了。当时她这个同学自己开了一家装修公司，收入比较可观。这个同学后来到刘仕珍家做过几次客，她父母印象也不错，刘仕珍也向父母坦白了实情。刘家父母觉得有些左右为难，既想退了和康波的亲事，但又自觉理亏，所以一直不敢跟康波说清楚；但另一头也没反对刘仕珍和她的那位初中同学交往。2012年春节，康波提出到女方家过年的要求，以便多熟悉、接触女方的家人。刘仕珍虽然心里不乐意，但还是勉强答应下来。更让人难以置信的是，在过年那几天，与刘仕珍交往的那个初中同学正好也在她家做客，刘家人都谎称他是刘仕珍一远房表弟。虽然康波还不知道这里头到底唱的是哪出戏，但是他已经发觉刘家气氛有些不对劲。后来，康波终于明白究竟是怎么回事了，事情闹得越来越僵，大家都把问题挑明了说。媒人规劝无效，最终女方决定退亲。康波的第二回亲事就这样又告吹了。我在和康波访谈时，他说得最多的一句话是：“现在的女孩子势利得很！”

由于在农村女孩子“很翘”，所以很多家庭在儿子才十八九岁时就开始物色对象，以免自家儿子成为“老大难”。为了给儿子物色对象创造好条件，很多父母拼死拼活地挣钱。这几年，忠县农村的男孩子要想找个“媳妇”，很多女孩子提的第一个条件就是男方在忠县县城有一套房子。因此，当地许多农村家庭是举全家之力打工挣钱，就为了能够给儿子娶上媳妇。事实上，在中西部偏远农村地区，一些贫穷和受教育程度低、谋生技能差的男性青年越来越被排斥在婚姻市场之外。婚姻挤压中的儿子失婚、因儿子失婚而遭受的负面社会舆论使很多农村地区父母心力交瘁。儿子迟迟未婚，成为父母持续的“绝房”焦虑；子女的任何代际支持行为都难以弥补儿子失婚给父母带来的遗憾。① 有的父母坦言，“儿子一天不结婚，我们一天就睡不着觉”。有的大龄未婚男性因找不到对象，只能用自慰的方式来满足性的需求②，有的甚至去嫖娼。而且这些农村地区大龄未婚男性往往具有诸多心理问题，诸如自尊低、抑郁心理强、攻击心理强等。③

20世纪90年代以来，打工潮的兴起也对农民的择偶与婚嫁产生了很大的冲击与影响。与父辈相比，年轻一代在看重传统标准的同时，对身高、长相等外在容貌的要求逐步提高，同时更加注重与婚姻伴侣在感情方面的“情投意合”，而不是如他们父辈那样“先结婚后培养感情”④。另外，年轻一代的观念更为开放，个人独立意识更为自觉而浓厚，在择偶和婚嫁上开始拥有了最后决定权。他们的父母一般也默认这种权力的转移。事实上，这些父母在集体公社时代，就开始在革命教育的熏陶中，接受了反对家长制、追求平等的思想，以个人为中心的观念被确立下来⑤。所以当他们的儿女成长起来，开始向他们夺权的时候，他们大多能够理解并接受现实。在莲花村，有的年轻人在打工期间自己找了对象，一般只礼貌

---

① 郭秋菊、靳小怡：《婚姻挤压下父母生活满意度分析——基于安徽省乙县农村地区的调查》，《中国农村观察》2012年第6期，第62页。

② 张群林、〔法〕伊莎贝尔·阿塔尼、杨雪燕：《中国农村大龄未婚男性的性行为调查和分析》，《西安交通大学学报（社会科学版）》2009年第6期，第56页。

③ 徐晓秋：《贫困农村大龄未婚男性心理福利研究——以贵州CS、XF县为例》，博士学位论文，浙江大学社会学系，2014，中文摘要第V页。

④ 李德：《转型期城市农民工的婚姻策略——一项关于上海S厂与P县L村的比较研究》，博士学位论文，上海大学社会学院，2007，第125页。

⑤ 李秉奎：《婚介、择偶与彩礼：人民公社时期农村青年的婚姻观念及行为》，《当代中国史研究》2012年第4期，第77页。

性征询一下父母的意见，然后自己就做主了；有的趁春节直接就把对象带回家里，来个先斩后奏，以造成既成事实，连父母的建议权都免了。当然，做父母的总会抓住一切机会，教育这些“自以为是”的年轻人还是要多听听父母的意见，以免得日后后悔。事实上，自作主张、莽撞私定终身的年轻人，后来后悔的倒真不少。这是由于频繁的流动，这些年轻的打工者很难在打工地找到稳定的感情生活，因而纷纷陷入短暂而没有结局的恋情之中。① 所以，我们看到的是这样一个现象和事实：除了少部分年轻的打工者通过自由恋爱结了婚，突破了择偶和婚嫁圈的地域限制以及阶层限制，实现了通婚圈的扩展，绝大多数的打工者还是回到老家、回到传统的通婚圈内择偶，而且主要借助父母和亲戚朋友的操心介绍来实现婚配。因此，在全国各地农村地区，一到春节的时候，很多年轻农民工都会“叶落归根”、返乡相亲。②

农民工返乡相亲现象是多种因素综合作用的结果：第一，进城农民工没有实现城市社会的融入，他们工作、生活的圈子基本上限定在属于他们自己的小圈子特别是老乡圈子里，他们拥有的社会资本、受教育程度、从事的工作等使他们基本上不可能实现向上的社会流动，其他阶层对他们而言还是高不可攀的，也是难以进入的。莲花村的年轻打工妹石红兰说：“我想都没想过会和城里人结婚，别人也看不上我们!”第二，频繁流动的打工者的内心最稳定的精神支持力量还是来自家乡的亲人和朋友；已经融入打工者血液的家乡文化习俗与家乡生活方式，也使很多打工者把在外的流动视作暂时的漂泊，流动的目的也是单纯的挣钱而已，最终自己的人生归宿还是回老家，会在那里安家、结婚生子。第三，家庭还是绝大多数农民工考虑行动方向与策略的出发点和前提。因此，我们看到，如此巨大的打工潮流，并没有使农民工的异地择偶与异地婚嫁有急剧的增加。

二、亲密关系中的爱情、情感表达与性

在中国，人们既以压制的形式，又以肯定的形式展现爱情。在中国的文化中，人们不十分注重爱情及爱情给人带来的愉悦，而更重视赞扬一种明智的平衡。中

---

① 郑立新、伍园园、黄江涛、张清建:《广东流动人口性行为及其影响因素》,《南方人口》2012年第1期,第13页。

② 祝平燕、王芳:《返乡相亲:新生代农民工的一种择偶形态——以豫东S村为例》,《中国青年研究》2013年第9期,第60页。

国的传统特别是儒家传统，并不反对自然欲望（包括性欲），但认为自然欲望应该服从于“德”。朱熹开创的理学把性的吸引解释为在婚姻和家庭的范围内生儿育女的动力，抽掉了“淫”的内容，只保留了社会功能的内容；它甚至还反对佛教的禁欲主义，要求实现性的吸引，因为佛教的禁欲主义通过僧侣的独身生活会使家庭断子绝孙。① 这里对性的吸引的肯定，目的指向传宗接代，但并不鼓励甚至反对为纯粹的快乐而追求性的吸引。总之，不管是爱情还是性爱，都必须服从伦理道德的原则，而不能超越它。传统中国的很多文学作品都表达了类似的主题与思想，即人不能沉溺于爱情或性爱中，过分追求情爱和性爱会招致人为或命运的惩罚。

我在与莲花村的老辈人谈及爱情问题时，大多村民均表示，在传统时代，农村人一般不直接讲“爱情”，认为“爱情”是属于戏曲中公子小姐之间的那种“卿卿我我”之类的东西，周文孝说：“那些公子小姐一天没事干，就净整那些花调调。”村民熊安仁说：“解放前结婚都是父母做主，很多人结婚前连面都没见过，哪有什么爱不爱呢。结婚了，一个床上睡，一个锅里吃饭，然后就是生娃儿，养家糊口过日子，没工夫整那些爱与不爱的事情。”村民周建中说：“你讲的那个爱情不能当饭吃。”在他看来，爱是那些有闲人的享受，他们享受不起这样的东西，而且“爱情”不是实用的东西，他们看重的是“过日子”这样实际的问题，每天的柴米油盐才是正事。结婚的目的不是为了所谓的爱情，而是传宗接代、生活上有个照顾，有儿有女，享受天伦之乐，老的时候有个伴，不孤单。不过，这并不表示传统时代的农村人没有爱情，或者没有爱情的需要，只是他们对于爱情有自己独特的认识和表达方式。

我在村里做田野调查时，有一天正好周文孝、熊安仁、周建中他们几位老人凑在一起聊天（我在 2011 年访谈他们时，他们都已经 80 多岁，但身体还很硬朗）。我决定换一种思路来向他们了解爱情这个话题。我开玩笑地问周文孝：“您(忠县读音是 yǎng)年轻的时候有喜欢的女娃儿吗?”老人家没想到我这样来问，一下子不知道怎么回答：“这个嘛，怎么说呢，说不上啊。”旁边的周建中老人就笑他：“你咋不老实呢，你年轻那时候不是喜欢芭蕉的熊幺妹吗？就是梳两根大辫子、眼睛蛮大的那个熊幺妹。”熊安仁也调侃起周文孝来：“你那个时候好像还想

① 〔意〕史华罗:《中国之爱情——对中华帝国数百年来文学作品中爱情问题的研究》,王军、王苏娜译,中国社会科学出版社,2012,第 14 页。

送根帕子给熊幺妹，只是熊幺妹没理你的茬，是不是这回事嘛?”周文孝有些发窘地争辩道：“你两个龟儿子那个时候还不是一个球样，看到乖的女娃儿眼睛都瞪爆了。”我又问了另外一个问题：“那个时候，两口子结婚了还讲不讲个喜欢的问题呢?”熊安仁说：“富的人家可能要讲，你看周成玖不喜欢大老婆，他就又抬了个小老婆；穷的人家就没法去讲这个了。喜不喜欢都是你的人，对你好，把家庭侍弄好，那就可以了。过日子嘛，凑合过呗。”周文孝说：“也不是说两口子之间不讲感情，也还是重要，否则过起日子还是不对劲。”我问道：“两口子结婚后，如果感情很好，会不会说些脸红心跳的话?”周文孝说：“这要看情况，不过一般没有这样的。”我又问：“那相互之间咋表达感情呢?”周文孝说：“如果是女人，你给她买点女人家用的东西——一匹布料呀，一个簪子呀——她就高兴了，什么也没说，但她知道你对她用心了。如果是男人，总要讲点派头的，女人把他的事样样想周全，服侍得巴巴适适的，男人也就感到她对你用心了。”熊安仁说：“你生了病，他（她）主动过问你，给你抓药吃，那就是有感情，不用说那么多的乖面子话。”周建中说：“两口子在一起不生厌，他（她）愿意和你一起东家长西家短摆点闲龙门阵，那就是有感情。”从几位老人的谈话中，我们发现，传统时代的农民是将夫妻之间的爱情情感和日常的过日子紧密联系在一起的，很少只讲那种纯粹的精神性的爱情。

在谈到与爱情紧密相关的“性”的问题时，周文孝说：“在家里都不说那个事，要说都是与生娃儿有关的。结婚主要不是为那个事，畜生才只想那个事。”我问：“那种事不是每个人都需要的吗?”周文孝说：“家庭是个正经的地方，不能只想那个事。”我问：“那为啥村里的男人在公共场合可以大胆地拿那种事开玩笑呢?”熊安仁说：“因为没有在家里嘛。”我问：“为啥家里不行呢?”熊安仁反问道：“那你说在家里说那些不正经的东西可以吗?”总结几位老人的意思是，在家庭里“性”是一个不能谈论的禁区，做那个事只有和传宗接代相联系时才是正经的、符合道德的。村民们不能在家里谈论“性”，但可以在家庭之外的公共场合随便谈论“性”，也说明了他们对这个东西也有并非出于“传宗接代”的需要。周建中说：“道理上说，是周文孝、熊安仁讲的那样。不过说实话，没有几个男的不想那种事。”我问道：“那就是说，很多时候男人是自己有需要才做那个事，并不见得是出于生娃儿的考虑?”周建中说：“是这样的。”我问：“女人有这种需要吗?”周建中说：“女人不应该想这个，只有那些风骚的女人才想这个。”我问：“为啥只能是男人可以想这个事，女人为啥就不行呢?”周建中说：“自古就这样的嘛，女人想那些事，那多丢人！”由此，我们可以看出，在传统时代，性在道德上被限制在生育领域，作为生理需求的性是家庭谈论的禁区，夫妻之间的性只能在私密、不可言说的情景下进行，而且主要是用于或服务于男性的需要满足。这里，性并没有成为爱情的有机构成部分，也无丰富的精神内涵。

新中国成立后，爱情获得了政治的支持。特别是恋爱自由、婚姻自由观念的普及，使人们在爱情的情感表达方式和内容上有了新的变化，但传统的逻辑依然在其中发挥作用。集体公社时期，莲花村的年轻女孩子一般都会做针线活儿，订了婚的女孩子向男方传情达意的物件多是亲手绣的手帕、鞋垫或亲手织的毛衣。小伙子一般会买点小圆镜、小梳子之类的东西送给女方。只要订了婚，男女双方就可以光明正大地频繁走动。不过单独在一起的时间也并不多。男方到女方家去，一般要帮忙多做些挑水劈柴之类的力气活儿，以赢得未来丈人丈母娘的欢喜；女方到男方家去，一般要帮忙多做些锅前灶膛之类的家务活儿，以赢得未来公公婆婆的肯定。总之，两方都要努力在对方家庭里挣好表现。这期间，男女双方也会有些言语交流，不过有时一个眼神更能让双方心满意足：一起吃饭时，胆子大一些的女孩子就会很自然地给自己未来的丈夫添饭夹菜；有时女孩子在洗衣服、纳鞋底、绣手帕或织毛衣时，小伙子就会待在旁边看着，胆子大一点的小伙子就会以“妹妹”称呼女方，说一些套近的话，不过“我爱你”之类的话是绝对说不出口的。总之，情感的表达显得含蓄而迂回。按照何新梅的说法，“我们那个时候都是规规矩矩的，哪像现在这些年轻人，人前人后也敢搂搂抱抱的，我们那时手都不会随便牵。就是结了婚的人，都很少那样做。你看周成国在城里头上班，是吃公家饭的，有一次回到村里，牵着他老婆李玉珍在田坝头散步，都被村里人当笑话讲”。

集体公社时期，爱情在人们心目中的地位虽然有所提升，但一旦结了婚，爱情的重要性就下降了，柴米油盐才是最重要的。即使那些曾经为了爱情自主不惜与父母、家庭抗争的村民，结婚后都会对那些未婚的年轻人说：“爱情当不得饭吃！”在集体公社时期普遍赤贫的状况下，爱情确实还是有些奢侈。但同样不可否认的是，结了婚的夫妻对彼此的情感期望变得更为平等、主动、频繁而强烈，虽然依然不会有“我爱你”之类的语言表达。村民石宗秀说：“农村人说不来那些肉麻的话，但不是不说话。有的家庭是这样，两口子一天说不了两句话，好像也处得挺好的。我就受不了这个，我爱人要是不和我说话，我就不依。你不跟我说话，咋说明你对我好呀？”我问：“这种主动表达自己的这种情感需求的情况在集体时期普遍吗?”石宗秀说：“肯定比解放前要好些，那时只有男人提要求的，哪有女人提要求的份啊？解放后讲平等嘛，女人的觉悟也起来了，就要求男人对自己要经常问个冷热，女人大多还是不喜欢半天都打不出个屁的男人。”我问：“那个时候，夫妻之间会不会有亲密的谈话交流呢?”石宗秀说：“很少有，大多还是谈家里的琐事。”我问：“那个时候女人对自己的丈夫的情感表达很亲密的常见方式是什么?”石宗秀说：“可能最多耍点娇吧，不过结婚后这种情况也比较少见，多还是结婚前谈恋爱的时候。”

在我访谈的村民中，那些教育程度较高的村民对爱情有更正面、更积极的评价，而且对夫妻之间的情感互动与表达有更高的期望与需求，表达方式也更为丰富多样。在集体公社时期，一些受过教育和新思想影响的农民喜欢用书信来表达情感。村民吴承光破例给我看了一叠 20 世纪 60 年代他在新疆当兵时，未婚妻周秀莲给他写的信。这里节录一封信的一部分：

承光哥：

你好！又想给你写信了，你不会笑我吧。你给我写的信，我天天都会拿出来看。看到你在部队有了进步，受到领导表扬，我从心里替你感到高兴。我很想天天都给你写信，但又怕打扰你，怕你烦我。昨天桂芳还笑话我，说我想你都想疯了。我也觉得我是有些颠颠倒倒的了。

承光哥，你每次来信都教育我要追求进步，在生产队里好好劳动。这些我都记在心上了，我一定在思想上严格要求自己，在队里劳动我也从不偷懒，我不会让你失望的。

爸妈现在身体也还好，我会照顾好他们的，你不要挂念。你在那么远的地方，也要好好照顾自己。听说新疆那边冬天很冷，你要穿暖和点，自己好好将息。我这段时间在打毛衣，下次你探亲回来就可以穿了。

……

秀莲

1963 年 11 月 22 日

书信给不习惯在现实生活中表达情感的农民提供了一种方便大胆的表达方式，一些当面不好讲的话就可以在信里说，所以书信里的语言往往更热烈，更让人能够感受那种情感的浓度，比现实生活中的话语更能让人触动。村民石宗秀说，在集体时期，村里有的男青年喜欢上谁，就喜欢采取写信的方式去追求女孩子，当年周成银就是用这个方法把他老婆范淑珍娶到手的。周成银是当时村里的“文化人”，读过高中，喜欢吹拉弹唱，戴着眼镜，人瘦高瘦高的，村里人经常笑他是“白面书生”，完全不像个农民。范淑珍是隔邻高安村的，和周成银是初中同学。读书的时候，周成银就把范淑珍瞄上了。据范淑珍的好朋友周世梅讲，周成银写给范淑珍的信都是周世梅转交的，前前后后有一年多时间，差不多两三天就会写一封信，信的内容除了表达爱慕之情外，周成银经常会抄一些诗歌在上面，有一次他还把《红楼梦》里贾宝玉与林黛玉的一大段对话也抄在上面。范淑珍本很欣赏周成银的才气，但又觉得他有些神经兮兮的，不大靠谱，所以一直没有答应他。周世梅就对她讲：“有个男人真心喜欢你，那是你的福气。如果找个男人，啥都不懂，连说个让女人高兴的话都不会说，有啥意思呢?”后来村里的其他男青年都喜欢找周成银代写情书，他成了莲花村远近闻名的情书专家。周成银现在已经是七十多岁的人了，据说他对那些还没有谈恋爱的年轻人经常说的一句话是：“胆子要大，要麻起胆子去追，写情书最好，你一封封地写，没有追不到手的!”

关于集体公社时期农民的性问题，我主要访谈了曾任莲花村妇女主任的何新梅，在她的费心安排下，我也访谈了一些女性村民，她们大多已经是七十多岁的老人。村民王某某（女）说：“我觉得说那种事情都羞人，你们咋做这样的研究啊？说实话，我一直都反感那种事。正经女人都不想那种事的。”村民熊某某（女）说：“我对那个事也没兴趣，但我男人那时精力旺得很，一天到晚都想做那个事，你又不能拒绝他。”石某某（女）说：“那时生活条件不好，一天到晚都在焦心吃的，没那么多闲工夫想那种事情。”何某某（女）说：“那个时候，做那种事都提心吊胆的，公公婆婆就住在隔壁，你动都不敢动。”何新梅讲到那时发生的一个故事，村里的何二娃经常打他的老婆，他老婆实在没法忍受，就去找何新梅和其他干部哭诉。在调解的时候，何二娃说打老婆的原因是因为她不愿意给她生儿子，成心要让他绝后，那时他们已经有两个女儿。他老婆说，那并不是主要原因，她也不是不愿意给他生个儿子，而是何二娃成天就想做那个事，“他不管你愿不愿意，也不管你身体舒不舒服，他想要，你就得依他，否则就打你。他越这样，我就越对那个事没感觉，只觉得是受罪”。当时村里干部都批评何二娃的不对，认为他思想肮脏，怎么一天就想那些事情呢，并警告他再敢打老婆，就让他去公社“办学习班”。事实上，新中国成立后，新政权虽然大力提倡恋爱自由、婚姻自由，但在性的问题上却和传统伦理的立场是一致的，即属于不谈论、需要严格限制的禁区。所以何二娃想那些事情被视为“思想肮脏”，我们前面谈过的方文淑就因为婚外性行为被“办了学习班”。

“文革”结束后，农村实行家庭联产承包责任制，人们在获得经济自由的同时，在恋爱、婚姻中的情感表达上也开始突破以前过于含蓄克制的状态。土地下户后，由于生产的自由和时间安排的自由，村里那些订了婚的女孩子与男孩子在双方家庭里的走动更加频繁，不过主要还是到对方家里帮忙做农活儿。同时，男方邀约女方进县城逛街、看场电影这些时新做法也悄悄流行起来，这无疑已是一种更私密的约会。暂时远离了熟悉的村子，不管是女孩子还是小伙子，胆子自然大起来，开始学着城里人手牵手走路，或在电影院里紧偎着身子说点悄悄话。在这一个时期，村里少数年轻人中开始出现一种更亲密、更大胆的情感表达方式是接吻。村民何顺安说：“村里一些年轻人是在城里电影院学到这些的。1981 年的时候，村里放映《庐山恋》，里面有一个一秒钟的接吻镜头，看得村里那些年轻人心痒痒的，故事情节好多人没记住，但那一秒钟的接吻镜头却让他们讨论了好几天。”何顺安还讲到一个故事，村里的熊三与隔邻芭蕉村的朱玉琼谈恋爱，有一次两个人在一个草垛场亲热搂抱、接吻，不小心被朱玉琼的一个邻居家的小孩儿发现了，这小孩儿就去告诉了朱玉琼的母亲，说是朱玉琼被一个男的啃嘴巴了。为这事，朱玉琼父母专门找到熊三的父母理论，理论了半天，两方父母都只有不停摇头、感叹：不明白为啥现在的年轻人这么没脸没皮、这么不害臊。不过，双方父母通过考察，觉得两个年轻人还是挺般配的，所以也没有阻止他们进一步交往，后来两个人结了婚。何顺安说，九几年他和熊三到广东深圳打工，一次在街上看到一对年轻男女在路边接吻，熊三就笑道：“老子十多年前就做过这种事情了！”

关于“性”，在这个时期，和集体时代一样，婚前性行为是严格禁止的，特别是有女儿的家庭把这个看得更重。在莲花村，一个女孩子如果不是黄花闺女，是会遭人耻笑、看不起的。村民石宗秀说：“如果哪家的姑娘家做了那种丑事，村里人的口水沫沫都会把她淹死。”所以在整个 20 世纪 80 年代，莲花村的婚前性行为是非常少见的。在已婚的夫妻之间，人们对于性的看法和性行为和集体公社时期相比没有很大区别，但也开始出现新的变化趋势。这是由于严格的计划生育政策的执行，客观上改变了性只与传宗接代的生育行为有关的传统观念，“在生育的意义之外，增加了快乐的意义，而且后者的重要性越来越明显”[①]。村民冉某某（女）说：“以前做那个事是为了生娃儿，计划生育政策一下来，就不让你多生，那还做那事干啥呀，两口子自己找乐子呗。”村民谭某某（女）说：“村里的女人家以前在一起讨论那个事都与生娃儿挂在一起，后来也会悄悄讨论做那种事的感受，痛不痛啊，有没有感觉呀，次数多不多呀，主没主动过呀。”我问：“那个时期，女性对做那种事主动的多吗?”谭某某说：“不多，但也有开始变得比较主动的。王二妹就跟我摆过，她做那事就比较主动，她男人是县城里的国家干部，思想要放得开些。不过，大多数女人还是不好意思主动要求做那事，女人在这个事上还是要传统些、放不开，不像男人猴急猴急的。”村民熊某某（女）说：“以前觉得如果不是生娃儿，要求做那事或者谈论那些事都是思想不健康，后来就慢慢不那样认为了。你看现在电视上都会公开讲这些事情。”当然，村庄里的性观念与性行为随之而来的变化，可能是村民们自己也始料未及的。

20世纪90年代后，村里的年轻人陆陆续续都出去了，他们的恋爱婚姻开始突破封闭的乡村时空，而在一个更开放、更广阔的多元时空中展演。莲花村的媒婆们突然发现自己暂时“失业”了。一同出去打工的年轻人，过春节的时候，成双成对地回来了，或者带回来一个异乡的姑娘或小伙子。他们开始自主决定自己的恋爱婚姻大事，当然大多会咨询一下父母的意见，有的则干脆“先斩后奏”，直接就将人领进了家门。有的父母开始还试图反对，不过后来就任由这些“开放”的孩子“自作主张”了，承认“现在的年轻人都这样”的现实。这些年轻的乡村人在爱意、情感的表达方面不再过于含蓄拘谨，而是变得更加开放大胆，就是在有长辈的场合也敢公然打情骂俏，甚至有直接住到一个房间里去的，那真是彻底的放肆与“没脸没皮”。延续了两千多年的传统伦理规矩在很短的时间就土崩瓦解。这样的变化确实令人瞠目结舌。

莲花村的年轻人当时打工的目的地主要是广东、福建等沿海地区。这些地区受港台文化的影响较多，其价值观念、行为方式对来自内陆农村的年轻人们有相当大的影响。传统乡村出现的颠覆性的变化就是从这里开始的。摆脱了村庄传统与村庄舆论束缚的打工者，在新的文化空间中享受着一种特别的自由，自由地学习新的观念与行为方式，并视之为“时髦”；与此同时，“老土”的东西开始被弃之如履。何平（何）是莲花村第一批南下广东打工的村民，在与我（周）谈到爱

---

① 李银河:《后村的女人们——农村性别权力关系》,内蒙古大学出版社,2009,第147页。

情及情感的表达方式时，发生了如下对话。

何：我那个时候也就十七八岁，从家里出来后，除了打工挣钱外，一天到晚想的最主要的事情就是想“耍朋友”。在这里父母也管不到你，相当自由。我们一起的冉崇飞当时耍了个江西的妹儿，经常手牵手去逛街、看电影、吃宵夜，把我们几个兄弟伙都羡慕惨了。

周：冉崇飞是咋个把那个江西妹儿追到手的呢？

何：那个江西妹儿也在我们那个建筑工地干活儿，人长得小乖小乖的，冉崇飞就喜欢这种类型的妹儿。他这个家伙也鬼得很，他发现江西妹儿最喜欢听港台歌曲，尤其是陈百强的歌。有一天，他要我陪他一起去街上买磁带、买收录机。当时收录机一般的都要将近100块钱，还是相当贵的。他买了收录机，又去买磁带。磁带盗版的多，要便宜得多。他专门让磁带店老板给拿陈百强的磁带，其中有一盒磁带上写的是“偏偏喜欢你”。于是冉崇飞就要了两盒陈百强的《偏偏喜欢你》磁带。然后他又跑到一个礼品店把其中一盒磁带精心包装了，而且还在上面写了句话，“送给美丽的邹小芸小姐”，让我转交给邹小芸。冉崇飞就是通过这种方式和邹小芸裹上了。

周：那些港台歌曲、电影对你们影响如何？

何：影响大得很，那时城里人也喜欢港台的东西。后来很多人写个情书，很多词儿都是从那些港台歌曲上学的，有的还直接抄歌词，啥子“爱你”呀、“思念你”呀，多得很。

周：那个时候，你们这些年轻打工者在言语上表达情感多不多、普不普遍？和之前在老家有什么不同？

何：肯定比在老家时多得多了，也大胆得多了。而且很多女娃儿变得比男娃儿胆子还大。当时我们一起的彭三娃儿也耍了个妹儿，那妹儿就喜欢扭着彭三娃儿要他经常说“我爱你”之类的话，这都是从那些港台电影上学的。

周：从那些港台电影里你们还学到了什么呢？

何：还有就是搂搂抱抱、接吻呀。你只要看过几部（电影），啥子都给你教会了。冉崇飞每次去跟邹小芸约会，都会把牙刷好几遍，其他人就嘲笑他又去啃香嘴儿了。

环境的改变，让这些自由的乡村年轻人很快就习得了新的观念与行为方式。

2000年以后，特别是2005年以来，随着更年轻的农民工来到城市打工，这里面还有相当一部分年轻农民工本身就出生在父母打工的城市，大部分时间都生活在城市，接受乡村社会的影响更有限，他们以更快的速度接受着城市的新观念和新的行为方式。QQ、微信等不仅成为他们新的通讯方式，也成为他们谈恋爱、表达情感的新方式。村民周武强讲到他儿子周军的事。2009年春节，年仅19岁的周军从广东回忠县过年，一起回来的还有一个女孩儿。周军说是他在网上认识的女朋友，这让周武强非常吃惊。在周武强眼里，儿子平时完全是副闷头闷脑的样子，见了人都不爱说话的，本来一直担心他这个性格怎么找女朋友，哪想他自己就给弄了个女朋友回来。有一天，儿子把手机忘在家里，周武强随手拿起来翻了翻，短信里的对话尽是"小乖乖""亲爱的""老公，我想你""吻你"之类的话，看得周武强目瞪口呆。周武强说："现在的娃儿你完全搞不懂，你不知道他一天在想什么，你也搞不懂他的行为，和我们那个时候完全不一样。"另外一个"90后"石小虎（村民石宗全的孙子）这样表达他们这一代年轻人的个性："你想做什么就做去，莫管别人咋看你！"不过，"90后"女孩子冉秀琼（村民周成银的外孙女）似乎对他们自己这一代人的爱情有不一样的反思性的思考，她说："现在的人谈个恋爱来得快去得快。爱的时候，最热烈的话、最肉麻的话都可以说，毫无顾忌，好像今生今世没有比他们更相爱的人了。可是有时一言不合，就分手了，难过两天，就当什么事都没发生，就像手机上的短信一样，一删掉啥都没有了，也就忘了。有时候，我们自己都搞不懂我们自己。"另外一个"90后"女孩子何晓菲（村民何天安的孙女）给我看了一段她失恋后写的一段话："你给我那么多的承诺，给我那么多的表白，原来都是骗我的……在这个流动的世界，一切都会流走，没有谁在原地等着你，我能相信谁，我能相信谁的承诺?"我发现，这些新生代"90后"农民工和城里的同辈年轻人除了户籍身份的差异外，在思想观念和行为方式已经没有多大差别。在爱情和情感的表达上他们似乎更注重自身的感受，也变得更加随性，他们已经完全改变了他们的父辈那种含蓄克制的表达方式，他们不吝啬情感的表达（如在短信、QQ、微信中的热烈无比的语言表达），以至于呈现出表达泛滥的状况，他们可以轻易表达情感，也可以轻易承诺；同时，他们也可以轻易放弃一切、轻易忘记一切。当这个时代变得越来越没有确定性和无可把握时，我们也就难以期望爱情的稳定与情感表达的庄重与持久。

打工潮兴起后，农民的性态度和性行为的转变犹如美国20世纪60年代的性解放运动，可谓是狂飙突进式的变化。计划生育政策和打工经济的合力作用，使农民也如城里人一样，越来越超越性的生育功能，而注重性所带来的快乐。莲花村的很多男性村民坦言，他们在城里打工时，最初是通过看黄色录像来更多地了解性，后来则是通过在网上浏览黄色图片和视频来了解性。村民何某某（男）说："现在很多农民也会玩很多性花样，也会尝试不同的性姿势，退回到20年前真是不敢想象。"村民石某某（男）说："有一段时间村里时兴买VCD机，熊某某两口子就喜欢买黄碟来看，惹得村里好多人也去偷偷买黄碟看。"就这样，村民们把盖在"性"上面的最后一块道德遮羞布掀开了。夫妻之间也不再羞于言性，而是尽情享受性的快乐。对于村里的那些年轻人而言，婚前性行为也不再是道德禁区，村庄舆论对此也沉默了，人们对这种行为不会再感到意外。我访谈的莲花村已婚的年轻夫妻，70%以上的夫妻都承认在结婚前就有过性体验，奉子成婚、新娘子在婚礼上挺着大肚子的场景已经是司空见惯，没有人再觉得这是羞耻、丢人的事情。很多来自农村的未婚打工妹表示，她们对发生性行为本身并不害怕，主要是怕意外怀孕，因为她们往往在心理和生理上都要承受较大的压力和伤害①。莲花村的"80后"打工妹冉某某说："在外面打工最不能忍受的是孤独，所以女娃儿一般都会找个男朋友，哪怕是临时的，而且都会租房子同居，发生那种事情也就难以避免，不过都觉得无所谓，周围的人都这样。"一项研究显示，打工妹婚前性行为发生在16—24岁的各个年龄，没有特别的模式，但以十七八岁初次发生性行为的情况最多。② 莲花村"80后"打工仔石某某谈到"性"时说："在外面不仅孤独，各种烦心事也多，做那种事情能缓解压力。"他还谈道，现在的男孩子、女孩子对贞操也不再看重。一个男孩子在谈恋爱时或择偶准备结婚时，也一般不会再过分关心女方是否是黄花闺女。

20世纪90年代以来，很多农村家庭的生计分工模式是妻子留守、丈夫外出务工，这就打破了很多农村夫妻之间的正常生活，包括性生活。村民冉某某（男）说："没有出去之前，也没有觉得做那个事好得不得了，出去打工后，就觉得长期没做那个事还真有些受不了。"我问："那你们怎么解决这个问题呢？"冉某某说："憋着嘛。实在憋不住，就到录像厅去看场黄色录像片，有时也几个人一起摆摆荤

① 靳小怡、任峰、悦中山：《农民工对婚前和婚外性行为的态度：基于社会网络的研究》，《人口研究》2008年第5期，第76页。

② 郑真真等：《城市外来未婚青年女工的性行为、避孕知识和实践——来自5个城市的调查》，《中国人口科学》2001年第2期，第70页。

段子，过过嘴瘾；实在不行，有时也自己解决一下。”我问：“有找小姐解决的吗?”冉某某说：“当然有啊，那些年轻点的崽儿胆子大，就喜欢到发廊找小姐，价钱也便宜。”我问：“不怕染性病吗?”冉某某说：“当然怕啊，但有时忍不住，就管不了那么多了。和我们一起的熊某某就染上了病，弄了好多药才治好。”不仅男人们在城市里备受性的煎熬，留守村庄的女人们也忍受着同样的煎熬。村民周某某（女）说：“独守空房的滋味真让人受够了，有时候心里莫名其妙地窝火，就拿孩子撒气。经常想老公回来，有时就是想那个事情，说起来都有些害臊。下湾的王某某的男人也在外面打工，因为那个事情忍受不了，她就和村里的一个老光棍裹在了一起。听说她男人现在都还不知道这件事，也没有人喜欢去扯那个闲淡。”

最近几年来，在农民工中还出现了“临时夫妻”现象，很大程度上就是由于他们长期得不到正常的性释放。2013 年“两会”上，全国人大代表刘丽指出，一些已婚农民工来到城市打工，由于长期两地分居，出现了大量组建“临时夫妻”的情况。① 我就临时夫妻问题访谈过村民石明阳，他没有回应我，只是诡异地笑了一下。另一个村民石明轩说：“那不是什么秘密。那种事折磨人，没条件解决，自然就出现临时搭伙相互满足的现象。”谈及有无感情问题时，他说，“处久了，多少都有感情，也有因此各自和原配搭子离婚后光明正大在一起的。不过大多还是各取所需，也互不干涉各自的家事，毕竟多数人娃儿都有了，都不想把事情整复杂了。彼此也不要负多大责任，到时觉得合不来，分开就是了，好简单的事嘛!”我问道：“他们难道不知道这样做是不道德的吗?”石明轩说：“当然知道不道德啊！但憋起也难受啊！不过，很多人因为觉得内疚，对自己的老婆或老公、家人反而更体贴、更关心了。”一直不愿意回应我的问题的石明阳突然冒出了一句很有哲理的话：“你刚才讲道德的问题，如果道德长期让人不快乐，连那种事情都得不到满足，这样的道德有啥用呢？谁还会在乎它呢?”社会结构变迁带来的制度压力与社会流动导致的因距离拉大而产生的情感压力、性需要，使农民工产生了“临时夫妻”这一越轨行为。但“临时夫妻”不仅仅是个人的道德问题，更为重要

① 何雯、曹成刚:《农民工“临时夫妻”现象的社会心理学解析》,《广西社会科学》2014 年第 7 期,第 145 页。

的是一个社会问题，[①] 是关系几亿农民工的“性福”和家庭和谐的大问题。

三、离婚

离婚是指夫妻双方通过协议或诉讼的方式解除婚姻关系，终止夫妻间权利和义务的法律行为。我国《婚姻法》规定，如夫妻双方感情确已破裂，调解无效，应准予离婚。从社会学的角度讲，离婚即婚姻的解组，是人类社会生活中的普遍现象，在不同的历史时期，表现出不同的面貌与特征，引起离婚的社会原因也各有不同。

在传统乡村社会，离婚被视为是丢脸的事情，而且即使离婚，决定权也掌握在男人手中，三从四德的道德规训事实上剥夺了女人在这个上面的权利。近现代以来，由于西方文化观念传入中国，强调男女平等的思想开始冲击传统的男尊女卑思想。1915 年民国时期制定的《民法草案》规定：“夫妻不相和谐，两愿离婚的，得离婚。”[②] 这使女性在离婚上拥有了与男性同等的权利。但在一些具体条款上，又显现出传统男权的逻辑，如对于妻子以丈夫纳妾为理由提出的离婚诉讼，《法令周刊》中指出：“纳妾既不能为离婚之请求，则对纳妾所生当然之结果，自亦不能为同样之主张……”[③] 同时，社会舆论普遍缺乏对离婚女性的宽容，视之为祸害，人们一般很难接受离婚的女性再嫁。[④] 在乡村社会，人们更是普遍遵循传统道德习俗，很少有离婚的。莲花村村民周文孝说：“解放前，村里基本上没有离婚的。你看何家院子的何天志，他不喜欢他老婆，他也不离婚，他就又娶了个小老婆。还有黎木匠黎天福，他妈老汉儿给他找了个‘夹舌子’媳妇，他不喜欢，但他也不离婚，他就长期到外面做木工活儿，很少落屋。”村民周建中说：“熊成氏被她老公熊安圻经常打得造孽兮兮的，她也不会想到离婚。况且，离了婚，谁还会要她呀？那时，县城里有听说离婚的，但也少。反正那个时候，没多少人会想到离婚，离婚是新中国成立后才多起来的。”

---

① 徐京波：《临时夫妻：社会结构转型中的越轨行为——基于上海服务业农民工的调查》，《中国青年研究》2015 年第 1 期，第 55 页。

② 《民律亲属编草案》第 3 章，转引自王奇生：《民国时期离婚问题初探》，成都出版社，1993，第 169 页。另参见艾晶：《离婚的权力与离婚的难局：民国女性离婚状况的探究》，《新疆社会科学》2006 年第 6 期，第 109 页。

③ 参见艾晶：《离婚的权力与离婚的难局：民国女性离婚状况的探究》，《新疆社会科学》2006 年第 6 期，第 110 页。

④ 同上，第 114 页。

1950年的《中华人民共和国婚姻法》施行，突出了“一夫一妻”“婚姻自由”“男女平等”等原则，由此掀起了一场史无前例的离婚潮。[①] 在这个过程中，一度造成了诸多混乱。如有的人将婚姻自由误读为“谁不想跟谁就不跟谁”[②]。有的人以反对封建包办婚姻为由，纷纷弃旧迎新[③]，甚至搞婚外性行为。莲花村村民石宗文20世纪50年代在忠县县城工作，是所谓的“国家干部”“公家人”，由于嫌弃老婆冉秀芬长得不好看、没文化，就以他和冉秀芬的婚姻是父母包办为由，提出与冉秀芬离婚，后来石宗文又与县城的一个年轻女孩结了婚。村民冉崇正以恋爱自由、婚姻自由之名，与村里的一个单身女人搞婚外性行为，最后和他的老婆离了婚。不过，村庄的传统道德还在发挥作用，一些真正有正当离婚理由的妇女却因此被打压甚至惨遭杀害，有的女性因多次诉求离婚无果而自杀。莲花村隔邻芭蕉村的熊康芸，由于没有给丈夫石宗孝生个儿子，长期遭受丈夫的毒打和婆婆的折磨，因为不堪忍受，遂提出离婚。石宗孝视此为奇耻大辱，为了显示做丈夫的权威，竟把妻子吊在院坝的核桃树上毒打，村里干部虽然面上对石宗孝的行为进行了批评、制止，但私下里却认为熊康芸该打。熊康芸后来投水塘自杀，村里也没人去追究石宗孝的责任。正如有学者指出，改变传统婚姻制度，建立现代婚姻制度，实现社会的现代转型，是一个艰难的过程。[④] 为了缓和婚姻法与传统婚姻习俗的冲突，党和国家把婚姻自由重新解释为主要是结婚自由，限制离婚诉求，离婚不再受到鼓励，而更加强调离婚诉求中的调解程序，“对于有争议的离婚请求，法庭一般全都驳回，而着力于‘调解和好’”[⑤]。在人民公社时期，为了减少

---

① 李巧宁、陈海儒:《中国西部农村婚姻家庭观念与实践变迁——以1950—1953年陕西农村女性离婚潮为例》,《甘肃社会科学》2013年第3期,第131页。

② 梁琮:《进一步做好婚姻法的宣传教育工作》,《人民日报》1952年3月10日第3版。转引自汤水清:《“离婚法”与“妇女法”:20世纪50年代初期乡村民众对婚姻法的误读》,《复旦学报(社会科学版)》2011年第6期,第132页。

③ 李刚、谢燕红:《1950年代小说的离婚叙事研究》,《北方论丛》2010年第5期,第32页。

④ 汤水清:《“离婚法”与“妇女法”:20世纪50年代初期乡村民众对婚姻法的误读》,《复旦学报(社会科学版)》2011年第6期,第129页。

⑤ 刘景范:《贯彻婚姻法是当前各级人民政府和全国人民重要的政治任务——三月十八日在中央人民广播电台的广播词》,《人民日报》1953年3月20日第1版。转引自汤水清:《“离婚法”与“妇女法”:20世纪50年代初期乡村民众对婚姻法的误读》,《复旦学报(社会科学版)》2011年第6期,第133页。

农村离婚率，国家建构起了一个包括亲友调解、村干部调解、法院调解的网络体系。① 因此，进入到20世纪60年代后，一直到“文革”结束、改革开放兴起，乡村社会的离婚率都是比较低的。如曹锦清等人在浙北调查的一个乡，四乡一镇近十万人口的范围内，整个集体化时期平均每年只有两三起离婚案。② 曾任莲花村妇女主任的何新梅说：“集体时期，我都不知道调解了多少婚姻纠纷，很少有离婚的。传统观念都是劝合不劝分，国家也支持这样做。”

“文革”结束后，家庭承包责任制的实行，使农民摆脱了集体和政治的束缚，获得了较多的自由，同时，村庄流动性的增加，也给他们扩展了更多享受自由的空间与机会，客观上也助长了他们的个人欲望与个人权利意识。这一个时期的乡村离婚，即与这些东西密切相关。这里以莲花村村民雷若兰的离婚故事来进行具体分析。

雷若兰是周成宗的老婆，又是熊康兰的亲姨表妹。当初把雷若兰介绍给周成宗，是我外祖父熊安良和雷若兰的同母异父姐姐冉崇珍的意见，说是这样亲上亲。当时雷若兰与她所在村里的一个知青相好，但冉崇珍觉得这是不靠谱的事，不会有什么好结果，所以她极力反对雷若兰与那个知青来往。雷若兰脾气很倔，当时整个心都放在知青那里，而且也看不上周成宗，觉得他太本分老实，并不喜欢。不过长辈们也很固执，就擅自把这门亲事定了。雷若兰也只是在家里哭闹，没有汪家琼那个意识和胆量把事情闹出去，以求得大队的支持。到正式结婚那天，雷若兰寻死觅活地要撞墙。熊康兰去劝了她好半天，起码说了一大箩筐道理，雷若兰才不情愿地嫁给了周成宗。婚后最初几天，雷若兰都没让周成宗上床。这样拗了好长一段时间，生米算是煮成了熟饭，两个人的关系渐渐稳定下来，后来就生了周泽康、周秀莹两兄妹。不过，雷若兰始终对周成宗没有那个热乎劲儿，对雷开玲也没有喊过一声妈。

1983年，莲花村土地下户，家家户户都铆足了劲，在自己的土地上倾注了全部的汗水与希望。雷若兰长得丰满结实，是做活路的好手，种、栽、挑、背、打，样样都行，动作又利索。雷开玲虽然有时会向周成宗抱怨雷若兰不喊她妈，

---

① 李飞龙：《国家权力与农村私人生活领域的变革(1949—1978)——以农村婚姻的解体为考察中心》，《山西师大学报(社会科学版)》2012年第5期，第97页。

② 曹锦清、张乐天、陈中亚：《当代浙北乡村的社会文化变迁》，上海远东出版社，2001，第345页。

但对雷若兰的勤快能干确是无可指摘。周成宗是个慢性子，雷若兰最看不惯他这点，骂他像个“棉女人”。虽然一家人有这样那样的一些磕磕绊绊，但总体还是安安稳稳。

1984年，一件事情的发生，改变了这个家庭的轨迹，也改变了家庭成员的人生轨迹。土地下户后，村民们不仅找到了新的生活动力，而且切身感受到一种在集体时期没有的自由，自由地劳动，自由地安排自己的生活。以时间和空间为例，村民们有了更多的可以自己支配的时间，也有了更多的活动的空间，不必像集体时每天到地里磨洋工。

当制度性的空间隔绝与限制被逐渐取消后，村民们的眼睛、心开始有意无意向外张望、探寻。比较充裕的农闲时间给他们提供了思考与行动的契机。正是在农闲时候，雷若兰不知怎的和村里的“风流女人”方文淑裹到了一堆。方文淑向雷若兰介绍认识了她认的干大哥程尚旭。程尚旭是隔邻太平村人，当时在公社农技站当汽车司机。方文淑已经坐他的车兜了好几趟风，走了忠县不少地方，回来就不停地给雷若兰讲她的心得体会，说是大开眼界，“莲花（村）那个凼凼儿太小了，成天窝在那里有啥意思？简直是憋死人”。方文淑鼓动雷若兰也出去见识一下世面。起初雷若兰还很犹豫，但已经动心了。有一天，雷若兰对周成宗说要去赶磴井场，其实是和方文淑一起坐程尚旭的车出去耍。这一出去就是三天，程尚旭带她们到黄金、三汇、官坝、汝溪转了一大圈。这事儿在村里又引起了小小的轰动，村民们议论纷纷，雷开玲与周成宗母子俩羞愧难当，气得在家里直跺脚。雷若兰心里有些发虚，倒是方文淑很镇定，说我们没做啥见不得人的事情，不怕那些人嚼舌头，就让他们把舌头嚼烂。雷若兰回到家后，一向好脾气的周成宗终于爆发了，大骂雷若兰不要脸、不守妇道，给他丢人现眼。婆婆雷开玲也在旁边打边腔，说她的不是。雷若兰本想好好解释一番，一见他们母子是这阵势，索性也横了，就对吵了起来，而且各自将陈芝麻烂谷子的事情都一股脑儿抖出来了。自此，一家人的心结打上了，各自以为占理，互不退让，三天两头吵架。当时周泽康、周秀莹两兄妹，一个还在读小学三年级，一个在读小学一年级。似乎是为了故意气雷开玲与周成宗母子俩，有一天雷若兰又跑到程尚旭那里，坐他的车又出去潇洒了一趟。当雷若兰回家时，平时懦懦弱弱的周成宗竟拿起根扁担来迎接她。这一扁担虽然并没有打着雷若兰，却把她的心彻底打死了。结果她永远离开了这个家，跑到了忠县县城她姐姐冉崇珍家里。事情闹到这个地步，周成骧、熊康兰也出面了，亲自跑到冉崇珍家，劝说雷若兰回去，当时还把周泽康、周秀莹两兄妹一同带去了，想用孩子来打动她。不料雷若兰坚决不愿再回去。冉崇珍起初也是极力劝妹妹回去，不过后来却来了个一百八十度大转弯，支持起妹妹的立场来。究其原因，一是觉得周家有点罔顾事实，冤枉欺负她妹妹；一是她本身也瞧不起周成宗，觉得她这个妹夫没啥本事。村里人所谓的“本事”，集体时主要论成分好坏，论工分挣得多少，土地下户后则主要集中到会不会“找钱”上。冉崇珍嫌周成宗没本事，就是觉得她这个妹夫哪样都拿不出手，不会找钱。在国家明确鼓励号召人们努力发家致富的现实背景下，有没有本事找钱，成为拨动乡村人神经的一根重要的针。

1984 年 10 月，雷若兰跑到冉崇珍家后，就没再回过莲花（村）。这样拖到 1986 年 6 月，雷若兰与周成宗终于以离婚了结，周泽康、周秀莹两兄妹判给了周成宗，周成宗独自抚养两个孩子成年，一直没再婚。雷若兰只身继续留在冉崇珍家，之后不久冉崇珍介绍她去县城一家理发店学理发，后来就和理发店老板杨顺祥（当时杨顺祥的妻子已经去世，有三个孩子）结了婚，并一直住在城里。2003 年，杨顺祥去世，有人劝雷若兰与周成宗复婚，雷若兰没同意，表示那是不可能的事情。2015 年，周成宗去世。雷若兰又找了一个对象，继续住在城里。

雷若兰的离婚故事可以说明以下几点：第一，雷若兰与周成宗的婚姻是没有感情基础的，具有包办性质，这为其后来的离婚埋下了伏笔；第二，集体时期，生产劳动、日常生活的高度封闭性、稳定性，她基本上无可选择，只能接受与周成宗之间没有感情的婚姻；第三，集体时代的结束，客观上使她获得了超越村庄的自由空间，且不论她与程尚旭之间有无出轨行为，但新的自由确实为她重新审视自己的婚姻并寻找可替代的婚姻选择提供了契机；第四，新时代对人的要求，如对男人的要求是会找钱，也使她对自己男人的无能不满，加之本身对周成宗就没有多少感情，因此后来离婚意愿就变得非常决绝。

村民何新梅讲道，土地重新下户后，村民离婚数量较集体时期有所增加，而且还出现了一个有趣的现象，就是女性提出离婚的比男性多。我问道：“你觉得为什么会出现这种颠倒现象呢？”何新梅答：“这个和解放后接受的教育有关，女人的权利意识、自主意识增强了。不过，我觉得可能还有一个更重要的原因，那就是农村男的多，女的少。我们村里的老光棍就不少，女的离了好找，男的离了反而不好找。”何新梅的分析是有道理的。有学者的研究也显示了类似的现象，即男性出于离婚后再婚困难等因素考虑，提出离婚者较少；妻子对丈夫的行为不满，把离婚作为解决问题手段或以离婚相威胁，丈夫害怕离婚而不得不服从妻子。[①]这些都表明女性在夫妻之间的地位确有显著提升，这当然与新中国成立后几十年来的男女平等思想的长期熏陶有关，集体时期农村夫妻共有的社员身份也强化了这种男女平等思想。

当然，上面所讲情况乃是一种趋势的显现而已，毕竟在整个20世纪80年代，农村的整体离婚率还维持在较低的水平。这是由于村庄社会结构虽已开始松动，但也还相当稳固，村庄封闭性仍然强于村庄流动性，村庄的传统道德、文化习俗还能有效发挥作用，而且村民们接受的革命洗礼和现代观念从来就没有完全代替过传统。因此，在这种社会本位、家庭本位文化中，大多数村民接受的还是较为保守的婚姻观念，如认为“好人不离婚，离婚不正经”，认为离婚是件有伤脸面的丑事，而且国家长期实行的婚姻调解制度也强化了人们的这种观念。总之，在稳定封闭的社会环境中，农村的离婚率比较低。

进入90年代，走出村庄、汇入浩浩荡荡的打工大潮的农民们才真正开始出现观念与行为的颠覆性变化。首先，随着村庄流动性的增强，制约离婚的村庄结构性力量开始解体了，特别是妻子留守、丈夫外出的家庭分工模式大大增加了离婚风险。其次，随着个人本位文化兴起，追求个人幸福的婚姻观念促使婚姻当事人和社会舆论对离婚的评价发生了明显的变化，新《婚姻法》对“无过失离婚”的规定也降低了离婚的门槛。第三，计划生育政策直接导致的农村生育率下降，这意味着农村家庭子女数量减少，也让拥有男孩的机会减少，拥有幼龄子女的时间缩短，因此也增大了婚姻和家庭的不稳定因素[②]。

莲花村村民冉某某（男）给我讲了他的离婚故事。他是1988年结的婚，当时才22岁，老婆是高安村的熊某某。冉某某说：“农村都兴早结婚，我那个时候人都还没长醒，稀里糊涂就把婚结了。”1990年，冉某某和熊某某有了他们的孩子。1993年，熊某某留守家里，冉某某南下广东揭阳打工，长期在建筑工地做砖工。1996年，冉某某与同在工地打工的湖南女孩小潘产生感情。在冉某某看来，小潘性格好，会照顾人，对人非常体贴细致，不像他老婆，性格又歪，做事大大咧咧

① 尚会鹏、何祥武：《乡村社会离婚现象分析——以西村为例》，《青年研究》2000年第12期，第6页。

② 许琪、邱泽奇、李建新：《真的有“七年之痒”吗？——中国夫妻的离婚模式及其变迁趋势研究》，《社会学研究》2015年第5期，第239页。

的，从来不会问人个冷热。

周：如果你一直待在老家，你会和老婆离婚吗？

冉：当然不会，那就只有将就过下去呗。

周：在你没有出去打工之前，你是不是觉得你老婆让你很受不了呢？

冉：也不是。认识了小潘后，一比较嘛，才发现很不一样。

周：当时你离婚顺利吗？

冉：很费了些周折。前妻比较横，哭闹着死活不离，有一次都差点儿要喝农药，幸好被我妈及时制止了。娃儿当时还在读小学，也求我不要和他妈离婚，我心里纠结惨了。但想到小潘一个黄花姑娘家，更不能辜负了人家。所以，我一横心，还是咬着牙坚持要离。整了一年多，才把婚离脱了。

周：当时村里人怎么看这个事？

冉：当然都说我的不是。有个老辈亲戚还把我狠狠骂了一顿，说我简直就是"陈世美"，说要是在包龙图那个时代，早把我铡了。

周：你当时不害怕村里人对你的议论和指责吗？

冉：其实也没多少人真正管你这些闲事，不过私下里八卦而已，而且我大部分时间都在外面，也不大在乎他们说什么。

周：你父母当时是什么态度？

冉：我妈老汉儿当时也是坚决不同意我离婚，骂我在外面心长野了。

周：你娃娃当时判给谁的？

冉：判给我的，熊某某不要。

周：她为啥不要呢？

冉：有了娃儿不好再找（对象）。

周：熊某某后来结婚没有？

冉：听说找了芭蕉的吴某某。

周：你后来的生活怎样？

冉：我和小潘结婚后，大娃儿就暂时跟他爷爷奶奶生活在一起。2006年，我在忠县县城买了套房子，把妈老汉儿接出来住，我都很少回莲花了。

周：你怎么看现在农村人离婚越来越普遍的现象？你觉得原因是什么？

冉：没啥奇怪的。社会开放了，见的东西多了，人的想法多了，选择的东西也多了。

周：你觉得离婚道德不道德？

冉：看你怎么看，也分情况。两个人实在合不来，那就分开，你鼓捣要在一起，我看也不道德。

周：你不是说没有外出打工前也可以和你前妻将就过吗？尽管她有这样那样你不满意的地方。

周：那个时候没条件嘛。现在有条件了，为啥一定要委屈自己呢？

周：你是说现在的人不愿意委屈自己吗？

冉：现在条件好了，你选择的东西多了，你咋要委屈自己呢？（真要那样）那不是傻儿吗？

村庄流动性的增强，给村民们打开了一扇重新审视自己的婚姻的大门，面对新的事物、新的人、新的机会、新的观念，他们对自己的婚姻的失败感增加，同时又发现自己其实有了更多的选择，有了更多重组自己的婚姻生活的可能性。即如一些学者指出的，社会大流动降低了打工农民再婚搜寻成本①，由此导致婚姻稳定性下降、离婚概率上升。②

当然，更多的农民（特别是“60后”“70后”农民）是陷入在传统道德伦理和现代观念、个人欲望、现实利益相互纠缠的泥潭中不能自拔。这些农民在村庄里生活的时间较长，受到村庄的传统观念、行为方式的影响较深，所以他们更容易被夹在现代与传统、新与旧的中间而左右为难、备受煎熬。村民石明光（2011年访谈时40岁，是我小学时的同学）谈到婚姻问题时，向我直摇头。他觉得自己的婚姻很糟糕，没意思。他和妻子秦朝红是经人介绍结的婚，两个孩子都上初中了。以前在村里的时候，他们还被大家视为模范夫妻。1993年，石明光到广东打工，2000年回到忠县，在县城开了个杂货店，两个孩子也接来住在一起，一家人似乎其乐融融的。石明光（石）内心却存有只有他自己知道的心思。

石：我23岁就结婚了，结早了。农村都兴这样，早结婚早生子。我老婆

① 杜凤莲：《中国城乡劳动力流动对婚姻稳定性的影响》，《经济社会体制比较》2010年第5期，第107页。

② 莫玮俏、史晋川：《农村人口流动对离婚率的影响》，《中国人口科学》2015年第5期，第104页。

是个好人，做事也勤快，也把娃儿照顾得好，可我就是不喜欢她。以前在村里的时候，就想着过日子，凑合过呗，大家都这样，也懒得想那么多。进了城，就越发感觉不对劲。你看那些城里人，谈个情说个爱，那才是真资格的，人要那样活着才有意思。

周：你小子是不是在外面有小三哟？

石：莫乱说。我是曾经和一个女娃儿有些接触，相互都有好感，不过还没到那个份上。我这个人还是比较传统的，没有乱整。

周：我看你老婆还不错，能能干干的！

石：我和她没共同语言，谈不到一堆去，我们在一起基本上没什么话说，只偶尔涉及孩子的事情，还可以一起说两句。她好像也没觉得有什么不对，也许她觉得婚姻就是这个样子。

周：想过离婚吗？

石：我也想过离婚，但不好离。娃儿也这么大了，况且她也没有做过对不起我的事，我咋好意思跟她提离婚嘛。唉，真的很恼火！所以我经常给那些年轻娃儿说，莫结婚早了，恼火得很！

周：那你怎么处理那个女娃儿的呢？

石：我也不愿意耽误人家，我只有给她说了实际情况，那天她哭得好伤心哟。多好的一个妹儿，真的可惜，但有啥办法呢?!

周：像你这种对婚姻不满意的人多吗？

石：村里一起出来的王七、贺九，他们背着老婆都有女朋友，这样做可能不对，但我很理解他们。你可以再去多了解一些人，没几个对自己的婚姻是满意的，都觉得不幸福，但大多又不敢或不愿离婚。离婚太麻烦了，也没面子。

周：现在还有多少人会认为离婚是丢脸或耻辱的事呢？

石：这个也不好说，像我们这个年龄的人还是有些顾忌这个。不过那些年轻崽儿才不会觉得离婚有啥丢脸的，他们比我们活得潇洒，我们这种人还做不到！

为了了解 20 世纪 90 年代以来女性在离婚中的观念与行为，我访谈了几位女性村民。在女性村民看来，现在离婚主要不是道德问题，而是个现实利益问题。

熊康芹（熊）：说实话，现在人们不会纯粹从道德角度来看待离婚，那些都不是最重要的了，重要的是离婚要牵扯到很多非常现实的问题。特别是2000年前，对于一个女人来说，如果离婚，就要牵扯到娃儿抚养、住房、田地等等问题。村里熊某某（女）离婚时，好惨哟，娃儿判给了男方，房子本来就是男方的，连个去处都没有，只好回娘家暂时住着，真的是人财两空。所以女的一般是不愿意离婚，离婚很吃亏呀！

周：照你这样说，是不是女的主动提出离婚的很少哟？何新梅曾给我讲过，集体下户后，女的主动提离婚的比男的还多。这和你讲的不是矛盾的吗？

熊：也没啥矛盾。一般女的是不愿意离婚，但被那些男的逼得没办法，当然只有主动提出离婚了。方某某的老公在外面搞小三，还对方某某又歪又恶，方某某只好主动提出离婚，女人自己还得留点儿骨气嘛。彭某某的老公一天到晚不务正业，在外面打工一分钱没找回来，听说整天赌博，有时还做烂事，去找小姐，你说这样的男人，彭某某不主动把婚离了怎么办？

周：你是说，农村里大部分离婚都是男方的过错造成的？

熊：当然是这样，现在的男的在外面都晃野了，有了两个钱，更是吆不倒台（自以为了不起），对自己的老婆这也看不惯、那也看不惯，唉，现在男的没几个让人放心的。

周：听你这话，似乎你男人也不让你放心？

熊：他我倒放心，他这个人老实本分，胆子又小，又不是会找钱的人，哪个女的会看上他？

另外一名村民王芸惠（王）给我讲了一些因为女方原因而离婚的案例。

周：熊康芹说现在农村离婚多是男人的原因，你怎么看？

王：总的看来，是这样。不过说句良心话，现在不仅男人的心野了，女人的心也野了。高安村的汪某某（女）和何某某两口子还是一起出去打工的，后来汪某某和一个做建材生意的浙江老板跑了，何某某为这事怄气，都怄得精神不正常了。

周：哪些女人更容易心野呢？

王：那些自认为有点姿色、贪图享受的女人的心就容易野。太平村的陈某某（女），2001年到重庆打工，在一个做生意的老板家做保姆。你说她厉不厉害，就凭着她有几分姿色，把那老板的婆娘都挤走了，回头把她老公也一脚蹬了。现在的女人很现实，特别是那些年轻姑娘家，更是不摆了，一个比一个精，一天到晚想的都是找个有钱的人嫁了。可是真有钱的会找你吗？看得起你农村的妹儿？村里周某某家的幺女，倒是找了个有钱的城里人，但那男人比周某某的岁数还大。

王芸惠讲的情况似乎显示了女性在婚姻上有了越来越多的主导权。就传统情况而言，女性在婚姻包括离婚上面都处于弱势和权利缺失的地位。不过，随着打工经济的兴起，很多农村女性也加入打工浪潮中，她们不仅在经济上开始独立，在婚姻观念上也发生了极大的改变，特别是对物质和个人幸福的追求开始成为她们的信仰，她们已经不能忍受贫穷的生活，没有了“过日子”的耐心，也不再看重原有的家庭伦理责任、义务，她们开始更强调自己的感受、自己的权利。事实上，在农村离婚现象中，我们确实看到了一种普遍的“无义务的权利”失衡状态。①

2000年前，夫妻双方离婚通常有一些具体原因，如婆媳矛盾、不能生育、外遇、丈夫赌博、家庭暴力等。2000年以来，那些新一代的年轻农民夫妻，和城里的年轻人一样，离婚正变得“稀松平常”。互联网的兴起，似乎在年轻人的婚姻和离婚中扮演着越来越重要的角色。农村年轻打工仔已经离不开网络，网络娱乐、网络社交已经成为他们生活的一部分。现实中找不到的情感寄托，就会自觉不自觉地到网络中去寻找。一些已经结了婚的姑娘、小伙子都坦言有自己的比较暧昧的网友，有的“聊着聊着就产生真感情了”，于是回头就与丈夫或妻子提出了离婚要求。有学者研究指出，互联网的出现和普及增加了已婚者接触异性的空间和交往异性的深度，配偶替代者的增多可能导致婚姻更加脆弱。② 在大流动和互联网交织中成长起来的农村年轻人越来越随性，闪婚闪离现象不断增多，如他们自己所说的“找不到什么原因，吵一架就去办了离婚手续，好像是活得不耐烦了”。不稳定的、流动的生活，造成的不稳定人格心理，社会竞争造成的压力与阶层地位焦虑都潜在地影响他们的各种行为抉择，包括结婚与离婚的抉择。另外，现在农

① 李永萍、杜鹏：《婚变：农村妇女婚姻主导权与家庭转型——关中J村离婚调查》，《中国青年研究》2016年第5期，第91页。

② 李晓敏：《互联网普及对离婚率的影响》，《中国人口科学》2014年第3期，第86页。

村的一些地方，离了婚的男女都不愿意再婚，而是会“耍一个朋友”，住在一起，俨然夫妻，但没有扯结婚证，只是同居搭伙，双方父母、村里人似乎都很默许这种情况的存在。村民何平说：“这样可以免掉很多纠纷和麻烦，合得来就在一起，合不来就分开，相互之间没有承诺，也没有多少责任，多撇脱（方便）!”

第二节　家庭结构与家庭关系

一、分家与家庭结构

分家是我国家庭结构变动的主要方式，经过两千多年的积淀，已经成为一种重要的习俗。分家，顾名思义是指家庭的分裂，同时也意味着新的家庭单位的诞生。对于分家原因，不同学者有不同的理解。费孝通认为，“年轻一代对经济独立的要求便成为家这一群体的瓦解力量，最终导致分家”①。许烺光（Hsu Francis L. K.）认为分家取决于家庭内部横向夫妇关系与纵向亲子关系力量的对比，当前者力量大于后者时，分家便会发生。② 弗里德曼（Freedman)认为父亲权威对分家起到了重要的抑制作用。③ 麻国庆则认为分家也是一种习俗，或者说是一种制度文化。④ 我们这里拟把分家放在历史变迁的视角来进行讨论，并分析其对我国农村家庭结构变化的影响。总体说来，改革开放前，新中国成立以来国家主导的一系列经济制度改革是影响分家习俗变迁的主要因素，20 世纪 90 年代以来，城市化、工业化、市场化等现代化因素则对农村社会分家及家庭结构产生了越来越重要的冲击与影响。

在莲花村，在新中国成立后逐渐形成子辈一结婚即分家的新习俗。这与王跃生的研究结论有一致性，即“儿子婚后与父母分家间隔逐渐缩短，渐次分家成为趋势（即结婚一个分出一个，而不是均婚后一起分家)”⑤。不过，在莲花村，与

---

① 费孝通:《江村经济》,上海人民出版社,2007,第 59 页。

② Francis Lang-Kwang Hsu, “The myth of Chinese family size,” *American Journal of Sociology* 48, No. 5(1943):555—562.

③ Myron L. Cohen, “Chinese lineage and society: Fukien and Kwangtung,” *The China Quarterly*, 32(1967):167—168.

④ 麻国庆:《家与中国社会结构》,文物出版社,1999,第 47—48 页。

⑤ 王跃生:《集体经济时代农民分家行为研究——以冀南农村为中心的考察》,《中国历史》2003 年第 2 期,第 98 页。

子女分家后的父母很少有单独生活的，一般会跟一个儿子同住。由于一般最小的儿子最晚结婚，父母与小儿子同住的情况比较多。经过分家后，母家庭就裂变为一个主干家庭与几个核心家庭。在农村进入人民公社时代、实行集体经济以后，农村的核心家庭数量就开始大量增加。在集体时期，由已婚儿子主动要求分家的比例较传统时代有显著增加。村民周文孝说："集体时期，做父母的权力都没有了，都上缴给生产队了，啥事都是生产队说了算，做父母的还说啥呢，娃儿都开始不大听你的了。除了几间破房子，做父母的手上就没有什么值钱的东西了。"这显然与传统时代不同，那时一个家庭的家长掌管着较多的资源、财产，其经营、使用、分配①都由家长决定，所以家庭诸事都得听他安排，做子女的只能俯首听命，并无主动提要求、更无自作主张的权利。在这种情况下，分不分家也由家长提出或决定。随着集体时代的到来，生产资料的集体所有使传统家长权力失去发挥的基础，家长监管财产的范围缩小，其对家庭成员、特别是成年家庭成员生存条件的控制能力减弱，通过分家产生的核心家庭由私有制时代的简单多数变为绝对多数②。同时，新政权在意识形态层面积极倡导家庭成员地位平等、反对家长制，客观上起到了分解传统形态大家庭的作用。另外，集体经济时期，多数农民的生活水平处于赤贫状态。贫穷容易使人斤斤计较，贫穷使人不愿或不甘吃亏，贫穷也容易使家庭成员之间关系紧张，通过分家可以将核心家庭成员间的矛盾降低到最低程度。③ 分家后的子家庭之间以及子家庭与母家庭之间成为相互对等的门户，不存在绝对的权威，伦理关联度较低，各个子家庭的自我利益维护意识很强。在这个时期，由于分家后的子家庭都是在集体中通过挣工分维持生计，所以直接的经济利益纠纷很少，但那个时候子家庭之间的关系并不是很和谐，反而有种种琐事性的矛盾纠纷。村民石宗秀说："分家后，兄弟之间就各顾各的小家了，有时矛盾还不少。倒不是有多大个好处摆在那里，大家要去争、去抢，无非就为分家时父母的一碗水可能没有端平。不过我倒觉得更主要的是相互攀比心造成的，大哥家好了，小弟家就嫉妒了，觉得面子上过不去，为这种争面子而产生的矛盾纠纷还真不少。在农村，分家后的兄弟不是巴望对方好，而是巴望对方穷，你很

① 郭于华：《代际关系中的公平逻辑及其变迁——对河北农村养老事件的分析》，《中国学术》2001 年第 4 期，第 238 页。

② 王跃生：《社会变革与当代中国农村婚姻家庭变动——一个初步的理论分析框架》，《中国人口科学》2002 年第 4 期，第 23 页。

③ 田雪原、陈胜利主编《生育文化研究》，中国财政经济出版社，2006，第 333 页。

难想象这是亲兄弟。另外，那个时候兄弟分家后大都还住在一地，成了左邻右舍，抬头不见低头见，磕磕碰碰就很难免，如果那些做媳妇的再在里面一搞事，小矛盾就闹成了大矛盾。你看周成前和周成明两兄弟搞得简直是水火不容、形同仇人，两兄弟各自的媳妇都不是省油的灯，互不相让，几十年都那个样子。”考察莲花村的历史，这里的村民大多是明清时期湖广填四川过来的，居民以散户、散姓为主，没有大姓大族，因此大家族意识并不浓厚，不管村庄内部各个血缘家族之间的连接，还是家族内部的各个家庭之间的连接都是比较弱的，小家庭或核心家庭的利益凸显，具有原子化的分散性。这种状况在改革开放以后进一步加剧，显现出一种历史的连续性。事实上，中国大部分农村地区在 20 世纪 50 年代由于土地的集体所有制的实行，造成家庭在生产组织、资源分配中的原有角色的衰退或消亡，从而使传统家庭结构出现小型化与核心化的相同趋势，70 年代末期来临的城市化、工业化、市场化只不过是巩固与加强了这一转变趋势。①

集体时代结束以后，家庭承包责任制的实行，使传统家庭经营方式出现回归，父辈权威有一定回升。在整个 80 年代，莲花村的分家习俗在基本做法和形式上还是延续了集体时期的做法。但不同的是，家庭生产方式取代了集体生产方式，这使得家庭重新成为生产组织、积累资源以及资源分配的中心，相应的家庭成员之间围绕利益产生的矛盾纠纷较集体时期更为突出、尖锐。在这种情况下，不仅结婚的儿子希望马上从母家庭分出去，做父母的为了“省心”也愿意及早分家。村民吴启华的大儿子吴志光 1988 年结婚后，吴启华本意是希望大儿子暂时不分出去。吴启华内心打的算盘是让大儿子再为家里多作几年贡献、帮父母减轻一些负担，因为志光后面还有五个妹妹、弟弟。志光当过兵，会很多手艺，人很能干，无疑是家里创造财富的主力，因此吴启华不希望他过早分出去。志光当然明白父亲的用意，但他和媳妇也有自己的小算盘，经过改革开放以来“发家致富”思想的熏陶、洗礼，小两口早就在谋划着小家庭的“发家致富”大计，因此结婚还不到半年，志光就向父亲提出分家了。吴启华没办法，只得同意，小两口遂搬出母家庭，住到了父母事先修好的两间土墙房子里。由于采取依次分家的方式，分家过程与对父母赡养义务的分配是相分离的，因为这个时期的父母大都还能自食其力。这个时期分家后子家庭之间一样维持着较低的伦理关联度，同时矛盾则更多

① 王天夫、王飞、唐有财等:《土地集体化与农村传统大家庭的结构转型》,《中国社会科学》2015 年第 2 期,第 57—59 页。

一些，主要围绕田地分割、房屋分配等问题产生的纠纷，有时兄弟间为此大动干戈的也不少。

90年代以来，打工经济的兴起，对农村的分家习俗和家庭结构变迁又产生了新的冲击和影响。最关键的是，通过分家产生的核心家庭的数量进一步增加，核心家庭的利益诉求越来越直接、强化，显示出浓厚的工具理性与个人主义色彩。父辈权威在经过80年代短暂回升后，进入90年代后出现断崖式下降。这是由于打工经济使很多年轻人开始进入非农行业，并挣得了比农业生产多得多的收入，他们对父辈的依赖降低、独立性增强，相应地脱离母家庭的愿望就非常强烈。莲花村村民何新书1991年就开始出去打工，当时刚年满16岁。经过几年的努力，他用积攒的钱另外择地新修了一栋一楼一底的砖瓦房，因此到他23岁结婚的时候，自动就脱离母家庭搬到了新家。他当时对父母说的话是：“我也不要家里一分钱、一件东西，如果你们想以后分给弟弟们，我也没意见。”他的话之所以说得这么硬气，实际上是因为母家庭里除了三间破旧的土墙房子外，实在也没有几件像样的东西。在整个90年代，莲花村大多数年轻人如何新书一样，由于母家庭普遍贫弱、无力给子辈提供更多的财产支持，因此完全靠自己去积攒修房子、准备结婚的钱。这种独立性既造成子辈分家愿望强烈、分家提前，同时无形中也减弱了子辈对父辈的尊敬与孝养义务；另外，各个兄弟子家庭之间的伦理关系进一步淡化、松弛。在当时，由于子辈们长期外出打工、难得见面，而且新修房子一般都会远离母家庭，采取单家独院的方式，所以子家庭之间、子家庭与母家庭之间的矛盾纠纷反而减少了。矛盾纠纷虽然没有了，父母子女之间、兄弟之间的亲情也随之淡了。村民石明阳说：“这年头，即使在农村，兄弟姊妹之间一年到头都难得见个面，各人忙各人的，电话都很少打。过年过节都不容易聚齐，不是老二来不了，就是老幺来不了，好像都不在乎家人的那个情分了，有时都不知道这是怎么搞的，说不清楚。”城市化、工业化、市场化带来的社会大流动，使农民们变得更自由、更独立、更理性，但同时也使村庄关系、家庭关系松弛了，家庭结构也裂变了，这客观上给乡村社会的伦理道义、家人亲情造成的伤害，恐怕不是人们日渐增长的物质财富和经济收入所能够消弭的。

2000年以后，那些多子女家庭仍然延续着“渐次分家”的模式，同时母家庭的父母独自生活的情况显著增加。一些中年的父母对于子辈未来的养老承诺已不敢寄予太高的期望，他们也纷纷加入到了外出打工的潮流，提前为自己积攒养老钱。这些都显示出了传统中国牢不可摧的“反哺型”纵向代际均衡关系正在出现断裂。[①] 村民何新伦、李翠兰夫妇2005年时都已是50多岁的人，也走出了村庄，到重庆市一个居民小区做清洁工。何新伦说："出来主要是想攒点养老钱。娃儿那里我们不敢指望，他们也有他们的难处，压力也大，都不容易。"

2000年后，"文革"结束后的第一代独生子女已经成长起来，很多也加入到了打工的行列，成为新生代农民工。我在莲花村的调查发现，独生子女家庭分家的很少。其主要原因在于：一是独生子女家庭中的父辈年龄还不大，仍具有较强的财富创造能力，这对子辈无疑具有较大的吸引力；二是独生子女在成长过程中得到了父辈的较好的照顾或溺爱，对于父辈有较强的依赖心理；三是独生子女在结婚后，需要父母帮忙带孩子、做家务；四是独生子女家庭由于只有一个孩子，所以父母对其也有很强的情感依恋，所以也不愿意分家。独生子女家庭中的子女的结婚准备费用、修房子费用有相当部分不再是子女自己独立挣来的，而是父母挣的。这是不是说明不分家的独生子女家庭中父辈具有较强的权威，而且这种不分家的状态会一直持续下去呢？我观察后的结论是否定的。2013年时，村民石明勇、周永桂夫妇都已满五十岁，独生子石磊已经结婚两年，没有分家。石明勇说："我们虽然没分家，但矛盾太多，年轻人的想法又和我们不一样，话也说不到一堆去。儿媳妇性格不好，说不了两句就会跟你顶嘴，也没个尊老的意识。有一次我半开玩笑地对石磊讲，是不是分家算了？你猜他媳妇当时怎么说的，她说现在还不能分，要分也是以后的事。我想她那个意思就是我们做父母的现在还有用，所以不能分；如果以后我们老了，没利用价值了，那就可以分了。你看这就是现在的年轻人，他们心里只有他们自己，那里真有妈和老汉儿呢？"这些独生子女一代普遍具有阎云翔所谓的"无公德的个人"性质。因此我同意龚为纲的判断：独子家庭在未来会继续强化与父母分家的趋势，直系家庭将会进一步在现有的水平上继续瓦解为空巢家庭和核心家庭。[②]

麻国庆说："在中国的分家制度中，作为经济的家是分了，但作为文化的家是永远分不开的。"分中有继也有合。中国的家在其生命周期的一定阶段存在着分离的倾向，另一方面，又具有极强的向心力。在这种看似相克却又相生的两种力量

① 龚为纲：《中国农村分家模式的历史变动——基于1990、2000年全国人口普查原始数据的分析》，《青年研究》2012年第4期，第93页。

② 龚为纲：《农村分家类型与三代直系家庭的变动趋势——基于对全国人口普查数据的分析》，《南方人口》2013年第1期，第71页。

的作用下，形成了中国的分家制度。① 他讲的观点有一定道理，但与我在莲花村观察到的事实不大符合。我前面谈到，很多母家庭分裂后，子家庭之间以及子家庭与母家庭的伦理关联弱化、亲情淡化，子家庭的离散性强、向心力弱，很多兄弟结婚后形同仇人、水火不容，很难看到“合”的趋势。当然，我们也发现，打工经济兴起后，确实又出现了“不分”以及“分后又合”的趋势②。但我想强调指出的是，出现这种“不分家”或“分后又合家”的现象，并不是因为麻国庆所谓的“文化的家”复兴了，也不是因为那些脱离母家庭的子辈们的家庭良心发现了，而不过是那些“个人主义”子辈们从小家庭利益出发而做出的理性选择而已。因此，“不分家现象”行动主体、积极建构的动力来自中国农村社会特殊的个体化进程③，是功利化个人主义的年轻子辈实现个体化的实践策略。

总之，改革开放以来，分家与家庭结构的变化呈现出了非常复杂的面向，这是国家制度、传统文化、市场、个人主体等各种因素综合作用的结果。这里的核心问题是人们生活的稳定性弱、对未来的预期性弱。没有稳定的生活、没有可预期的未来，在流动中的农民们和他们的家庭就没法稳定下来，留守家庭、空巢家庭、原子家庭等异化的家庭结构形式就会一直存在，“文化的家”就可能“分而不合”，而非麻国庆乐观认为的“永远的家”。

二、夫妻关系

在传统时代，中国家庭关系结构主要包括纵向的血缘关系和横向的婚姻关系。其中亲子关系（父子关系）为主的血缘关系是主轴，夫妻关系为主的婚姻关系是配轴。正如许烺光所谓，“所有的家庭团体内的关系都被认为是父子关系的扩展，或是附属着、辅助着父子的关系”④。正因如此，夫妻关系服从或服务于父子关系，夫妻之间的亲密情感、个人欲求并不重要，而且需要刻意的克制与压抑⑤。

---

① 麻国庆：《分家：分中有继也有合——中国分家制度研究》，《中国社会科学》1999 年第 1 期，第 117 页。

② 肖倩：《个人主体性的释放：农村独子家庭分家实践研究——以江西省冈村为例》，《人口与发展》2011 年第 5 期，第 73 页。

③ 姚俊：《“不分家现象”：农村流动家庭的分家实践与结构再生产——基于结构二重性的分析视角》，《中国农村观察》2013 年第 5 期，第 85 页。

④ 转引自陈功：《家庭革命》，中国社会科学出版社，2000，第 24 页。

⑤ 田霞、田跃安：《二十世纪上半期农村家庭夫妻关系探析》，《人文杂志》1999 年第 4 期，第 53 页。

两个人结成夫妻以后，夫妻的角色更多地转换成了父母角色或子媳角色。父母角色的功能主要是养育子嗣，并通过“男主外，女主内”的家庭分工，各司其职，共同维持家庭运转；子媳角色的功能主要是尽心协力赡养、伺候公婆。同时，在夫妻关系中，还要强调妻对夫的遵从。总之，在传统时代，家庭强化、鼓励的是父母意识、子媳意识、妻从夫意识，弱化的是双向的夫妻意识。莲花村村民周文孝说：“以前农村，人结婚的目的就是为了生娃儿、赡养父母，你以为是让你两口子自己找乐子呀？”所以，夫妻之间的亲密情感、个人欲求只能在私密空间偶尔表达与实现。在公共场合和大部分时间里，夫妻之间不能有私情互动，而要专注于为家庭、子女、父母而努力操持、劳作，同时，丈夫必须与家人保持比妻子更密切的关系。①

近现代以来，受到西方现代文化思想的冲击，夫妻关系在中国家庭结构中的地位也发生了变化，此种变化在各个时期又各有其表现形式与特征。总的来看，“传统家庭向现代家庭转型，其变化的直接结果就是引起家庭伦理关系由纵向的父子关系轴心转变为横向的夫妻关系轴心”②。

新中国成立后，党和国家大力提倡恋爱自由、婚姻自由，这直接冲击了纵向父子伦理的权威地位，“父母之命，媒妁之言”的择偶、婚嫁模式被打破，取而代之的是自由、自主婚配模式，表现为一种婚姻本质的回归。夫妻关系得到重新重视，相应的也要求实现夫妻之间的地位平等。革命化时代，大量女性走出家庭，与男性一同参加公共性的政治活动，一同参加生产劳动，在社会生活的各个领域，都出现了女性的影子，一些传统上专属于男人的空间，女性也开始涉足，所以当时毛泽东说了一句非常有名的话：“妇女能顶半边天。”特别是人民公社制度的实施，使家庭成员获得了平等的身份：社员，这客观上有助于家庭关系的平权化。当然，由于传统逻辑依然在发挥作用，所以家庭关系特别是夫妻关系的平权化也是一个长期而艰难的过程。兹举集体时期莲花村村民何天瑞打老婆的例子予以具体分析。

何天瑞喜欢打老婆在莲花村是出了名的。按照村里人的说法，“何天瑞打老婆，家常便饭”。村民何新国说：“何天瑞脾性燥，动不动就打他女人，都打习惯了，天把两天不打一下，心里就发痒。他那女人熊德芬也怪，好像也习惯了挨打。

① 陈功：《家庭革命》，中国社会科学出版社，2000，第 25 页。

② 汪怀君：《试析现代家庭伦理关系的嬗变》，《前沿》2005 年第 11 期，第 207 页。

有时晚上听见被打得杀猪似的叫，第二天见了她，没事儿人似的。所以我开始还会劝他们两句，后来就顺其自然了。”他们的事情似乎就是这么简单平常，不过另外一件事情的发生，才使得其中的一些内情为外人所知晓。有一天，熊德芬找到村妇女主任曾凡莲，呼天抢地地哭诉，要大队干部为她做主。原来何天瑞打老婆是有隐情的。何天瑞是独子，所以一直想要个儿子，但熊德芬前后生了四个都是女孩儿。可到第五个孩子生下来还是个女孩儿，这下何天瑞就受不了了，觉得是女人故意和他作对，让他断子绝孙。熊德芬月子期间，何天瑞经常猛踹她的肚子，骂她的肚子没用。更让熊德芬无法忍受的是，何天瑞竟然写了一纸休书，把熊德芬和五个“丫头片子”撵出了门，要她们滚蛋。任凭熊德芬如何在门外苦苦哀求，也不管几个孩子哭得伤天伤地，何天瑞就是不开门。万般无奈之下，熊德芬才只好去找曾凡莲。曾凡莲也没想到会是这种情况。以前曾凡莲批评何天瑞时，何天瑞还信誓旦旦地说：“没咋打，我们也没啥矛盾。那电影《李双双》里不是说吗，‘天上落雨地下流，两口子打架不记仇’，我们真没啥。”曾凡莲派人把何天瑞叫到大队来，让他把事情说清楚。没想到何天瑞那天也横了，竟然扛起锄头和派去的人干上了，那人的脚被锄头铲去了半块皮。事情闹大了。大队为此专门开了会，宣布何天瑞到公社去“办学习班”。何天瑞被办了学习班，从此在村里就蔫了，对老婆孩子也好多了。村里其他爱打老婆的人受了何天瑞事情的警示，也就收敛一些手脚。大队经过研究，决定以何天瑞的事为契机，组织村里的文宣队，在全村进行了为期一周的巡回宣传，主题就是倡导社会主义家庭新风，要求家庭内部要民主，夫妻之间要平等相待。平时村里节日文艺演出时，宣传男女平等、家庭民主和睦主题的节目基本上成了规定节目。

在整个集体时期，党和国家对现代家庭思想的宣传以及集体劳动方式的实行，使夫妻关系在家庭结构中的主导地位得以逐步确立，父辈对子辈、公婆对儿媳、丈夫对妻子的绝对权威开始降低。不过，夫妻关系地位特别是妻子地位的上升也是有限的。首先，传统观念不可能轻易消失掉，它还会以这样或那样的形式继续发挥其影响。第二，革命伦理虽然对传统伦理采取了一种摧枯拉朽式的颠覆态势，但事实上革命伦理在某些方面是暗合甚至支持了传统伦理的主张，如对个人情感和个人欲求的限制、排斥，对集体主义（暗合家庭主义）的强调。所以我们看到，一方面，夫妻之间的亲密情感与个人欲求获得了比传统时代较多的满足，特别是妻子平等、主动向丈夫表达期望和要求的现象开始增多；另一方面，父母角色仍然重于夫妻角色，养育子嗣和维持家庭运转的重要性还是大于夫妻的自我满足、自我追求，那些将革命工作放在第一位、长期在外忙碌的夫妻特别是妻子，在私下里并不被村民们所认同。何新梅说："集体时期，我当了一段时间大队妇女主任，有时事情很多，照顾不了家庭，我男人和婆婆就很有意见。后来听我男人讲，有一次婆婆就跟他抱怨，说一个女人一天不顾家、不把心思放在家庭，那还叫女人吗？"另外，即使夫妻之间出现了平权化的趋势，但丈夫的权威地位并没有得到完全削弱，如在家庭重大事务上，丈夫还是最后的决策拍板人，在家庭分工上也还是基本遵循传统模式。何新梅说："那时毛主席讲男女平等，但事实上不可能完全实现。比如两口子虽然都在队里劳动挣工分，但回到家里后，女人照样要做饭、洗衣服，操持各种家务，特别是还要把男人伺候好，做男人的都习惯这样了，觉得讨个老婆来就是伺候他的，你稍微哪里没做好，他就装大爷，冲你发火。"我问："那你这个妇女主任在家里的情况是怎样的呢？"何新梅说："我们家还好点，我男人大小也是读了点书的人，观念上要好些，对我还比较尊重，但有时也免不了冒出点大男子主义思想来。"村民陈家秀说："集体时期，家里来了客人，男人负责应酬，女人就负责做菜做饭。吃饭的时候，男人和客人在桌子上喝酒、吃饭，女人就在旁边伺候着，像丫鬟一样，没资格上桌子。等男人和客人们把饭吃过瘾了，女人才能躲到灶屋里吃点残汤剩饭，你说有啥平等的呢？不过自古就是如此，也没人觉得有什么不对。"我们还发现，集体时期，家庭资源的分配，按其重要程度的先后次序是公婆、儿女、丈夫、妻子。村民熊康兰说："集体时期生活困难，所以家里有个好吃的东西，当然是先分给公公婆婆、儿女、丈夫吃，最后才轮到自己，这是一个做儿媳、母亲、妻子的本分。村里人都这样的。"我问："这样做对你自己不是很不公平吗？"熊康兰笑道："哪有那么多公平呢？而且是为了家人，谁还去计较个啥公平不公平呢？"因此，即使在革命化年代，人们也会遵循传统逻辑，对于母亲（妻子）有时也不吝于用诸如"伟大""无私""勤劳"之类的词语来给予高度赞颂与肯定。不过，这一切是建立在母亲（妻子）基本上放弃了自己个人追求、需要的基础上的。这种放弃个人权利的行为在集体利益高于一切的时代又得到了进一步的强化。

革命化的集体时代结束后，在后革命时代的初期（20 世纪 80 年代），乡村社会的夫妻关系大体上和集体时期是一致的，但也有新的变化。一方面，农业家庭经营方式的回归，使传统道德伦理也相应地有所复兴，在家庭中，父亲（丈夫）的权威地位较集体时期有所提升。这是由于家庭生产中，父亲（丈夫）自然成为生产劳动的组织者和领导者。另一方面，集体束缚的解除以及村庄流动性的逐步加大，使夫妻都获得了较多的自由空间，个人权利意识皆有所增强。这两个方面的变化有并行发展而且又相互冲突的趋势。不过，就总体而言，夫妻关系的平权化还是主流趋势，这在20世纪90年代得到了进一步的加强。

90年代打工经济的兴起，标志着城乡二元结构的松动与逐步解体，也标志着城市化、工业化、市场化的逻辑将开始改变农民的传统逻辑与集体逻辑，也标志着美国式的个人奋斗时代的到来。这是我们分析农村夫妻关系在90年代以来的发展变化的基本视角与出发点。

90年代农村夫妻关系的变化是从打工经济引起的新的家庭分工开始的。最初，农村家庭普遍采取的是“男工女耕”分工模式。这种模式实质上依据的是“先男后女、先长后幼、先内后外”的父权制潜规则。当然，这种分工决策也是基于现实因素的考虑。在莲花村，出去打工的农民主要从事的是有较强体力要求的工作，如建筑工，显然男性在这方面更有优势，而女性在操持家务、照顾老人孩子等方面更有优势。为了兼顾农业生产和照顾家庭，那些已经结婚的男性农民最初都选择在较近的城市打工，或选择在农闲季节出去打工，而农忙季节还是留在家里干农活儿。但这样的模式持续的时间并不长。随着务农收入在家庭经济收入结构中比重的大幅下降，而打工收入比重大幅上升，出于实际利益的考虑，那些男性农民开始长时间在外务工，这样就把农业生产的任务也让留守家庭的妻子承担起来了，出现了所谓的农业女性化现象。① 据统计，2014年中国农村留守妇女约为5000万人，约占农村留守人口总数的54.0%。② 她们独自承担农业生产、养育子女、料理家务、赡养老人等事务。村民秦朝芳说：“我老公是1993年出去打工的，当时我留在家里。我都不知道那几年是咋过下来的。我要负责照顾公公婆婆、两个娃儿，一大堆的家务事，煮饭、洗衣服、喂猪，还要下田地里劳动，公公婆婆虽然也会一起帮衬着做些活路，但毕竟年龄都大了，也做不了多少。我那时完全都不像个女人，老公不在家，有的本该是男人干的体力活儿，你也得去做，没办法，只能这样。有时心里也挺委屈，蒙着被子都不知道哭了多少回。”秦朝芳还谈道，留守家里最让她觉得难以忍受的还不是事情多、干活儿很累，而是觉得心情

---

① 何军、李庆、张姝弛：《家庭性别分工与农业女性化——基于江苏408份样本家庭的实证分析》，《南京农业大学学报（社会科学版）》2010年第1期，第50页。

② 罗丞：《生计策略对农村留守妇女婚姻满意度的影响——性生活质量的调节作用》，《南方人口》2014年第6期，第21页。

不好的时候，连个可以倾诉的人都没有，想发点小脾气都找不到发泄的对象。她说：“没个男人在身边的家也真不像个家！我老公那时一般会一年回来两三次，每次都会待个十几天，那是我觉得活起最有意思的时候。在家的时候，他会帮我分担一些事情，也会哄我高兴，我就觉得很知足了。”由此可见，农村外出丈夫不定时的返乡是对留守妻子家庭具有重要意义的仪式化行为，是对家庭角色的一种“补位”①，这有助于家庭关系特别是夫妻感情的维护。不过，外出丈夫的不定时返乡也只是权宜之计，这也很难改变夫妻长期分离造成的对夫妻关系的伤害以及产生的其他种种问题。村民石宗秀谈道，那时又没有手机，联系不方便，做妻子的长期独守家里，丈夫在外与哪个女子有染，做妻子的一无所知，全被蒙在鼓里，直到有的过分的男人突然提出离婚，做妻子的才最终知晓，后悔让丈夫出去，以至落得这般下场，有的女人还因此喝农药自杀。

进入到90年代后期，那些结了婚的年轻女性也开始大量外出打工。显然，这些年轻妻子有着更强的自我意识和权利意识，“为自己活而不仅仅是为家庭活”开始成为她们新的人生信条。村民汪世萍说：“我是1999年结的婚，婚后我就和老公一起出去打工了。当时我老公的意思是我留在家里，我没有同意。我对他讲，凭什么呢？你可以出去，我也可以出去，要出去就一起出去，要不都留在家里。我老公拗不过我，所以我们就一起出去了。”这些年轻妻子大多教育程度较高，很多都读过中学，她们的观念中已经厌弃了“做农妇的人生”，不愿意做农活儿。村民彭德英是个高中毕业生，她讲道：“我结婚的时候，就明确跟我老公讲，我是打死都不下地干农活儿的，我要出去打工。”不仅这些年轻妻子拒绝留守，就是那些曾经长期留守的妻子们也学聪明了，大多索性把孩子丢在家里给公公婆婆看管，与丈夫一同进城打工。对女人而言，这样做的好处是明显的：一来可以看住自己的男人不会乱来；二来两个人在一起，亲热的机会多了，彼此可以满足那些必需的需求，也可增进双方的感情；三来做妻子的自己也能够挣钱，说话的分量自然也重了。对于有的妻子来说，这三条都不重要，重要的是“我也要为自己活一回！”可以说，女性的崛起打破了传统的家庭格局，丈夫的权力受到了限制，女性的人生轨迹中也出现了个人设计的逻辑。她们的人生轨迹经历了一次“个体化的

---

① 黄颖:《丈夫返乡对留守妻子家庭的意义》,《妇女研究论丛》2013年第1期,第114页。

激增”，从“为他人而活”到要求一点“属于自己的生活”，或多或少“为自己而活”①。

一起打工的夫妻在城市里建立起了新的家，在条件成熟后，有的还会把孩子也接来一起住，这样乡村的家就整体地流动到了城里。与在农村时不一样，夫妻之间的家务分工、权力关系、权利分配、情感互动都出现了新的变化与特征。妻子进城的最大变化首先是就业方式的非农化，以前留守家庭极大地限制了她们的非农就业，从而减少了她们可能挣取工资的机会。② 进城以后，妻子与丈夫在非农就业、争取工资收入上取得了平等的权利与机会。在这个过程中，妻子也获得了对抗性别歧视和压迫的自觉意识和能力。村民汪世萍和丈夫冉隆杰 1999 年一同到广东中山打工。汪世萍最初在一家电子厂做了一段时间清洁工，后来转到一家印刷厂做盒子，计件算工钱，如果手脚够麻利，拿的工钱还比较可观。冉隆杰当时在汪世萍最初工作的电子厂做保安，工资是固定的，收入不高。汪世萍多次叫冉隆杰换一个工作，但冉隆杰并不愿意，他当过兵，觉得自己只适合做这个。汪世萍一个月挣的钱是冉隆杰的两倍多，原本下班后还要做大量家务的她这下就不干了。冉隆杰回忆说：“她找的钱比我多，就歪起来了。开始是让我买菜做饭，后来连洗衣服也要我全包了，她说她工作很辛苦，我要清闲些，所以应该我来做这些事情。以前男人无论怎样在家里都是有地位的。现在不是那回事，你找的钱少了，你就没地位了。”汪世萍说：“你找的钱少，工作又清闲，是该多做点家务事呀，女人又不是生下来就该给你们男人做饭、洗衣服，凭啥子呀?”我问：“你们家里的钱谁管呢?”冉隆杰说：“汪世萍管，我不管钱。”汪世萍说：“钱是我管，但用的时候，也得问问他呀。特别是用大钱的时候，他不点头，我哪里敢随便乱花？我不过就是当个保管员罢了。”我问：“你们家谁用钱最多?”汪世萍说：“有了娃儿后，很多都花在娃儿身上了。”我问道：“你们两口子要用钱，谁优先?”汪世萍说：“当然是他（指冉隆杰）呀，他是我们家的主嘛。他要抽烟、喝酒的钱，你得给呀；过年过节或换季时，你得想着给他添置衣服呀，他从来不管这些，你都要替他操心。”我说：“看来你冉隆杰在家里还是最有地位的。”冉隆杰笑道：

① 〔德〕乌尔里希·贝克，伊丽莎白·贝克一格恩斯海姆：《个体化》，李荣山等译，北京大学出版社，2011，第 61—63 页。

② 汪伟：《农民夫妻非农就业决策的微观基础分析——以山东省肥城市为例》，《中国农村经济》2010 年第 3 期，第 54 页。

“其实两口子间不会过多在乎啥子地位高呀低呀，主要是讲个感情。”汪世萍说：“他这个人有时也精灵得很，有一次我过生，他悄悄给我买了条围巾，还买了好大一个蛋糕，那一下你就觉得再辛苦、再多做点事都是值的。两口子过日子，就是要互相体谅，讲个感情。”

汪世萍和冉隆杰这个案例，显示出这样几个特点。第一，外出妇女的家务分工期望中的性别角色分工界线开始淡化，特别是女性本人的收入越高时，对丈夫分担各种家务的期望更高，显然这有助于形成更为平等的家务合作模式。[①]第二，外出务工夫妻之间的权力地位关系不是固定不变的，而且也不是由单一因素决定，而是家庭经济贡献、传统文化、性别观念、情感、策略行为等因素综合作用的结果。正如福柯所言，“权力应当作为流动的东西，或作为只在链条上才能运转的东西加以分析”[②]，权力没有固定的形态，不存在始终不变的权力模式。第三，夫妻关系中的自我角色定位仍然留存着浓厚的传统色彩。如汪世萍特别强调冉隆杰是一家之主，作为妻子替他操心一切，这都体现了一种传统妻子的主要职责就是照顾孩子和丈夫。[③] 这显示传统夫妻伦理观念已经被人们内化，仍以一种显性或隐性的“规则”存在于人们日常生活的各个方面[④]。第四，夫妻关系中的平权化趋势日益显著[⑤]，但亦需看到平等背后所隐藏的不平等结构。

如果说汪世萍和冉隆杰的案例显示了夫妻关系现代转型的一种积极趋势，下面所举案例则显现出这种现代转型的艰难与复杂。

莲花村隔邻芭蕉村的周世鑫1994年外出务工，妻子熊丽华则留守家庭。周世鑫最初在云南搞建筑，从砖工做起，后来当小包工头，赚了些钱，2000年周世鑫回到忠县，在县城自己搞了一个建筑装修公司，还买了套房子，把一家人都接到了城里住。进了城的熊丽华不用再在田地里干活儿，也不用再做挑水、喂猪、喂鸡等杂事。在新的家里，她的主要任务是操持一家人的吃穿，事情也多，但并不

---

① 李亮、杨雪燕:《外出务工背景下夫妻资源对农村女性家务分工期望的影响——基于巢湖市居巢区的实证研究》,《社会》2009年第2期,第212页。

② 〔法〕米歇尔·福柯:《必须保卫社会》,钱翰译,上海人民出版社,1999,第27页。

③ 张李玺:《夫妻冲突:家庭性别分工模式重构过程中的一个必然现象》,《妇女研究论丛》1998年第3期,第6页。

④ 王宇、左停:《日常生活视角下的农村女性家庭权力研究》,《人口与社会》2016年第2期,第91页。

⑤ 王金玲:《家庭权力的性别格局:不平等还是多维度网状分布?》,《华中科技大学学报(社会科学版)》2009年第2期,第64页。

累，不过心里却非常失落。2010 年春节，熊丽华接受了我的访谈，讲了她自己的故事：

以前村里那些人都很羡慕我，说我有福气，找了个能干的男人。世鑫这个人是能干，吃得苦，这么多年，家里的一切都是他挣来的，也不容易。我没本事，啥都不会，只能做点家务。进城后，觉得一切都好了，一家人都在一起了，可以好好过日子了，但事情并不是你想的那样。世鑫好像变了，在他眼里，我并不是他的妻子，最多就算个佣人，我看连佣人都算不上。做的饭菜，他开始挑剔了，一会儿说咸了，一会儿说淡了，有一次还当着公公婆婆和娃儿的面骂我："找你个女人来干啥用的，连个饭都做不好！"连娃儿有时都要来笑话我这个当妈的，公公婆婆觉得这个家都是全靠他们儿子，所以也经常有意无意地做脸做色。有一次，世鑫公司的一个人来找他商量个事情，当时我在旁边插了句嘴，世鑫就吼我："你个女人家懂啥，插啥子嘴!?"我好歹也是个初中毕业生，没想到落到这个田地。这么多年，除了上街买菜，我基本上没有出过家门。世鑫要去哪里喝酒、打牌、应酬，他都不会告诉你（我），有一次他带着娃儿出去耍，他都不会喊你（我）一起去。后来有一次，我直接就问他："你是不是现在嫌我、讨厌我？如果是，我们干脆就把婚离了。"他也不解释，也不会哄你一下，只说了句"找不到话说！"然后就走开了。世鑫这样对我，一定是有原因的，我怀疑他在外面肯定有人，但我也不敢确定，也害怕他如果真的有人了，我该怎么办？我们这种岁数（熊丽华时年 42 岁）的人，啥本事没有，黄脸婆一个，老公如果把你蹬了，真没得人要你！所以我现在也想通了，只要他没有主动提离婚，不撵我，就这样过吧。他在外面有没有人，我也不想关心，只要没有发现，就当没那回事吧。

熊丽华的案例虽然比较特别，但在很多方面仍具有较强的普遍性。如果我们把目前农村夫妻关系分为传统型、转变型、现代型三种类型。真正的现代型估计不到 10%；而剩下的 90%，现代型和转变型大约要各占一半的比例。汪丽萍与冉隆杰属于转变型，熊丽华与周世鑫属于比较极端的传统型。我访谈的很多案例都显示，农村女性通过打工等形式越来越多地参与到家庭之外的经济活动中来，但其经济收入仍然普遍低于男性。这就使得女性在家庭中仍然必须服从传统的角色要求，如承担比男性更多的家务劳动。这事实上体现了两性在劳动力市场中的经济地位与社会文化对于两性期待交互影响所形塑的家庭内部的不平等。① 从长远来看，女性只有获得完全的经济独立，才可能真正实现夫妻之间的平等。正如恩格斯所言，“妇女的解放，只有在妇女可以大量地、社会规模地参加生产，而家务劳动只占她们极少的工夫的时候，才有可能”②。

总之，妻子外出工作也并未完全改变“男主外、女主内”的传统家庭分工模式，女性仍要负担大部分甚至全部的家庭劳动③，而且对家务劳动的议价能力较弱；对夫妻间时间利用模式的考察发现，女性在家庭内部资源的控制上依然弱于男性④；性生活的发起者、决定权一般也在丈夫一方⑤；夫妻双方发生冲突后一般也由女方让步。另外，近年来“干得好不如嫁得好”的婚姻观再度悄然兴起⑥，传统父权价值观有再度复兴的趋势⑦。这些均显示了夫妻关系现代转型的复杂性与艰巨性。

三、亲子关系

在传统中国，亲子关系特别是父子关系是家庭关系结构中的主轴。此种关系以血缘为纽带，是保证家庭结构稳固和子嗣繁衍的基础性关系。家庭伦理即以父子伦理为中心，并推及其他伦理关系。在父子关系中，血缘是其前提，家庭亲情是其核心，“人情岂不各爱其父母妻子乎!”⑧ 亲情是父子之间的一种牢不可破的

---

① 刘爱玉、佟新、付伟:《双薪家庭的家务性别分工:经济依赖、性别观念或情感表达》,《社会》2015年第2期,第133页。

② 马克思、恩格斯:《马克思恩格斯全集》(第21卷),人民出版社,2006,第185页。

③ 王玮玲:《基于性别的家庭内部分工研究》,《重庆大学学报(社会科学版)》2016年第5期,第135页。

④ 刘娜、Anne de Bruin:《家庭收入变化、夫妻间时间利用与性别平等》,《世界经济》2015年第11期,第139页。

⑤ 徐安琪:《夫妻伙伴关系:中国城乡的异同及其原因》,《中国人口科学》1998年第4期,第37页。

⑥ Isabelle Attané, Elizabell Guill, “Being a woman in China today: A demography of gender,”*China Perspectives* 92, No.4(2012):4—15.

⑦ Cook Sarah, Dong Xiao-yuan, “Harsh choices: Chinese women's paid work and unpaid care responsibilities under economic reform,” *Development and Change* 42, No.4(2011):947—965.

⑧ 陈亮:《陈亮集》(上册),中华书局,1974,第154页。

家庭情结①。所以儒家所讲“父父子子”，显示了真正的父子关系是一种以亲情为基础的家庭关系，这种关系具有绝对性和不可选择性，相较而言，夫妻关系却不具有绝对的意义。因此，夫妻可以离婚，而父子不到一种极端情况，不会出现关系断绝。

在传统时代，父子伦理的核心精神是“父慈子孝”，显示了一种双向的道德要求和情感需要。不过，随着时代的发展，特别是到了汉代，董仲舒提出“父为子纲”开始，父子关系逐渐由双向关系向单向转化。② 这样，父对于子，形成了绝对的权威，而在责任上强调“严教”，慈爱的一面开始隐而不彰；子对于父，无权利可言，只有服从、尊敬、赡养的义务。这里面，亲子间的情感满足更多地转移到母子关系上，形成“严父慈母”的家庭养育模式。所以传统时代的家庭关系中，母子关系是最美满、最和谐、最牢固的，往往有父子间的疏远对立，而母子间始终能够融洽相处③。同时，我们须明白一点，父子关系虽是家庭关系的主轴，但事实上它涵盖统摄了母子关系、父女关系、母女关系，四者是合而为一的，可统称之为亲子关系。

莲花村村民周文孝老人、周建中老人在谈到亲子关系时，无不谈到父亲的严厉凶狠与母亲的慈爱温和。周文孝说：“我父亲这个人读过几天私塾，最喜欢讲孔子那些道理。自我能记事以来，我很少见过他对我们笑过，经常就那么板着个脸。我们兄妹几个见了他，就像老鼠碰见猫，大气都不敢出一下，所以只要有可能，我们都尽量躲着他。他对我们要求很严，规矩多得很。吃饭的时候，必须双手掌碗，不能说笑，不能漏饭。只要有他在桌子上，大家都是闷着头吃，有时想快点吃、几下刨完，但如果你吃得太快，也会被他一顿训斥。我们兄妹最喜欢他不在家的时候，只有母亲在，我们就可以随便疯，简直像过节一样。我母亲这个人没读过书，但很会讲故事，啥子《封神演义》、《隋唐演义》、三国水浒、杨家将，她都会讲。最重要的是她从不对我们生气，总是笑眯眯的。所以我们总觉得和父亲不亲，和母亲才亲。”周建中说：“我父亲对我们不但严厉，而且是又凶又恶。你只要有一点没做好，他随手就会一个巴掌给你扇过来，他是不会问你理由的。他

---

① 陈坚：《“父父子子”——论儒家的纯粹父子关系》，《山东大学学报（哲学社会科学版）》2010年第1期，第131页。

② 刘厚琴：《论儒学与汉代父子关系》，《齐鲁学刊》1992年第4期，第97页。

③ 黄永佳：《论传统社会的母子关系及母教问题》，《江汉论坛》2011年第1期，第140页。

说的话，你必须照着去做，没有你半点申辩的机会。平时，我们很少和父亲说话，我们也不会主动找他说什么事情，有什么事情我们都会去找母亲。父亲找我们，那就是铺排事情，正正经经的，不会跟你说说笑笑。他经常教育我们的话就是，'不把你管严点，你就会把脚印子踩到房顶上去'，'不打你，你就不长记性，你就会丢人现眼，我们家的门面就会被你败光'。"我问："您们二老自己当了父亲后又是怎样做的呢？"周文孝笑道："等你自己做了父亲以后，你就觉得父亲以前那样做是对的。娃儿小的时候，啥都不懂，你不能由着他的性子。俗话说，小的时候不多挨点打，长大了就没出息。如果你跟娃儿两个一天天嬉皮笑脸的，他就会翻天，你要正经八百地给他讲个事情，他就不得听你的了。有出息的娃儿还是打出来的。"周建中说："几千年来都是这样教育娃儿的，肯定有它的道理。我看现在的父母和娃儿之间太随便了，这咋能把孩子教育好啊！你不把你做父亲的威严树起来，娃儿就不会把你当回事，那就会乱套！"

周文孝这些老辈人是从传统时代走过来的，而且他们生活在比较封闭的乡村社会，所以对于传统的亲子伦理纲常取一种肯定的取向，尽管他们也曾经在其中经历了痛苦和不快乐，但父子间潜意识中有一种相互认同。事实上，传统亲子关系的伦理要求也有其符合一定的经济生产方式和社会文化的合理性。在自给自足的自然经济时代，家庭是集生产、生活、教育、生育一体的社会单位，是社会成员生活的主要场所，这客观上需要一种家长权威。同时，在封闭的村庄社会，家庭的门面关乎其在村庄中的地位、声誉，所以为了防止家庭成员不当行为可能给家庭带来的耻辱，所以对孩子必须严加管教，作为家长的父亲必须以一副严厉凶狠的判官面目出现在孩子面前，并将惩罚性手段作为主要的教育方式，这就使得亲子关系中的父子（父女）关系一维呈现出"无情"的一面。而在充当"恶人"角色的父亲那里，则通过"打是亲，骂是爱"的传统观念为自己的行为找到了合法性支持。同时，在传统时代，"慈母"角色则有效地缓解了父子关系的"无情"与紧张，使家庭成员在情感压抑的同时，也还能体验到家庭的温暖和谐。

进入近现代后，受西方文化思想的冲击和影响，在城市社会特别是年轻知识分子那里，开始试图冲出"封建家庭的束缚"，去争取人身自由、恋爱自由、婚姻自由。因此我们看到，中国近现代的自由运动，是从反抗家庭、特别是反抗家长出发的。这在巴金的小说《家》里可以看得非常清楚。中国共产党从革命的立场，积极支持并推动了人们对家庭的反抗。由此，中国家庭包括乡村家庭的亲子关系进入了子辈反抗父辈的时代。

新中国成立后，亲子关系的变化首先在婚姻问题和阶级立场问题上表现出来。党和国家对恋爱自由、婚姻自由的明确主张与支持，使传统亲子关系以及相应的伦理规范第一次受到了全面的、正面的冲击。在婚姻问题上，正如我们前面章节谈到的，“父母之命，媒妁之言”的包办婚姻开始被自主婚姻代替，慑于革命的威压以及新思想的洗礼，大多数父母交出了在子女婚姻问题上的专断权，有时候即使仍以父母操办为主，但子女则具有了最后的决定权。在政治立场上，一些地主阶级或其他反动阶级的子女在亲子伦理和革命伦理中做出了非此即彼的选择，打破了传统“忠孝两全”的观念，政治忠诚获得了比伦理亲情更重要的地位。莲花村的周成玖，解放前曾任国民党保长，因组织强拉“壮丁”，民愤较大，新中国成立后被枪毙。周成玖的儿子周康维在解放前就加入了中共川东地下党，对父亲采取了大义灭亲的态度，积极支持新政权枪毙父亲。曾任国民党军队团长的熊卫阳，是新中国成立后莲花村历次政治运动批斗的典型，在每次批斗会上，表现最积极的是他儿子熊腾辉。土改期间，莲花村地主婆周淑筠私藏财物，向土改工作组检举告发的是她的女儿熊康慧，结果周淑筠被批斗毒打。这种与政治立场关联的子辈对父辈的斗争在这一个时期发展到极致，这对于亲子关系和伦理亲情的影响和伤害是巨大的，其潜在的影响至今犹在。

当然，在革命集体时代，亲子关系的变化主要还是大量体现在人们的日常生活中。1958年，人民公社制度建立，农民的生产、生活被全面纳入准军事化的集体之中，“社员”成为人们日常生活中的主要身份。平等的“社员”身份首先冲击了等级制的家庭血缘身份，这对于一家之长的家长的冲击是最大的，由此也使亲子关系发生了显著的变化。在过去的家庭生产经营模式中，家长是天然的组织者、领导者，也是生产技术和生产经验的绝对权威，同时也是家庭经济资源的掌管者和分配者，因此家长在家庭中具有至高无上的地位，子女只能俯首听命。公社制度使关乎家庭和个人生存的各种资源的生产、分配都集中到一个统一的、外在于家庭的集体组织。在这个集体组织中，父母和子女都是集体的一员，相互之间是平等的。莲花村村民熊安仁说：“进集体后，父母的话有时就不大管用了，有时你要批评他两句，有些娃儿就敢跟你顶嘴了。”熊安仁还讲到一个故事，村民何天农有一次不知道啥原因打他儿子何军，那时何军有十六七岁，何军竟对他父亲说：“老汉儿，你要再敢打我，我就不认你！现在都是新社会了，由不得你这种封建家长作风横行！”何天龙听他儿子这样说话，当时气得全身发抖。我访谈的其他村民们，大多表示在集体时期，亲子关系特别是父子关系还是比较紧张的，虽然出现了不少子辈反抗父辈的个案，但总体上看，亲子关系更多遵循的还是传统的相处模式，“严父慈母”的亲子教养模式仍然得以延续，特别是在孩子未成年前更是如此。因此很多村民回忆中的父亲，呈现出的多还是一副喜欢打骂人的凶狠形象。同时，很多村民也谈到了他们小时候对父亲的仇恨与反抗，就这一点而言算是新社会的一个变化：在传统时代，纵然对父亲有怨恨，但公开的反抗还是比较少见的。这种父辈遵循传统伦理习惯于控制打压子辈，同时子辈遵循现代观念开始反抗父辈，已成为新中国成立以来亲子互动的典型特征。这里显现的是父权逐渐衰落、亲子关系平权化的趋势。

“文革”结束后，家庭承包责任制的实行，使父权地位出现过短暂的上升。但随着封闭村庄向流动村庄的转变，特别是 90 年代打工经济的兴起，亲子关系在大流动中以及在城市化、工业化、市场化浪潮的冲击下，变得更为复杂，呈现出多样化的面貌与特征。

在 90 年代，走上打工之路的乡村年轻人主要有两种类型：一种是未婚的年轻人，大多十七八岁；一种是已经结婚的年轻人，大多已有年幼的孩子，这些孩子大多留守老家，最初多与留守母亲一起生活。2000 年后，在双亲打工成为潮流后，这些孩子多与祖父母生活，成为纯粹的留守儿童。这里我们拟重点分析这两种类型中的亲子关系。

打工首先使乡村家庭成员出现了职业分化，父辈们仍然从事着传统的耕田种植业，而年轻的子辈们则开始从事非农职业。莲花村村民石宏伟谈道，1995 年他出去打工时刚满 17 岁，他觉得当时感觉最兴奋的不仅是因为初次出远门，最主要的是可以不再被父母说这说那、管这管那，可以自己支配自己的生活。他说自己在临走前那天的晚上，还郑重其事地在一个笔记本上写下了两句话“天高任鸟飞，海阔凭鱼跃”，以表达他的心情和对未来的憧憬。另外，石宏伟还谈及在走之前，父母再三对他进行了一番教育与叮嘱。父亲的教育是在外面要认真干，不能做有损家庭门面的事情，不能乱花钱，挣的钱要及时寄回来，要有家庭责任感；母亲的教育则是在外面自己要学会照顾自己，要注意冷热，不能生病。我访谈的很多村民都谈到，他们外出打工时，父母都特别强调要及时把钱寄回来，由父母掌管。这显示了一种传统家庭价值观对中国人的恒久影响，孩子从小就被赋予了一种深刻的信念——父母生养了自己，因而自己对父母有不可推卸的责任。这就意味着，子女挣的钱也应该悉数交给父母，由他们来支配。事实上，父母索要子女的钱，倒不是他们要花多少钱，他们更在乎的是自己能否有效地控制子女，以维护其权威地位。石宏伟谈到，有一次父亲对他讲："我们要你把钱都寄回来，不是我和你妈要用多少钱，我们不过替你保管着，最后还不是你自己用。我们在乎的是你有没有那个心。"在中国文化中，"有心"的"心"既表示一种情感，同时"心"也是"道德良善"的栖息之地。[①] 在家庭里，"有心"就意味着要讲家庭良心，要讲亲情，更要讲家庭责任，特别是要承担对父母的道德责任，不能违抗父母的意志与期望。石宏伟说，在最初的几年，他都是非常听话地把钱全部寄给父母，但后来他就不愿意了，事情的起因在于父母把钱全部私自用在了他大哥身上。石宏伟大哥石宏国因为小时候得了小儿麻痹症，所以留下腿疾，走路一瘸一拐的，到30岁了还没说上媳妇。后来好不容易说成一门亲事，但女方要求男方给两万块彩礼钱，据说女方家里也是因为父亲重病急着用钱，所以才索要高彩礼，显然有卖女之嫌。当时石宏伟也已经有了对象，寄给父母的钱也是等着以后结婚用的。但父母连商量都没给他打，就私自把钱用了，这让他非常生气。石宏伟谈到，在2000年春节，回到家里后他就和父母大吵了一架，父母指责他没有良心、不孝，特别是他父亲骂得更厉害："我和你妈从小一把屎一把尿把你拉扯大，你格老子是不是都忘到脑背后去了？你格老子是不是想反天了？钱是你找的，但我是你老汉儿，老子还做不了主了吗？"石宏伟抱怨父亲霸道专横，他父亲就说："当老汉儿的不霸道专横，你这种不孝之子就会翻天！"这件事后，父子俩心里就结下了疙瘩。石宏伟说："后来我就学聪明了，过年过节的时候，我还是会给父母钱，我也不是那种不讲家庭责任感的人。但我也有我的打算呀，我也得娶媳妇呀，得自己挣钱修房子，这些都指望不到妈老汉儿。所以我后来就把钱寄给我未来的丈母娘，让她帮我保管。"石宏伟父亲在与儿子关系搞僵后，特别是儿子不再把钱寄给他掌管后，心里非常失落，经常逢人就抱怨他儿子："现在的娃儿，你完全管不到他，他也不把你妈老汉儿放在心上，真的是一代不如一代！"村民周成前说："我娃儿建康是1994年出去打工的，在外面没待两年，回到家里，你跟他摆田地里的事情，他就开始嘲笑你了，说他在外面半年找的钱，就比我辛辛苦苦一年种田找的钱多。这个时候，你就觉得做老汉儿的在儿子面前就说不起话了。村里90年代那些新房子，都是那些娃儿用自己打工挣来的钱修的，所以他们在妈老汉儿那里说话就硬气了，家里要买个什么东西，他们就开始自作主张了。如果你要说他两句，他就说是他自己的钱，他爱咋花就咋花。有点孝心的，还给你点钱；没孝心的，管都

---

① Sarah Allen, *The way of water and sprouts of virtue* (Albany: SUNY Press, 1997), p.87.

懒得管你。”村民石宗全说：“现在的娃儿在外面见的世面多了，就越来越强调他自己的想法和感受了，你想管他，他就敢跟你顶起了。我那个幺娃儿，本来我和他妈给他找了个很不错的媳妇，人长得也乖，家里条件也不错，偏偏他不愿意，他说要自己选，我就说这种事还是要听父母的。你猜他怎么回你？他说，‘你们要喜欢，自己娶去！’”

在上述案例中，我们可以看到，打工经济的兴起使乡村家庭出现职业分化，其直接的后果就是家庭内部的权力结构发生变化，家庭的经济大权开始从父辈转移到子辈，父辈对于子辈的绝对权威开始变弱，而子辈权力开始上升。当子辈通过非农就业取得了较高的经济收入而成为家庭经济的最大贡献者时，子辈不仅开始轻视父辈引以为傲的种田职业，而且也开始审视并挑战父亲的绝对权威。石宗全用这样一句话来说明亲子关系的变化，“现在当妈老汉儿的得越来越看儿女的脸色行事！”

事实上，在打工经济时代，流动的“脱域”过程显然极大削弱了父辈对个体、特别是年轻一代的控制能力，不仅父辈的权威急剧下降，同时维系亲子关系的亲情、道德也受到极大的伤害与冲击。我们在前面章节谈到的李红兵和周宏康，很早就外出打工，后来长期不回家，也不与家人联系，他们的母亲都是为此长期怄气而病逝。特别是周宏康，他母亲去世时，他已经与家人有 16 年没有联系，至今杳无音信。在过去的传统家庭里，儿子守在父母身边，妻子守在丈夫身边，不仅是一种天然的职责，而且是一种幸福。① 现在很多乡村青年人也开始以独立生活为追求。而村庄流动性的增强，突破了乡村社会的地方性，使乡村里的年轻人获得了寻求独立生活的机会。费孝通说，“乡土社会的生活是富于地方性的。地方性是指他们活动范围有地域上的限制，在区域间接触少，生活隔离，各自保持着孤立的社会圈子”②。当前，村庄的地方性已经被突破。现在的村庄已经不是一个固定的道德舆论场，也不再是一个固定的价值场，所以其对村民的有形与无形的约束减弱了。空间、时间的距离，拉大了人心的距离，同时也使人变得随性、无责任感、对一切都无所谓。经常的流动，会使人们疏离了原有的环境；若想让自己有所归属或与其他人维持持久的或永久的人际关系，也变得越来越困难了。③ 如

① 蒙培元：《漫谈儒学与家庭伦理——从亲情关系说起》，《文史哲》2002 年第 4 期，第 107 页。

② 费孝通：《乡土中国》，生活·读书·新知三联书店，1985，第 4 页。

③ 沈毅：《西方社会个人主义走向的动因及其后果》，《浙江学刊》2013 年第 1 期，第 200 页。

李红兵与周宏康长年不回家，也不给家里人一个消息，可以干干净净、完完全全消失在父母、亲人或是思念，或是埋怨之外。

打工经济还造成了大量的留守家庭，这种独特的家庭结构对亲子关系造成了巨大影响。这里讨论的亲子关系重点是指留守儿童与其父母的关系。

人在生命早期的成长过程中，稳定的家庭是其身心健康、人格完善的关键，特别是父母的陪伴更是至关重要。父母外出打工，使正常的亲子关系发生断裂，带给留守儿童的是不完整的家、不完整的亲情、不完整的日常生活、不完整的童年，结果是不完整的人格。研究显示，“亲情空洞”造成了留守儿童烦乱度和迷茫度提高，冷漠、怨恨、仇视等情绪加强，社会认知与行为存在偏差，甚至出现一些过激行为。① 在 90 年代初期，莲花村出去打工的主要是男性，结了婚的家庭一般就由妻子留守，照顾孩子与老人。这个阶段，虽然亲子关系出现了父子互动的缺失，但由于母亲的存在，亲子问题还不是非常突出。村民石宗秀说：“男的出去打工，女的留在家里，最大的麻烦是娃儿不好管，特别是男娃儿，不听话，调皮得很。要是他老汉儿在家里，就镇得住。有一次我问我家那个幺娃儿，想不想他老汉儿在家里，他就说，‘我才不想呢，他在家里就会经常打我’。那个时候，总的来说娃儿没什么大问题，没有你们所说的心理问题。”到 20 世纪 90 年代后期特别是 2000 年过后，莲花村出现了双亲打工潮流，这在中国其他农村地区也比较普遍。像莲花村这样的内陆山区农村，内部资源的匮乏以及当地不发达的城市化、工业化、市场化，同时由于农业收入已难以维持家庭生计，迫使当地农民只能远走他乡、“向外发力”。在这个过程中，乡村社会形成了一种新的文化，即“打工文化”。打工文化给农民指出了人生努力和追求的方向是城市，而那些不愿意出去的人会被视为无能。② 在这种文化的影响和推压下，村里的年轻人，不管是结婚的、没结婚的，不管是男的还是女的，纷纷都走上了打工之路，由此儿童与祖父母一起生活的隔代家庭成为新的留守家庭形式。村民周成珍（女）说：“我出去打工的时候，娃儿才三岁多，真的舍不得，但没得办法。年轻人没几个留在村里，会让人笑话的，况且我也自己也想出去，不想窝在家里。我娃儿平时是他爷爷奶

---

① 裘指挥：《留守儿童“亲情空洞”问题发生的特殊性及防范》，《中国教育学刊》2016 年第 5 期，第 37 页。

② Takeyuki Tsuda, “The permanence of ‘temporary’ migration: The ‘structural embeddedness’ of Japanese-Brazilian immigrant workers in Japan,” *Journal of Asian Studies* 58, No. 3(1999): 687—722.

奶带，我和他老汉儿一般半年回去一趟。有一次隔了一年多才回去，娃儿都在上小学了，见了你都不喊妈，好像认不到你了，那个时候你就觉得心里好难过。我们娃儿倒不调皮，但就是不爱说话，老师就说他很少和同学一起玩，有些孤僻。我知道这是我们不在家，陪他的时间少了。可农村就是这个样子，你有啥办法呢?” 2015 年春节，我在忠县县城街上意外碰到周成珍，又聊到了他的儿子熊康杰。康杰已经长成一个十八岁的小伙子了，初中毕业后就随周成珍在杭州打工，在父母身边没待半年，就和一个初中同学一起到广州打工。周成珍无奈地说道：“娃儿现在都长大了，但跟我和他老汉儿不怎么亲。他到广州后，你不主动给他打电话，他连短信都不会给你发一个。我和他老汉儿啥时候过生，他也不知道，也从来不会过问。前几天他还和他老汉儿杠了一架。他老汉儿当时教育他对家人要热情，要讲个感情，对长辈要尊敬，要经常问个冷热；性格不要孤僻，要多和人说话，不要一天到晚闷起不开腔。康杰当时就反问他老汉儿，‘你现在给我讲这些，我小的时候，你们管过我什么，我现在这个样子，都是你们造成的!’他老汉儿还想多说他两句，他摔门就走了，把他老汉儿气得不行。”在这里，我们可以看到，曾经至高无上的父亲权威如此不堪一击，而这样的颠覆性变化，只用了不到二十年的时间。这是由于父母的长期缺位大大降低了他们在留守孩子心中的重要程度，由此也降低了孩子对家庭的认同感。[①] 熊康杰这个例子也说明，留守儿童受亲子分离的影响，在成长的关键时期没有形成健全的人格，而在没有经历足够的“心理社会的合法延缓期”[②]，又过早进入成人社会，所以会出现很多负面的行为表现。其实，更需要我们关注的问题是，像熊康杰这样的年轻人结婚后，他会怎样做一个父亲，他会和自己的孩子构建怎样的一种亲子关系?

在莲花村，类似熊康杰这样的故事是很普遍的。周成珍还给我讲了一个发生在隔邻甘田村的故事。甘田村的朱光普和他老婆也是长年在外打工，就把儿子朱军留在家里让孩子爷爷奶奶带。由于朱光普两口子心里觉得对儿子有亏欠，所以对儿子在钱上很大方，爷爷奶奶对孙子也是有求必应。有一年春节，已经读初中的朱军向父亲提出要 500 块钱，朱光普没想到儿子一下子要这么多钱，就问他拿去干啥，朱军就说：“你莫管我拿去干啥，反正我要用钱。”朱光普说：“我是你老

---

① 黄斌欢:《双重脱嵌与新生代农民工的阶级形成》,《社会学研究》2014 年第 2 期,第 178 页。

② 吕利丹:《从“留守儿童”到“新生代农民工”——高中学龄农村留守儿童学业终止及影响研究》,《人口研究》2014 年第 1 期,第 41 页。

汉儿，我管不到你？而且一下要这么多钱，我不能问一下你拿去干啥子？”朱军说：“我只问你给不给？”朱光普有些冒火了：“我要不给呢？”朱军说：“你给钱，我就认你这个老汉儿！”朱军这话彻底把朱光普激怒了，他一个巴掌就朝儿子抽去。朱军也不跑，竟然和他父亲对打起来，一边还不停哭喊：“老子不认你这个老汉儿！你们以前一两年才回来一次，你们只晓得给钱，只晓得找钱，什么时候管过我、陪过我？你们不是很有钱吗？我现在就是只认钱，不认人！”朱光普听了他儿子这话，好像突然被触到了身上某根神经，竟然也伤天伤地地号啕大哭起来：“你以为我想这样啊？不出去找钱，你吃啥、穿啥呀？你以为我和你妈在外面一天到晚耍呀？我们容易吗？……”在这个转型的大流动时代，有太多无奈的朱光普和委屈的朱军，亲子分离导致的是亲子关系的扭曲，留给父辈和子辈的是也许一生都无法缝补的裂痕。

目前，中国农村仍有一个庞大的留守儿童群体，他们付出的最大代价是与父母的分离和亲情的缺失，“成长的烦恼”无处诉说①。2015 年中新网的一则新闻报道，一个留守儿童在作文中写道：“我最大的心愿是想和爸爸妈妈在一起。”② 由于受传统行为习惯的影响，农村父母比较缺乏与子女沟通的意识和方法。在农村，父母与留守子女联系的方式主要是通过电话联系。在电话里，父母主要是过问子女的学习情况，强调最多的话就是“好好读书”“在家里要懂事，听爷爷奶奶的话”，很少关系子女的心理状况，亲子之间也很少有情感的交流互动，以至于很多留守儿童觉得父亲母亲不爱他们。怎样重建留守家庭的和谐亲子关系，是一个亟待解决的重要现实问题。

四、婆媳关系

婆媳关系是家庭代际关系中非常特殊的一对关系。俗话讲，“千年的媳妇熬成婆”，凸显了婆媳关系的冲突性和复杂性。在传统时代，妻权与夫权虽然是不平等的，但母权与父权却有趋向于平等的一面，③ 即父权实际上涵摄着母权。因此，传统婆媳关系实质是母权或父权对儿媳的压迫关系，反映了父权家族制度中的女

---

① 段成荣、吕利丹、王宗萍：《城市化背景下农村留守儿童的家庭教育与学校教育》，《北京大学教育评论》2014 年第 3 期，第 20 页。

② 刘柱：《一篇留守儿童的作文引关注：心酸却如此温暖》，中国新闻网，2015 年 06 月 19 日。http://www.chinanews.com/sh/2015/06—19/7356741.shtml.

③ 魏开琼选编：《中国：与女性主义亲密接触》，九州出版社，2004，第 121 页。

性等级制。[①] 莲花村村民周文孝说："解放前，农村里婆媳关系不好的主要还是那些富裕家庭，他们都不分家。像周成玖、石宗玉、黄龙轩他们，都好大一个家庭，每天一个桌子上吃饭都十几号人。在那种家庭中当媳妇就恼火，做啥事都得小心翼翼地。那种家庭的婆婆权力大得很，遇到又歪又恶的婆婆，做媳妇的就很倒霉。黄龙轩的大儿媳妇有一次把婆婆安排的事情搞忘了，她婆婆大发雷霆，竟让大儿媳妇在院坝中间罚了大半天跪。石宗玉的幺儿媳妇有一次不晓得啥子事情得罪了婆婆，她婆婆不仅罚她的跪，而且让儿子自己教育媳妇，她儿子没办法，只得狠起心抽了媳妇几个耳刮子。这些情况在一般小老百姓家庭却并不多见。因为农民家庭维持不了那种大家庭场面，所以形成了'儿大不由娘'的分家习惯，家一分，婆媳矛盾自然就少得多了。"我访谈的其他的老辈村民，也都证实了周文孝讲的情况。事实上，分家削弱了父亲的权威以及父子轴心在更宽阔的亲属关系网络中的重要性，[②] 婆婆对媳妇的束缚也就大大减少了。正如李银河所言，分家对于传统的婆媳关系起到一种釜底抽薪的作用。[③] 当然，即使这样，婆媳矛盾纠纷在乡村社会还是普遍而长期存在的，而且在传统时代表现为婆婆对儿媳的绝对性权威。

新中国成立后，新政权倡导男女平等和家庭民主观念，这对婆媳关系有一定的冲击，但真正形成较大冲击的仍然是分家。王跃生的研究显示，集体时期，儿子婚后与父母分家间隔逐渐缩短，渐次分家成为趋势，最终在多子家庭形成结婚即分家新习尚。这是由于集体所有制下家庭私有财产范围缩小，家庭生产与生活分离，以财产为核心的分家行为因此变得简单，从而有利于家庭的裂变和分家行为发生。[④] 在莲花村，一般家庭也是子女一结婚即分家，不过父母很少单独住，而是跟其中一个儿子住（而且多半是跟幺儿住，这多少印证了俗话所讲的，"皇帝爱长子，百姓爱幺儿"），这样就形成核心家庭与主干家庭并存的格局。这个时期的婆媳矛盾与养老、资源、情感、价值观念、个人性格等都有密切的关联。莲花村的一些女性村民给我讲了很多集体时期婆媳关系的故事，兹举几个例子予以

---

① Marion J. Levy, *The family revolution in modern China* (Cambridge: Harvard University Press, 1949).

② 〔加〕朱爱岚：《中国北方村落的社会性别与权力》，胡玉坤译，江苏人民出版社，2004，第147页。

③ 李银河：《后村的女人们——农村性别权力关系》，内蒙古大学出版社，2009，第116页。

④ 王跃生：《集体经济时代农民分家行为研究——以冀南农村为中心的考察》，《中国农史》2003年第2期，第98页。

分析。

汪某某，1962年嫁到莲花村。由于她丈夫是老幺，所以公公婆婆和他们同住。汪某某说："我和我婆婆一开始关系就不好，我和我老公是自由恋爱，婆婆原先给我老公已经说了一门亲事，她自己觉得很满意，但我老公后来选中了我，婆婆对此一直耿耿于怀，总觉得我是用不要脸的手段把他儿子弄到手的。有时候她还会骂我老公，说他只认媳妇不认娘，她看不得他儿子对我好。在我看来，她基本上是把我当外人看，从来没有把我看成自家人。"

方某某，1964年嫁到莲花村。方某某说："我婆婆是个观念很旧的人，性格好强，里里外外的事情她都要管，啥子事情都要依她。我这个人脾气又弱，根本抗不过她。她最喜欢指使人，让你干这干那，事情没做好，她还会说你一顿。有一次我跟老公抱怨，说婆婆完全是把我当丫鬟，可丈夫也是个温脾气的人，也拿他那个妈没办法。这些我都觉得没什么，我气她不过的是她经常拿她女儿来和我比，说她女儿多讨人喜欢，在婆家孝顺又能干，一家人都喜欢得不得了。过年过节的时候，她都会给她的宝贝女儿扯几尺花布，而我这里连布料脚脚都没见到过，毕竟我又不是她生的，就是不一样。说实话，她死的时候，我是一滴眼泪都没流，流不出来。"

李某某，1954年嫁到莲花村。李某某说："我婆婆是个重男轻女思想很重的人，我三个娃儿都是女儿，为这个，她就一直恼恨我，说是我让李家绝了后。她不仅在家里经常做脸做色，最气人的是她在左邻右舍那里编我的坏话，有一次刚好被我听到了，我就和她争吵了几句，这下她就要起横来了，骂我不尊敬老人、要遭报应。回到家里，她竟然要我老公好好收拾调教一下我。当时我也横心了，我就对我老公说，'今天你要敢打我，这日子就不要过了，我们干脆去把婚离了'，婆婆也扯着我老公的手，威胁说，'今天你要不收拾你媳妇，妈就死给你看！'我老公当时弄得左右为难，幸好我家二妹机灵，去把村妇女主任曾凡莲找了来，才把事情平息下去了。这件事过后，婆婆倒是不要横了，但对我就更冷淡了，完全像外人一样。我没有跟她一般见识，我没亏待过她，毕竟她是我老公的妈，但我心里对她没有感情，亲近不起来。"

熊某某，1963年嫁到莲花村。熊某某说："我和我婆婆的矛盾，和她与我老公的关系有关。我老公是她的独子，公公去世得早，所以她对自己这个儿子看重得很。听我老公讲，结婚前的那天晚上，婆婆竟然伤心伤地地哭了一场。我估摸她是害怕自己的儿子娶了媳妇以后，会把她撂在一边去了。有一次，我老公到供销社给我扯了几尺花布，婆婆就不高兴了，又自己一个人跑到房间里伤天伤地地哭，数落她儿子心里没她这个妈，只对他媳妇好。她每天巴不得儿子都陪着她。所以在家里，我和我老公都不敢表现得过分亲热。她还经常找左邻右舍的人诉苦，说她一个人如何辛苦把儿子拉扯大，可儿子的心都跑到媳妇那里去了；她说一想到以后老了没人管，就难过得很。我婆婆是九几年才去世的，她一辈子都在担心她儿子会不会不管她，我估摸她死之前都还在担心这个事情。"

村民何新梅谈道，集体时期，新思想、新观念的冲击使婆媳矛盾有所缓解，比如解放前那种婆婆凶狠虐待媳妇的情况已经非常少见，但婆婆压制媳妇的情况还是很普遍。何新梅说："虽说当时也讲家庭民主、反对家长制，但要完全做到这些是不现实的，比较困难。五几年的时候，我们曾经想树一个媳妇反抗婆婆家长作风的典型，结果村民普遍不来气，大家心里虽也觉得那个婆婆有些过分，但觉得那个媳妇也不是个省油的灯。而且村民最不能接受的是让那个媳妇在村里会上发言，介绍她如何与婆婆作斗争。当时听的人，除了一些年轻人附和她以外，其他村民反而觉得这个媳妇太过分了，让她婆婆这样丢脸，完全没大没小，实在不像话！"何新梅谈道，在集体时期，家庭的各种家事决策权主要还是掌握在公公婆婆手里，特别是那些中年婆婆，更是把家事权牢牢掌握在自己手里，很少有放权给媳妇的，那些放权的多半都是年老、已无心无力掌权的婆婆。在这里，我们可以看到，作为实质性父权的母权在集体时期依然顽强地存在着，并继续发挥着它的作用。这显然是一种传统家庭权力制度的延续，婆婆对媳妇的强势在所难免①。在强调父系血亲的家庭文化观念中，媳妇事实上是"外人"，婆媳关系是姻亲而不是血亲。我们从上面的案例中也可以看到，婆媳之间很难产生亲近感，彼此都觉得对对方没什么感情。媳妇很难对婆婆产生如母亲一样的情感，婆婆也很难把媳妇当自己的女儿一样看待。但是，彼此没有感情的婆婆、媳妇却同时与同一个男人（儿子或丈夫）有着深厚的感情，所以婆媳之争中存在着情感资源竞争的成分。同时，婆媳矛盾的产生还源于双方各自对现实利益的考虑与争夺。受"养儿防老"观念的影响，加之现实中的社会保障制度缺位，做母亲的对自己儿子有很高的期望，父母含辛茹苦把儿子拉扯大，除了家庭亲情的动力外，还有一个重要动力是父母年老后儿子的赡养、反哺。在儿子结婚后，做父母的对儿子的养老期望反而会变得更为急迫、敏感。笑冬的研究认为，儿子是母亲唯一的养老

---

① 陈馥丹:《中国婆媳关系初探》,《社会心理科学》2011 年第 9 期,第 56 页。

资源，孙子是媳妇唯一的养老资源，可儿子既是媳妇的养老资源，也是孙子的主要投资者，因此婆媳冲突的实质是控制养老资源的主要提供者和投资者的儿子或丈夫。①

在集体时期，虽然总体态势是婆婆压制媳妇，但也存在较多另外一种情况，即中年媳妇对老年婆婆的压制甚至虐待。何新梅谈道，村里的恶媳妇也不少，她介绍了一个典型的案例。村民黄某某的婆婆也曾经是个村里人所称的“厉害的主”，黄某某受过她不少气。但人扛不过时间，黄某某的婆婆老了，连路都开始走不动了，婆媳关系于是来了个完全颠倒，儿媳开始对婆婆算起总账来。在何新梅看来，黄某某看起来是个脾气温温的人，但心也硬得很，估摸她确实很恨婆婆。1972 年的时候，黄某某的大儿子结婚，黄某某以房子紧张为由，就让婆婆腾出自己的房间，到柴房去住。她婆婆没办法，只有常常到已经去世的丈夫坟头上哭诉，村里人经常看到她趴在那里哭得伤天伤地。后来婆婆生病、卧床不起，黄某某连柴房门都不踏进一步，饭菜都是喊丈夫去送，婆婆在床上屙屎屙尿，柴房里臭气熏天，她也不管。婆婆没熬到两年，1975 年就去世了。何新梅说：“婆媳关系永远都扯不清楚！”

“文革”结束后，家庭承包责任制的实行，使农村家庭中的父权包括母权出现了短暂的进一步上升。在整个 20 世纪 80 年代，婆婆特别是中年婆婆全面掌管家庭事权、压制媳妇的态势和集体时期基本上是一脉相承的，进入 90 年代以后，这种态势又出现了比较颠覆性的变化，同时也变得更为复杂。兹举二例予以分析。

案例 1

莲花村村民彭兴江，妻子李红兰，有四个孩子，两儿两女。女儿都已出嫁，大儿子彭华明脾气温和，小儿子彭华强脾气刚烈。1993 年，在大儿子的强烈要求下，彭兴江拿钱让彭华明跟着师傅学木工活，搞装修。三年后，小儿彭华强也跟村里很多年轻人一样，吵着闹着要出去打工，去闯一闯，父母只好答应。后来大儿子彭华明到了谈婚论嫁的年龄，经人介绍娶妻方莉英。由于当时家庭拮据以及准备得仓促，没有为他们举行当地正规的结婚仪式，简单地请了各路亲戚就算完婚。因为没有完成当地风俗热闹的迎娶过程，从那时候开始方莉英就心存芥蒂，耿耿于怀，不使好脸色给公公婆婆看。跟他

① 笑冬:《最后一代传统婆婆?》,《社会学研究》2002 年第 3 期,第 82 页。

们住在一起，经常睡懒觉，不爱干活，说话还不注意分寸，更别说孝敬父母了。公公睁一只眼闭一只眼并没有太多计较，认为儿媳少了些见识，还要多经历些事情才行。而做事勤快的婆婆李红兰哪能见自己有这样一个儿媳而无动于衷，她就当面批评儿媳，指出儿媳的不是。方莉英心中越来越火，怒不可遏地跟婆婆李红兰吵起来了。从此，婆媳之间的战争就上演了。儿子彭华明性格温顺，夹在母亲与妻子中间不敢表明明确的立场，只有尽力地劝服她们，缓解矛盾，可是无济于事。

吵吵闹闹地过了一年半，在儿媳方莉英要求下，公公婆婆彭兴江和李红兰决定与儿子分家过日子，于是在村里干部的主持和证明下分了家。由于婆媳不用每天同食同宿，一段时间内矛盾平息了一些。

可一波未平一波又起。结婚快两年了，但彭华明跟方莉英却没有孩子，这可急坏了家里的每个成员。于是彭华明夫妻俩到医院检查，结果是彭华明没有生育能力。听到这个消息，家里所有人的心都揪到一块儿，不知如何是好。方莉英既痛苦又怨懑，经常跟她娘家父母抱怨自己的婆婆如何对她不好，怎样吵骂她。好在她父亲方昌福还是通情达理之人，经常到亲家家里了解情况，知道自己女儿脾气不好，有些事情想不到，恳请亲家包容她。也许是为了逃避痛苦，彭华明就领着妻子方莉英到了他长年打工的地方——贵阳一起生活。

自从彭华明与方莉英到贵阳打工后，他们就很少跟家里联系，更别说给彭兴江老两口寄点东西或生活费了。彭兴江老两口知道这肯定是儿媳在从中搞名堂。有一天，彭兴江收到儿子的一封书信，信中说他要跟父亲、母亲、家里所有人断绝关系。父亲看了既愤慨又痛心，当晚就跟儿子回信："华明呀，你连父母都不认，我们怎么对你你自己心里明白，你是风吹来的还是大水冲来的？你是跟着一头牛还是靠着一棵油桐树长大的啊？……"

每年春节，从贵阳回来的彭华明和方莉英都只待在方莉英娘家，不会主动见华明的父母。有一年，大年初三彭华明和方莉英回老家祭祖扫墓，就当是匆匆的过客，彭华明进屋喝了一碗茶，方莉英就在屋外等他，没跨进门槛一步。村里人都觉得这小两口做得太过分，没有这样对待妈老汉儿的。

彭华明和李红兰虽然心里非常失望、伤心，但毕竟是自己的娃儿，还是经常向村子里出去的人打听华明的消息。每年春节后，只要当年杀了猪，他们就要托人把腌制好的腊肉给儿子和儿媳带到贵阳他俩打工的地方，让他们知道家里还有想念他们的人。可儿媳方莉英还到处扬言说从未看到过公公婆婆给过什么东西。这些话传到彭兴江老两口的耳朵里，他们的心都碎了。

2003 年，彭华明与方莉英领养了一个女婴，取名彭小寒。同年，小儿子彭华强与儿媳也为家里添了一个孙子彭小坤。2008 年，大儿媳方莉英春节回家跟彭兴江老两口商量，想让其照顾女儿彭小寒，他们夫妻俩好安心在外打工。考虑到各种情况，婆婆李红兰说："不是我们不愿意照顾，你想想，农村的活儿又多又杂，一天忙到天黑，早出晚归的，来来去去的车又多，万一出了什么意外我们怎么交代？现在都是独生子女，孩子是大人心头的肉啊……"听罢，方莉英怒言："不照看就不照看，等着瞧吧，你们老了休想让我们拿一分钱！"

自那以后，方莉英又没再跟公公婆婆多说过一句话。方莉英也不时地跟丈夫彭华明闹别扭。公公婆婆酸心地说："她自己现在也在喂养儿女，怎么就不明白当大人的心呢？……"

案例 2

村民周淑芳，访谈时七十多岁，有一儿一女，女儿已出嫁，老人长年跟随儿子秦明义生活。儿子秦明义和儿媳熊德娟是村里出了名的孝顺夫妻，因为周淑芳腿脚不灵便，儿媳熊德娟每天按时为婆婆做饭、洗衣服，样样周到体贴。怕周淑芳无聊，1996 年他们夫妻俩还特意为其买了一台电视机。那段时间，周淑芳每天都笑得合不拢嘴，逢人便夸自己的儿子、儿媳懂事、孝顺。

1997 年，秦明义和熊德娟的儿子秦涛出生。由于家里的开支开始有些吃紧，经过一家人共同商量，2004 年，秦明义和熊德娟一起到新疆打工，把儿子秦涛寄托给母亲周淑芳，每个月按时给家里寄生活费。

2007 年夏天的一个傍晚，完成作业后的秦涛突然跟奶奶周淑芳吵着闹着要买一副乒乓球拍到附近的中学打球。奶奶说天晚了明天再去给他买，但秦涛不依，坚决要奶奶马上就去买，而且威胁说如果不买，自己就立即死给她看。周淑芳只当孙子说的是气话，也没理他。刚好同村的汪德惠找周淑芬有点事，二人在屋外的院坝里摆谈了大约二十分钟。当谈完话，周淑芳回到屋子里的时候，眼前的一切让她震惊不已：孙子秦涛横卧在地上，口吐白沫，费力地挣扎。原来，就在自己出去和汪德惠谈话的那会儿，秦涛找到家里存放的农药，咕噜咕噜喝了一大瓶。周淑芳赶紧叫村里人把秦涛送去乡卫生院抢救，但由于服药太多，秦涛在送医院的路上就死了。

秦明义夫妇闻讯后火速从新疆赶回来，春节后离家的时候还是活蹦乱跳的儿子现在却只是一具冰冷僵硬的尸体，夫妻俩怎么也不敢相信自己的眼睛。

虽然村民都跟他俩解释这件事主要是儿子秦涛的不是，但儿媳熊德娟却将责任归到婆婆周淑芳身上，觉得自己每月都按时给她钱，她却没有照看好孩子，全是她的错，是她害死了自己的儿子。“你是想你秦家绝后啊，涛子没了，你现在让我们三四十岁的人怎么办?”秦德娟撕心裂肺地朝婆婆喊。

儿子秦明义深明事理，知道事情原委后安慰母亲和妻子。但在之后的生活中，儿媳就不时地发泄怨气，说话带刺，不给婆婆好脸色看，甚至诅咒婆婆早点死。婆婆周淑芳心里也觉得愧疚，也任由儿媳对她做脸做色。

这事过后，秦明义夫妇仍到新疆打工，家里只剩周淑芳一人。2008 年，周淑芳生了一场大病，没人料理。最后不得已，儿子秦明义才从新疆赶回来服侍母亲，而熊德娟一直都未回家看望过婆婆。

上面两个案例中，案例 2 虽然比较特殊，案例 1 却具有普遍性。改革开放以后，农村家庭分家普遍提前，即基本上是儿子一结婚即分家。分家可以暂时缓解家庭矛盾特别是婆媳矛盾。但即使分了家，子家庭与母家庭还是存在着伦理上的道义关系与现实利益关联。这里的关键问题是在农村社会养老制度缺位的情况下，家庭养老对于大部分农村老人就具有决定性意义。分家后的小家庭承担着父母年老后的赡养义务，由此也获得了控制甚至“要挟”父母的权柄，同时随着媳妇在小家庭地位的上升，她也就相应地获得了是否赡养公公婆婆的决定权。在案例 1 中，婆媳矛盾的源头在于作为外来人的方莉英在结婚的时候没有获得公公婆婆的公平对待，婚事搞得非常仓促，所以一直耿耿于怀；还有就是婆婆出于实际情况考虑，没有答应帮她带小孩儿，于是方莉英威胁公公婆婆老了不会给他们一分钱。我在莲花村调查时发现，由于刚性的传统孝道制度已经衰落，村里的老人越来越处于一种非常被动的地位。年轻媳妇或中年媳妇对公公婆婆的赡养承诺不是基于伦理道义，而是基于代际的利益交换是否公平对等，以及公公婆婆对于各个小家庭是否做到一碗水端平。这在很多农村地区具有普遍性，如媳妇要求公公婆婆在对待各个儿子结婚时的投入要公平（盖房子、给彩礼等），有小孩之后要求婆婆为孙子付出劳动等①。如果公公婆婆在亲子间利益出现分配不公或情感倾向，都会造成子家庭与母家庭的矛盾，特别是使婆媳矛盾进一步恶化。②

① 笑冬:《最后一代传统婆婆?》,《社会学研究》2002 年第 3 期,第 84 页。

② 陈俊杰:《话说婆媳之间》,《妇女研究论丛》1995 年第 1 期,第 35 页。

何新梅谈道，改革开放以来，农村家庭里普遍是媳妇地位比婆婆地位高，不过真正的恶媳妇也并不多，大多数家庭中的婆媳维持着一种“友好”而不“亲密”的和平相处关系。这里的原因有三点：第一，普遍分家提前缓解了婆媳矛盾；第二，打工经济的兴起，大量年轻夫妻双双外出打工，婆媳生活在一起的时间不多，客观上也避免了各种矛盾、摩擦的产生；第三，媳妇与婆婆各自有求于对方，一方面，媳妇需要婆婆在家里给她带孩子和处理其他家务，所以她就不能对婆婆“歪恶”；另一方面，婆婆期望在自己老了以后，媳妇能承诺赡养、照顾自己。这里，婆婆对于媳妇的养老期望更强烈，所以大部分婆婆都开始“学乖了”：在家里不说媳妇的坏话；帮儿子媳妇带孩子；不在外人面前说媳妇的不好，只说媳妇的好话。①

何新梅还谈道，现在很多农村家庭里，婆婆比媳妇勤快，而且任劳任怨。她说：“过年过节的时候，你看尽是公公婆婆在灶膛前忙得团团转，媳妇连厨房门都不进一下，只是坐在电视机前剥瓜子吃，或是在那里玩手机、打电话。有的家庭，媳妇衣服都不洗，都让婆婆干这些事。”现在很多婆婆认为，“要会想”，“毕竟又不是自己亲生，也莫指望她对你好好”。虽然这样说，但实际上很多婆婆会主动讨好媳妇，也求未来有人赡养。② 所以这些婆婆都心甘情愿为家庭、为儿子、为儿媳、为孙子做贡献。

另外，我在莲花村的调查也发现，由于村庄流动性和社会开放性的增强，年轻一代的媳妇们不仅接受过较高的教育，同时通过各种渠道获取的新知识、新观念也非常多。所以这些年轻媳妇大多通情达理，能够对婆婆以礼相待。而且这些年轻媳妇也无传统家庭女性的那种强烈的争权夺利、压制人的冲动和欲望。因此，目前农村家庭中的婆媳矛盾也越来越与两代人之间的生活习惯、价值观念的差异相关。这意味着改革开放以来，社会经济条件的改变打破了婆媳相处的传统模式，将婆媳矛盾更直接也更明确地聚焦到“沟通”这一现代社会人与人相处的根本问题上来。③ 很多婆媳之间因为缺少沟通或沟通不畅而产生隔阂或摩擦。

---

① 张雪霖：《城市化背景下的农村新三代家庭结构分析》，《西北农林科技大学学报（社会科学版）》2015 年第 5 期，第 122 页。

② 陈讯：《候权与赠权：妇女在家庭中的地位是如何转变的——基于鄂中 T 镇婆媳关系演变历程的分析》，《妇女研究论丛》2012 年第 3 期，第 27 页。

③ 郝大海、申艳芳：《社会转型期婆媳矛盾的变迁——以河北省 N 村为例》，《学术论坛》2013 年第 10 期，第 52 页。

第三节　生育与赡养

一、生育

在中国文化中，生育不仅是一种自然行为，也是一种社会行为、文化行为，具有非常重要的伦理意义。“子孙相衍，香火不绝”代表了中国人包括乡村人对于生命孕育、传续的理解。

因此，在传统乡村社会，生育不是一个人的私事，而是全家人的公共性大事。因为个人的生育与整个家庭的命运相关联。莲花村村民周文孝说：“以前农村，一个女人结婚后，整个家庭关心的第一件事情就是生娃儿，做婆婆的会时常过问媳妇是否害喜，那些大户家庭还会严格监督媳妇的怀孕情况。女人若有了身孕，全家人都会围着她团团转，怀孕的女人啥事都不能做，待遇一下变得像公主一样，不过大家真正重视的并不是孕妇，而是孕妇肚子里的娃儿。”传统家庭以血缘关系和姻亲关系为主轴，长辈的意志与期望事实上使之成为家庭生育的决策者，真正的生育主体——女人不过是严格执行家长代表家庭作出的决策。作为“外来人”的媳妇要完全融入新的家庭，并希望在其中获得相应的地位以及家庭成员特别是长辈的认同，给这个家庭生一个孩子、特别是生一个能续香火的儿子无疑是最重要、最有效的办法。在农村，没有孩子的家庭被认为是不幸的、不完整的，不能称之为真正意义的家。“有儿有女，儿孙满堂”是乡村人的基本人生理想，也是完整家庭的基本标准。传统时代，很多女性对于生育具有极大的焦虑，就是害怕承担不起“绝后”的罪责。这是因为生育不仅塑造、创造家庭，同时也是家庭香火延续的唯一形式。反过来，家庭存在的基本目的也在于承担起生育的义务，并将生育与养老连接起来，构成了一个家庭的两极，以及相应的生养伦理或生养制度。这种生养伦理或生养制度“有利于保证社会的延续和家庭成员之间的合作”①。在传统的乡村社会，生育和耕作一样都是最为重要的家庭生产活动。② 特别是家庭中的女人，一生当中的主要事业就是生孩子和养育孩子。同时，由于传统社会人口的出生死亡率高、自然增长率低，这成为社会经济发展的最大困扰，因此鼓励

① 费孝通:《江村农民生活及其变迁》,敦煌文艺出版社,1997,第 30 页。

② 田雪原、陈胜利主编《生育文化研究》,中国财政经济出版社,2006,第 210 页。

人口生产也是历朝历代的基本国策。

进入近现代后，西方现代婚姻观念、生育观念传入中国，这对城市社会产生了一定冲击，但对乡村社会的影响却非常有限。民国时期乡村的生育行为、生育观念与生育模式基本上是延续传统的，多育习俗盛行。如冀南农村追求“五男二女七子团圆”[①] 的理想子女构成。但由于当时医疗技术水平不发达，婴幼儿死亡率高，能够真正实现理想子女构成的家庭较少，特别是一般农民家庭更难以做到。而且子女过多时，由于家庭经济无力支撑，还会出现溺婴或送人的现象。村民熊康兰说：“解放前我父母先后生了 13 个娃儿，但最后活下来的就我和一个姐姐两个人，那个时候娃儿不容易喂活。”

新中国成立后，土改的实行和医疗条件的改善，客观上使农民能较容易地实现理想子女数和理想子女构成。农民在生育思想观念、行为模式上与新中国成立前并无多大差别。由于三年自然灾害的影响和国家出于对国际形势的判断和战略考虑（核心是如果发生战争，我们仍然可以利用人口优势取得战争的胜利），政府鼓励人口生育。同时，在集体经济条件下，保证成员人人有饭吃的政策成为一种重要的生存保障，直接减轻了家庭养育超过理想数量孩子的压力。[②] 在莲花村，一般家庭在 20 世纪六七十年代平均都在四五个孩子左右。在性别偏好上，受养儿防老的传统观念和现实情况的影响，每个家庭还是力求多生男孩子。村民吴启雄为了要一个男孩子，和老婆一连生了七个女儿，直到第八个才是男孩子，这时他老婆才终于停止了生育。当时村里人都开玩笑说他们两口子有愚公移山的顽强精神。在当时，生男偏好的现实考虑是男性劳动力对于家庭获得更多经济资源是非常重要的。集体时期，如果一个家庭有几个男性壮劳动力，挣的工分就比较高，相应地可以分得更多的粮食。

从 20 世纪 70 年代初开始，由于人口自然增长较快，国家重新提出了在 50 年代即已倡导的计划生育政策，但由于受到“文革”的影响，并没有严格执行这项政策。直到 80 年代初，国家明确将计划生育定为国策，相应地提出了晚婚政策。尽管在 50 年代即已倡导晚婚，但没有形成政策性规定。1980 年新《婚姻法》出台，最低结婚年龄比 1950 年《婚姻法》的规定提高了 2 岁。在整个 80 年代和 90 年代，计划生育政策对中国人的生育文化形成了颠覆性的冲击，国人的生育意愿、

① 常运锋主编，河北省成安县地方志编纂委员会编《成安县志》，新华出版社，1996，第 759 页。
② 田雪原、陈胜利主编《生育文化研究》，中国财政经济出版社，2006，第 323 页。

生育动机、生育行为受到了国家权力的强力干预。在这个时期，农民的生育充满了太多的绝望与无奈，当然由此也出现了无数的暴力压制与顽强抗争。在这个当中，最受折磨的是那些农村女性，我在前面计划生育一节中谈到的王芝兰和周世菊就是计划生育暴力推行政策的受害者。这一时期，农民对计划生育的顽强抗争与抵制不仅是因为计划生育与人们的传统生育观念相对立，同时也是出于对现实情况的考虑。在80年代，农业经营收入仍然是大部分农村家庭的主要收入来源。在农业现代化水平还比较低的情况下，一个家庭拥有较多劳动力特别是男性劳动力是非常重要的。而且，一个家庭的女孩子最终是要离开家庭出嫁的，所以一般家庭想方设法要生男孩子，也是出于劳动力需求的考虑。另外，人的行为都会受到一代代传承下来的观念、逻辑的影响和制约，即人的行为受传统惯习的制约。因此，即使在国家进行强力生育干预的情况下，生育惯习制约着生育场域内农民的生育行为逻辑①。另外，在封闭的村庄社会，人的行为还会受到村庄网络中的舆论、伦理、面子的影响、制约。一个刚结婚的女人，通常在几个月后就会受到人们的关注：她怀起娃儿没有，怀的男娃儿还是女娃儿？如果她结婚都一年多了还没有身孕，人们就会议论她是不是不能生娃儿？如果确实不能生育，人们就会感叹这家人要“绝后了”。陈俊杰的一项研究讲道，一位不育乡村妇女，因为不能忍受与人口角时被对方恶毒挖苦，一气之下喝了农药，差点出了人命。② 又如在注重生男孩的乡村社会，生男孩直接关系到每家或个人的“面子”问题③，因此抬头不见低头见的熟人空间，必然给那些未生男孩的妇女带来巨大的心理压力。

我们发现，真正改变农民生育意愿、生育观念与生育行为的主要不是国家强制性的计划生育政策，而是90年代以来迅猛发展的工业化、城市化、市场化，最直接的就是打工经济的兴起。打工经济使大量农民走出村庄，进入城市社会，从事非农职业。在这个过程中，农民的行为不仅要继续受到传统惯习的影响，同时城市社会的新观念、新的生活方式也开始冲击他们的头脑，另外，新的现实状况也对他们的生育意愿与生育行为等产生重要影响。这里，我们重点从以下几个方

---

① 刘中一：《场域、惯习与农民生育行为——布迪厄实践理论视角下农民生育行为》，《社会》2005年第6期，第138页。

② 陈俊杰、穆光宗：《农村社区二重性与农民生育决策：社会人口学的解析》，《中国人口科学》1994年第6期，第45页。

③ 江立华、熊凤水：《农民生育中的生男偏好：价值合理性行动——基于皖南H村的实证调查》，《江淮论坛》2007年第6期，第99页。

面来进行分析。

1. 生育性别偏好。90 年代以来，生育性别偏好在农村有所改变，不过还没有根本动摇男孩偏好。在 90 年代以前，男孩偏好在农村尤为严重。在家庭中，作为女儿，一般比儿子更少讨父母喜欢。有些女性虽然并不觉得父母不喜欢自己，但是从生活细节上还是隐隐可以感觉到父母真正的喜爱还是在男孩子身上。李银河在一本书中写道，一个 30 岁的女性讲到从父母日常言行中体会到他们对男孩子的偏爱。她说：“（父母）反正是喜欢男孩。大人喜欢哪个孩子，从大人的一个眼神儿就能看出来。俺哥哥比我大，家里有吃的，就算平分开，哥哥吃完自己的，就抢我的，大人从来没管过。要是我抢弟弟的，肯定挨（大人）打骂。”① 我在莲花村的观察是，父母对男孩的偏爱确实较女孩多一些，这当然与传统男权中心、“养儿防老”的观念有关。不过，90 年代以来，特别是 2000 年后，莲花人更喜欢女孩的比重有显著的增加。“养女儿更实惠”“女儿对父母更贴心”之类的看法越来越普遍。村民周秀莹本已有一个男孩，在年近 40 岁仍然决定再次生育，就是为了想生一个女儿，足见当地生育性别偏好的转变迹象。村民范永秀说：“我有四个娃儿，前面三个是女儿，老幺是儿。当年特别想生个儿，以为老了有个靠头。现在看来完全不是那回事，喂儿没用。我那个幺儿 1995 年就出去打工，在外面晃荡，不务正业，给家里没寄过几次钱。现在我和他老汉儿都有病，他也不管你（我），平时连个电话都很少打。还是我那三个女儿经常来看望我们、照顾我们。所以还是喂女儿好！你看樊素英的那个儿（周）宏康，在外面晃荡 16 年都没个音信，樊素英完全就是为她儿怄死的。”

从全国范围看，生育性别偏好存在区域差异。这主要与各地宗族意识以及相应的传宗接代观念的强弱有关。那些宗族意识与传宗接代观念强的地区，就有较强的男孩偏好，如两广、江西、福建；相反，则性别比就比较平衡，如东北平原、长江流域的川西平原、两湖平原以及长江下游平原②。在男孩偏好强的地区，一些家庭开始借助超声波技术来进行生育的性别鉴定与选择，如果是女孩，就打掉；如果是男孩，就生下来。这是导致农村社会不断升高的出生性别比的重要原因。此外，一些农村地区仍然存在的强烈男孩偏好也暗示了农村社会保障的缺位或不

---

① 李银河：《后村的女人们——农村性别权力关系》，内蒙古大学出版社，2009，第 19—20 页。

② 龚为纲、吴海龙：《农村男孩偏好的区域差异》，《华中科技大学学报（社会科学版）》2013 年第 3 期，第 34—35 页。

足，也暗示了社区发展程度不高。①

另外，90 年代以来，育龄妇女较高的文化教育程度和城市打工经历，弱化了她们的男孩偏好，同时，对养儿防老的期望值降低，也使生儿子的重要性、急迫性降低。“80 后”村民石志敏（女）说：“我觉得生儿生女都一样。从内心讲，我还更喜欢女儿些。现在生个儿，听起好听，但不实惠。喂儿都是帮别个喂的，没想头！”当然，那些所受教育较少而且受传统文化影响较深的育龄妇女仍然有较强的男孩偏好。② 这些不同的性别态度差异可能对孩子的成长与发展带来深远影响。③

2. 生育意愿与生育决策。在传统时代，生育意愿与生育决策从根本上讲并不掌握在负责怀孕生育的女性手中，而是掌握在其他家庭成员特别是家长、长辈手中。村民周淑芳（女）说：“我三个娃儿都是在七几年生的，特别是生第一个娃儿遭罪得很，因为难产，始终生不下来，命都差点出脱了。但老大是个女娃儿，公公婆婆就不满意，就要求我还要生一个，因为我老公是独子，他们希望生个儿子传种。可我心里真是不愿再生了，想起都觉得害怕得很。可我没法自己做主，只有顺他们的意，又生了老二，哪知道偏偏又是个女儿，一直到老三才是儿，我才算完成了任务。对我来说，生娃儿真的是完成任务，下辈子我不愿意做女人，即使做了女人，我不愿意生娃儿。”一些村民还谈道，如果哪个家庭的媳妇要采取计生措施，也会遭到公公婆婆的反对甚至责骂，在这些公公婆婆看来，生不生、愿不愿生，都不是由媳妇说了算。不过，在 90 年代以来，一些农村年轻女性开始将生育的决定权掌握在自己手中，或者由小夫妻俩自己商量决定生育的相关事情，对于父母或长辈最多咨询或告知一下。1978 年出生的村民周建琼说：“我 20 岁结婚，当时我都觉得结早了，结婚后我就和老公到重庆打工，当时我婆婆就催我赶快生娃儿，可我不想那么早要娃儿。有一次春节回家，我婆婆又念叨这事儿，要我必须马上怀，我当时心里就有些烦了，忍不住对她讲，‘生不生娃儿、什么时候生，是我的事情，我自己做主’。我是二十五岁才要的娃儿。”相关的研究也显示，

---

① 张晓辉、戴维·W.休斯、克利斯托弗·甘、马国中：《社区发展对中国农村生育率的影响》，《人口与经济》1995 年第 2 期，第 14 页。

② 向华丽、李波平：《农村育龄妇女生育偏好现状考察——以湖北省为例》，《南京人口管理干部学院学报》2010 年第 4 期，第 21 页。

③ 肖富群、风笑天：《性别平等与生育选择——农村独生子女与非独生子女的比较研究》，《中国青年研究》2010 年第 7 期，第 68 页。

农村妇女在生育选择上有了更多自主性。① 这是由于打工经济兴起后，大量农村女性走出村庄，从事非农职业，其经济地位不断提高，这显著增强了她们在家庭中的发言权和决策权。

3. 理想子女数与子女构成。中国人的理想子女数经历了20世纪80年代的较高水平、90年代快速下降、2000年至今稳定在较低水平的三个阶段。20世纪80年代平均理想子女数为2.13人，1990年代降至更替水平2.1以下，2000年下降为1.67人。② 我在莲花村的调查发现，绝大多数农民理想的子女数是两个，在子女构成上最好是一男一女，即所谓“儿女双全”。相关的研究也显示，“一儿一女”的子女结构诉求是农村社会的主流。③ 90年代以后，莲花村的超生家庭的子女数基本上没有超过三个的。当然，这一方面是由于计划生育政策的限制，但更重要的一方面则是因为孩子生养成本大幅度提高。村民石宏伟说：“现在喂一个娃儿都喊恼火，哪里敢多生呀。现在带娃儿金贵得很，这样那样的开支又大，没点经济实力，真养不好！”

4. 生育观念。前面已谈到，在传统时代，生育被视为家庭的头等大事，对于一个女性而言，生育特别是生育男孩更能体现其人生价值，也由此更能获得家庭和社会的认同。接受过高中教育的“80后”村民何天萍说：“我最恨村里有些人把女人当生育机器，好像女人只能生娃儿，也只会生娃儿。我结婚的时候，就明确跟我老公讲，‘我嫁给你不是只给你生娃儿，你不能把我全套在这个上面，我也有我自己的追求’。我老公和我是高中同学，他也没那么多老观念。我们就觉得，不能只为娃儿活着，那没意思。我们这些想法，那些老辈人根本不能理解，也无法理解。”同样是“80后”的村民熊翠瑶说：“我只有一个娃儿，是个女儿。我婆婆一直想让我再生一个，我不愿意。婆婆说多生娃儿多享福，她就生了四个娃儿。我心里想，享啥福呀，养那么多娃儿把你一辈子都搭上去了，到老了还未必享得到福呢。现在养一个娃儿都觉得恼火，再生那么多干嘛呢，弄得生活穷兮兮的，我不愿过那样的日子。”像何天萍这些年轻女性，由于受过较高的教育，又有外出打工经历，属于受过现代观念洗礼的人，所以传统思想在她们的生育动机中的作

① 姜振华：《从生育看农村妇女自主策略的变化》，《浙江学刊》2002年第2期，第212页。

② 侯佳伟、黄四林、辛自强：《中国人口生育意愿变迁：1980—2011》，《中国社会科学》2014年第4期，第95页。

③ 伍海诚、乔天宇：《农村一孩户再生育意愿研究——基于三省农村已婚有偶育龄妇女调查》，《人口与经济》2013年第6期，第30页。

用已经弱化,[①] 她们开始更多考虑自身的感受和追求，个人意识逐渐增强，在生养孩子问题上，她们变得更为理性，有比较清楚的“成本”和“效益”的观念[②]。另外一个“90后”村民周桂荣给我讲，她非常适应在城里的生活，为了获得更好的发展机会，她还自费参加了一些培训，她表示自己的整个心思都在这些上面，所以没有考虑生娃儿的事情，而且不想被这个拖累。我问道：“如果真要考虑生娃儿，你愿意多生还是少生?”周桂荣说：“我只生一个!”我问道：“为啥不可以多生一个呢，等你老了也可以多个依靠嘛?”周桂荣笑道：“哪里想那么远的事情哇，而且我也没想靠谁，我和我老公都买了养老保险，没想以后靠儿女。”相关研究也显示，子女的养老效用在外出女性的眼中已降低。[③] 上述情况也说明，年轻女性开始突破生育对她们的限制，从传统的高生育率和多子女家庭状态脱离出来，她们更加注重自我发展。

2000年以来，很多农村年轻夫妇由于接受过较高的教育与外出打工经历，其传统生育动机如传宗接代、养儿防老观念开始弱化，而现代生育动机如增加家庭乐趣、增进夫妻感情等观念开始强化。[④] 同时，这些接受了现代观念的年轻夫妇越来越重视生育的质量而非数量、性别，对子女教育培养的投资已成为很多农村家庭投资的主要项目[⑤]，“生健康的孩子”和“让孩子接受最好的教育”等观念在农村家庭也逐渐普及。

此外，当前农村社会存在的“娶媳妇难”与男方婚姻负担重的现象，也推动了农村生育观念的变迁。生儿子意味着将来要给他建房子娶媳妇。做父母的预期到了生儿子、养儿子的成本，这种理性算计冲击了传宗接代的传统观念。生儿子作为一种本体性价值，随着农村生产方式变化中的婚姻变迁而逐渐瓦解。[⑥] 有些

---

① 徐映梅、李霞:《农村外出妇女的生育意愿分析——基于鄂州、黄石、仙桃三地数据》,《南方人口》2010年第2期,第51页。

② 李树茁、马库斯·费尔德曼、朱楚珠:《中国农村妇女就业与生育行为比较研究》,《人口与经济》1998年第1期,第8页。

③ 尤丹珍、郑真真:《农村外出妇女的生育意愿分析——安徽、四川的实证研究》,《社会学研究》2002年第6期,第61页。

④ 庄渝霞:《不同代别农民工生育意愿及其影响因素——基于厦门市912位农村流动人口的实证研究》,《社会》2008年第1期,第160页。

⑤ 杜本峰:《农村独生子女生育选择影响因素及测度研究——基于 Multinomial Logistic 模型实证分析》,《人口研究》2010年第3期,第29页。

⑥ 桂华、余练:《婚姻市场要价:理解农村婚姻交换现象的一个框架》,《青年研究》2010年第3期,第35页。

农村家庭的二胎生育也并非追求“生儿子”，而是在经济状况允许的条件下“生个伴”，从而满足二孩意愿、防范失独风险和建立旁系支持。①

二、赡养

在传统时代，赡养年老父母不仅作为“孝道”伦理价值取向被人们内化、视为天经地义，而且在法律制度上也有诸多刚性的约束和要求。如清代《大清律例》规定，不孝父母者如“奉养有缺”，最重可判绞监候（绞刑缓一年执行），根据情节严重程度，可判笞杖、流放、有期徒刑等。民国时期的《中华民国民法》规定了直系血亲之间相互的扶养义务，其第1117条规定“受扶养权利者，以不能维持生活而无谋生能力者为限”，同时又规定“前项无谋生能力之限制，于直系血亲尊亲属不适用之”②，这实际上是规定了要无条件赡养双亲。总之，子女不仅在道义上而且在法律上也有赡养责任。莲花村村民熊安仁说：“解放前，农村很少有不孝敬父母、不赡养父母的，谁如果敢那样做，村里人都会看不起他，那是没天理的呀。所以有些即使对父母不好的，也不会做在明面上，人都要讲个良心、脸面的嘛。”事实上，在自给自足的传统农业时代，家庭不仅是一个基本的经济单位，而且也是一个基本的生活单位，一个人的生老病死、成家立业、安享晚年，都要在家庭里完成和实现。这客观上要求家庭成员对年幼者予以哺育直至成家立业，对年老者予以照顾赡养直至离世。因此，家庭赡养老人模式在中国农村延续两千多年而不绝，成为乡村养老模式的常态，“养儿防老”和“多子多福”的信念在中国人心目几乎是根深蒂固，影响及今不衰。

新中国成立后，新政权对传统家庭伦理采取了打击为主并有所选择性维护的策略。这主要表现在：一方面，对家庭伦理中“父为子纲”的家长制、“夫为妻纲”的从夫制进行了批判，积极倡导男女平等、家庭民主的新思想。另一方面，尊重维护“幼有所长，老有所养”的传统伦理，注重对农民的社会保障。如1956年6月30日第一届全国人大三次会议通过的《高级农业生产合作社示范章程》第五十三条明确规定：“农业生产合作社对于缺乏劳动力或者完全丧失劳动力、生活没有依靠的老、弱、孤、寡、残疾的社员，在生产和生活上给以适当的安排和照

---

① 葛佳:《从“生儿子”到“生个伴”——农村富人的二胎生育实践》,《南方人口》2015年第5期,第1页。

② 中国法规刊行社编审委员会编《六法全书》,上海书店,1948,第97页。

顾，保证他们的吃、穿和柴火的供应，保证年幼的受到教育和年老的死后安葬，使他们生养死葬都有依靠。”① 这是较早、较完整地提出关于农民养老的法规性文件。这具有社会养老性质，但对象是无儿无女的孤寡老人。因此，在集体时代，家庭养老仍是乡村养老的主要模式。但具有悖论性的是国家对传统家庭伦理的批判和经济生活的集体化，客观上削弱了孝亲养老的伦理价值基础，父辈权威下降，对家庭的控制权也随之下降。特别是集体经济减少了农民的家庭财富积累，相应的父辈能够控制的家庭财富就非常有限，能够传递给子辈的财富很少，这就造成子辈有较强的分家动机。在这种情况下，父辈与子辈之间的经济互惠链条受到破坏，代际间的哺育与反哺机制失去了存在的基础。随着老人自食其力能力的减退，其在家庭中的弱势地位也日益明显，这与传统时代老人在家庭中的较高地位形成鲜明比照。因此，在集体化运动的冲击下，传统的反馈型养老模式在当时就已经开始出现衰落的迹象。② 村民石宗全讲到集体时期发生的一个故事，何家院子的何家生、黄道淑夫妇长期遭受儿子、媳妇的虐待，特别是其媳妇非常过分，有时竟不让何家生老两口吃饭。婆婆黄道淑实在忍受不下去，有一天就拿着个搪瓷脸盆在村里的山梁上敲，边敲边控诉儿子、媳妇不孝：“大家莫学我哟！养了个不孝的儿，又让儿娶了个不孝的媳妇。他们硬是做得出来哟，饭都不给我们吃两口，要饿死我们两个老骨头喔。莫养儿哟，养儿也靠不住哟，老了没得想哟……”

集体时期虽已出现父辈权威的下降，并由此影响到对年老父母的赡养，但总体上看，由于传统惯习和传统思想不可能轻易退出乡村场域，传统家庭养老模式依然发挥着比较强大的作用，绝大多数父辈还是得到了子辈的较好尊从与孝养。村民周成前介绍了集体时期莲花村的赡养模式和赡养情况，并重点举了他家的例子来说明。周成前的父母是周武仁和冉崇秀，夫妇俩有三个儿子，大儿子周成前、二儿子周成明、三儿子周成金。在大儿子周成前准备结婚的时候，周武仁和冉崇秀就召集三个儿子开了个家庭会，就以后分家、父母赡养等问题进行了讨论。由于那个时候一般家庭基本上没有财产积累，主要的财产就是房子，所以分家主要是分房子。当时家庭会的最后结论是：周成前一结婚就先分出去，全家的六间房子（包括四间正房、一间厨房、一间牛棚兼茅房）按照四份来分，正房由三个儿

① 《建国以来重要文献选编》(第八册)，中央文献出版社，1994，第422—423页。

② 王飞、王天夫：《家庭财富累积、代际关系与传统养老模式的变化》，《老龄科学研究》2014年第1期，第18页。

子和父母刚好各占一份，厨房隔成两间，一间分给周成前结婚后暂时用，在条件成熟后，周成前要自己掏钱修新厨房（农村很多家庭分家后，小家庭多在分的正房旁边搭一个偏棚作厨房），茅房共用，分出去的家庭可以自己出钱新修茅房；父母自己选择和哪个儿子一起生活（在莲花村，年老的父母跟最小的儿子一起生活的比例比较大，一则因为最小的儿子最后结婚，一则受“皇帝爱长子，百姓爱幺儿”思想的影响，农村父母确实多偏爱幺儿），由父母自己决定，和父母一起生活的儿子需要照顾父母的日常起居，负责父母的养老送终，相应地父母去世后的房子或其他遗产由这个儿子继承；如果父母选择单独生活，则由三个儿子轮流负责父母日常照顾，并共同负责父母百年后的送终，遗产则平分。周成前讲，当时莲花村很少有父母单独生活的，多半会跟一个儿子生活在一起，跟小儿子的比较多，但这也不是绝对的，很多父母选择跟谁同住，主要还是看哪个儿子、媳妇最孝顺。那些只有一个儿子的父母就没得选择了，只有跟儿子生活在一起，遇到孝顺的好媳妇，这做父母就享福了，否则就遭罪了。集体时期，很多不孝养父母的情况就多集中在只有一个儿子的家庭。

集体时代结束后，家庭经营方式的回归，使乡村社会在整个80年代出现了传统的短暂复兴。在这一时期，乡村家庭赡养仍旧延续了传统时期和集体时期的基本模式和做法。但也有一些新的变化迹象，主要是父母单独生活的比例有所增加。这里的关键原因是婆媳关系出现了微妙变化，向婆婆权威发起挑战的媳妇逐渐增多了，进入到90年代以后，婆媳地位更是发生了颠转，媳妇普遍开始占据上风，而婆婆则逐渐处于下风，这客观上使得父母得不到孝养的可能性或实际比例都增大了。我们在前面相关章节谈到，随着打工经济的兴起，大量农村年轻人开始选择非农就业，当打工收入大大超过农业收入并成为家庭收入的主要来源时，作为家庭财富最大贡献者的子辈们在家庭中的地位开始上升，而父辈们的地位则开始下降。这些父辈们大多没有外出打工，而是留在农村务农，即使打点工，也是利用农闲时间在县城或乡镇附近找点零活儿干，基本上找不了几个钱。因此，好多年轻人为结婚修房子等准备的资金基本上是靠自己打工积累起来的；父母的付出有限，一些不孝的子女的回报就很少，甚至根本不管自己的父母。没有为子女作出较大财富贡献的父母，有时只能自怨自艾，在儿女面前处于相当被动的处境，儿女的孝顺对于他们无异于“恩赐”，在儿女面前表现得小心翼翼。

莲花村20世纪90年代开始出去打工的主体群体是“60后”“70后”，年龄在20—30岁，他们的父母则在45—60岁。这里以吴启华、周淑敏夫妇家庭为例来说明当时的赡养情况。吴启华、周淑敏有六个娃儿，老大吴志光、老二吴志明、老三吴志娥（女）、老四吴志梅（女）、老五吴志萍（女）、老幺吴志伟。吴志光是1964年出生的，当过兵，1988年结婚后即从家里分出去，由于母家庭房子紧张、人口多，由吴启华出钱新修了两间土墙房子，让大儿子吴志光住。吴志明1991年结婚，婚后分得老房子一间屋，后来在三个妹妹出嫁后，家里将堂屋隔成两间，其中一间分给吴志明。1993年大女儿吴志娥结婚离家，1994年儿女儿吴志梅结婚离家，1995年三女儿吴志萍结婚离家，老幺吴志伟2000年结婚。在前面五个儿女都结婚后，吴启华、周淑敏夫妇就一直和小儿子吴志伟同住。在这期间，吴志光、吴志明、吴志伟都先后出去打工，吴启华、周淑敏夫妇留守。由于夫妇俩当时身体还比较硬朗，尚有劳动力，生活上基本能自给自足，不需要儿女的额外照顾、赡养，儿女有时会不定期地给父母买点衣服或给点钱，尽到一点儿女的心意；做父母的则会帮忙照看留守的孙子，有一段时间，吴启华夫妇要负责照顾4个孙子。2005年，吴启华得了一场大病，这个家庭的赡养问题才凸显出来了。于是老大吴志光召集老二吴志明、老幺吴志伟商量父母的赡养问题，并制定了一份养老协议，具体规定如下：

1. 兄弟三人每人每个月给父母生活费60元。若需要增加，由兄弟三人商量确定；

2. 父母生病费用由兄弟三人平摊；

3. 父母百年后送终由兄弟三人共同负责，费用平摊；

4. 父母若留有遗产由三兄弟平分；

5. 其他事项由兄弟三人商量解决。

这份协议交给吴启华夫妇过目，并请村干部、亲戚代表见证，兄弟三人签字、按手印，人手一份。

这份协议的内容主要集中在父母的经济保障和生病保障上，有意思的是完全没有涉及对父母的日常照料问题。我在访谈时，曾就这个问题问过吴志伟，他的回答是："这个我们确实没办法做到，我和我老婆是一起在外面打工，二哥两口子也是一起在外打工。大嫂虽然没出去，但她一直对我妈老汉儿没啥感情，莫指望她来照顾。不过，这个问题也不大，三个姐姐会经常回来看望妈老汉儿，二姐本身就嫁在村里，照顾妈老汉儿也方便。"

很多莲花村的女性村民给我讲，儿子对父母的赡养多只当成个不得不完成的“事儿”，但并不“上心”，有的在外面一两年都不回家看望一下父母，无非是定期或不定期地扔两个钱给父母，其他则一概不管，反而是做女儿的会经常去看望父母、问冷问热。我问她们形成此种情况的原因是什么，有的说是因为男娃儿性格比较粗、大大咧咧，有的说是因为家里的媳妇容易装怪，有的说是因为女儿本身对父母就有感情些。这里其实就是两个方面的问题：一是媳妇在赡养父母中的角色与影响，二是儿子、女儿在赡养父母中的角色、态度与影响。

关于媳妇在赡养父母中的角色与影响。我在莲花村观察到的情况是，凡涉及赡养纠纷的，多半与媳妇相关。前面我谈到，20 世纪 90 年代以来，婆媳关系发生倒转，媳妇地位上升，婆婆地位下降，同时家庭核心化趋势进一步增强，子辈生活重心落到自己的小家庭，对母家庭或父辈的关注与资源、情感投入自然减少，其中作为外人的媳妇本身就对公公婆婆缺乏血缘亲情，在对公公婆婆的赡养上更缺乏动力和热情。在传统时代，子辈对于父辈的赡养机制之所以能够较好地运转，基于孝养伦理的权威性与互惠性的二元结构。① 这一二元结构在 90 年代以来有逐渐分化的趋势，特别是孝养伦理的权威性有所减弱。村民秦朝学、黄道群夫妇有三个娃儿，老大、老二都是女儿，老幺是儿子。老大秦莉 1993 年结婚离家，老二秦娣 1995 年结婚离家；1998 年秦伟结婚，第二年在儿媳妇冉启萍的要求下，从母家庭分出，秦朝学、黄道群夫妇遂独立生活。2000 年，老二秦娣超生下第二个娃儿，因婆家二老均已去世，而且又长期在外打工，所以娃儿喂到两岁多就让秦朝学夫妇带，而这个时候老幺秦伟的第一个娃儿也出生了，由于秦朝学夫妇实在腾不出手，所以秦伟只好让媳妇冉启萍的父母来带娃儿。冉启萍为此对公公婆婆很不满，觉得他们太偏心，亲孙子不带，反而去带外孙。2008 年婆婆黄道群生病住院花了 2000 块钱，若按老规矩，这 2000 块钱都应由秦伟掏，秦伟自己也觉得应该如此，但媳妇冉启萍却不干了，她的主要理由是公公婆婆帮助他们做的事情太少，所以二姐秦娣至少要掏大头的钱。结果二姐秦娣主动掏了 1000 块钱，大姐秦莉掏了 400 块钱，秦伟掏了 600 块钱。2011 年，我在访谈秦朝学夫妇时，二位老人言语之中充满了焦虑和不安。秦朝学说：“我们现在还走得动，如果以后只能在床上待起，都不知道谁来照你的闲（忠县土话，即“照顾、照料”的意思）。按道

① 郝明松、于苓苓：《双元孝道观念及其对家庭养老的影响——基于 2006 东亚社会调查的实证分析》，《青年研究》2015 年第 3 期，第 68 页。

理，该老幺负责，可他那个媳妇，不敢指望。老大、老二没得那个义务，都是尽个情分，讲个家人感情，也不能要求她们怎样。”秦朝学夫妇的焦虑在中国当代农村具有普遍性。正如有学者指出，老人们的焦虑是在传统孝道逐渐瓦解的时代背景下出现的，因而这绝不仅仅是单纯的个体的情绪表达，更具有清晰的文化意涵。①

关于儿子、女儿在赡养父母中的角色、态度与影响。20 世纪 90 年代以来，随着社会流动性的加快，乡村家庭结构的离散性进一步增强，传统代际支持模式也随之遭到裂解，严重抑制了传统家庭养老功能的发挥。② 在这当中，子辈对于父辈的赡养，越来越脱离了伦理道义和亲情的范围，而更多的变成了代际间的利益交换与互惠，工具理性色彩日趋浓厚，③ 而且这种交换、互惠关系是不对等的，子辈处于主动、强势地位，父辈出于被动、弱势地位。村民石宗全说：“2000 年以后，村里的年轻人只要一结婚就是小两口一起出去打工。过个一两年，媳妇回来生娃儿，喂到一两岁，就甩给爷爷奶奶带，他们也不管你愿意不愿意。做长辈的都是尽心尽力把孙儿带好，倒不是只是指望儿女以后能赡养自己，有时也是个感情。带娃儿非常辛苦，人老了，带起很费力，但我们都是咬牙坚持，毕竟娃儿在外面也不容易，也要为他们考虑。”村民秦朝国说：“你（指石宗全）为他们考虑，我看到时候也是空场合，你现在为儿女卖力卖命，老了就是老不死的了，谁管你！你看我那个儿，我给他带娃儿，有时他寄钱回来，反复叮嘱我钱是用来给孙儿买这样买那样的，就是不说给自己的妈老汉儿也买点儿啥。现在都这个样子，你还指望得到老了他会管你?!”还有一些莲花村村民谈到，对儿女特别是儿子的赡养承诺不敢抱有太高的期望，预期值普遍较低。在这一背景下，一些农村出现媳妇在弱化赡养公公婆婆责任的同时，却强化了赡养自己父母的新责任，④ 女儿在农

---

① 孔海娥:《养老的焦虑:情感人类学视角下的城市老年人晚年生活研究》,《中南民族大学学报(人文社会科学版)》2015 年第 5 期,第 112 页。

② 汪超、姚德超:《流动社会中的农村养老的真问题与政策变革——兼论现代化进程中的离散化家庭》,《求实》2016 年第 9 期,第 90 页。

③ 范成杰:《代际失调论——对江汉平原农村家庭养老问题的一种解释》,博士学位论文,华中科技大学社会学院,2009,第 16 页。

④ 范成杰:《农村家庭养老中的性别差异变化及其意义——对鄂中 H 村一养老个案的分析》,《华中科技大学学报(社会科学版)》2009 年第 4 期,第 104 页。

村家庭养老中的工具性意义上升，[①] 而儿子对父母的赡养、照料和慰藉有所减少。在很多农村地区都出现了这种儿女共同赡养父母的情况，其基本模式是“儿子出钱、女儿出力”。[②]

我在莲花村的调查显示，女儿参与父母的赡养，很少有出于利益动机，而是出于情感动机，即所谓的“娘家情结”[③]，一般不需要回报。这与儿子的赡养行为具有较强交换色彩形成鲜明对比[④]。在家庭核心化趋势增强、代际重心下移以及家庭结构离散性加大的背景下，儿子赡养父母的传统伦理继续强化着儿子的道义责任和名分意识，但却弱化了儿子对父母赡养中的情感内容。而由于女儿没有赡养父母的责任与名分，完全是自觉自愿的参与，反而有更多的情感投入。女儿赡养的出现，反映了社会转型时期家庭养老资源的匮乏。[⑤] 同时，计划生育政策严格实施后的独生子女家庭（特别是独女户家庭）在 2000 年以后，其家庭赡养问题开始日渐凸显，这就使得女儿养老既成为一种需要，也成为一种现实。在农村，一些独女户家庭为了应对家庭养老危机，开始采取招赘婚的形式。[⑥] 1975 年出生的村民石小红说：“我只有一个女儿，我现在都是把她当儿养，老了还指望她呢。”这种情况的出现，客观上使人们重男轻女思想有所减少，弱化人们对男孩的偏好。从儿子单面养老到儿女双面养老的转变，反映了农村社会从重家族关系到重姻亲关系、子辈权利意识兴起与父权衰落等方面的深刻转型。[⑦]

目前，很多农村地区由于青壮年劳动力大量外出务工，出现了一个庞大的留守老人、空巢老人群体，他们不仅缺乏良好的日常照料，而且有的还要承担照顾

---

① 唐灿、马春华、石金群:《女儿赡养的伦理与公平——浙东农村家庭代际关系的性别考察》,《社会学研究》2009 年第 6 期,第 30 页。

② 许琪:《儿子养老还是女儿养老？——基于家庭内部的比较分析》,《社会》2015 年第 4 期,第 213 页。

③ “娘家情结”是从父居社会中,女人在成年时加入一个陌生的社会团体(指夫家)后的心理反应。

④ 唐灿、马春华、石金群:《女儿赡养的伦理与公平——浙东农村家庭代际关系的性别考察》,《社会学研究》2009 年第 6 期,第 24 页。

⑤ 朱明宝、杨云彦:《农村家庭养老模式变迁与低生育水平强化——来自湖北省宜昌市的经验证据》,《中国人口科学》2016 年第 3 期,第 102 页。

⑥ 靳小怡、李树茁、朱楚珠:《农村不同婚姻形式下家庭财富代际转移模式的初步分析》,《人口与经济》2002 年第 1 期,第 19 页。

⑦ 熊凤水、慕良泽:《婚姻偿付・婚姻资助・姻亲互惠——对农村婚姻支付实践的尝试性解读》,《晋阳学刊》2009 年第 2 期,第 54 页。

孙儿的责任以及种种繁重的家务。在外打工的儿女们强调老人们应该力所能及地帮助自己，老人们却不敢期望或奢望儿女们对他们的赡养承诺。即使很多儿女兑现了赡养承诺，那也多是经济上的赡养，而情感关心、精神赡养则显著不足。村民熊康发、范永秀夫妇都是70多岁的空巢留守老人，熊康发向我描述他们一天的生活是："早上九、十点起来吃早饭，吃完后没事干，看会儿电视，就睡觉，两点多又爬起来煮中午饭。有时想到外面转转，基本上见不到人，我们生产队（村民小组）平时在家的就八个人，都是老的。我们大部分时间都是在睡觉，三个女儿有时会打个电话来过问一下，有时也会来看看我们，那个儿就不提了，完全空喂了，都两三年没回来过了，他连电话都懒得给你（我）打个。"传统中国人追求的"儿孙绕膝"的天伦之乐与这些留守老人毫无关系，他们只有孤独、无聊、凄凉的晚景。2011年6月20日《重庆商报》报道了重庆城口县"两个儿子只寄钱不回家被父亲告上法庭"的故事。胡大爷（事件中的父亲）说，儿子们会不定时地往家里寄300元、500元钱。但是接到钱的他并不开心——家里很冷清，他连个说话的人都没有……胡大爷称："我不缺吃、穿，我也晓得娃儿们忙。但是，我还是希望他们能过节、过年时，多回家来看看我。"老人说，他就怕，明明有儿子，却被别人议论说是"孤老头"。① 2012年12月28日中华人民共和国主席令第72号公布的我国《老年人权益保障法》，对"精神慰藉"作了具体的规定，"家庭成员不得在精神上忽视、孤立老年人"，"与老年人分开居住的赡养人，要经常看望或者问候老人"。这些规定引起了广泛讨论，争议颇多。但至少反映了目前存在的老人被"精神遗弃"的现实。

在家庭养老危机日益突出的当下，社会养老、商业养老逐渐进入农村，但具体情况则显得非常复杂。那些独生子女家庭父母有的开始参加养老保险，由于对子女养老的预期降低，相应的"子女养老"的意识有所淡化，但那些有多个子女的村民还是倾向于家庭养老，相应地参加养老保险的概率较低。② 为了应对家庭养老危机，国家也加强了对农村社会养老机构建设的投入。但2015年中国老龄科学研究中心发布的《中国养老机构发展研究报告》显示，我国城市公办养老机构往往是一床难求，而农村地区的床位却大量闲置，全国养老机构（主要来自农村

---

① 徐勤、王富理：《两个儿子只寄钱不回家被父亲告上法庭》，《重庆商报》2011年6月20日。

② 汪润泉：《"社会养老"是否淡化了"子女责任"观念？——来自中国农村居民的经验证据》，《人口与经济》2016年第5期，第105页。

敬老院）空置率平均达到48%①。这是由于农民在情感上还无法接受入住机构养老的现实，包括子辈也不能承担由此可能背上“不孝”的名声。② 在大多数农民看来，政府和社会提供的公办养老机构只是无家可依者的“托底式”选择。③ 因此，家庭养老还是应该继续成为养老的核心和主要模式，家庭养老具有独特的伦理道德意义和文化意义。这有助于减少工具理性、经济理性对家庭道德的侵蚀，让人们重拾家庭良心，在全社会形成良好的孝育氛围，真正实现“老有所养、老有所依”④。我们要逐步建立“以家庭为情感基础，以社会为载体依托，以国家为基本保障”的新型养老框架设计与制度模式，推动人伦道德要求下的家庭养老模式，即既要坚持传统的人伦道德，也要强调国家和社会的责任⑤。

① 参见黄小希、陈诺：《新华调查：“一床难求”与“空置率48%”矛盾并存的背后——养老机构“冰火两重天”如何求解》，原载新华网。

② 徐俊：《我国农村第一代已婚独生子女父母的养老认识研究》，《华中科技大学学报（社会科学版）》2016年第3期，第115页。

③ 蒲新微、王宇超：《家庭结构变迁下居民的养老预期及养老方式偏好研究》，《人口学刊》2016年第4期，第60页。

④ 唐凯麟、张静：《中国社会转型时期养老的伦理关怀研究》，《湖南社会科学》2014年第2期，第47页。

⑤ 王家国：《“精神赡养”与中国法制的亲情伦理回归》，《法学》2015年第1期，第83页。

第五章
活着的意义：乡村精神世界

“人的存在从来就不是纯粹的存在；它总是牵涉到意义。”① 人是一种以“意义”为生存本体的高级动物。人最不能忍受的是一种空虚的、无意义的生活。②格尔茨借用韦伯的话，认为“人是悬挂在由他自己所编织的意义之网中的动物”③，人追求意义与稳定性，对意义和稳定性的追求是人们的天性。④ 生活意义牵涉人的整个精神世界。“生活意义”内含着两种静态逻辑，即生活的无意义和生活的有意义。生活的有意义，意指生活的有滋有味，生活的比较惬意，生活值得过下去；而生活的无意义则正好相反，意指生活的索然寡味，生活的特别失意，生活根本没有过下去的必要。⑤ 按照刘铁芳的理解，生活的无意义主要体现在以下几个方面：自我的迷失，生活的遗忘，关系的疏离，文化的冲突以及理解的缺损。⑥

在传统时代，作为支撑起乡村人生活意义的精神世界，给乡村人提供了一种让心灵安定、生活目标清晰的历史感与当地感，这是人们在一代代的互动相处中形成的一种村庄共同体感，是乡村人安身立命的根基，是人们定义“活着为了什

---

① 〔美〕A. J. 赫舍尔：《人是谁》，隗仁莲译，贵州人民出版社，1994，第 46 页。

② 袁祖社：《“生存合理性”的人文价值意蕴——“意义世界”之真蕴探究》，《求实》2004 年第 2 期，第 32 页。

③ 〔美〕克利福德·格尔茨：《文化的解释》，韩莉译，译林出版社，1999，第 5 页。

④ 李华伟：《乡村公共空间的变迁与民众生活秩序的建构——以豫西李村宗族、庙会与乡村基督教的互动为例》，《民俗研究》2008 年第 4 期，第 74 页。

⑤ 周涛：《“生活意义”的辩证逻辑》，《湖南行政学院学报》2016 年第 1 期，第 97 页。

⑥ 刘铁芳：《生活意义的失落与当代教育的使命》，《高等师范教育研究》1997 年第 2 期，第 14—17 页。

么”、探求人生意义和生命价值的超越性体验。[①] 近现代以来，现代化对乡村社会包括乡村精神世界形成全面冲击，由此乡村精神世界经历或正在经历着瓦解、重构的大转型过程。我们需要梳理、揭示的就是这个转型过程中乡村精神世界的变迁、存在问题以及深层次的原因所在。

第一节　过日子的意义

“过日子”，是中国人对生活过程的概括。简单说来，过日子就是包括出生、成长、成家、立业、生子、教子、养老、送终、年老、寿终等这些环节，即一个人走完一辈子的过程。[②] 生活是需要有意义来编织和描绘的。[③] “人活着就是为了把日子过好。”在这样一种话语表达中，过日子已经具有了“存在论”意义。人生意义不在生活之外，而在生活之中。把日子过好，本身就是充满了意义的过程。[④] “过日子”直接对应着衣食住行、休闲娱乐，对应着生活意义的再生产。过日子既是一种生活方式，也是一套生存伦理，内含着中国人特有的一套生活逻辑。

一、时间

人的存在是时间的存在。乡村人把人的生命过程表述为“过日子”，凸显了时间对于人的生活和生命的意义。时间作为一个自然的物理单位，本循着它自身的规律和方式存在。而生活在时间中的人类，一旦心灵觉醒、形成主体意识，就会用自己的感性与理性的方式去感知、认识它并开始利用它。在这个漫长的过程中，时间对于人而言，已经绝非单纯的自然时间，而是被人类赋予了情感、信仰、价值、伦理等社会的、文化的属性，由此时间具有了属人性、社会性、文化性、伦理性，无生命的时间成了有情感的生命机体，自然时间成了社会时间、文化时间、伦理时间、心灵时间。在不同的历史时代，由于社会生产方式、生产力发展水平、政治制度、文化观念、伦理关系、宗教信仰等的差异，人们对时间的观念、情感、

① 杨华：《绵延之维：湘南宗族性村落的意义世界》，山东人民出版社，2009，导论第 3 页。

② 吴飞：《论“过日子”》，《社会学研究》2007 年第 6 期，第 71 页。

③ 杨华：《传宗接代：农民生活意义的一项基本命题——以湘南宗族性村落“纯女户”为表述对象》，《古今农业》2010 年第 2 期，第 10 页。

④ 陈辉：《“过日子”与农民的生活逻辑——基于陕西关中 Z 村的考察》，《民俗研究》2011 年第 4 期，第 267 页。

运用、形塑亦不同，由此也呈现出不同的面貌与状态。

在传统时代，人们将时间赋予了不同的情感色彩、伦理要求，人们在生活中，很重要的一个原则就是对“时”的了解、把握、运用要“宜”，固有“合时宜”“不合时宜”之谓。结婚要翻老皇历，选黄道吉日；修房搭屋、出远门等都要选对日子。另外，季节四时阴阳变化，所禀赋之气亦不同，固有春喜、夏乐、秋怒、冬哀之不同情感①，人之生活包括日常之饮食起居、情绪情感亦应“合时宜”。万物之生长与时合拍中节，人也应与时合拍中节。所以，在不同季节、不同时段、不同时刻、不同年龄阶段，人都应采取与之合拍中节的行动，实质即是循着时间内在的节奏而动。

在传统农业文明时代，时间的内在节奏表现为它自己的自然性，人们在其上赋予了情感、意义，但并没有破坏其自然性，也没有试图去改变它，而是顺应它。传统农业生产的特点决定了人们必须怀着诚恳而谦卑的态度顺应时间的内在节奏（可谓之“天时”），如春耕、夏锄、秋收、冬藏，这是不能人为任意颠倒的时序。正如法国哲学家朱利安所谓：“不合时宜的耕种是徒劳无功的，甚至会导致失败；符合时宜的耕种则可不费吹灰之力获得丰收。”② 古时《礼记》严格规定了每个时节和月份适合做的事，相应的也促成了人们在不同时节中的生活形态。莲花村村民周文孝说：“过去农村不像现在这样，那时一天的生活就是古诗上说的‘日出而作日入而息’，一年四季的生活就是按照时节过，到哪个时节就做哪个时节的事，年年差不多，祖祖辈辈都是这样过的。”周文孝还具体讲述了他少年时期（20 世纪 30 年代）经历的乡村四季的日常生活：

> 以前农村的生产、生活，不用你去多想，顺着节气去做、去动，二十四个节气转完，又从头开始。以生产为例，立春过后，就要开始为春耕做准备了，所以农谚说“立春雨水到，早起晚睡觉”；惊蛰过后，家家户户就忙碌起

---

① 《春秋繁露·王道通三第四十四》云：“天有寒有暑。夫喜怒哀乐之发，与清暖寒暑，其实一贯也。喜气为暖而当春，怒气为清而当秋，乐气为太阳而当夏，哀气为太阴而当冬。四气者，天与人所同有也，非人所能蓄也，故可节而不可止也。……春气爱，秋气严，夏气乐，冬气哀。爱气以生物，严气以成功，乐气以养生，哀气以丧终，天之志也。是故春气暖者，天之所以爱而生之；秋气清者，天之所以严而成之；夏气温者，天之所以乐而养之；冬气寒者，天之所以哀而藏之。春主生，夏主养，秋主收，冬主藏。”参见（清）苏与撰，钟哲点校：《春秋繁露义证》，中华书局，1992，第 330—331 页。

② 〔法〕朱利安：《论“时间”：生活哲学的要素》，张君懿译，北京大学出版社，2016，第 36 页。

来了，这个时候小麦孕穗、油菜开花的时候，水量需求增大，要及时注意浇水；春分后就要开始播种秧苗、种苞谷了；谷雨过后，就可以种红苕了。立夏、小满时候最忙，要“双抢”（抢收抢种），如抢收麦子、挖洋芋，抢种水稻、黄豆；夏至到大暑，主要是侍弄秧田、锄秧草、防倒伏，然后是收谷入仓；立秋后，就开始种豌豆、胡豆、种冬洋芋、挖红薯；立冬到春节前后是农闲时期，不过也要零星做些活路，主要是到柴林砍柴、整修田地、积肥（到处捡狗屎、牛粪或草料撒施田里，以增加肥质）。农闲时间村里人的生活安排就是结婚、走亲戚，已婚的媳妇会到娘家待一段时间；女人在家里会集中做一些针线活，如补衣服、织毛衣、纳鞋底、绣手绢等，或约起几个耍得好的去赶场；男人会把屋顶的瓦重现检修一遍，把砍的柴进行整理，有的会抽个一两天拿着猎枪到山林里转悠，一般都会有收获，一只野兔、一只斑鸠，有时还会打到一头野猪。

在农村，如果不遇到灾荒年月，肚儿吃得饱的话，我们当娃儿的还是觉得蛮好耍的，放牛、割猪草，帮父母做活路，也不觉得有好累。我们那个时候男娃儿最喜欢干的事就是打鸟、捅黄鳝，或在不同季节找可以吃的东西。四、五月可以吃桑泡儿（桑椹）、上柴林捡菌子，落雨过后，柴林的菌子多得很，啥子奶浆菌、“烧火佬”、“黄巴郎”、青杠菌，九月份也可以捡菌子，俗称“九月香”。夏天桃子、李子、杏子出果的时候，你随便爬到树上吃，有时吃多了闹肚子，也不会管那么多。

在农村，不管大人娃儿，都喜欢过节。那个时候农村过的节主要有冬至、除夕、春节、元宵节、清明、端午节、中秋节、重阳、腊八、灶王节。村里再穷的人家，都很重视过节，那天必会遵从传统的习俗，该有的仪式必会做，也会做特别的食物，多少都会吃点，俗称“应个节”。因为大多数节日都是很喜庆的，所以过节那天，大人绝不会打骂娃儿，娃儿间也不许打架吵骂，总之都要高高兴兴的。那个时候，做娃儿的最喜欢的还是过年，一看到地里的红萝卜长出来了，就很高兴，一个两个就会唱起来：“红萝卜蜜蜜甜，看到看到要过年。”平时没啥吃好的，过年也可以吃点好的，娃儿家就很喜欢，还有就是走亲戚，从大年初二一直要走到十五，一般该走的亲戚都要走完，做娃儿的就喜欢这个，可以到处玩耍。亲戚们则难得在一起摆家常，特别是那些女人家，只要在一起，就有扯不完的经、说不完的话。有时一个女人送另一个女人回家，两个人站在田坎边都会摆半天。农村人就这样，忙的时候就忙，闲的时候就由着自己闲，该啷个就啷个。

不过，那个时候，农村总的来说还是很苦，大部分时间都在找吃的、穿的、用的，遇到灾荒年生，人一天饿得不行，那日子就像一把刀，分分秒秒都在磨人，不好受。

乡村人循着时间的内在节奏（“天时”）进行生产、生活，其中的一些节点成为重要的节日，这些自然性的节点和一些人为创造的节日（如端午节）共同构成了乡村社会的节庆系统，这一套节庆系统与四时的往复循环合拍中节①，成为乡村人日常生活的重要时间坐标②。这些时间坐标因为人事、习俗的浸染，也就成为重要的社会时间和文化空间刻度③，由此也形成了乡村社会日常生活的基本节奏，相应的也形成了乡村社会的伦理秩序、心理秩序。在这里，人的生活节奏、心理节奏、情感节奏与时间的内在节奏是一致的，表现为自然一致性；同时，人及其创造的文化超越了自然的时间，但也没有背离时间的自然性，呈现为时间的人化、文化化，或人、文化的自然时间化。总之，这两个方面表现为和谐一致而非背离对抗的状态。因此，在传统乡村社会，人们对时间的感知、理解除了根据自然的经验之外，往往还将其与特定的人、事、情景联系起来认识，从而具有了独特的生活内涵，人活着的意义、价值也蕴含其中。如在农忙时节一家人团结劳作，节日期间走亲访友，谁在哪年哪月出生、结婚、去世，四时不同月份景象变换、人事变迁，这些都在构筑起人与人之间的伦理道德、情感关系，以及人与自己所处的位置（包括地理位置与社会位置）的亲切感、熟悉感和认同感。在这里，乡村时间一定是与一定的乡村空间（自然的山川、土地、植被、作物、水井、道路等）联系在一起的，二者形成独特的乡村时空，即“一种最内在地理解的、最深层次地共有的、由我们所有人分享的信念、价值、习俗，是构成我们生活体系的一切概念细节之总和”④。

---

① 萧放：《岁时——传统中国人的时间体验》，《史学理论研究》2001 年第 2 期，第 63 页。

② 王加华：《传统节日的时间节点性与坐标性重建——基于社会时间视角的考察》，《文化遗产》2016 年第 1 期，第 24 页。

③ 苗伟：《文化时间与文化空间：文化环境的本体论维度》，《思想战线》2010 年第 1 期，第 103 页。

④ 〔联邦德国〕伽达默尔：《真理与方法——哲学解释学的基本特征》，王才勇译，辽宁人民出版社，1987，第 15 页。

在传统时代，乡村社会的时间和空间循着其自身的内在节奏与逻辑往复运转、变化，其中不变与变都处在一种自然和谐的统一体中，不是死寂不变，也不是骤然急变，整个节奏与人们的身心节奏大体是一致的。总之，传统时代的乡村人，与自然和谐相处，还没有走出自然世界，所以他们还是相对自然的人。

在西方世界，直到14世纪，时间还是自然的、具体的，还是与人们的日常生活节奏和谐一致的。到14世纪末，时间开始被划分为小时、分钟和秒，时间走向抽象，成为脱离人的生命的单纯的数量，机械时间进入人们的生活，新的时间观念、时间原则引导着人们的行动。① 由此，“吃饭、睡觉、工作都要听从机器（时间）的召唤，原本作为有机秩序度量的生命时间解体和分裂”②。

不过，这种机械时间进入像莲花村这样的中国内陆乡村，还是非常晚近的时代。村民周文孝说，他还是娃儿的时候（20世纪30年代），第一次看见钟表是在甘田村的朱世才家里，朱世才家正房的墙壁上挂了一个铜摆钟，正点的时候会响几声报时；进了三抚小学后，看见校长办公室的墙上也有一个铜摆钟。其他一般村民还是按照传统习惯来掌握时间，如听鸡鸣、看太阳位置或天色等。

新中国成立后，乡村时间与乡村空间开始受到新的革命逻辑、国家逻辑的导引和影响。村民熊安仁说：“新中国成立后，农村人最大的感觉是有些跟不上趟，一会儿是土改斗地主，一会儿是‘三反’‘五反’、抗美援朝，马上又是互助组、初级社、高级社，一会儿是大炼钢铁、又是反右，马上又是人民公社、搞集体伙食堂，接着是三年自然灾害……走马灯似的，不知道到底要干嘛。不过上面怎么说，下面照着办就是了，也不要你去多想。以前我们是看老皇历、跟着老祖宗的做法走，后来就是跟着国家走。”老一辈的莲花村村民普遍对大炼钢铁、人民公社开始时期印象深刻，是他们普遍产生一种时间紧迫感的时期。这种时间紧迫感不是一种日常生活中的那种紧迫感，而是混融着激情、癫狂、理想、憧憬的独特的革命式的紧迫感。这种革命逻辑引导下的乡村时间冲击了人与时间的内在节奏的自然一致状态，乡村时间具有了革命时间的意涵，革命的理想、目标、利益影响着人们与时间的关系，此种关系中人显现出绝对的主人姿态，所以有所谓“人有多大胆，地有多大产”“跑步进入共产主义社会”之类的雄心壮志。毛泽东在《七律·到韶山》一诗中写道：“为有牺牲多壮志，敢教日月换新天。喜看稻菽千重

① 李宏伟：《时间观念的源始发生及其社会建构》，《自然辩证法通讯》2013年第5期，第98页。

② Jacques Ellul, *The technological society* (New York: Alfred A. Knopf, 1964), p. 329.

浪，遍地英雄下夕烟。”这当中的农民形象和传统时期的农民形象是截然不同的。传统农民内在的心理时间是舒缓的，没有一种因为紧张而产生的亢奋和自我压迫，而新中国农民内在的心理时间随时都是紧绷着的，有一种亢奋和自我压迫，有一种强烈的挣脱时间和空间束缚的强烈冲动。毛泽东在另外一首词《满江红·和郭沫若同志》中写道：“多少事，从来急；天地转，光阴迫。一万年太久，只争朝夕。”这种时不我待的时间压缩感和时间紧迫意识，不仅极大地影响了中国社会的节奏，也影响了中国人包括农民的日常生活节奏乃至个人心理节奏，以及乡村社会的伦理秩序。新中国成立后，农民日常生活中的一些重要文化节点开始消失，特别是与鬼神等封建迷信相关的文化节点被统统革命掉，教育农民“不信鬼不信神”成为新的文化风尚，而“三八妇女节”“六一儿童节”“七一建党节”“八一建军节”“十一国庆节”等革命的、现代的节庆成为人们生活中新的时间坐标。在莲花村，仍然保留下来的传统节日主要有三个，即春节、端午节、中秋节，这三个节日不仅因为它们本身在传统节庆系统中占据着非常重要的位置、体现出一种最普遍性的民情，还因为这三个节庆“家国一体”的内在文化意蕴、价值意蕴与新政权的意识形态诉求是相一致的。

不过，在整个集体经济时期，由于农业生产力和生产方式都还没有发生革命性的变化，农民的生产活动还是在四时二十四个节气的往复中进行。因此，革命的时间观虽然对乡村社会的固有节奏产生了不小的冲击和影响，但还没有动摇乡村时间的根基。农民家庭大部分没有现代的时钟，只有少数家庭有摆钟和闹钟，生产队队长会有一个闹钟，用于每天早上八点准时通知社员们上工。慢慢地，人们不再依赖于看窗外的天色或公鸡的打鸣来判断早晨的时间，而且公社的广播早上七点准时开播，熟悉的《东方红》曲子响起，各家各户的人们就准备起床了。这样，集标准时间、统一时间、纪律时间于一体的机械时间开始影响人们的生活和行为，只不过其影响是有限的。人们一天的生活安排还是传统的习惯：白天虽然是集体劳动代替了家庭劳动，伦理关系有所变化，但干的活儿还是那些每个时节适宜或应该干的活儿，挖地培土、犁田磨田、栽秧搭谷的方式也没有变；傍晚的时候，夏天人们聚在院坝里歇凉、摆各种龙门阵或鬼故事，冬天则吃完宵夜就洗脸洗脚、上床睡觉，年年如此。因此，大多数情况下人们还是踩着时间的自然节奏生产、生活，没有时间的紧张感和压迫感。这使得人们的生活是稳定的、心理也是稳定的，在这种稳定状态中，人们活着的意义也是稳定的。

集体经济时代结束后，家庭生产方式回归，人们在形式上回到了与时间的传统关系模式中，但随着“发家致富”成为全民性的共识和理想追求，从集体束缚中摆脱出来的自由的农民们开始不分白天黑夜地在自家土地上精心侍弄，表现出一种既理性又非理性的自我剥削、自我加压，有一种时间的紧张与焦虑。这种农民的时间紧张与焦虑随着 90 年代后城市化、工业化、市场化全面推进而进一步加剧了。20 世纪 90 年代以来，城乡二元格局逐步松动，农民开始大量涌入城市，宣告了打工经济时代的到来，同时也就预示着乡村社会的发展开始被纳入城市化、工业化、市场化的体系之中，自足的乡村经济、文化、伦理体系开始逐渐解体，中国的乡村时间系统也开始逐渐被工业时间系统或城市时间系统所代替。因此，真正撼动和改变乡村时间的不是政治革命，而是城市化、工业化、市场化，或者说是全球资本主义体系。

农民进入城市，市场、技术进入乡村，这两种相反相成的进入，彻底摧毁了乡村时间体制。

在莲花村，最初是那些十七八岁的年轻人走出村庄、来到城市，到 2000 年后，一些中年甚至老年村民也来到了城市，开始频繁地接触和感受城市时间或现代时间系统。村民石春兰 1992 年南下广东，在一家电子厂打工，谈到最初的打工生活，她频繁提到了时间：“我打工的那个电子厂是个台湾老板开的，我进厂的时候才 18 岁，开始最不习惯的是时间太紧张。当时管新进员工的主管特别强调时间的重要性，从他嘴里我第一次了解到了‘时间就是金钱，效率就是生命’之类的新观念。厂里的作息时间规定是：上午从早上 8 点钟到 12 点为工作时间，午休 1 个小时，下午从 1 点到 6 点为工作时间。任务紧张时，还会安排夜班，从晚上 7 点到 11 点。另外还有一些特别规定，比如工作期间只能两个小时上一次厕所，每次上厕所时间不超过 10 分钟；上班、下班前要挂牌登记，迟到早退要扣钱；上班中途不能溜号，被工头逮住也会扣钱。以前在村里的时候，我早上有睡懒觉的习惯，到厂里就不行了，为了不迟到，我专门买了个闹钟放在枕头边。我们那个时候要找个钱真不容易，一天到晚都是在厂里面，工作的时候还不能分心，产品出了问题，也会被扣钱。我工作的那个厂房只有两个铁窗子，你望出去看到的还是房子，看不到山，也看不到大片田地，树都见不到两棵。有时阳光从窗子外射进来，就好想跑出去。小的时候在山上放牛、割猪草，也不觉得有啥特别的感觉，进厂后就觉得特别怀念那个时候。可是你叫我再回去种田，我也不愿意，找不到钱啊！”

无数如石春兰一样的农民打工者们，为了获得更多的生计收入，不得不自觉自愿地接受工业时间的支配与控制，让自己的身心节奏与机器体系的节奏相符合、相匹配。在工业生产体系中，劳动被进行了精细的时间分配，精细到分分秒秒。人们的休息和劳动，闲暇和社会交往，不是由人作为有机体的冲动和需要的节律，而是随着时间不断向前推进由机器时间的节奏来支配的。[①] 工业时间体制突破了白天与黑夜的限制，也突破了四时二十四个节气的限制。生活在工业时间系统中的人们，不需要根据四季的流转、天气的变化来决定相应的生产与生活安排，而是按照资本的要求和市场的要求来决定生产与生活，根据流水生产线的节奏来调整人的生产节奏，根据机械时间（电子时间）规定的小时、分、秒来约束、控制人们的行为。时间的统一化、标准化、精细化体现了工业生产、市场运行、资本运行的逻辑与内在要求，这带来的是生产和产品的规范化、标准化、精细化。这种时间体制最讲效率，所以最能创造大量的财富，因此工业时间系统背后的价值观是财富至上观。在缺乏有效的公平正义制度和理性的干预、节制的背景下，工业时间系统还表现为时间资源分配的不公平和财富分配、占有的不公平。所以我们就可以看到这样两种反差强烈的场景：在办公室工作的管理者悠闲地喝着咖啡，有时还会因为无聊而在电脑上打游戏、上网聊天，以打发漫长的时间；而在不远处的工厂厂房里，来自农村的打工者们在流水线前紧张忙碌，分分秒秒都不敢耽误、分神，他们的眼睛、身体、神经随时都是紧绷着的，几无喘息的时间。石春兰说："我在那个电子厂上了 8 年班，一个姑娘家最好的 8 年都耗在那里了。你要问我是啥心情、啥滋味，我只能说不是啥好滋味，很复杂，说不清楚的。不过也没办法，你要找钱，就只能那样。"

这些打工者在回乡探亲中，开始将工业时间系统培育起来的新的时间观、价值观带入到乡村社会。很多年轻打工者的手腕上都戴上了电子表，这不仅是出于时尚的需要，而且也是现实的需要。一些人在家里看到接近 12 点钟还没有开饭，就会指着手腕上的电子表，提醒父母要赶快做饭了，他们变得对时间敏感起来，做啥子事情，开始根据表上的时间来进行安排、决定。这些打工者一般都集中在春节返乡，春节这个传统乡村社会的重要时间坐标，成为他们遵循的最后一个乡村时间，不过其对于人们的意义已经发生了很大的变化。莲花村的很多打工者都谈道，回家来就是想看看父母，但回来后又普遍觉得好多东西都不习惯了，尤其是觉得不好耍。2013 年春节期间，村里的"80 后"打工者何涛对我讲："现在农

---

① 〔印〕雷德哈卡马・马克吉：《时间、技术和社会》，载〔英〕约翰・哈萨德编《时间社会学》，朱红文、李捷译，北京师范大学出版社，2009，第 36 页。

村过春节也不热闹，冷清得很，好多人都没回来，回来也不好耍。平时在城里打工累死累活的，时间紧得很，就想耍；真有点时间耍了，又觉得没啥耍的，无聊得很。以前在村里的时候，还真没这种感觉。”很多“90后”打工者对农村生活已经陌生了，二十四节气他们也说不出几个来，按一些老辈村民的话说：“他们连锄头都没摸过了，哪里还晓得啥子二十四节气。”他们在城市时间里挣扎，但他们又已经不适应乡村的时间，同时也就失去了在乡村的空间、历史、风物中寻找意义和乐趣的动力，你让他去走亲戚，他说不想去；你让他去逛逛田坝、爬爬山，他多半会说：“那有啥意思，还不如在家里看电视。”有的人在家里待四五天就觉得待不下去了，于是又开始返城。另外，由于很多打工者放假的时间很少，而且有的人准备换新的工作，这些都不允许他们在家里待很长时间，否则工作饭碗就会被出脱。工业时间体制压缩了人们过春节的时间，老一点儿的打工者还希望如以前一样，从初二到十五把所有该走的亲戚都走遍，但往往做不到了。一般打工者都是除夕赶回家团圆，过了初一、初二，有的人初三就出门了，很少有待到一个星期以上的。村民何新发说：“春节回来不了几天又要走，好多老辈子亲戚都没法去看看，有时就只有打个电话问候一下。没办法，时间紧得很，返城晚了，好多工作机会就没有了。”因此，我们看到，在工业时间系统和工业逻辑的主导下，打工的农民们已经失去了对包括春节在类的传统节日的兴趣，同时也没办法如传统时代一样去过一个完满的节日。村里的留守老人何天江说：“过不过年都一个样，没啥意思了！”

传统乡村时间、文化、伦理在现代工业时间体制和全球资本主义体系的冲击下不堪一击，这就是中国乡村社会的现实境况：流动的空间、变异的时间。在这样一个时代，已经没有多少乡村人能够明确地告诉你：活着的意义是什么？

二、饮食

中国人被视为有着食物中心倾向文化的民族。林语堂说：“人世间倘有任何事情值得吾人的慎重将事者，那不是宗教，也不是学问而是‘吃’。”[①] 民以食为天。传统时代的乡村人无不以此作为生活的基本追求与信条。乡村人见面就问“吃了吗？”有人据此认为乡村人不关心精神灵魂问题。其实乡村人的精神灵魂就在这“吃”里面。“吃还是不吃”、“跟谁吃”、“吃什么”、“怎么吃”等日常问题，关涉

① 林语堂：《吾国与吾民》，时代文艺出版社，2004，第313页。

了伦理秩序、精神需要、情感表达等问题。“食物是生活，人类通过食物可以了解和理解生活。”①

乡村人所理解的生活就是有饭吃，有衣穿，有维持生存的必需品。“奉宗庙，共粢盛，人所食以生活也。”（《汉书》卷二十五下）让生命延续，以求得生存，是生活的第一要义，幸福、快乐、活着的意义皆与“吃”紧密关联。吃是维持生命的必需的行为，重视吃就是重视生命，天地有大德曰“生”，生命就是最高最大的“德”。这个“生”不仅是个体之“生”，也是他人之“生”，也是作为“类”的“我们”之“生”，这样吃就具有了关系意义、群体意义、社会意义。因此，吃、“饮食”不仅是形而下的肉体需要和欲望，也具有形而上之“原道”意义。围绕饮食或“吃”，构成了乡村人的基本生活内容，同时，相应地形成了乡村人独特的价值观念、伦理规范与精神追求。“百姓日用即道”的命题，细微到“穿衣吃饭，即是人伦物理”，每个人即在这种日用伦理中接受潜移默化的熏陶与教化。② 按照传统观点，每一种食物的原料都有阴阳之性，食物的制作有主料、配料之分，亦有主菜、副菜之分；食物味道则讲究五味调和。食物制作所呈现的秩序与关系犹如人伦秩序，君臣、父子、夫妇、兄弟的阳尊阴卑秩序不能颠倒，而应序列严明，才能使人伦关系和谐。这里人伦之道与饮食之道皆为同一之道。中国菜的制作最重视调与和，五味调和百味香，③ 其中就蕴含着丰富的人伦哲理。制作好的食物进入人们享用的环节时，人伦之礼更是得到了古人的高度重视。孔子在《论语》中谈到“食不言”“割不正不食”等有关食的说教有 41 处之多。《礼记·曲礼》详细记载古人宴饮的程序和规范。从迎送宾客、入席仪态、陈设餐具，到吃肉喝汤，都有详尽的规定。在古人心目中，吃的伦理意义、精神意义重于吃本身。乡村人平常在家里也许不大讲究，但在有客人时还是讲究的，即使在生活紧张的年代亦是如此。

莲花村老辈村民周文孝、周建中、熊安仁向我介绍了新中国成立前农村的饮食礼俗，这里择其重点进行介绍。

新中国成立前农村一般家庭的日常饮食都比较简单、粗放，不讲究，早上一

---

① C. Counihan, P. Van Esterik, *Food and culture* (New York and London: Routledge, 1997), p. 1.

② 刘志琴：《中国人生活意识的觉醒》，《河北学刊》2012 年第 3 期，第 45 页。

③ 刘志琴：《饮食与伦理——从吃饭解析中国传统文化模式》，《传统文化与现代化》1999 年第 1 期，第 18—19 页。

般是菜稀饭（最难吃的是甜菜稀饭，即牛皮菜稀饭）、蒸红薯或蒸洋芋、咸菜；中午一般一个素菜、混合红薯做的干饭、米汤、咸菜；晚上一般不吃，条件好的家庭有时会吃点面食，这就算是很奢侈的，称“宵夜”。农忙时，饭菜带到田间地头吃。礼数严的大户家庭，全家人必须规规矩矩围桌吃饭，而且要安安静静，即所谓“食不语”；小孩子之间偶尔忍不住嬉闹，必被一顿呵斥；大人偶尔可以说点话，不过大半时间都是默默吃饭。周文孝说：“小的时候，我们家吃饭的时候就不讲话。我父亲那个人严厉得很，我们娃儿家最怕他。他最讲那些老规矩，我们如果吃饭时坐没坐相或嬉笑打闹，必被他责骂。我们在饭桌上，基本上就像‘老鼠’在‘猫’的眼皮子底下，大气都不敢出地吃饭。我们最喜欢的是父亲不在家的时候，可热闹了，母亲是个很温和的人，很少见她发过脾气，可以和我们一起闹。其实母亲也是一个很注重规矩的‘讲究人’，只不过她觉得平时在家里可以随便点、自由点，没必要如父亲那样时时都‘板着个脸’。虽然父亲刻板得有些过分，但现在看到村里人早已‘没规没矩’的样子，我还是觉得多点规矩、讲究一点要好些。”

周建中也谈道，即使在家庭内部，吃饭也非常注重讲究尊老爱幼、互相谦让、互相照顾。吃饭的时候，如果家里的老人没有上桌，其他人是不能先上桌的，而且尊位要留给老人坐；摆放菜盘的时候，如果有肉菜，则肉菜应摆在靠近老人的位置；吃饭的时候，晚辈要主动给长辈夹菜，一般做祖父母的因为心疼孙辈，往往又会将好吃的东西夹给孙儿们；过年过节的时候，没有特殊情况，一家人都必须团聚吃饭，如果有不能及时赶回来的家人，全家人必会等他回来后才开饭。这里显示出尊卑有序、和谐友爱的传统家庭伦理在乡村社会的恒久影响与存在。《论语·为政》云：“有事，弟子服其劳；有酒食，先生（指先出世的人）馔。”就是父亲、兄长，有酒肉，先请父兄食用，然后才轮到子辈、弟辈。这里很明确，在饮食上应该先孝敬长上，以实现孝悌之道。中国农民一般将食物分为两类，一类是果腹的，也就是“供吃饱的”；另一类是奢侈的食物，也就是“好吃的”。① 在农民的日常进食活动中，存在着一个等级秩序，分等的标准有三个：一是性别，二是辈分，三是身体的强弱。关于辈分，男性老人和男性成年人是家里的权威和主要劳动力，要优先保证其营养，因而优先占有家里最重要的资源“食物”。② 正是

① 李银河：《后村的女人们——农村性别权力关系》，内蒙古大学出版社，2009，第 27 页。
② 同上，第 30 页。

在日常的饮食活动中，家庭伦理秩序得以维护，家人之间的亲情得以维系。法国作家普鲁斯特在其小说《追忆似水年华》中写道，每次闻到马德琳饼干泡茶的味道就会令其疯狂地回忆童年的往事，将过去的那份情感或者情绪带回来了。由此可以看出，由于食物构成了我们日常生活的重要部分，与情感、生活的感知、人生的意义、与他人的关系有关，我们能够回忆起小时候家里厨房的味道，是因为有家人之间的情感在里面。

传统时代，在家庭之外，饮食也是促进人们社会交往、关系维系的重要形式，核心也是"礼"。乡村人讲礼、好面子，他们经常说的话是"不能失了礼，让人笑话"。有客人来必洒扫庭除，平时可以随便点、屋里乱一点，但有客来就必须收拾得干干净净，一切要做得体体面面。在新中国成立前，莲花人待客的饮食过程及相关的礼仪如下。

> 客人到后，必烧开水，拿出陶瓷茶杯沏茶，并放置在朱漆茶盘上，恭敬地端送到客人面前。家里男主人要一直陪客人说话，最忌把客人冷落在一边。这时，家里的小孩子绝不许打闹，一般也不允许进堂屋（在农村一般也做会客室用）听大人说话，若孩子在门边挤眉弄眼、探头探脑，必遭责骂，客人走后，还会有皮肉之苦，以罚其让"客人看了笑话"之过。在正餐前半个小时左右，家里女主人就会端上一碗热气腾腾的荷包蛋或撒有爆米花的小汤圆，这也称之为"喝茶"，其实就是正餐之前的副餐。半个小时后，女主人就来请客人正式吃饭，于是客人在男主人的陪伴下移步饭厅（农村有的人家有专门的饭厅；有的人家没有专门的饭厅，就直接设置在厨房）就座。饭席的安排是同辈的长辈坐一桌，晚辈客人坐一桌。座位的规矩是客人或长者坐面门的上北位（主位），当然这时必有一番相互间的推让，但最后看来，基本上是符合"礼数"的。大家都个个垂着双手，直起腰背，规规矩矩地坐着。桌子上已经摆上了下酒菜、凉菜之类的副菜，一般有熏豆腐干、油炸洋芋块、帽花（米豆腐煮熟后晒干，然后油炸而成）、油酥花生米、凉拌猪耳朵等；每位客人面前整齐地摆放着一个小碗、一双筷子、一个陶瓷小酒杯（若是女客人，在征求其意见后决定是否撤掉）。主人给客人们倒上酒，然后举杯开席，每个人端起酒杯微微呷一小口，并不一口喝完，然后轻轻放下酒杯。随后，主人邀请大家动筷子。于是每个人举起筷子，在自己当门的碟盘的边沿夹起一小块菜送进嘴里，慢慢吞咽，尽量不发出声响，然后又将筷子端端正正放在桌

子上，双手还是垂着、直起腰背，规规矩矩地坐着。这时，男主人必频频请客人们喝酒、动筷子，让大家“莫讲（礼）”“莫客气”。酒过三巡后，气氛开始显得自然、和乐，客人们也不再过于拘谨，大家开始纷纷谈笑起来，不过都不会有“逾礼”之举，毕竟在这种场合，每个人都会注意“不失身份，以免让人笑话”。以前乡村社会的这种斯文场面，在现在的文明城市社会中，都很少再见到了。当桌上的副菜吃得差不多了，贤惠、细心的女主人开始将热气腾腾的正菜一份一份地端上来，热情地招呼客人们多喝酒、多吃菜，同时还会表达“没什么吃的，yǎng① 们将就吃”的歉意。这时，客人们必会说：“看 yǎng 说的，这么多菜，吃都吃不完。”同时会对女主人的能干、贤惠大大赞扬一番。吃热菜时，女主人就开始给一些不喝酒的客人舀饭。差不多该弄的菜都弄完了，女主人就会一直待在饭桌边，并不上桌，而是不停招呼客人们多喝酒、多吃菜；客人们则不停表示自己“没有客气”“没有讲（礼）”，但实际上都会克制自己的饭量，女客人不论主人怎么劝，必只吃一小碗饭，以免让人产生“太吃得”的不斯文印象，男客人虽然可以随便点，但也切忌给人“傻吃傻胀”的不斯文印象。在整个饭席过程，一般“讲究规矩”的人家，都不会允许小孩子上桌，他们一般会躲在厨房吃饭，女人一般也不上桌，只有等大家都吃完了，才胡乱吃点剩菜剩饭。在这里，我们当然可以看到一些现在看来不合时宜的不当之处。但那时乡村人的那种斯文、“讲究”、懂礼的精神、态度，确实让我看到他们比现在的乡村人更文明的一面。

在传统乡村社会，古风犹存，饮食不仅满足了人们的生存需要，同时也满足了人们的情感需要、精神需要和伦理需要，在相互礼让、相互关爱的饮食活动中，人们体验到了人世的温馨和谐、有滋有味，也体验到了活着的意义与价值。

新中国成立后，“吃”既成为新政权努力解决的基本问题，又成为新政权在思想上有意识批判的行为，因为“吃”与人的欲望、私利紧密关联，为了“吃”，人可能滑入腐朽的封建主义和堕落的资本主义的享乐泥潭里面去，可能会使人们丧失革命信念，抵挡不住“糖衣炮弹”的袭击。因此，在革命伦理和革命精神里面，是没有“吃”的位置的。而且革命精神与传统的吃饭精神是对立的。在革命意识形态笼罩乡村的时代，讲究“吃”“想吃好的”被视为落后的甚至反动的地主阶级

① “yǎng”是忠县方言，是对人的尊称用语，相当于普通话的“您”。

奢靡思想；简单的饮食、艰苦生活成为革命阶级的光荣标志而被充分肯定，因为有比“吃”更重要的东西，那就是“革命理想”。柳青在其《创业史》中写道：“为了理想，他们忘记吃饭。”① 不过，现实生活中大部分普通的农民，还是把“吃”放在第一位，把革命理想放在第二位。新中国成立后，莲花村村民关于“吃”的巅峰体验或最美记忆就是搞人民公社伙食堂的那最初半年，顿顿白米饭、大肥肉。村民熊安仁说：“当时的感觉是，神仙的日子也不过如此。”然而，莲花村村民记忆中更多的还是关于饥饿的痛苦滋味，三年自然灾害不说了，就是在其他年份，“吃”始终都是让村民最焦虑的事情。我大舅熊康发家经常有三个月断粮，有一天夜晚把别人刚埋的瘟猪挖出来煮吃了，还有一次涉嫌偷芭蕉村粮库的粮食，被抓到公社“吊起来打”。村民熊康兰说：“集体时期，一个家庭如果不会精打细算，吃饭就会成问题。我有四个娃儿，个个张起口是要吃饭的，你不精打细算、不想点办法，娃儿就会挨饿。我经常到生产队地里找没挖干净的红薯、洋芋，或捡一些菜地里剩下的菜叶子。平时煮饭时，就煮一点给娃儿吃的米饭，我们大人就吃点菜或者红薯、洋芋。那个时候有种菜叫甜菜（也称牛皮菜），比较好长，种得就比较多，平时吃得就多，但吃多了对眼睛不好。娃儿他外公就经常对我说，‘康兰，我的眼睛都快瞎了，这吃甜菜的日子啥时是个头啊？’所以那个时候，有东西吃、不饿肚子，就觉得高兴，活起有意思。”村民周康萍说：“那个时候一般家庭一天只吃早饭和中饭两顿，没有晚饭一说。只有那些条件好的家庭，间或会吃第三顿，我们那里叫‘宵夜’。我们家属于‘半边锅儿’，我老汉儿在县城工作，经济条件要好些，他每周回来都会带两把面条。所以我们家的‘宵夜’就是吃面条。记得每次我妈把碗排在灶膛上准备挑面的时候，我们几个当娃儿的都会紧紧盯着碗，看哪碗面多，然后就去抢那碗面。……那个时候很难得吃到肉，一般在过年过节时才有。平时偶尔去割点肉，最不喜欢瘦肉太多，最好的肉是带膘的肥肉，做成红烧肉，香得不得了。因为平时很难吃得到肉，所以吃肉叫‘打牙祭’。……娃儿过生时，大人会悄悄给他（她）煮个鸡蛋，而且会叮嘱他（她）不要让其他哥哥姐姐（弟弟妹妹）发现。……那个时候生活紧张，很多东西都要凭供应证购买。比如过中秋节要凭供应证买白糖、芝麻饼，芝麻饼一般只有一块，所以要被分成很多小块，才够一家人享用。吃的东西少，所以就金贵，吃起来就觉得格外香、格外满足。所以那个时候，有吃的就觉得幸福。”村民黄家妹说：

① 柳青：《创业史》，中国青年出版社，1960，第 90 页。

“小时候很少吃肉，那个时候做梦都是在想吃肉。有一次我对我妈讲，长大后如果嫁人，我嫁给杀猪的。”

不过，在集体时期，最具讽刺性的是在农民普遍常年吃不饱饭的情况下，村里还要经常组织农民开忆苦思甜会、吃忆苦思甜饭。1975 年，在莲花村的忆苦思甜会上，人称“大嘴巴”的雷和强发了一通“怪论”：“现在不是一样挨饿吗，还诉啥旧社会的苦？要说苦，三年自然灾害那才叫苦啊！现在也苦呀！”结果雷和强被打成现行反革命。

“四人帮”倒台后，人们真正的需求得到重新界定，被当作相对简单的，不再是雄心勃勃的国家政治的基础。① 食物开始丰富起来，它不仅解决了人们长期的饥饿，同时也支撑起有滋有味的生活，莲花人经常挂在嘴边的一句话就是“这才是人过的生活”。雷和义大张旗鼓地在村头卖起他的烙饼，村里人也爱吃，当年“割资本主义尾巴”时押解他各村游街的基干民兵吴启雄也爱吃他的烙饼，还常常略带歉意地自我解嘲：“那个时候搞饿肚子革命，瞎球整！”黄金、大岭、顺溪、沓井各乡镇的自由集市重新红火起来，一个月分一四七、二五八或三六九轮流赶集，成为人们日常生活的重要组成部分。赶集不仅是经济目的，更多是方便了人们的社会交往，同时也满足人们小小的口欲。赶集时，到自己心仪的小馆子吃一碗抄手（即馄饨）、喝点小酒，或买一块葱油饼子吃，那是许多村民感觉最惬意的事情。

人民公社制度的废除和家庭联产承包责任制的实行，使绝大部分农民开始摆脱饥饿的威胁，饥荒时代逐渐远去、成为历史。村民熊康发一家终于可以敞开肚皮吃了，他骄傲地说：“随便你怎么吃都吃不完，（现在）一年的粮食都够吃三四年。”在整个 20 世纪 80 年代，莲花村的大多数农民家庭虽然还不能实现顿顿吃肉，但顿顿吃白米饭已经不成问题。到 90 年代后，一般家庭都会喂三四头猪，其中必会留一头过年前杀、自家享用。一头猪一般三四百斤，杀了后用盐腌，然后挂在灶檐上熏烤，就成了腊肉，基本上够一家人吃上一年。90 年代打工经济兴起后，农民手中的活钱明显增加了，所以经常买点新鲜肉吃也变得普遍起来。到 2000 年以后，一般村民家庭已经能够实现顿顿吃肉。村民熊康发说：“吃已经不是回事！”

当“吃”已经变得不是回事的时候，关于“吃”的方式、观念以及相关的种

① 〔美〕冯珠娣：《饕餮之欲——当代中国的食与色》，江苏人民出版社，2016，第 95 页。

种事物也就悄然发生变化了。

首先，当家庭解决了吃饭问题，“吃”就开始更普遍地在家庭之外进行。办各种各样的酒席、请客吃饭很快在农村形成新风尚。在这里，“吃”本身已经不重要，但“吃”背后的诸多因素凸显出来了，如地位显示、人情面子、关系维护、找人办事，等等。随着物质生活的改善，乡村人的大大小小事情，多要在饮食中或餐桌上进行并完成，饮食成为“社会的润滑剂、强化剂和社会关系的指标”①。80年代以来，酒席重新成为村庄仪式生活的基础，这些酒席不仅是某家某户的私人行为，同时也是集体仪式。村里不管经济条件好的还是差的，都会举办酒席。被邀请参与酒席的一般是主办者的亲戚、邻居、朋友，也有村里的干部，有时全村的人都会被邀请参加。酒席对多数村民而言，是确定他们在村庄中的身份资格的非常重要的仪式活动。一户人家所办酒席如何，或者办不办酒席，都会成为村里人评价该户人家的重要内容。酒席的共同用餐形式，表现为一种柯林斯所谓的“共享情绪”互动仪式②，通过共同用餐中的互动，一种强大的情感性力量得以滋生，有助于人们之间的关系紧密、信任增加。饮食社交行为是中国人传统社交的重要载体，在正式政治参与方式仍显不足的情况下，饭局、聚餐所构造的场域往往会成为一种非正式政治参与的补充渠道。③ 新时期的乡村酒席就具有浓厚的政治色彩。村里人办酒席，村干部往往会成为主请对象。在酒席中，充满了各种政治运作，在正式场合不便提出或讨论的话题，在酒热耳酣之际就可以很自然地提出来，借着酒精的作用营造的独特情感氛围，权力、情感、关系、利益、面子顺利实现了互动与交换。④

其次，吃饭问题的解决，使人们对食物、粮食的珍惜、尊重的情感也相应地减弱了。传统时代长期的食物贫乏，使乡村人非常注重食物的节俭。正如张光直所言：“在中国民间思想中，粮食几乎具有一种神圣的性质：粮食不是给人玩或浪

---

① 〔美〕尤金·N.安德森：《中国食物》，马孆、刘东译，江苏人民出版社，2003，第195页。

② Randall Collins, *Interaction ritual chains* (Princeton, NJ and Oxford: Princeton University Press, 2004).

③ 陈云松、边燕杰：《饮食社交对政治信任的侵蚀及差异分析：关系资本的“副作用”》，《社会》2015年第1期，第100页。

④ 彭兆荣：《好客的食物：餐桌伦理结构中的张力叙事》，《广西民族大学学报（哲学社会科学版）》2012年第5期，第16—22页。

费的东西。"[①] 村里的小孩子撒饭、漏饭或饭吃不干净都会被严格禁止。不过，改革开放以来，农村里的宴席则越来越丰富奢侈，以前往往被风卷残云、一扫而光的饭菜，现在则会大量剩余，"八辈子没吃过饭"的时代过去了，没人会再将去哪家赴宴吃饭当作天大的事情，"现在都不兴吃了""尽是肉，都吃腻了"之类的话不绝如缕。每个人面对桌上的剩菜剩饭，显得无动于衷，毫无浪费可惜之意。而在主人一方，这些则足以显出自己的慷慨、大方，因而自觉"很有面子"。即使在家里，小孩子也很少再因为饭吃不干净而挨一顿责骂，即或还有节俭美德的父母，每有责骂孩子的时候，旧社会"饿"过来的祖父母都会劝上一句："娃儿嘛，吃不完就算了嘛，现在又不是没得吃的!"

第三，吃饱了饭的村民也逐渐关心起饮食健康问题。以前穷的时候，人们有什么吃什么，想方设法吃饱是基本原则。生活好了以后，乡村人开始放开肚子吃，常常挂在他们嘴边的话是，"吃得是好事!""吃得是福!"没哪家人会刻意限制饮食。现在农村孩子中营养过剩的"肥仔"也不少；以前大多是城里人得的富贵病开始普及到农村人当中。传统乡村人关于饮食健康的知识来自中医的凉性（寒性）、热性（温性）阴阳平衡之类的理论。莲花人平时不讲究这些，匮乏时代更是以填饱肚子为最高目的；生活好以后，才开始关注这个问题，特别是家庭中有人生病、怀孕，凉性、热性的禁忌讲究就严格起来。读过几天书的人多喜欢看书上怎么讲；电视进村后，近年来流行起来的健康节目、养生节目也开始为村里人所关注。以前村里孕妇生孩子后，一天要吃"红鸡蛋"一二十个，现在已被村里人当笑话讲。荤素搭配、少盐多醋、吃饭七分饱、多吃水果，这些观念也在村里普及起来而成为常识。"吃脑花儿补脑子"之类的"吃什么补什么"的观念也受到质疑，人们开始更愿意到医院做检查，看看是缺铁、缺钙还是其他什么，再根据医生的吩咐去买相应的药物或食物来补。当然，大多数时候，不到身体问题难以忍受时，村里人还是倾向于"不会那么穷讲究"，但一些西方现代科学的饮食健康观念确是慢慢浸入了他们的头脑，不过中医也仍然是人们参照信奉的知识体系，而且出现只信中医和只信西医的分化现象。

第四，当"吃"已经不是一回事的时候，饮食中的伦理也变得不是那么回事了。有些老辈的厨师说："现在的厨师喜欢搞花样，完全不讲传统规矩，全是乱劈

---

① 张光直:《中国文化中的饮食——人类学与历史学的透视》,郭于华译,载〔美〕尤金·N.安德森:《中国食物》附篇一,马孆、刘东译,江苏人民出版社,2003,第255页。

柴。你看重庆人只喜欢吃火锅、吃江湖菜，讲究的食物他反而吃不来了。”食物制作的随意翻新，既体现了人们自由精神的增强，但也体现了人们态度上的随便与随意。“没有那么多穷讲究”开始成为人们新的行为方式，老规矩、老理儿开始被弃之如履。村民石宗全说：“以前家里上桌吃饭都有很多讲究和规矩，长辈一定是坐主位，小孩子是不上桌的。现在可变了，小孩成了家里的‘祖宗’，全家人都伺候着；老的反没人管了，种种礼仪规矩全没有了。”

另外，改革开放以来，大量工业化食品进入乡村，并被放置到人们礼物交换体系中的重要位置。[①] 乡村食品因其不现代、不时尚，已经不能挑动村里年轻人的口欲，他们开始放弃喝土酒，而学起喝啤酒，因为喝啤酒让他们感到自己与城里人的生活更加接近，在他们看来，喝啤酒是一种时髦。村里的小孩子不喜欢母亲或祖母做的饭菜与食品，他们更喜欢那些有着动画图片包装的饼干、糖果，有的孩子更是把零食当饭吃，正餐吃得很少。过年过节的时候，桌子上的食物大量增加了买来的熟食。2013 年，已年过七十的村民黄道秀说：“每次春节娃儿们回来吃饭，看到他们买些现成的食物放在桌子上，我心里就难过，也许是嫌我老了，做的东西不好吃了，看到那些商店里买的食物，我就觉得好像家里闯进来了外人。”那些标准化生产出来的工业食品，给人们带来了快捷与方便，人们享用它只是简单的口欲满足而已，那里没有情感，而母亲、祖母做的食物里有她们的情感、有家的味道在里面。因此，工业食品与自家做的食品的区别并不是体现在烹饪技术的高低或是食物口感味道的优劣，而是“自己人”与“外人”在制作食物时所赋予的责任和情感的多少。[②] 黄道秀之所以难过，是因为她凝集在食物上的那份对家人的情感没有得到应有的珍视与尊重。

三、休闲

休闲或闲暇是人类生活的一部分，是人们为日常生计奔波忙碌之外的余裕。二者共同为人的身心愉悦和存在的意义提供基础。亚里士多德说：“闲暇自有其内在的愉悦与快乐和人生的幸福境界。”[③]从根本上说，休闲是对生命意义和快乐的

---

① 刘志扬：《饮食、文化传承与流变——一个藏族农村社区的人类学田野调查》，《开放时代》2004 年第 2 期，第 118 页。

② 赵旭东、王莎莎：《食物的信任——中国社会的饮食观念及其转变》，《江苏行政学院学报》2013 年第 2 期，第 78 页。

③ 〔古希腊〕亚里士多德：《政治学》，吴彭寿译，商务印书馆，2009，第 416 页。

探索，使人“成为人”的重要方式与途径①，它对创造幸福至关重要②。

在传统农业文明时代，休闲与劳动是紧密联系在一起的，二者并没有截然分开。在生产技术简单的传统时代，由于劳动耗费了农民大量的时间，所以农民会牺牲掉闲暇享受的乐趣。但事实上，即使在贫苦的时代，农民也会“苦中作乐”，给苦闷的生活找一个宣泄、释放的机会与渠道。不过，在人类历史发展的进程中，劳动确实逐渐被赋予了更高的价值和意义，而休闲被视为“不道德的行为”。在西方 16 世纪，马丁·路德在宗教改革运动中将劳动视为“天职”，使其地位得到革命性地提升。相应的，伴随着资本主义的全面兴起，劳动进一步在世俗社会确立起核心地位，劳动至上的观念得到不断强化，反之休闲遭到贬抑、挤压。20 世纪以后，一方面，人们的财富和自由时间大量增加，为休闲提供了基础；另一方面，劳动至上与金钱至上的资本主义伦理造成的大量异化劳动，使大多数人并不能实现充分的休闲，反而连休闲本身也遭到异化。③

纵观中国乡村社会中人们的休闲娱乐生活的发展，基本上也经历了上述的变迁轨迹。

莲花村的老辈人告诉我，在解放前，农村人的生活虽然比较艰苦、经常发生断炊断粮危机，但也不是一天到晚苦着脸在那里劳动，而是会想方设法“找乐子”。在传统乡村社会，休闲和人们的日常生产、生活、人情往来是紧密联系在一起的。乡村社会的休闲主要包括仪式性的休闲活动、社会性的休闲活动和私人性休闲活动。仪式性休闲活动如烧香拜佛的信仰活动、祖先祭拜、婚丧嫁娶、节日庆祝等；社会性休闲活动包括日常游戏、串门聊天、打牌喝茶等；私人性休闲活动如剪纸、绣花、手工艺、钓鱼等。人们从事这些休闲活动并不只是为了一己之愉悦，而是具有非常重要的伦理意义、公共意义。通过这些休闲活动，人们实现了情感的满足、人情关系的维系和伦理纲常的和谐有序，从中也体验着活着的意义。由此看出，在传统乡村社会，休闲不是纯粹的私人的行为，主要还是一种社会行为，是一种“关系本位”或“社会本位”的休闲，这与当代社会突出“个体本位”的休闲是不一样的。

---

① 金雪芬:《论休闲之“成为人”的价值意蕴》,《旅游学刊》2012 年第 9 期,第 100 页。

② 〔加〕罗伯特·斯特宾斯:《休闲与幸福:错综复杂的关系》,刘慧梅译,《浙江大学学报(人文社会科学版)》2012 年第 1 期,第 31 页。

③ 周海荣、姜锡润:《西方休闲观的历史流变》,《理论月刊》2014 年第 12 期,第 51 页。

新中国成立后，新政权作为劳动阶级的代表，对劳动特别是农民和工人的体力劳动赋予了崇高的地位和价值，“劳动最光荣”成为当时最响亮的口号。休闲在这里是没有地位和价值的，而且休闲在那个时代往往会被视为地主阶级和资产阶级腐朽生活方式的代名词，因而应该予以抵制。那个时候，更多讲的是“休息”概念，但休息也不是最重要的，休息是更好地为劳动服务的。但那个时候很多活动事实上又具有一定的休闲性质。不过这些“休闲”活动又具有高度政治化和集体无意识的特点。村民石宗全说：“解放后，除了生产劳动之外，公社、大队都会组织很多集体活动，像啥各种庆祝、游行、文艺汇演、看露天电影啊，私人搞的活动就很少了。”这种集体性活动混融着狂热的政治氛围，服务于特定的政治目的和意识形态，客观上也使人们在宗教式的集体狂欢中得到情绪的宣泄；然而正是这种集体狂欢也使整个社会失去了理性与秩序，而且在这种大一统的集体活动中，个体的价值被忽视甚至扼杀，个人的声音在其中湮没无闻。

另外，即使在准军事化的集体生活中，农民的休闲精神并没有被完全消灭。在集体劳动的田间地头，人们也不忘“找乐子”。石宗全谈道，村里的“文艺青年”周成银在劳动的时候经常会给大家唱一段黄梅戏《天仙配》，或说上一段《说唐传》；村里的妇女在开社员大会的时候，也不忘绣手绢和香荷包；村民周康炳每天傍晚的时候会准时在村边的山梁上吹他的唢呐；那些在水井边洗衣服的妇女们也经常会哼唱些《黄四姐》之类的民歌。可见休闲是人内在的精神需要，无论任何时代都不可能完全将之泯灭。

集体时代结束后，集体体制的骤然退出，使村庄的公共空间和集体活动也骤然减少乃至消退。在这个过程中，农民的生产活动、日常生活包括休闲活动都越来越退缩到家庭内部，休闲的家庭性、独立性、个人性逐步增强，但休闲的公共性、关系性、群体性则逐渐减弱了。其中，露天电影的消失和电视的兴起，进一步强化了上述趋势。在集体时代，包括具有休闲性质在内的集体活动，不仅仅发挥着重要的政治功能，客观上也发挥着重要的伦理道德功能，如维护村庄秩序的稳定和规范个人的道德行为。由于我们一直缺乏一个正常的公共社会，或从来就没有经历过社会的充分发育，集体时代的结束留下了一个真空，即政治化社会或集体化社会迅速变成了一个“个人社会”。在这个过程中，不论是传统道德还是新中国成立后的新道德，由于缺乏道德实施的组织载体或制度支持，因此对于日益原子化的家庭和个人就失去了约束力。同时，工业化、城市化、市场化进一步动摇了村庄的社会结构基础，村庄流动性增强，村落的终结成为不可挽回的命运。

这个时期的乡村“个人社会”中的“个人”不是现代意义上的公民个人，而是既无明确的权利意识也无自觉的责任义务意识的自私个人，或是公德、私德俱无的个人。由此，我们就不难理解为什么改革开放以来人的行为越来越“自私”，为什么人们普遍有“道德沦丧”“世风日下”的感叹。村民石宗全说：“土地重新下户后，人们就越来越只关心自己的事情了，就是平常的串门聊天都少了，村里基本上没啥集体性的娱乐活动，坝坝电影没有了，电视冒出来了，人们就开始缩在自家屋里看电视。”

在后集体时代，整个中国社会开始被卷入全球资本主义体系之中，市场逻辑、资本逻辑、财富逻辑、消费逻辑、效率逻辑开始主导人们的各种行为。“五加二”“白加黑”的工作观念被人们奉为个人成功的圭臬。这里，劳动、工作的目的不是为了休闲，也不是为了提升人的生命价值与内涵，而是为了财富、资本、消费本身。在这当中，处在财富、资本、消费低端的群体特别是农民、打工者，为了获得谋生的资源或实现财富梦想，不得不牺牲掉大量的休闲时间，接受被资本剥削和自我剥削的命运，让自己从事的劳动沦为纯粹的异化劳动，在当中找不到任何乐趣和意义，获得的只是一点钱、身体的伤痛和精神的虚无。曾经在富士康重庆工厂工作过的“90后”村民熊赛说：“人在那种厂子里待久了，经常都觉得头是恍的，下班后就只想睡觉，或者耍下手机、上网聊下QQ，其他啥事都不想做。”对于这些在外拼命找钱的农民打工者来说，那种具有内在愉悦和幸福感、使人成其为人，或如马克思所谓的意味着“开阔的心境和传统的高贵的品性”① 的休闲或闲暇，实在是显得离他们太远、与他们毫无关系。他们竟不能拥有一点他们的父辈或祖先在贫穷时代也拥有的那种苦中作乐的休闲余裕，这确是一种绝大的讽刺与悲哀。有学者认为，在当代社会，休闲的发展需要具备四个基本条件，即“有闲、有钱、有心、有因”②。这四个条件，绝大多数的农民打工者都不具备。

另外，我们也看到，传统乡村休闲方式正在急剧消失，而大量商业化的、机械化的现代休闲方式正在大量生产出来。前者强调群体性、伦理性、生活性、中庸性，后者强调娱乐性、刺激性、消费性、个人性。休闲方式的变迁凸显的是乡村文化的日益式微。越来越多的乡村年轻人已不能受到传统乡土文化的浸染和熏陶，而他们在城市社会中接受的又更多是拜金化的消费文化。因此在这样的一个

① 〔德〕马克思：《资本论》第一卷，经济科学出版社，1987，第621页。

② 马惠娣、张景安：《中国公众休闲状况调查》，中国经济出版社，2004，第177页。

时代，很难让一个年轻的乡村打工者明确地告诉你，人活着的意义是什么？我前后访谈过10位莲花村的“80后”“90后”年轻打工者，他们没有一个能明确回答这个问题。

下面，我们重点就乡村游戏、精神消遣、媒体下乡三个方面来具体讨论乡村休闲娱乐的发展变迁以及呈现的相关问题。

（一）乡村游戏

游戏是人类的天性，古今中外皆然。《礼记·学记》：“故君子之学也，藏焉，修焉，息焉，游焉。”郑玄注：“游谓闲暇无事之游，然则游者不迫遽之意。”《史记·孔子世家》云：“孔子为儿嬉戏，常陈俎豆，设礼容。”《晋书·王沈传》指出：“将吏子弟，优闲家门，若不教之，必致游戏……”席勒认为，“只有当人在游戏时，他才是完整的人”①。赫伊津哈认为游戏“有其自身的目标”②，是认真地从事一项本来就无法认真的意义活动③。人们在游戏过程中，身心愉悦，这种愉悦给予人的心智和情感以极大滋养，因而文化生命也最具活力④。

在乡村生活过的人，回忆起童年时期，无不提到那时做的各种快乐的游戏。直到20世纪80年代初，莲花人都还保留了很多传统游戏，如丢沙包、跳拱、打陀螺、搬房子、打石靶、跳橡筋绳、捉迷藏、滚铁环、打纸块、打弹珠、老鹰抓小鸡、踢毽子、过家家、放风筝、打弹弓、比赛爬树，等等。据村民石宗全讲，这些在集体时期仍然是小孩子玩的主要游戏，是最少受到革命洗礼的乡村文化。在当时，增加的主要具有革命色彩的游戏主要是斗地主和解放军打仗。乡村游戏很少有独自一个人玩的，基本上是一大群孩子一起玩。赫伊津哈指出，真正的纯粹的游戏是文明的主要基石之一。⑤ 中国的乡村游戏就具有很强的传统文化精神，特别是儒家文化精神，如“过家家”实质上是通过轻松娱乐的方式对现实生活中家庭婚姻伦理的模拟、学习。即使一些竞争性的游戏，也非常强调礼让的伦理精神。孩子在游戏中不仅获得了身心的愉悦，还学会了与他人相处、学会了团结协

---

① 〔德〕席勒：《审美教育书简》，张玉能译，译林出版社，2009，第48页。

② 〔荷〕约翰·赫伊津哈：《游戏的人——关于文化的游戏成分的研究》，多人译，中国美术学院出版社，1996，第30页。

③ 赵毅衡：《艺术与游戏在意义世界中的地位》，《中国比较文学》2016年第2期，第6页。

④ 葛俐杉：《赫伊津哈游戏论对文化创新实践的启发》，《贵州社会科学》2014年第12期，第53页。

⑤ 〔荷〕约翰·赫伊津哈：《游戏的人——关于文化的游戏成分的研究》，多人译，中国美术学院出版社，1996，第36页。

作、学会了谦让、学会了争而有道。石宗全说："过去的娃儿很少有性格孤僻的，大多很合群，也很少有非常自私的。"这可能与这种群体性的乡村游戏活动有一定的关联。

乡村游戏大多是在室外进行的，基本上不受场地的限制，非常自由、轻松。在整20世纪80年代，莲花村外出打工的人还不多，而且村民还是集中居住在一些大院子里，诸如熊家院子、何家院子、谭家院子、吴家院子、周家院子、秦家院子。那个时候随便走到那个院子，都会看到一大群孩子在那里玩，女孩子多喜欢玩搬房子、跳橡筋绳、踢毽子等游戏，男孩子多喜欢玩丢沙包、打弹弓、爬树、滚铁环、打纸块等游戏。在这个过程中，你可以随时加入，也可以随时退出，没人排斥你、限制你，一切都是自由的、自然而然的。有时候，孩子们会把游戏的地方转移到田野里、山坡上，男孩子最喜欢玩的一种游戏是在水田里比赛捅黄鳝，看谁最会找黄鳝洞、捅的黄鳝最多，一场游戏下来，人人必定是一身泥，连脸上都是泥点点，回到家后，也必然会被父母并不当回事地骂两句；这个时候，把捅来的黄鳝往火烧得正旺的灶膛里一丢，几秒钟后，黄鳝就烧得蜷曲焦黑，然后用火钳夹出来，把鳝段剥开，去掉里面的内脏，往口里一送，细细嚼来，真是美味无比。

很多人都谈到乡村的孩子很小就开始劳动，以为让孩子这样过早承担艰辛的劳动是不合适的，不利于他们身心的健康成长。事实上，没有几个农村孩子会觉得那些劳动会有多艰辛、痛苦，对他们来说，这都是很自然而正常的事情，因为劳动和游戏对他们来说是差不多的事情。他们在田野里、山坡上放牛、割猪草，或农忙时帮父母割麦子、背粮食，当中也不忘玩玩游戏，女孩子在稻田里都可以随时跳起橡筋绳来，一边跳一边唱："黄葛树，黄葛垭，黄葛树下就是我的家；我家有个小姐姐，她的名字叫马兰花；马兰花，十八岁……"男孩子则会比赛爬树，一些瘦小机灵的孩子三下五下就可以爬到十多米高的树枝上，如果有鸟窝，必把鸟蛋全部掏出来放在衣袋里，拿回家又是一顿美味。

乡村孩子玩游戏的道具几乎都是自己开发、自己制作的，诸如弹弓、风筝、木制手枪、陀螺、纸飞机、纸轮船、弓箭等，乡村孩子很少有不会做玩具的。制作这些玩具都是就地取材。比如弓箭的制作，弓一般用黄荆木（木质弹性好）或拇指粗的斑竹，特别是斑竹，要取一段下来先在火上烤，使之弯成一定的弓形，然后在两头系上麻绳，一个弓就做好了；箭的制作是选有节头的半厘米斑竹作为箭头，箭干则用旧高粱秆，一头插在斑竹节头上，一支箭就做好了。一箭射出去，往往可以飞出一二十米远。

在乡村，不仅孩子玩游戏，大人也经常玩游戏。在集体时期，人们在田间地头劳作时，也不忘抽出一些时间来玩玩游戏、说点笑话、摆点龙门阵。男人们最喜欢玩的游戏是玩架（摔跤）、举石头，玩架最好看、最热闹，玩的人认真卖力，看的则不停助威呐喊；女人们偶尔也会玩玩抓子（一般以石子、杏仁子、泥球等为子，一手抓完，然后抛到一尺多高的空中，然后用手接住，或者翻手用手背去接，以不掉为胜；抓子时可在地上留子，多少不论，在向空中抛出其他子时，迅速抓住地上的留子并接住向空中抛出的子，以不掉为胜）之类的游戏。

总之，乡村的游戏和人们的生产、生活是紧密联系在一起的，甚至可以说是合二为一的。正如冯特所谓："游戏是劳动的产儿，没有一种形式的游戏不是以某种严肃的工作做原型的。不用说，这个工作在时间上是先于游戏的。因为生活的需要迫使人去劳动，而人在劳动中逐渐把自己的力量的实际使用看作一种快乐。"① 事实上，越传统的乡村，人们日常生活中的游戏精神、娱乐精神越强；越现代的乡村，人们生活的严肃性增强了、游戏精神却减弱了。正如赫伊津哈所指出的，在现代社会，"随着生产技术和社会生活本身变得更有组织，古老的文化土壤渐渐为高层次的概念、思想和知识体系、教义、规则和条例、道义和条约所覆盖，它们却同游戏失去了联系。文明，我们便说，已经成长得更为严肃，它只把一个次要的位置分派给游戏"②。

20 世纪 80 年代以后，有几个重要的变化对乡村孩子玩游戏有很大影响。

第一，土地重新下户后，很多村民开始攒钱搬离大院子，另外择地修独门独户的房子。这样，村民集中居住的大院子逐渐减少，这或多或少影响了孩子们进行群体性的游戏。

第二，电视开始在村庄普及，电视开始成为村民们主要的休闲娱乐方式。这不仅影响到大人，也影响到孩子。很多孩子开始变得和大人一样，一天到晚都守在电视机前，而不愿出去玩耍。

---

① 〔俄〕普列汉诺夫：《论艺术（没有地址的信）》，曹葆华译，生活·读书·新知三联书店，1964，第 73 页。

② 〔荷〕约翰·赫伊津哈：《游戏的人——关于文化的游戏成分的研究》，多人译，中国美术学院出版社，1996，第 81 页。

第三，后集体时代，村庄的公共空间和公共活动减少，大人们之间的互动减少了，相应的孩子们在一起玩耍、游戏的时间也减少了。

第四，90 年代后，很多农村地区也开办幼儿园。这些学龄前儿童开始接受现代教育。幼儿园的老师开始按照书上的要求来制定孩子们的游戏活动，游戏的主导权事实上转移到了老师手中，乡村游戏的那种的自然性、自发性、主动性消失了。同时，这些游戏更强调益智功能，而娱乐功能反而有所减弱。①

第五，随着村民生活水平的提高，大人开始给孩子们买现成的玩具，如给女孩子买布娃娃，给男孩子买电手枪。这在无意间也剥夺了孩子们制作玩具的自主权。

第六，互联网的兴起，使很多乡村孩子也开始沉迷于打电子游戏，而对那些原始的、质朴的、田野的传统游戏失去了兴趣。而且整个乡村社会中的原子化趋势也进一步加剧了孩子们也如大人一样，越来越退缩到家庭里，成为一群孤独的“小大人”。

我在莲花村和其他农村地区，已经很难看到孩子们成群地在室外田野里、院坝里、山坡上玩游戏的场景。只有当走到一家村民的屋子里，才会看到那些一个人安静看电视、打游戏甚至玩手机的孩子。女孩子们玩着全世界都有的、印着“Made in China”的布娃娃，男孩子们玩着血腥暴力的电子游戏。这些安静、独玩的孩子，在他们成年后，会有怎样的人格特质，会有怎样的人生，会对社会产生何种影响，这些都是值得我们深思的。

（二）精神消遣

在传统时代，乡村人在忙碌紧张的劳动之余，也会通过种种方式来满足自身的精神需要，有的人将其称为民间艺术或非物质文化遗产，我这里姑且称之为精神消遣。如果你要去问他们这有什么意义？他们多半会这样回答你：“好耍嘛！”或“打发日子呗！”

莲花村的一些老辈人给我介绍了很多村里人一些传统的精神消遣方式。这里重点介绍三种进行分析讨论。

第一种，唱山歌或民歌。莲花村所属之忠县（古称忠州）乃古巴国腹地，自古巴人即能歌善舞，唐人刘禹锡就曾将当时流行于巴地的民歌变成文人化的竹枝词，对后世诗歌创作影响极大。莲花人唱的山歌或民歌大致可以分为三种。一是

---

① 黄进：《论儿童游戏中游戏精神的衰落》，《中国教育学刊》2003 年第 9 期，第 28 页。

生产劳动类民歌。村里男人们抬石头的时候，就常常哼一种很有节奏的号子，如“嘿哟嘿哟/伙计加把力/一鼓又作气/嘿哟嘿哟/莫要踩空脚/上坡看仔细/嘿哟嘿哟……”之类，这些号子的调子一般是固定的，但多可以临时换词儿；劳动时，有专门的领头喊号子，其他人跟着哼“嘿哟嘿哟”以应合。村民石宗权说：“喊号子主要是使劳动的人步调一致，还可以节省体力，调动劳动情绪。”二是爱情类民歌。村里的男男女女基本上都会唱几首情歌。周康书年轻的时候，经常在村里的山梁上唱情歌，而且他会根据某些固定的曲调，自己新编一些词儿，我小时候在莲花村生活的时候，就见识过他的这套本领。有一次，他远远看到自己的未婚妻在菜地里摘南瓜，随口就唱了起来：“幺妹十八一枝花/来到地里摘南瓜/想和幺妹搭个话/恼火不知要说啥/我想送妹绿纱纱/又怕幺妹将我骂……”另外，周成银也是莲花村唱情歌的高手，不过他最喜欢唱的是黄梅戏《天仙配》之类的，集体时期，在田间地头，社员们经常能听到他深情的演唱。三是伦理教化类民歌。2012年春节，我在访谈周康书时，他专门给我唱了一首《十劝姐》：“一劝姐，正月正/姐姐要做婆家人/到了婆家莫多言/二劝姐，二月八/无事莫来妈屋耍/各自在屋种庄稼/三劝姐，是清明/对你公婆要孝敬/莫让公婆多操心/四劝姐，四月八/莫跟丈夫打和骂/事事都要顺从他/五劝姐，是端阳/有好吃的莫先尝/对待弟妹要礼让/六劝姐，六月六/天一黑了就进屋/少说闲话忙家务/七劝姐，七月七/有人来家要客气/待人接物懂规矩/八劝姐，是中秋/男客要走你莫留/留了男客要出丑/九劝姐，九月九/劝你丈夫少喝酒/喝酒醉了把人丢/十劝姐，小阳春/大事小事都要忍/里里外外做好人。”

第二种，绣花鞋垫、手帕、香荷包。老一辈的莲花村女性村民在当姑娘家的时候，几乎没有不会绣花的。这些绣花鞋垫、手帕、香荷包一般是女孩子作为定情物送给未婚情郎的。即使在集体时期，女孩子们都会利用开社员大会或晚上在家里的时候做这些事情。这些绣花技艺和上面的花纹图案基本上是代代相传下来的，有时女孩子们还会聚在一起，互相切磋技艺。2012年春节，我在村民石宗秀家里看到了一些她保存的一些绣花鞋垫和手帕。上面的花纹图案主要有“寿字纹”“龙凤呈祥”“鸳鸯戏荷”“喜上眉梢”，还有各种花草图案、几何纹样，多表示吉祥、祝寿、喜庆、爱情、多子等寓意，画面色彩鲜明、热闹活泼，很有巴人女子的那种热情大方气质。石宗秀说：“我这里的这些鞋垫、手帕都是我当姑娘家时绣的，当时我男人在部队当兵，他走的时候，我送了他很多鞋垫、手帕，他一个都没舍得用，都一直保存着。他转业回来我们就结了婚，婚后这些东西我们就一直保存到现在。有时候拿出来看看，想想年轻的时候，还是蛮有意思的。”现在“80后”“90后”的莲花村年轻女孩子已经没有人会这些传统绣花了，而且她们早已对此失去了兴趣。

第三种，吹拉弹唱。在老辈莲花人中，有不少吹拉弹唱的高手。周康炳吹唢呐在莲花村是一绝，远近闻名。周康炳是唢呐世家，他自己都说不清楚属于第几代传人。在莲花村，传统时期人们的婚丧嫁娶、贺生祝寿等场合都会有唢呐。比如孩子满月一般都会请人吹唢呐助兴；结婚时请客、迎亲、拜堂、入洞房等流程都需要吹唢呐来领头。周康炳吹了一辈子唢呐，除了20世纪60年代破“四旧”时短暂停过一段时间外，基本上没有停过。没事的时候，他喜欢一个人坐在院坝里吹他的唢呐，有时他吹一个喜庆的曲子，感觉心里暖洋洋的；有时他吹一个悲凉的曲子，听得人忍不住要掉眼泪。2012年春节，我访谈周康炳时，他已经80多岁了，他说：“吹唢呐最重要的就是气要足，否则吹得就断声断气的。吹的时候，吸气位置、吸气的量、力度的掌握都很重要。我9岁就开始练这个，很辛苦，我父亲经常是拿着棍子守在我旁边，只要偷懒或吹不好，就会挨棍子。”我问道：“有人继承你的手艺吗？”他说：“我大儿子还在吹，但也60多了，后面就没人接上了。我那几个孙子都在外面打工，都不愿学这个。年轻人哪里还会喜欢这些呢，过时喽！”正如贾平凹在其长篇小说《秦腔》中所描述的秦腔的落寞，对于那些向往城市生活的年轻人来说，这些老土的东西已经离他们太遥远了。①

随着城市化、工业化、市场化对乡村社会的全面席卷与侵蚀，那些传统的精神消遣方式开始永远地消失了。在这个城市对乡村、现代对传统形成压倒性优势的时代，乡村文化的式微乃至消失似乎已是不可逆转的命运。

（三）媒体下乡

近现代以来，广播、电影、电视、网络等媒体的先后出现，极大地改变了人们获取信息和了解外面世界的方式，同时也深刻地改变和重塑了人们的精神世界，此种改变是巨大而具有颠覆性的，影响也是深远的。这些现代媒体进入中国乡村社会并开始产生较大冲击和影响是在新中国成立后的20世纪五六十年代。

集体公社时期，乡村人最熟悉的现代化传播形式是报纸、广播与电影。那个时候，莲花村真正看报纸的没几个人，一般是村支书等一些干部看。在村里人看

---

① 于影丽：《社会转型期乡村文化传承与发展研究——B村教育人类学考察》，博士学位论文，西北师范大学社会发展与公共管理学院，2009，第60页。

来，他们就代表国家。但同时他们和村里人又是在一个凼里过日子的。因此村里人对他们既敬畏又亲切。主要的报纸是《人民日报》《四川日报》《参考消息》。村干部通过报纸了解党和国家的大政方针，并通过《参考消息》零星地了解国际大事。村里开大会时，村支书会念报纸上的一些消息或文件，并作一些自己的解释与发挥。平时村里几个土文化人也会把这些报纸借来看看，其他村里人并不看。

对莲花村人日常生活影响最大的是广播与电影。村里每家每户都有一个收听广播的喇叭，一般喇叭都装在灶屋，便于人们边做饭边收听。广播时间一般是早上七点开始，八点结束；傍晚六点开始，七点结束。每天早上一听到喇叭里传出的《东方红》的曲子，再懒的人都知道必须起床了，这曲子类似于闹钟的作用。内容主要是转播半个小时中央人民广播电台的时政新闻，还有就是公社的一些通知之类的事项。“文革”期间可以听到一些样板戏的精彩段子，“文革”后可以听到一些戏曲段子，如黄梅戏、越剧、川剧等。莲花村人对黄梅戏情有独钟，像《天仙配》选段都是村里人平常最喜欢哼唱的。在土地没下户以前，村里人集体在地里干活儿时，村里的文艺人才周成银与石春秀必来一段《天仙配》。这时大伙儿皆停下来，双手拄着锄头，笑嘻嘻地看他俩表演。地里的活儿也没干多少，但大家似乎很快乐，他们自嘲是“穷快活”。进入到 20 世纪 80 年代后，村里一些人开始买收音机来收听广播，不像公社的广播，内容、时间都是固定的，收音机可以自由选择电台或节目来听。土地下户后，有的村民在自己地里干活儿时，旁边都放着收音机。周成银说为这个事，他老婆还经常埋怨他干活儿不上心，他经常回他老婆的话是，“我就这点精神享受，还不许吗?”周成银说，单田芳的《说唐传》，后来王刚播送的小说《夜幕下的哈尔滨》、蒋子龙的《蛇神》《音乐世家》，他都是听收音机听完的。

电影进村可以说新中国成立后乡村精神文化生活中的一件具有历史意义的大事。电影最早进忠县是 20 世纪 50 年代初，那时忠县所属的万县专区成立了一个女子电影放映队，在各个县轮流放映电影。到 60 年代，忠县也有了自己的电影放映队，就可以到各个公社、大队去放映。电影第一次进莲花村是 1963 年，据村民石宗雄回忆，那天晚上，全村老少万人空巷，加上外村赶来的人，整个石家院子被挤得水泄不通，连银幕背面的田坎上都站满了人。

在 20 世纪 80 年代以前，电影不仅成为乡村人钟爱的精神娱乐方式，已然成为他们日常生活中不可分割的部分，而且也是党和国家宣传其革命主义意识形态、倡导社会主义新伦理观、价值观的重要形式。那时，电影的题材内容大体可以分为这样几类：（1）革命故事，如《地道战》《车轮滚滚》《南海风云》《延河战火》《钢铁战士》《董存瑞》《英雄儿女》《渡江侦察记》《火车司机的儿子》《保密局的枪声》《苦菜花》等；（2）农村故事，如《乡音》《小花》《李双双》《小二黑结婚》等；（3）少数民族风情片，如《阿诗玛》《五朵金花》《冰山上的来客》等；（4）传统戏曲片，如《追鱼》《李慧娘》《红楼梦》等。对于这些不同类型的电影，老年农民一般喜欢看他们称之为“戏剧片”的戏曲电影，中青年喜欢看他们称之为“战斗片”的反映军事题材影片。①

这些电影讲述的故事以及其中的精彩台词，潜移默化地影响了人们的行为和观念。有时村里干部会利用电影来教育村民，有的家庭的父母也会用电影来教育孩子。当然，村民们更多还是把电影当作一种重要的精神消遣方式。而且露天放映的形式，还构建起了一个村民集体狂欢的公共空间，让人们的积累的日常情感、情绪在这里得到了集体释放和宣泄。

20世纪80年代以后，随着集体时代的结束，农村的露天电影也逐渐消退。露天电影的衰亡体现着乡村社会中一种重要的基层公共生活形态正在退出历史的舞台，与之相应的文化启蒙和公众参与等内容也不复存在，个体融入社会公共空间的渠道不断被侵蚀与阻隔。②

在乡村公共空间和公共生活迅速萎缩、解体的非集体化浪潮中，电视开始走入千家万户，开始替代电影、广播以及其他传统休闲娱乐方式，逐渐成为农民日常生活最重要的内容之一，对乡村社会结构和人们的观念行为的影响巨大而深远。

相比于电影，电视更能够发挥其作为现代文化、现代观念、现代生活方式的传播者的角色功能。如果说20世纪80年代以来，中国农民身上具有了越来越多的现代化人格因素，电视无疑发挥了不可替代的作用。正如英格尔斯所谓，“大众传播媒介给人们带来有关现代生活诸多方面的信息；给人们打开了输入新观念的大门；向人们显示新的行事方式；显示有助于增进效能感的技能；启迪并探讨纷呈多样的意见；刺激并加强对教育流动性的期望；歌颂科学，为技术大唱赞歌——所有这一切在能够接受外来影响的人那里将会导致更大的现代性”③。首

① 张启忠：《“露天电影”与农村的文化启蒙——十七年农村电影放映网的历史分析》，《艺术评论》2010年第8期，第53页。

② 刘君：《露天电影：从流动影像放映到公共生活建构》，《东南学术》2013年第2期，第222页。

③ 〔美〕阿列克斯·英克尔斯，〔美〕戴维·H. 史密斯：《从传统人到现代人——六个发展中国家中的个人变化》，顾昕译，中国人民大学出版社，1992，第224页。

先，通过电视新闻，农民比较全面而直观地了解了国家的政策方针及其走向，频繁在电视上出现的国家领导人和各级政府官员的身影，客观上消减了农民对政治以及政治人物存在的神秘感和敬畏感；通过对各种政策信息的了解，也使农民增强了政治意识，相应地增强了维护自身权利的意识，正是通过电视，农民了解到基层政府在执行国家政策中的偏差，从而客观上也增强了他们对政府施政的监督意识。莲花村很多村民都谈到，他们对民主、公平、法制等现代性政治观念的了解和认识，基本上是通过看电视实现的。村民石宗全说："我看电视已经养成一个习惯，每天的新闻特别是新闻联播是必看的，从中可以了解国家的一些政策，而这些和我们每个人的利益都是切身相关的，了解一下有好处。"其次，通过电视，农民的眼界得到极大的扩展，增强了他们对世界的了解和认识，特别是很多关于市场经济、科学技术、生活知识等方面的电视内容，突破了农民固有的观念结构和知识结构，这客观上使农民特别是年轻一代的农民观念更为开放，加速了其人格的现代化进程，市场观念、竞争观念、科学观念、契约观念等开始逐渐深入农民人心。① 再次，电视进入乡村，客观上增强了村庄人际关系包括家庭内部的平权化。电视打破了信息和知识的垄断，"平等地向每一个村民传递信息和图像"②，任何一个人不管是何种身份地位、文化程度，都可以通过它来获得相应的信息、知识乃至乐趣。

电视在塑造农民的现代化人格的同时，也极大地改变了村民的生活方式以及村庄内部的互动方式与人际关系结构。在 20 世纪 80 年代末期、90 年代初期，电视刚进入农村时，由于数量还比较少，电视在此时扮演了早期露天电影的角色，拥有电视的村民家庭一到晚上就成了热闹的公共聚会场所。进入 90 年代中期以后，电视逐渐在各家各户普及，电视就越来越成为一种家庭内部的私人活动，由此农民之间的公共交往和村庄的集体性文化生活进一步消退。③ 村民石宗全说："各家各户有电视后，大家就喜欢躲在家里不出去了。以前夏天傍晚的时候，人们都喜欢在院坝里摆龙门阵，热闹得很。后来就很少见到这种场景了，无论你走到哪家的院子，都安静得很，见不到个人影，唯一能听到的就是屋里传出来的电视

---

① 费爱华：《"电视下乡"：新时期国家整合乡村社会的逻辑》，《学海》2012 年第 5 期，第 98 页。

② 刘勤：《自我、主体性与村庄：陕南丘村公共生活研究，1980—2006》，博士学位论文，华中科技大学社会学院，2008，第 95 页。

③ 申端锋：《电视下乡：大众媒介与乡村社会相关性的实证研究》，《华中科技大学学报（社会科学版）》2008 年第 6 期，第 104 页。

的声音。”

另外，电视天然的城市立场与现代性立场，使电视题材、内容、栏目都更多是面向城市人而非乡村人。这里造成的问题是，农民观看的是与自己毫无关联的城市人的生活。所以很多老辈村民认为那些关于城市人的电视剧是虚构的、“完全是扯淡!”但对于年轻的村民来说，这些关于城市人的电视剧可不是虚构的，那就是城市人的真实生活，是他们梦寐以求的生活。很多进城打工的年轻村民开始模仿电视里人物的衣着打扮、腔调言行，而且刻意去掉或隐藏起自己的乡土气，因为这些乡土气让他们感到的不是自豪而是羞愧。2012年春节，我在莲花村碰到几个打工回来过年的“90后”年轻人，他们竟然用半土不洋的普通话与我交谈。电视进村与年轻村民的城市面向，迅速使乡村传统和乡村文化被视为障碍抛弃了。①

乡村社会公共空间、公共活动的消退，也使乡村的共同规范包括传统价值和伦理道德趋于解体。而那些充斥着消费主义观念、庸俗趣味的肥皂剧，以及无所不在关于性与暴力的画面，更是进一步加剧了本已失序的村庄传统价值与伦理道德的瓦解。电视进村非但没增强以往村庄舆论的威力，反而肢解了村庄舆论和道德体系，从而构成对村庄本身的切割。② 一些中年村民和老辈村民普遍认为电视把年轻人、小孩子教坏了。特别是很多留守儿童，由于父母长期不在身边，而祖父母又多采取放任态度，他们的休闲娱乐生活也主要是以看电视为主。电视里大量关于成年的内容“侵蚀了童年和成年的分界线”③。泛滥的影像文化玷污了儿童的目光，进而使儿童的语言和心灵渐渐丧失了儿童的特征。④ 儿童真正的本能和需求被遮蔽了，儿童的情感和想象无人理睬。

2000年以后，互联网、手机逐渐在乡村社会普及，这使得农民特别是年轻一代农民在基本价值观念、生活方式、行为方式、娱乐方式上与城市居民进一步趋同。不管是城市人还是乡村人都被卷入到一个统一的、同质化的世界中来，乡村人与城市人的文化隔阂、观念隔阂开始消除，乡村和城市的边界也开始消弭。所以，2012年春节当我站在莲花村的土地上的时候，感觉已经找不到“乡村”，乡村

---

① 贺雪峰:《论农民理性化的表现与原因——以河南省汝南县宋庄村的调查为例》,《湛江师范学院学报》2008年第2期,第14页。

② 欧阳静:《电视进村、国家退出与农村伦理变迁》,《江西师范大学学报(哲学社会科学版)》2008年第2期,第12页。

③ 〔美〕尼尔·波兹曼:《童年的消逝》,吴燕莛译,广西师范大学出版社,2004,第115页。

④ 丁国强:《忽然,童年结束了——读〈童年的消逝〉》,《书屋》2005年第2期,第17页。

里已经没有了“乡村”。那些还残留着农民身份的年轻人，和城里的年轻人有着相同的爱好与时尚追求，“喜欢上网、聊天、打游戏，喜欢穿着帅酷的劣质衣服，染着黄头发，穿着牛仔裤，挣一点钱就去买手机，在城市的大排档和同伴大声地聊天、喝酒”①。这些年轻人即使在村里晃悠的时候，不是低头玩手机，就是戴着个耳机听流行歌曲。他们的脚还站在村庄的土地上，但心已经远离这个地方，已经不属于这个地方。

第二节　慎终追远

孔子说：“慎终追远，民德归厚矣。”（《论语·学而》）生者在“慎终追远”的过程中，勇敢地担当起对已逝者的承诺和对他者的责任，从而开始了真正意义上的伦理行为。② 因此，传统乡村的祭祖和葬礼仪式以及相应的习俗，具有非常重要的伦理意义和精神意涵。不管是在传统时代，还是当今时代，担负起和发扬“慎终追远”体现的伦理责任、伦理精神，对于人心的安顿、道德秩序的维护和社会的和谐稳定都是非常重要的。

一、祭祖

祭祖是传统时代中国人生活中的大事，在冠、昏、丧、祭四礼中居于首位。《礼记·祭统》曰：“凡治人之道，莫急于礼。礼有五经，莫重于祭。”这是说礼之大者即祭祀。祭祖有助于家族整合和延续，有助于保持家族成员对宗族传统和历史的记忆，维持道德信仰，再次凝聚力量，继续生活下去③，强化家族成员自豪、忠诚和团结的情感。另外，通过祭祖仪式，每一个参与者确认了自己与祖先的关系，明白了自己在绵绵延续的宗族世代中的位置，同时也明白了自己生前死后存在的方式，明白了个体生命的意义。传统的祭祖形式主要有墓祭、庙祭（祠堂祭祀）、家祭、寄祖先神主于寺庙等。④

周文孝向我介绍了莲花村解放前的祭祖情况。莲花村村民大多属于清朝康熙

---

① 梁鸿：《出梁庄记》，花城出版社，2013，第 197 页。

② 何新：《何新论孔子〈圣者·孔子传〉》，同心出版社，2012，第 91 页。

③ 〔美〕杨庆堃：《中国社会中的宗教——宗教的现代社会功能与其历史因素之研究》，范丽珠等译，上海人民出版社，2007，第 43 页。

④ 陈壁生：《礼在古今之间——“城市祠堂”祭祀的复兴》，《开放时代》2014 年第 6 期，第 109 页。

年间湖广填四川的后代，大姓大户少，小姓散户多，不过同姓聚居还是普遍现象。这是因为聚居各家各户多源自同宗同祖，这样就形成了所谓的熊家院子、周家院子、何家院子、谭家院子、石家院子等。这里面熊家和周家算是最大的两个宗族，各有自己的祠堂。熊家祠堂在莲花村临近的甘田村，周家祠堂在莲花村临近的芭蕉园（芭蕉村）。周家的入川始祖叫周廷芳，其先祖茂叔公，原籍湖广黄州府麻城县孝感乡第一都人氏。洪武二年（1369 年）周廷芳入川，落业忠州南岸崇二甲梅子溪，宗祠建在黎场（现属石柱管辖）。生九子曰：仲清、仲慎、仲勤、仲祯、仲祺、仲祥、仲瑞、仲孝、仲悌九大房，流传至今已有二十六代有余，在芭蕉园、屈家山、望水、新生周家坝、武陵等地建有分祠。康熙四十五年（1706 年）拟定名字辈分：道盛德至善，文武成康昭；厚积家声远，恩宏福泽昌。开宗明理学，孝友大发祥；世代培雅化，蔚启继前光。周文孝说，在解放前，莲花村、芭蕉村的周家宗族成员年年都会举行祭祖仪式，一般是在清明节。清明当天，周姓家族的各个家庭派代表到祠堂聚会，由族长主持祭祖仪式，祭拜人员净手依次进入摆放有祖宗牌位的祠堂内，族长先致开祭词，祭祀即正式开始，具体步骤如下。

1. 迎灵上香，由主祭持点燃之香鞠躬拜献于祖先神灵，上烛时要朝祖宗牌位拱一拱，双手举烛过头顶。

2. 由主祭宣读祝文，内容主要是追溯列祖列宗的品德业绩，表达对列祖列宗庇护子孙后代恩泽的感激之心，并表达心铭祖训、和睦宗族之意。

3. 进馔三牲（全鸡、全鱼、猪头）；随后是奉茶、进献各种果品，然后是献酒三巡，其后是献衣帛、冥钱等，献礼时均应跪拜、三叩首。

4. 所有祭拜人员按照辈分依次向祖宗牌位上香磕头参拜。

5. 奏乐（主要是吹唢呐）、鸣炮，恭送祖宗神灵，谓之辞神。祭祀仪式结束后，所有祭拜人员在祠堂聚餐，并分享祭品。参祭人员一般会带一些食物回去，莲花村的俗话叫“包杂拌儿”。

莲花村那些没有宗族祠堂的小型散户，祭祖仪式一般在家里的堂屋举行，谓之家祭。在传统时代，堂屋是家的中心，是每一位家庭成员的图腾，这里安放着祖先的牌位，象征着家庭的传延，堂屋的主要功能之一就是祭祀祖先。家祭没有祠堂祭祀规模大，但基本程序差不多，主要也是在祖宗牌位前摆放一些酒水、瓜果、猪肉、鱼肉之类的祭品，全家老幼依次行礼跪拜。

莲花村的墓祭一般是在除夕和清明节，除夕时的墓祭居多。墓祭也是一个家庭的重要活动，家庭成员无特殊原因不能缺席。祭祀时，在坟前摆放酒、水果、猪肉等祭品，在坟顶插坟飘（纸幡），烧纸钱，燃放鞭炮，锄掉四周杂草，在坟上添置新土。

周文孝谈到，过去祭祖的时候，供祭的物品要丰富，祭器要干净整洁，祭拜的人要恭敬虔诚。这里的核心就是一个“敬”字。《礼记·祭统》曰：“是故贤者之祭也，致其诚信，与其忠敬，……诚信之谓尽，尽之为敬。敬、尽然后可以事神明。此祭之道也。”中国人自古就有灵魂不灭的观念。祖先去世后只是到另外一个世界（阴间）去生活，他们并没有消逝，他们的灵魂仍然继续关注着人世（阳间）特别是子孙在人世的生活，必要时也可以干预人世间的事情。子孙的气可以感应已故祖先的气来歆享祭祀，即朱熹所谓“如在其上，如在其左右”，或“见乎其位”“闻其容声”。[①] 因此，阳间的子孙必须虔敬地奉祀祖先，以获得祖先灵魂的护佑。这其实也是传统儒家礼制核心“尊尊亲亲”伦理的根本要求，即尊敬祖宗、父母、长辈，友爱、和睦亲人、族人。这里，“尊尊”的祭祀仪式，成为强化族人亲亲伦理的必要的手段[②]。另外，子孙祭祖时的“虔敬”不仅是出于一种强制性的伦理要求，而且也是一种内在情感的自然流露，表达子孙对已经逝去的列祖列宗和亲人的“内心之爱”；这种“内心之爱”不是朝夕瞬间的情感，而是终身的孝思[③]，即《礼记·祭义》所谓：“君子生则敬养，死则敬享，思终身弗辱也。”因此，传统时代的祭祖仪式是道德—情感性的，遵循的是源于自然情感的道德，表达的是有道德的自然情感；人们的祭祖行为不是靠外在力量的强行注入，而是逐渐的教化养成，使人内在地主动地服膺于传统。

新中国成立后，执政党和新政权开始用唯物主义的无神论思想以及现代伦理观念来力图改造农民的精神世界。土改期间，熊家祠堂、周家祠堂的祖宗牌位被移除，房子充公，然后分给生活困难的贫下中农作住房，莲花村、芭蕉村、甘田村的祠堂祭祖习俗由此成为历史。同时，很多家庭的堂屋失去了原有的祭祖功能，里面的祖宗牌位也被取消，多变成了会客室。有的多子女家庭，在子女结婚分家后，堂屋往往还会被分割成两间作卧室用。直到 20 世纪 80 年代，在莲花村一些村民的堂屋里面，还时常会看到被丢弃在屋子角落或床脚下的祖宗牌位，祭案也

---

① 《朱子语类》卷九十，中华书局，1986。另参见李申：《儒教的鬼神观念和祭祀原则》，《复旦学报(社会科学版)》2007 年第 4 期，第 49 页。

② 王善军：《宋代的宗族祭祀和祖先崇拜》，《世界宗教研究》1999 年第 3 期，第 122 页。

③ 曹建墩：《论儒家祭祀观念的内向化》，《史学月刊》2009 年第 5 期，第 104 页。

成了摆放其他杂物的普通家具。周文孝谈道，解放后，宗族祠堂充公后，宗族集体活动就没有了，也没有族长了，受到新思想的影响，人们的祭祖观念就淡了，特别是那些“很革命”的年轻人，已经对“祖先有灵”这些观念产生了怀疑甚至根本不再相信。1966 年开始，破“四旧”、“文革”爆发使得一切传统的东西遭到了更为致命性的打击与摧毁。村民石宗全谈道，在 20 世纪 50 年代和 60 年代初，村民们还可以公开或半公开地做一些祭祖活动，破“四旧”运动开始后，大部分村民已经彻底放弃了这些活动，只有少部分村民私下里趁着夜深人静的时候，悄悄搞些简单的祭祖仪式；当然，这是极冒风险的事情，一旦被发现，就可能被批斗，或者被拉到公社去“办学习班”。

“文革”结束后，各种极端政策逐渐取消，人们重获自由，祭祖等传统习俗也开始逐渐恢复。在莲花村，有的家庭又恢复了在堂屋摆放祖宗牌位的习俗；有的家庭开始重新整理修缮祖先的坟墓，一般的做法是用石头垒砌坟墓、使之牢固，还有就是在墓前立碑；各个家庭普遍恢复了每年除夕和清明在墓地祭祖的习俗，但仪式都比较简单，一般就是放点鞭炮、插坟飘、烧纸钱、除杂草、往坟上垒新土、跪拜磕头等。我发现，在整个 20 世纪 80 年代，像莲花村这样的农村，祭祖的恢复实质是一种传统心理惯习的作用使然。特别是由于新中国成立前出生、受过较多乡村传统习俗浸染的老辈村民大多还健在，几十年的革命风雨并没有完全冲洗掉他们头脑中的那些传统记忆，祭祖习俗的恢复在他们看来是理所当然的事情。他们在做这些事情的时候，依然带着一种非常庄重、虔敬的心情，不敢有丝毫的随意与轻慢。不过，新中国成立后出生的村民们几乎已经不能理解祭祖的意义，也很难理解他们的父辈的精神世界。周文孝谈道，新中国成立后出生的人，他们很多都不大信鬼啊神的，他们对祖先是否真能保佑子孙，也多抱有怀疑的态度。进入 90 年代后，村里年轻的一辈开始外出打工，他们对于祭祖之类的传统伦理习俗已经变得更为淡漠。“80 后”村民秦朝刚讲道，以前他祖父在世的时候，每年春节前，祖父都会领着全家人到离家几十里外的祖宗墓地扫墓，这被视为天经地义，是一件大事情，没有人会埋怨路途遥远。后来祖父过世了，就没人再主动提及、组织去祖宗墓地扫墓，除了私下里认为太远、太麻烦以外，更多的是觉得好像没有必要了，特别是没有了那种情感。

我在做祭祖习俗的相关调查时发现，近年来很多曾经在农村生活过的城里人（有干部、老师、企业老板等）在退休后，对祭祖、重修祠堂和修订家谱变得异常热心、积极起来。在传统时代，宗族祠堂、家谱或族谱使每一个乡村人都能从中找到自己的位置，确立本人与家族或家庭的关系，因为“具有情境中心和相互依赖处世观的中国人，倾向于在家庭这个人类初始社会集团中来解决他生活中的问题”①。重修祠堂和家谱的复兴，说明人们包括城里人希望重回传统寻找安身立命的根据。曾经在莲花村生活过的周成教（当年土改时被批斗的地主婆周关氏的儿子），大学时读的是清华大学土木工程系，毕业后一直在江汉油田工作，2000年退休后，他曾经回过莲花村几次，主要是祭扫祖宗墓地，还有就是想重新修订周家族谱，以及恢复重建周家祠堂。不过，据周氏家族的一个村民讲，周成教想重新修订周家族谱和重建周家祠堂的事儿一直不顺利。主要的原因是莲花村、芭蕉村的很多周家族人都在外打工，人不好找，而且没有几个人热心这个事情，很多人都表示没啥兴趣。这表明经过几十年的无神论教育的洗礼，绝大多数农民确实已经没有了“追远”的伦理情感，他们很难真的相信遥远的祖宗会护佑他们。即使那些对于“祖宗神灵的护佑”观念抱着宁可信其有不可信其无心态的人们，由于内心缺乏一种毫不怀疑的信念，这也就使得他们的行为多少带有某种功利性与投机性。没有确定的信仰、无可无不可，不“追远”，也不“面向未来”，只是在现世中拼命赚钱、谋生，却又不知到底为何。这就是很多中国人包括农民的存在状态。但事情的另一面是，正是由于在现世生活中的种种精神虚无、困惑，这使得很多中国人包括农民又有一种期望从传统中重新找到人活着的意义的强烈意愿与冲动。这样就形成了一个非常矛盾的处境：希望找到活着的意义，但又对之抱持怀疑，内心始终不能有一个坚定的东西支撑自己，或精神世界中没有一个踏实落地的东西。

二、葬礼

中国人自古以来都非常重视死亡问题，故有谓“慎终追远”之说。孔子云：“死生亦大矣。”（《庄子·德充符》）又云：“生，事之以礼；死，葬之以礼，祭之以礼。”（《论语·为政》）荀子亦云：“丧礼者，以生者饰死者也，大象其生，以送其死，事死如生，事亡如存。”（《荀子·礼论》）在传统时代，人们相信人死灵魂不灭，死去的人只是到另外一个世界（阴间）生活，所以对待死者应该“事死如生”，不能轻慢随意，故特重“葬之以礼”。

近代以降，特别是在民国时期，受到西方现代文明的影响，国民党政府先后

① 〔美〕许烺光：《宗族·种姓·俱乐部》，薛刚译，华夏出版社，1990，第8页。

颁布了一系列推广新式葬礼的倡议，如取消儒道相混杂的礼仪，用鞠躬礼代替跪拜礼，提倡火葬等。① 不过，这些新式葬礼对乡村社会的影响并不大，人们仍然按照传统的礼俗来举办丧事。

周文孝介绍了民国时期莲花村的丧礼习俗，一般的丧礼程序如下。

1. 送终。老人弥留之际，所有的亲人儿女都围绕在他（她）旁边，临死之人也借此同亲人做最后的诀别，这种由亲人儿女守着咽气即谓“送终”。临终时外人应回避。

2. 落气、停丧。在莲花村，人死最后一口气落下去了，叫作落气。当一个人被确定落气之后，旧俗会立即烧“落气钱”（纸钱）。接着举行停尸仪式，要把死者的遗体放在一块木板上。把木板置于堂屋中央，木板下由两根高板凳支撑。在木板下放置一盆水，水盆上放一个米筛或筲箕等东西，米筛上再放置一个菜油灯。俗话说：“菜油灯烤背，活儿都做完了。”表示人的一生到此结束了。

3. 报丧。人咽气后，立即放鞭炮，以告知村里的亲朋好友，人去世了。亲友邻居就会过来帮忙。再通过其他方式告知远方的亲友，请他们过来吊唁。

4. 净身换装，即给死者洗净身体，然后给死者穿上新衣服。衣服穿三层，第一层是黑色或蓝色的衣服，第二层是白色的衣服，第三层是寿衣。

5. 设灵堂。停尸完毕后就要在灵前设灵堂，举哀守灵，孝男孝女应穿上孝服，接待前来吊唁的亲友。而亲友在接到报丧之后，须立即前往丧家吊唁，这叫赶丧或吊丧、吊孝。前来赶丧的亲友领取孝帕之后就到灵前叩拜哭灵。

6. 做道场。即请和尚或道士（莲花人称之为道易先生）到家中为死者做法事，念经超度亡魂，一般做道场有七天的、也有九天的。仪式的基本内容包括念经、佩戴孝帕、绕棺、拜经等。念经旨在通过由儿女替代父母赎罪，以报答父母恩德。佩戴孝帕即“披麻戴孝”，一般儿女披麻，孙辈戴孝帕。绕棺、拜经即后辈亲人边念经边围绕葬棺转圈，以为死者解脱生前之罪、及早进入极乐世界。

7. 丧酒。丧酒的时间并不确定为某日。从死者落气开始，就有客人到来，就要开始办丧酒招待客人。直到死者下葬，散客，丧酒才结束。亲友来吃丧酒一般会送礼。送的礼主要是给丧家一些办丧事的物资，以帮助丧家举办丧事，减轻负担。

8. 坐夜。丧事办理的高潮在死者停留家中的最后一晚上出现。这个夜晚，是

---

① 王夫子：《殡葬文化学：死亡文化的全方位解读》下卷，湖南人民出版社，2007，第595页。

死者在家中停留的最后一夜，也是活着的人为死者送行仪式的大聚会。这一夜的一切统称为“坐夜”。这一夜，通常是一个通宵的“表演”：锣鼓反复敲、打，唢呐不停地吹，鞭炮不时地响。

9. 出殡下葬。出殡前要请阴阳先生看风水、选墓穴以及下葬日期。阴阳先生一般是家族传承或是师徒相传，他有自己专用的法器道具。出殡多在辰时。抬柩者俗称“金刚”，一般是8人，俗称“八大金刚”。灵柩抬至下葬地后，棺材下井掩土，接着“回灵”“安灵”，三天以后再“圆坟”，丧事即告结束。

我特别向周文孝请教了传统丧葬中的哭灵问题。他说：“父母亲人走了，心里伤心难过，自然就会哭。这是个感情问题。当然慢慢地也成了个习俗，人们也会把这个来看这家人儿女的孝心好不好。真孝的人，哭得伤天伤地；没啥孝心的人，也不过在那里干号两声。这些都看情况，没法一概而论。不过，以前真孝的儿女还是居多。一代一代都讲个‘孝’字，不讲‘孝’，你咋在这世上活人？没法活人！”其实，这里涉及儒家关于孝道伦理的核心精神。《论语·为政》中讲子游问孝。子曰：“今之孝者，是谓能养。至于犬马，皆能有养；不敬，何以别乎？”孝的核心精神是“敬”，此乃发自内心的一种自然情感、自然态度。孝就是这种发自内心的自然情感、自然态度的伦理化、道德化，所以孝出于情，孝道即情道。对父母有感情，即有真孝。父母去世，做儿女的哀恸之情自然流露、不能自已，这就是孝。所以古人云：“丧礼，哀戚之至也……君子之执亲之丧也，水浆不入于口者三日，杖而后能起。”（《礼记·檀弓下》）又云：“丧礼唯哀为主矣。女子哭泣悲哀，击胸伤心；男子哭泣悲哀，稽颡触地无容。哀之至也。”（《礼记·问丧》）哭灵一方面作为儿女对去世父母的自然情感流露，另一方面又作为一种伦理道德规范约束着人们的行为，由此成为重要的礼俗和文化心理惯习。在丧礼中，亲人跪拜在去世父母身边痛哭流涕，念叨着父母的养育之恩，并表达了对父母离去的哀伤、恋恋不舍之情。[1] 周文孝谈道，在莲花村，哭灵角色主要由女性亲人充任，每当吊唁的客人到来，哭灵者必痛哭相迎；在出殡时，则由女性亲人呼天抢地地“唱哭”，听者无不动容泪下。

另外，传统葬礼作为一种重要的公共活动，将亲人、邻里、朋友聚集到了一处。在这个过程中，所有参与者都融入葬礼仪式中，与往生者亲属共同体验一种哀伤之情，同时也从中强化了一种伦理道德感。这种共同的体验也让他们有一种

---

① 伍娟：《民间葬礼中的道场仪式》，《中国宗教》2011年第3期，第65页。

集体归属感，村庄不仅仅是一个物质共同体，更是一个情感共同体。①

新中国成立后，新政权力图破除封建迷信，开始废除葬礼仪式中的繁文缛节，倡导厚养薄葬以及文明节俭的丧葬形式，② 如以手臂戴黑纱代替披麻戴孝，以鞠躬礼代替跪拜礼，以花圈、白花代替纸扎用品等。其实，早在革命战争年代，中国共产党就在苏区、根据地、解放区积极倡导现代丧葬礼仪。新中国成立后，通过大量的政治宣传和政策实施，党和国家的意志得到有力贯彻。在这个过程中，中国人包括农民对于死亡观念发生转变，即传统的两个世界（阴间和阳间）观念转变为一个世界观念，灵魂不灭观念受到质疑乃至批判。这样，对已去世亲人、祖宗的“追远”与继续“行孝”就成了不能落实的“虚行”，所谓列祖列宗、去世亲人在阴间继续关注着人世、干预着人世事务的观念也变得虚妄。因此，丧礼的举办以及人们在其中的行为表现与情感流露，不再是基于往生者在阴间对子孙的福佑的考虑与期待，而是基于死亡事件本身。因为按照唯物主义和现代科学的观念，“人死不能复生”“没有不灭的灵魂”。由此，丧礼只具有了现世意义而无后世意义。熊安仁讲道，在农村，有的儿女在父母生前不尽孝道，有的更是虐待父母、咒父母早死，有的人在父母死后“眼泪都不会掉一颗”。我问他：“人们不是相信报应吗？他们不怕以后遭报应吗？”熊安仁笑着回答：“现在还有多少人真信这个？”

唯物主义与现代科学抽掉了孝道伦理的观念基石，这是一些人在父母生前不尽孝养之责的重要原因。当然，在“一个世界”里，“人死不能复生”“没有不灭的灵魂”的现代科学观念反过来又会使绝大多数的人仍然重视“死亡”和葬礼，人们倾向于把葬礼视为活着的亲人对往生者的最后告别和深切怀念。这里仍然具有传统葬礼所发挥的伦理意义。既然人死不能复生，所以父母在世时，做儿女的更应该孝养父母、善待父母，更应重视亲情。就这个层面而言，在唯物主义与现代科学统摄下的当代社会，依然有孝道存在的空间，那就是自然的人伦亲情。情感乃贯通传统孝道与现代孝道的基础。

在集体时代，传统礼俗包括丧礼遭到了粗暴的鼎新革故，新礼俗并没有完全

---

① 胡叠泉：《从互助到市场：农村丧葬服务变迁的实证研究——以湖南省双峰县石村为个案》，《深圳大学学报（人文社会科学版）》2015 年第 6 期，第 134 页。

② 齐月娜：《葬礼：面对死亡的社会安排——城市环境下葬礼仪式浅析》，《中国农业大学学报（社会科学版）》，2008 年第 1 期，第 130 页。

被人们所接受、内化。“文革”结束后，葬礼的一些传统习俗又开始复兴，礼仪程序重新趋于繁杂化，做纸扎品、披麻戴孝、行跪拜礼、做道场在丧礼中又开始出现。在这里，我们可以看到国家与社会、传统与现代之间的复杂关联。

在莲花村，20世纪80年代以来，葬礼的总体趋势是日趋隆重、繁杂，很多旧习俗都得到恢复，村民们也视之为大事、非常重视。相比于祭祖而言，村民们对葬礼的重视程度高得多。其原因可能有这样几点：其一，新中国成立后，受革命伦理的冲击，宗族基本上瓦解，特别是集体公社制度的实行，使得社员关系成为乡村社会的主要关系，宗族关系失去了存在的基础；其二，新中国成立后新政权宣传的无神论思想用强大的意识形态力量瓦解了“祖先有灵”的观念，“追远”失去了意义；其三，祖宗毕竟离我们太过遥远，在失去了“祖先有灵”的信念基石后，人们更难对之产生强烈的情感；其四，葬礼之所以依然受到重视，则是因为不管受“两个世界”观念影响、还是受“一个世界”观念影响，去世的亲人在生前和活着的亲人一起生活过，有更深的情感联系。

另外，我在莲花村的调查发现，村民们对葬礼的重视，除了道德义务和情感的原因外，还有一些因素的重要性变得更为突出。这主要是面子的维护与身份地位的展示。总体来说，乡村社会的葬礼作为一种特殊的仪式，人们在其中的展演混合着复杂的情感、良心、信仰以及不同的动机。2012年春节，我参加了莲花村一位老人的葬礼，葬礼办得非常隆重，甚至可以说有些奢华。老人有三儿一女，都已结婚成家。三个儿子中，大儿子是中学老师，二儿子、三儿子20世纪90年代外出打工，后来都开了自己的公司、当上了老板。这场葬礼在形式上完全复古，如做纸扎品、披麻戴孝、跪拜礼、做道场等。事后，我就一些问题访谈了一些村民。我问的第一个问题是：“做纸扎品、做道场等意味着人们相信人死灵魂不灭，你们真信吗?”年长一点的村民的回答是：“不信咋这样整？而且不管是真信还是假信，就应该这样做。”中年村民的回答多持“宁可信其有不可信其无”的态度；年轻的村民则表示“说不清楚”。我问的第二个问题是：“你们对这场葬礼有什么看法、印象?”有的村民认为葬礼搞得很隆重、老人很有福气，老人的儿女在村里也很有面子；有的村民认为这做儿女的有孝心、讲良心；有的村民认为老人的儿女混得不错，来参加葬礼的人很多，酒席都办了60多桌；有的村民认为这家人“哪里是在办丧事，完全是在村里人面前显摆，你看他们的眼泪都没掉几颗”。

当代乡村葬礼的传统复兴至少说明了这样几点：第一，传统道德即使先后受到革命洗礼和现代化的冲击，但仍然顽强地存在于人们的内心深处，并没有完全消失。这突出表现为人们对“道德良心”的坚持。举办得体的葬礼，就是道德良心的显现。这既是有形无形的村庄舆论形成的压力所致，也是人内心的“良心自觉、自醒”。“不讲道德良心、就不配做人”的观念依然还是人们行为做事的出发点。第二，一些传统礼俗的复兴，不纯粹是信或不信的问题，而是一个民族、一个地区、一个乡村在长期历史发展进程中形成的心理惯习的作用所致，这种文化心理惯习如果强制地中断了，人们就会不适应、心里不安。以传统为依托，可以让我们面对种种问题时不至于那么无所适从、不知所措。第三，人们希望借助举办隆重的葬礼来获得必要的面子与提升身份地位。这也充分说明了人们在特定的传统和文化中形成的心理逻辑与行为逻辑不可能轻易消失，只是在不同的时代会表现出新的面貌与特征来。奢华的葬礼，不过是传统的面子逻辑与当下的消费主义逻辑结合的产物。因此，历史层面的正本清源与现实层面的正本清源同等重要。

三、魂归何处——土葬、火葬之争

丧葬习俗内隐的是一个民族对待生死问题、人伦道德、人生意义的基本观念。土葬自古以来即为我国最为普遍的一种葬俗，有“入土为安”之谓。儒家对于土葬有其特别的伦理要求。儒家之伦理道德源于人之自然情感的理性化、理论化，土葬伦理即如是。《礼记·祭义》云：“众生必死，死必归土”。《吕氏春秋》云：“死而弃之沟壑，人之情不忍为，故有葬死之义。葬者，藏也。”《孟子·滕文公上》云：“盖上世尝有不葬其亲者，其亲死，则举而委之沟壑。他日过之，狐狸食之，蝇蚋嘬之，其颡有泚，睨而不视。夫泚也，非为人泚，中心达于面目，盖返归蔂梩而掩之，掩之诚是也。”《孝经》云：“身体发肤，受之父母，不敢毁伤，孝之始也。”正因如此，儒家视火葬焚尸为有悖孝道伦理之恶俗。

近现代以来，受到现代科学观念的影响，国民党政府也积极倡导殡葬改革，主要是借鉴西方做法，在城市开始建殡仪馆、公墓、火葬场，特别是火葬开始在城市进行推广。按照现代科学观念，人死不能复生，因此应对死者肉身采用文明卫生的火化处理方式。①

中国共产党作为信奉唯物主义与无神论思想的现代性政治组织，在意识形态上强化了“旧俗当破，新风当立”的观念。新中国成立之初，新政权对土葬及坟

① 齐月娜：《葬礼：面对死亡的社会安排——城市环境下葬礼仪式浅析》，《中国农业大学学报(社会科学版)》2008年第1期，第129页。

墓的态度尚不激进，规定“任何人先人之坟墓占用地均予保留，不应平坟”。1953年，《政务院关于国家建设征用土地办法》中规定“凡因征用土地而须迁移坟墓者，必须事前通知坟主迁移，发给适当的迁葬费用，并应照顾当地的风俗习惯妥善处理”。此条规定可看出新政权对坟墓仍持谨慎态度。但是随着土地集体化的全面实施，平坟问题被提上议事日程。1956年4月27日，在一次中共中央召开的有省、市以上领导干部参加的工作会议上，毛泽东等151名与会领导在一份火葬倡议书上签名。随之各级政府开始鼓励以火葬代替土葬，报纸上也开始大量宣传土葬是封建迷信；不仅土葬不文明，祭扫也被视为浪费之举。1957年10月出台的《农业发展纲要（修正草案）》明确规定要“改变原来不合理的风俗习惯”，目标直指丧葬风俗。随后，全国各地开展了大规模的平坟运动，提出“平坟开荒，向鬼要粮”“人换思想地换装”的口号，许多坟墓被彻底消灭，尸骨被火化甚至抛弃。与此相呼应，许多地方还搞起了“有没有鬼神”的辩论会，要求民众“不再信神信鬼，而要相信人的力量”，并将运动定性为“辩证唯物主义和唯心主义、先进思想和落后保守思想之间的斗争”，凡抗拒抵触者，坟墓由村干部组织人员强制平毁，费用概由墓主承担。① 到了破“四旧”和“文革”时，即使是一些具有文物性质的古墓也惨遭冲击，而一些所谓的反动人物的墓不但被挖，甚至其尸骨也被挖出来游街批斗。石宗全谈道，解放后，莲花村的很多无主坟墓以及一些家族墓地都被毁掉，不过土葬习俗还是被人们顽强地坚持下来，基本上没有火葬的。

改革开放以后，党和政府关于殡葬改革问题的基本精神和思路并没有变化，其出发点可归结为这样几点：（1）破除迷信，反封建，移风易俗；（2）节约土地资源；（3）节约丧葬成本；（4）防止疾病。如1985年出台的《国务院关于殡葬管理的暂行规定》第二条规定：“殡葬管理的方针是：积极地、有步骤地推行火葬，改革土葬，破除封建迷信的丧葬习俗，提倡节俭、文明办丧事。”第七条规定：“严禁生产、出售和使用丧葬迷信用品。”第三条规定：“凡人口稠密、耕地较少、交通方便的地区，应逐步推行火葬；其他地区允许土葬，但应进行改革。”1997年出台的《殡葬管理条例》第二条规定：“殡葬管理的方针是：积极地、有步骤地实行火葬，改革土葬，节约殡葬用地，革除丧葬陋俗，提倡文明节俭办丧事。”第四条规定：“人口稠密、耕地较少、交通方便的地区，应当实行火葬。”第九条规定：

① 乐之史：《消灭祖先：五十年前席卷中国的平坟运动》，天涯社区，http://blog.tianya.cn/post-969272-13271516-1.shtml.

“禁止建立或者恢复宗族墓地。”第十七条规定：“禁止制造、销售封建迷信的丧葬用品。禁止在实行火葬的地区出售棺材等土葬用品。”第二十条规定：“将应当火化的遗体土葬，或者在公墓和农村的公益性墓地以外的其他地方埋葬遗体、建造坟墓的，由民政部门责令限期改正；拒不改正的，可以强制执行。”1997年的《殡葬管理条例》相比1985年的《国务院关于殡葬管理的暂行规定》，指导思想更明确具体、内容更细，并加入了“拒不改正的，可以强制执行”这样的强力推进殡葬改革的措施。这就是后来一些引起广泛冲突和争议的平坟运动和平坟事件的制度政策源头。在这些制度条例中，现代文明话语以一种不可置辩的态度，给传统丧葬习俗贴上了“陋俗”“封建迷信”的标签。在这里，我们看不到任何传统话语、民间话语、乡土话语的影子。刚性的制度改革，由于缺乏对传统的同情理解和尊重，导致了一系列的负面效应。

在莲花村，殡葬改革引发的一个突出事件发生在2000年。当时村民卢廷龙去世，其家人没有按照国家政策规定实行火葬，而是采取传统的土葬方式。后来这件事情被人告发，詧井乡政府于是专门派人来处理这件事情。工作人员先是劝说卢廷龙的家人遵守国家政策，自觉将卢廷龙的尸体进行火化处理，但卢廷龙儿女死活不同意，认为土葬是父亲生前的遗愿，“死者为大”，不能违背死者的遗愿。工作人员表示无能为力，不能开这个先例，否则火葬政策就执行不下去。在劝说无效的情况下，工作人员警告卢廷龙家人将采取强制措施。卢廷龙的儿女则表示“来硬的也不怕！”第二天，工作人员再次来到莲花村，同时来的还有乡派出所的5名警察。卢家也不示弱，卢廷龙的三个儿子拿起锄头守在父亲的坟前，他的两个女儿则趴在坟上。工作人员在再三劝说无效的情况，于是采取强制措施，5名警察很快将卢家的儿女控制起来，强行掘开坟墓，当场对卢廷龙的尸体进行了火化处理。据当时在现场的村民讲，卢廷龙的两个女儿看到父亲的尸体被挖出来焚烧，当时就气得晕过去了。很多村民都表示，这太侮辱人了、完全是丧天良。

另外，直到近年来，全国各地的平坟运动仍然此起彼伏。比较典型的是河南周口平坟运动。周口市大规模的平坟复耕和殡葬改革始于2012年。2012年3月，周口市委、市政府发布的《关于进一步推进殡葬改革的实施意见》提到，全市基本农田现有坟头300多万个，占耕地3.5万亩。文件要求，用3年时间完成农村公益性公墓全覆盖；火化率100%；彻底遏制偷埋乱葬和骨灰二次装棺；不再出现新坟头，逐步消除旧坟头。当地官员称，平坟的初衷是解决大机器耕作、死人与活人争地问题。在平坟运动中，一些地区采取了强制措施，如对平坟采取抵制态度和工作不力的干部、党员实行免职、开除党籍等惩罚措施；对拒不执行政策的群众则实行强制平坟。2012年7月31日，时任河南省委书记卢展工针对周口做法作出重要批示："什么是真正对人民负责，什么是真正对可持续发展的将来负责，什么是关键在做，这是我们实践科学发展观必须要面对的问题。周口市及相应县乡镇村同志们的这一改革实践，给我们大家以深刻的启示，建议发省委工作通报，请各级党委、政府的同志，政府相关部门的同志认真看一看，认真思考一下，我们总该做点什么。"之后，省长郭庚茂、省纪委书记尹晋华、副省长王铁等领导先后作出批示，对周口市加快推进殡葬改革的工作给予很高的评价。

不过，即使有当时河南党政领导高层的积极支持，周口平坟运动还是遭到了广泛的质疑和抵制。姚中秋等学者发起并起草了《关于立即停止"平坟运动"的紧急呼吁书》，指出平坟运动无视中国人绵延数千年、最为自然而又最为广泛的信仰，严重侵犯和剥夺了国民之信仰自由权，严重伤害了民众情感，破坏了社会和谐。受此影响，《国务院关于修改和废止部分行政法规的决定》（2012年11月9日中华人民共和国国务院令第628号）将《殡葬管理条例》第二十条修改为："将应当火化的遗体土葬，或者在公墓和农村的公益性墓地以外的其他地方埋葬遗体、建造坟墓的，由民政部门责令限期改正。"删掉了"拒不改正的，可以强制执行。"这样，河南周口平坟历时数月、200余万被平掉的坟头，一夜之间又恢复圆起了百万座坟墓。这一结果，说明了平坟"平不了民心"，并不符合民意。

新的殡葬制度将祖坟平掉，曾祖以上先祖坟墓已无标志，无人祭扫。有的地方还设立不分宗族的公墓。这无疑使传统受到很大冲击。[①] 事实上，土葬习俗不是一个简单的信仰问题，不能简单将其视为"陋习"与"封建迷信"。前面谈到，这些都是一个民族在长期的历史发展进程中形成的文化心理惯习，它支配着人们的行为和生活方式，也支撑着人们的伦理道德秩序。土葬习俗立基于中国人对于死亡、生命的理解，如独特的魂魄观念，相信人死后"魂气归于天，形魄归于地"（《礼记·郊特牲篇》）。因此，土葬之大义在于，人得自于大地的形体重归其所自来处，而完成生命的一次圆满循环。[②] 即使在科学观念统摄一切的时代，魂魄的观念已经失去科学的依据，但作为一种文化需要和心理需要的魂魄观念会继续被

---

① 王跃生：《社会变革与当代中国农村婚姻家庭变动——一个初步的理论分析框架》，《中国人口科学》2002年第4期，第29页。

② 姚中秋：《重新审视"殡葬改革"》，《文化纵横》2014年第5期，第91页。

人们深信不疑。在这个人心混乱、道德失序的当代社会，复兴并尊重传统中那些虽不符合科学、但仍具有重要伦理价值的礼俗，对于我们重建道德秩序、人心秩序，无疑具有非常重大的意义。

因此，新时期的殡葬改革应该尊重传统、尊重人们的文化心理惯习，实现让亡者有尊严地获得安葬，同时使生者精神得到充分慰藉，即“死有所葬、葬有所安”的目标。①

第三节　乡村信仰

在人的日常生活中，除了基本的物质支撑外，信仰是最重要的精神支撑。信仰使人们在不确定的生活中可以获得让人稳定下来的力量。近现代一百多年来，中国乡村社会经历受到种种外生的和内生的力量的冲击，曾经长期稳定的社会结构、伦理秩序、信仰体系也不断被动摇乃至濒临瓦解。特别是近半个世纪以来，乡村信仰体系更是遭遇了全面的冲击，呈现出了非常复杂的状态，有严重的危机，也暗含着种种契机。梳理这些问题，对于在社会转型时期，思考如何重建乡村信仰体系无疑具有非常重要的现实意义。

一、民间信仰

关于民间信仰，有的学者称之为民间宗教或分散性宗教，不像基督教、伊斯兰教等“制度性宗教”那样，具有持久的特质和独立的宗教生活制度。② 但乡村社会中的民间信仰历来都很发达，即使在革命话语盛行的集体主义时期也只是以“蛰伏”的方式“绵延”了下来，并未真正消失。③

日本《大百科事典》认为，民间信仰是指没有教义、教团组织的，属于地方社会共同体的庶民信仰；它也被称为民俗宗教、民间宗教、民众宗教或传承信仰

---

① 郭林：《从“死无所葬”到“葬有所安”：四维特性视域下中国殡葬服务制度的改革路径研究》，《浙江大学学报（人文社会科学版）》2013 年第 3 期，第 21 页。

② 〔美〕杨庆堃：《中国社会中的宗教——宗教的现代社会功能与其历史因素之研究》，范丽珠译，上海人民出版社，2007，第 270—274 页。

③ 谭同学：《桥村有道：转型乡村的道德、权力与社会结构》，生活 · 读书 · 新知三联书店，2010，第 377 页。

(世世代代流传下的信仰)。[①] 民间信仰是民众心理结构中最深层、最隐蔽同时也是最稳定的部分[②]，作为一种心理习俗和思维方式，它表现为一种心理活动和信念上的传承，对人们的行为方式具有非常重要的支配作用。因此，只要认真考察民众的信仰观念，就会看到普通民众是怎样采取“超人间力量的形式在支配他们的日常生活的”[③]。

中国自古及今即有非常丰富的民间信仰，不过由于受到大传统价值的压制，它们往往被挤压到民间的边陲地带，成为儒释道三教的化外之民[④]。虽然如此，它们仍顽强地在民间社会生存、发展并植根于普通民众的心灵深处，持续不断地影响人们的行为选择与生活方式。

在传统乡村社会，民间信仰背后隐藏的是乡村人对自身生存状况的关注与忧戚。乡村人活着有了三灾八难，总会无奈地说句“没办法”，人没办法，就只有去求神的帮助。人创造了神，神安慰了人。神灵固然是虚妄的，但他给乡村人的心理安慰却实在熨帖。一些所谓的“迷信”行为，借用法国人类学家列维-布留尔的语汇，这应该是不同于现代人的思考习惯的一种理性，是另类的，但绝对不是没有意义的。[⑤]

周文孝向我讲述了民国时期莲花村依然保留的一些民间信仰。这里重点介绍几种：

1. 三月会。传统时期，忠州城每年农历三月初四要举行盛大的游行活动，以纪念被忠县人称为“巴国土主”的巴蔓子[⑥]将军。在长期的历史发展中，当地民众逐渐将巴蔓子神化，尊称其为“土主爷爷”，或有人遇到疾病、困难等，都喜欢去祭拜巴蔓子，以求其福佑。这种民间信仰还变成了重要的公共性民俗活动。三

---

① 〔日〕《大百科事典》第 14 册，东京平凡社，1985，第 558 页。转引自朱海滨：《民间信仰——中国最重要的宗教传统》，《江汉论坛》2009 年第 3 期，第 69 页。

② 王献忠：《中国民俗文化与现代文明》，中国书店出版社，1991，第 82 页。

③ 乌丙安：《中国民间信仰》，上海人民出版社，1996，第 3 页。

④ 郑志明：《关于“民间信仰”、“民间宗教”与“新兴宗教”之我见》，《文史哲》2006 年第 1 期，第 10 页。

⑤ 赵旭东：《文化认同的危机与身份界定的政治学——乡村文化复兴的二律背反》，《社会科学》2007 年第 1 期，第 56 页。

⑥ 巴蔓子是战国时代巴国将军，驻守忠州。时巴国内乱，巴蔓子遂请楚国出兵平息内乱，承诺内乱平息后愿以忠州等三个城池作为谢礼。乱事平息后，楚国索城，但百姓不同意，巴蔓子遂割头以谢楚王。楚王深受感动，遂罢索忠州等三座城池。忠州百姓为纪念巴蔓子恩德，遂兴起了“三月会”。

月会这天，人们抬着土主爷爷和土主娘娘的坐像绕城游行，其后跟社火队，玩龙灯、舞狮子，家家张灯结彩、燃放爆竹，热闹非凡。

2. 土地神、灶神、门神信仰。这三种信仰在传统乡村社会非常普遍。周文孝讲，解放前，就莲花村的土地庙就有大大小小十多个，有修成房屋庙宇形制的，也有用石头拱垒成神龛形制的，其前面皆置香炉鼎，供人们焚香拜祭；所供土地神莲花人称之为“土地菩萨”，皆塑成白胡子老头儿形象，乡里的小孩子见之都却觉得很亲切。莲花村人祭土地神一般在每年二、八两月，祭拜时人们置办香烛、鸡、肉、果品、酒水供奉。

莲花村祭拜灶神一般在每年的腊月二十三，一般会供奉清茶、菜肴、果品、米饭、面食、糕点等。灶神被莲花人奉为家神，对之有着特殊的感情，喜欢称之为“灶神爷”。以“爷”称之，这种人格化的称呼显然具有非常强的家庭伦理意涵，灶神无疑即是“家”的神圣化。灶神是“家”的聚像，以此为中介，可以唤醒家庭成员之间的情感联系①和伦理责任。

莲花人和很多乡村地区一样，过春节时有在门上贴门神画的习俗。一般贴福、禄、寿三星的祈福门神和武门神（主要是秦琼、尉迟恭等武将形象）。

3. 鬼神托梦。周文孝讲，鬼神托梦在农村是非常普遍的现象，很多人都经历过。在莲花人看来，一般去世的亲人（家鬼）会给活着的亲人托梦。托梦一般有几种情况：其一，死者生前有未了之心愿，希望家人帮他（她）还愿；其二，家人若濒临祸难，死者会托梦提醒，并教以避祸之法；其三，死者在阴间生活出现缺钱、缺衣、缺吃的，也会托梦给家人，提醒家人及时供奉些衣物、钱财给他（她）。周文孝讲，一般阴气重的人遇到托梦的情况就比较多。

托梦有很多现象虽然还难以一一解释清楚，但有一点是清楚的，那就是它表现了中国人骨子里浓厚的家庭情结，以及对于承担起“慎终追远”、不忘先辈恩泽的道德义务的一种时时地地的自我警醒。

4. 阴阳风水信仰。莲花人一般将看风水的人尊称为“阴阳先生”。村民在修房搭屋、丧葬墓穴选择、乔迁择日时，都会请阴阳先生来测算确定。

5. 八字算命。莲花人喜欢算命，在孩子很小时父母就会将之带到八字先生那里，让八字先生算孩子未来的贵贱吉凶。

---

① 黄永锋、林銮生：《灶神信仰的家庭伦理观及其当代启示》，《世界宗教研究》2016 年第 3 期，第 138 页。

6. 端公、太阴婆（走阴婆）信仰。端公属于南方湘楚巴蜀一带的原始巫术信仰，太阴婆则是混合了原始巫术、道教以及后来的佛教的一种民间信仰。周文孝讲，以前农村缺医少药，莲花村附近当时只有一两个郎中铺，而且村民普遍没钱，所以生病了普遍喜欢找端公和太阴婆。就是那些富裕家庭，家人生了病，若看中医久治不好，也会找端公或太阴婆来做法事。端公主要是采取跳舞的形式来愉悦神灵、驱鬼辟邪，并由此为人除病消灾。太阴婆做法事情形一般如下：太阴婆在病人房间席地而坐，头搭帕子，施法后，阴婆两眼呆滞、不发一语，按照村民说法，这时她已进入阴间，突然她开始说话，主要是讲述她在阴间看到的一切，特别是阴间的哪个野鬼因为什么事不满，所以加害阳间的病人。这样持续了半个时辰，太阴婆终于回过神来，从阴间重新回到阳间。然后太阴婆会告诉病人家属往哪个方位烧纸钱、点香烛、泼水饭①。周文孝讲，通过做这些法事，也确有治好病的。

乡村社会的这些民间信仰，不管是谓之以"民俗"，还是谓之以"迷信"，都是人们的一种建立在有神论基础上的心理惯习与思维方式。在传统时代，面对各种不解之疑惑或难以解决之问题，普通民众只能诉诸冥冥中的神灵。因此，人们无法形成独立理性的自我判断与行为选择，实质上他们把这些权力交给了他人。正如蒋梦麟先生所谓："一般老百姓都是很老实的，人家说什么，他们就相信。迷信就是在这种背景下产生的，而且像滚雪球一样越滚越大。"② 不过，这些民间信仰显然并不是仅有迷信成分，而是还有社会整合、道德维系、精神娱乐、心理慰藉等成分。

近现代以来，西风东渐，科学、文明等话语鼓荡，各种民间信仰被视为迷信、"涸闭智识，妨害文明"而遭到猛烈抨击。特别是在民国时期，国家开始运用政治权力来推动反迷信运动，并通过这个过程，强化了国家对地方社会的控制与渗透。③

新中国成立后，为了建立起全新的价值体系，新政权加强了对民间信仰的全

---

① "泼水饭"即是给逝者、孤魂、野鬼的供奉，是传统时期一种民间普遍流行的祭祀习俗。具体做法是：用一个饭碗，装上一些米饭，加入冷水泡着，端到野外的十字路口处，点燃香烛纸钱，把碗中的水饭泼在地上，表示把野鬼送走了，病就会好。

② 蒋梦麟：《西潮・新潮》，岳麓书社，2000，第 22—23 页。

③ 朱爱东：《民国时期的反迷信运动与民间信仰空间——以粤西地区为例》，《文化遗产》2013 年第 2 期，第 120 页。

面打击和摧毁。《中华人民共和国土地改革法》明确规定，作为祭祀祖先的祠堂，祭祀民间神灵的庙宇、寺院被政府充作办公的地方、仓库或学校。① 在莲花村，宗族祠堂被充公，家谱、族谱被烧毁，村里大大小小的土地庙被毁掉；八字先生、风水先生、太阴婆的各种活动都严厉被禁止。“文革”爆发后，这些民间信仰更是遭到毁灭性的打击。莲花村有个出名的八字先生叫熊二元，是个盲人，据村里人讲，他算命很准，所以新中国成立后私下里找他算命的村民还是非常多。“文革”时期，熊二元因为私自给人算命、被人告发，遂被村里的一批革命青年拉出来开批斗会，受此惊吓，熊二元大病一场，不久就去世了。

在集体化时代，国家的强力手段与各种形式的宣传教育，客观也使得很多年轻农民成为一定意义上的无神论者。特别是这些农民接受的学校教育，一直都扮演着现代文明传道者的角色，课程的设置、教学内容无不以现代文明为圭臬。乡村孩子普遍选择或喜欢理工科专业的居多。“学好数理化，走遍天下都不怕”，对乡村孩子来说也是家喻户晓的“绝对真理”。牛顿从苹果自然落地现象中发现了万有定律，这个故事对莲花村初中以上学历的人来说都是非常熟知的。新中国成立后，在科学理性占据教育意识形态主导地位的环境中成长起来的莲花村人，对一些传统信仰或一些迷信，自觉或不自觉地产生抵制或疏离了。但比较有意思的是，当各类神祇逐渐淡出民众的生活后，毛主席却成为他们新的神、新的崇拜对象②。

“文革”结束后，政策环境变得比较宽松，同时家庭承包责任制的实行也使国家权力在乡村有所收缩，很多“封建迷信”就迅速恢复了。莲花村那些蛰伏了很多年的神婆、算命先生、风水先生纷纷苏醒过来，操弄起旧时的行当。村里人受了几十年的无神论思想的洗礼，但最后真正变成绝对的无神论者的并不多，大多数人对那个看不见的、神秘的“命运”或神灵仍然有一种恐惧和敬畏。因此，即使受过一些现代教育的乡村人，也会在这些问题上采取模糊的态度。莲花村出去的一个人在中学当物理老师，退休后回到村里住，竟然也信起神来，在他看来物理学没法解释清楚有些困惑。对于神灵，乡村人是宁可信其有、不可信其无。也正是这个缘故，算命、看风水也成了相当有利可图的行当，不过要在其中成为人们普遍信服的“神算命”“神师”也相当不容易，因此去学这门学问的年轻人也是

---

① 光梅红:《中国现代化进程中的民间信仰》,《山西师大学报(社会科学版)》2010 年第 5 期,第 115 页。

② 同上,第 116 页。

有限的。莲花邻村大岭村的汪家和，人称“汪风水”，远近闻名。这是个相当精明的风水师，他将自己的行当整成了“一条龙”服务。最初他主要是给人看结婚黄道吉日、死人下葬日、算个人各种运气吉凶，看修房择地的风水，“上”房梁等。后来，他将婚丧操办，乃至草药治疗一些疑难杂症等项目都加了进来。人们都知道他赚了很多钱，但他们愿意让他赚这个钱。但凡经过他算命并经过他指点的人，如果真应了某种愿，如发了财、孩子考上了大学、病神奇地好了等等，无不会去向他感谢一番，称赞他的“神妙”。即使那些觉得有疑问的人找上他的门，他的一番高论也一定令来者心服口服，最后疑问者把一切问题归诸自己。总之，“汪风水”在莲花村、大岭村、芭蕉村一带“神威”不倒。2005年以后，大量的村里人进了城，村里的人越来越少，听说“汪风水”把事业转移到了忠县县城，生意依旧红火。这是因为中国的城市人，有相当部分还是农民的心理与行为，他们也会偷偷做一些所谓迷信的事情，如在街道角落点蜡烛、烧点纸钱之类等。

从乡村人在几十年中的信仰行为，我们还发现这样一个现象：他们对待信仰的态度是，什么都可以信，什么都可以不信。信时，他是真信；但从信转变为不信，有时也是很迅速的。这是由于，信与不信，都不是他自己独立思考判断的结果，而是取决于别人（代表集体）怎么说，他们就信什么或不信什么。我将这种现象称为集体共振效应。这是集体主义文化特有的一种现象，个人的观念就是他人或群体的观念，个人的信仰就是他人或群体的信仰，没有比较独立的属于他个人自己的观念与信仰。另外，正如蒋梦麟所言，“中国人对一切事物的看法都不脱人本位的色彩。如果鬼神与活人之间毫无关系或毫无接触，那么大家就不会觉得鬼神有什么用处，或许根本就不会相信它们真的存在”①。这也说明中国人的信仰是遵循实用主义和情境主义的原则，总之也是取变通灵活的态度。因此把道教的、佛教的乃至种种地方的神都供在一个神龛上，他们也会一起虔诚崇拜，而不觉得有什么不妥。

现在很多在城市打工的乡村年轻人由于脱离了乡土场域，在某种程度上就脱离了那个固有的文化场域、信仰场域，受其影响就逐渐减少了。有时不是他们不信仰那些东西，而是缺乏了引发那样的信仰或坚持那样的信仰的条件。很难说是他们真正接受了多少现代观念而导致了此种状况。离开了土地的年轻一辈，伴随着对土地情感的疏离，也就疏离了那一套民间信仰体系。特别是繁重的打工生活，

① 蒋梦麟:《西潮·新潮》,岳麓书社,2000,第23页。

基本上使他们没有多少时间和机会接触这些民间信仰，也很少思考信仰问题。

二、宗教信仰

在乡村社会，除了存在大量的民间信仰之外，也存在着制度性的宗教信仰，如佛教、天主教、基督教等。近百年来，伴随着时代的转换、政权的更迭和现代化的复杂变化，乡村社会的宗教信仰也经历了一段曲折复杂的发展历程，这对农民的精神生活也产生了巨大的冲击和影响。

在民国时期，受到五四新文化运动的影响，民主、科学思想开始冲击宗教信仰，特别是知识界，对佛教与基督教都有猛烈的批判。首先，基督教的神权理念在一些知识分子和青年心目中被彻底粉碎，同时，出于反对帝国主义文化侵略的目的，第一次国共合作时期，国共两党都支持并推动了非基督教运动，直到1927年，蒋介石背叛革命，并在是年皈依基督教，国民党政府针对基督教的政策才有所改变。其次，在1928年、1931年，国民党政府推动反迷信运动，没收佛教房屋、田产以助理办学的“庙宇兴学”① 成为其中的主线。

在忠县，传统时代宗教信仰以佛教为主。古忠州由于地处巴蜀、巴楚必经之长江通道，佛教自东汉即在此建寺传法，其间一直香火旺盛，到清朝时期，全县即有寺庙400余座、僧众3000余人；民国期间，各乡借庙办学，寺庙仅存180余座；新中国成立前，尚有寺庙48座。② 据周文孝老人讲，民国时期，莲花村附近的寺庙仍有报恩寺、三抚寺、汪家寺等大小寺庙近10座，其中三抚寺在30年代末拆毁，在旧址修建起了三抚小学。

基督教、天主教在忠县修建教堂布道起于晚晴时期，如清光绪十四年（1888年），英籍牧师张唔道莅忠，租县城老街熊氏住宅作教堂，宣扬福音。在民国时期，忠县基督教、天主教都有所发展，特别是基督教忠县教会还是总部设在成都

---

① 最早的庙产兴学起于晚清，其始作俑者是康有为和张之洞。1898年5月22日，康有为在《请饬各省改书院淫祠为学堂折》中，建议将各地庙宇废除并改为学堂，首开庙产兴学之议。1898年6月，张之洞在《劝学篇》中亦提出：清廷既于中日战争中惨败，欲谋往后的复兴与强盛，首先必须全面改革教育，积极设置学堂，奠定地方初等教育的基础。其办法是征收全国数万座寺院、道观，利用其土地及建筑物，以节省巨额费用。其具体实施细则为：(1)大率每一县之寺观取十之七以改学堂，留十之三处以处僧道；其改为学堂之田产，学堂用其七，僧道仍食其三。(2)计田产所得，奏明朝廷，旌奖僧道，不愿奖者，移其亲族以官职。（参见苑书义等主编：《张之洞全集》第12册，河北人民出版社，1998，第9740页。）

② 忠县修志馆编《民国忠县志》，2008年内部印行。

的四川基督教总会下属的十大分会之一，管辖忠县、丰都、石柱、垫江、梁平5座礼拜堂。

新中国建立后，新政权站在唯物主义的无神论立场，开始对各种所谓的封建迷信、宗教信仰进行全面限制、打击。佛教方面，忠县城区的老官庙、下王庙、土主庙等大大小小寺庙逐渐被毁弃；莲花村附近的报恩寺、汪家寺也先后被毁掉，其中汪家寺在新中国成立初期仍有住庙僧人二十多个、香火旺盛，土改期间汪家寺被拆毁，在旧址上新建起了汪家寺中心小学。到“文革”破“四旧”时，忠县各个寺庙全遭毁灭、无一幸免，连一些山崖洞窟里的佛像也几乎破坏殆尽。1976年“文革”结束时，忠县已无一座完整的寺庙。天主教、基督教方面，新中国成立后忠县的上帝信徒基本上没有增加，受政治的冲击，一些信徒自动离开了教会。1965年，忠县基督教会福音堂正式被关闭，房屋和其他财产全部被没收充公，教会停止宗教活动；一些信徒还被革命红卫兵抄家，《圣经》及其他宗教书籍被没收乃至烧毁；一些信徒只能偷偷在家里诵经、做祷告。

事实上，新政权动用强大的国家力量对宗教的毁灭性打击，更多还是在物质层面；在精神层面，无神论思想并没有真正在人们头脑中树立起来。当宗教的神明从人们心灵世界退出时，另一种神明崇拜却悄然兴起，对革命领袖的崇拜成为时尚。

“文革”结束后，国家重新调整了宗教政策，重申信教自由，宗教信仰随之迅速恢复。在忠县，1986年改建后的忠州福音堂恢复宗教活动；天主教直到2000年后才恢复正式的宗教活动。佛教方面，“文革”后忠县恢复的寺庙只有三台寺一家，所以正规的佛教活动一直没有得到较大发展。

在莲花村，佛教信仰对村民仍然有较大影响，特别是那些老人，“文革”结束后就开始在山崖洞窟里面重新摆上了一些佛祖、观音菩萨、弥勒佛的陶瓷像，并在上面搭缠了一些红布，这里就成了他们搞佛事的场所，香火重新燃起来了。不过，村里的人口越来越少，零星的几盏香火，反显出特别的冷清。村里的石宗民是个虔诚的佛教徒。他是当年破“四旧”的积极参与者，2010年时已是快60岁的老人了，回忆起当年的事，口中连连说道，“造孽，造孽呀”。石宗民信佛始于1985年。据他自己讲，有一天晚上睡觉做了个噩梦。梦中破“四旧”时被他打烂的几个罗汉来找他算账，说要把他打入十八层地狱，他当时吓得半死，这时观音菩萨出现了，劝阻了那几个罗汉，说是只要他能改过、皈依佛门，则可洗清罪过、一切乃善哉善哉。从此石宗民就像变了个人似的，彻底信佛了，戒了烟酒、荤食。

我问过他，当时为啥会突然做那样的梦呢？他自己也说不清楚。

2010年春节，我在莲花村调查的时候，外出打工的村民已经占到了全村人口的70%以上，留在村里的多是老人、小孩，其中明确表明自己是佛教徒的大概有10多位老人。这些老人都坚持每天念经打坐、烧香拜佛，而且常年吃素。石宗民讲到，他每天早上6点起床，洗漱之后，六点半就会给佛像（佛像观音纸画）上香、上茶、贡水果，并跪在佛像前，磕头默念持续将近30分钟，这称为烧香的环节，每天早上六点半、晚上六点半各一次；他常年吃素，可以吃蛋，但葱蒜酒都不沾。石宗民认为自己以前杀害了很多生命，杀鱼杀鸡，手上沾满了血，要赎罪，以后才能上西方极乐世界。

我发现，佛教之所以在莲花村这样的农村没有得到较大恢复和发展，其原因在于：其一，新中国成立后特别是“文革”时期，佛教庙宇、佛像等设施遭受毁灭性破坏，在经济落后地区，要恢复重建异常困难；其二，佛教作为制度性宗教，但缺少基督教那种频繁的集体性聚会活动，这显然影响了对信众的整合；其三，佛教缺乏基督教那样有组织、有系统、有计划的宣传，这也减弱了其影响力；其四，在农民看来，已经本土化的佛教和其他本土神祇，其威力不如西方的基督教，这种外来的神更厉害的观念①其实是西方国家比中国发达的“崇洋”思想在农民头脑中的体现；其五，佛教的轮回所描述的死后世界是恐怖的。相比之下，基督教所许诺的天堂的永福无疑会对他们有着莫大的吸引力。②

与佛教在乡村社会发展相对较弱的状况相比，20世纪80年代以来，基督教在中国乡村社会得到了迅猛的发展。根据官方统计，目前中国基督教信徒人数在2300万至4000万，约占我国总人口的1.7%—2.9%。③ 不过，学界的估计不一样，认为目前中国的基督教信徒已从改革开放初的300万猛增至2010年的1亿左右，其中80%的在农村。④ 总之。1980年以后的中国社会（尤其是农村地区）经

① 杨华、欧阳静：《信仰基础：理解农民宗教信仰区域差异的一个框架》，《民俗研究》2016年第1期，第88页。

② 张振国：《现世福祉还是天堂永福——从入教动机看明清时期中国教民信仰心理中的实用主义倾向》，《宗教学研究》2012年第1期，第240页。

③ 参见《中国基督教信徒人数在2300万至4000万之间》，《人民日报》2014年8月6日第11版。

④ 吴理财、张良：《农民的精神信仰：缺失抑或转化？——对农村基督教文化盛行的反思》，《人文杂志》2010年第2期，第175页。

历了一场规模宏大的基督教归信运动。①

莲花村的基督教信仰出现于20世纪90年代，当时临近的芭蕉、甘田、嵌口、苕溪、南北、灵峰、高安等村都开始出现基督教信仰。不过这些信徒很少到忠县县城里的福音堂参加活动，基本上是自发组织起来的，一般采取家庭聚会的形式搞活动。

莲花村的第一位信徒是朱孝文。朱孝文是个残疾人，很小的时候就得了很严重的风湿病，身上的关节僵硬，腿脚轻度畸形，靠一根拐杖才能勉强行走。再加上他的家境并不太好，小时后也没少受苦，这就为他日后接受基督埋下了伏笔。可能是因为身体的缘故，朱孝文对待自己的信仰特别虔诚，并且努力“把基督的福音传给更多受苦的人”（朱孝文语），来为自己积德，并且在十几岁就跟着村里的人称“刀头”的老中医吴启銮学医。1988年，一次偶然的机会，南北村的赵大旺来找吴启銮，刚好吴启銮不在，就与朱孝文闲聊起来，其间就谈到了信主的问题，朱孝文觉得很有意思，于是经常向赵大旺请教信主的问题，后来就慢慢信了。朱孝文讲道，一般人都是有病看不好了，就想着信耶稣，说是耶稣能治病，这并不对，他说：“如果耶稣能治病的话，也就用不着医院了。”朱孝文觉得信耶稣的道理太深了，他一两句也说不清楚；无论你是个硕士或者博士，当你不拿《圣经》看的时候，你就不知道，只知道你学的那些知识；不是你自己想信就信了，而是主让你信了，你就信了，主不让你信，你就信不了。在朱孝文看来，耶稣是要拯救那些失败和绝望的人。讲到这里他还给我举了个例子：一个人想要去跳楼的时候，他感觉自己孤单，无用，觉得无路可走的时候，这时耶稣派一个人去救他：悬崖勒马，回头是岸。一个人活在世上，艰难的日子总会有，不好走的路都会有。然后这个人重新站起来了，重新往前走。信耶稣的道理就是“救人”。

2010年春节某个周六的晚上，我在朱孝文的陪同下来到信徒们聚会的黄道梅家。他们的聚会从晚上七点开始，一直到九点结束。进屋时，大家正在唱一首赞美诗。屋里灯光昏暗，正中间的桌子上放着一盏灯，像萤豆一样的光不均匀地洒在屋里。参加聚会的人一共有16人，6男10女。后来又来了两名女性（一个50多岁，一个30多岁）和一位男性。那名年轻妇女还抱着自己的孩子。据我观察，年龄在55岁以下的只有2人，70岁以上的有7人，其余都在55岁至70岁。西墙

① 黄剑波：《“四人堂”纪事——中国乡村基督教的人类学研究》，博士学位论文，中央民族大学民族学与社会学院，2003。

上挂着一副对联：宇宙真神唯上帝，人间救主是耶稣。横批：神爱世人。房间门口还贴有传统春联。会唱赞美诗的人并不多，只有四五个人领唱，其余的人或者倾听，或者哼唱。每当唱完一首歌，他们便停下来拉家常，话题涉及某家结婚等事情，气氛非常轻松随意。聊完天，再唱诗，如此反复。他们就像小学生复习功课一样，认真地唱每首歌，但也有忘词的时候。一会儿唱，一会儿忘词，一会儿跟着哼，一会儿唱串了歌，但是很有秩序。那天晚上一共唱了十几首赞美诗。通过聊天我了解到，他们中只有朱孝文、黄道梅和那个三十几岁的小媳妇认识字。黄道梅是领导者，所以每当大家不会唱的时候她需要提醒大家，因此她总是抱着一本《赞美诗》(汇编)。她还非常热情地给我推荐看《赞美诗》(汇编)和《圣经》。黄道梅不断跟我讲信仰耶稣的好处：如果你患病，信教肯定能让你痊愈；如果你身体健康，信教能助你平安。她说他们奉行的是“圣灵所结的果子，就是仁爱、喜乐、和平、忍耐、恩慈、良善、信实、温柔、节制”(来自一首赞美诗)。就像学雷锋做好事一样，他们需要时刻提醒自己做好事，以洗涤罪过，成为上帝的选民。她还津津乐道了一件神灵发作的故事，大致意思是她的孙子考试时，前两天都拉肚子，第三天她让他考试前祈祷上帝保佑，竟然真的好了，最后顺利地完成考试。当我问他们是否懂得《圣经》教义的含义时，黄道梅说，大部分信徒不识字，只能听教士讲道。但是这并不能影响他们信仰耶稣教，因为这会给他们带来很多好处。她还开玩笑地对我说，你能够上大学，这难道不是上帝的恩慈吗?很多人拿着钱都无法考上大学呢!

我发现，这些乡村信徒的聚会，既有神灵聚会的神圣感，又有家庭聚会的随意感。他们聚在一起唱诗，既能够拉近自己与上帝的距离，并使自己获得安全感；又能够相互聊天，排遣寂寞，为生活增添一些色彩。

另外，在2010年春节期间，我还到忠县县城里的基督教福音堂调查过一次。每逢礼拜日，县城和附近农村的一些信徒都要前来做礼拜。人非常多，100多人，大都是老人，比例在90%以上。福音堂正中央摆放着一个红十字架，后面是一张画了红十字的白布。两侧墙壁用红纸黑字写着一些教训。仪式之初，由教士带领大家学习赞美诗。该教士是一名50岁左右的男子，身着黑色外衣。之后，教士宣读了一份祈祷名单，名单上是一些生病的或者祈求平安的信徒。再后，由教士主持，信徒共同为上述信徒祈祷。大家紧闭双眼，口中念念有词。教士在台上念祷语：“愿医院中的病人，多多得到施恩……”信徒们非常虔诚地祈祷，有的老太太因为年纪大而趴在前面椅背上，但仍坚持站立祷告。我发现有的信徒甚至哭了。

祈祷完毕，教士开始讲道，一直到正午十二点方才结束。

关于信主的初衷，村里的大部分信徒都承认与生病有关，认为信主可以产生神迹，病就会好。黄道梅讲了这样一个故事：村里的何顺元年轻时患有羊癫风，不时发作，每次发作，都会请一些神婆来家里做法，驱除恶魔，但是还是没用。这成了他母亲汪德桂的一块心病。有一次儿子的病又发作了，无奈之下汪德桂就去信主，把黄道梅请到家里，把家里的祖宗的牌位都拿去烧了，然后开始安心祷告，儿子就安静下来了。后来汪德桂和大儿子何顺元一家都信教了，但是小儿子何顺成却不信主，他媳妇儿熊康碧也不信主，反而信神婆那一套。熊康碧要求婆婆退出教会，但是汪德桂却不依，为此婆媳屡次吵架，关系一直很僵。后来不知何故，熊康碧生病，到忠县人民医院检查，医院都说人快不行了，后来就到重庆治病，在医院住了好长时间才回来，但还是屡次犯病，后来婆婆汪德桂建议要不信主试试，于是熊康碧开始定期做礼拜，病也再没有复发过，之后反而劝说别人信主。

我就信主的初衷和态度，还采访了另外一些教徒。以下是我和信徒熊德娴（熊）的一段对话：

周：你们最初对信主的到底是什么态度啊？现在又是什么态度呢？

熊：马太福音第五章第二节，玛利亚说，就是耶稣他妈，“家里的逼迫，外人的笑话”，信教的人大部分都是有病了或者家里有了麻烦事解决不了，就来信教啦，信教之后神就会怜悯他们，病魔也就被赶走啦。村里人以前经常笑话我们这些信教的，说三道四。现在信教的人多了，也没人再笑话了，在路上遇到从教会里出来的人还问哩：“你也随啦？”呵呵……你听我说，我们不是随教，是信教，随教就跟草一样，风一来就飘走了，我们是信教，信神，只有信神，将来才能进入天国。

周：我听村里也有人说“你们教会里的人光祷告有什么用啊？要是神能拯救你们为什么还要去医院啊？”

熊：哈哈……我们信教的人也有时候这样乱说，我们祷告是献爱心，病人首先要有信心，要是咱们光祷告，病人没有信心，再好的药也没有用。人家讲道的说“需要病人的信心，教友的爱心，神的怜悯”，这样病人的病才能好。现在有些人随时都想占便宜，到用神的时候才来祷告，祈求神，那怎么行呢？《圣经》里说那些人，“进来会场是羊，出了会场是狼，羊皮挂在墙上，进去就穿上，神看得出你是假装，你怎么能上天堂？”你说你来信教，表面上在下面坐着听道，心里却急得不行，“这讲道的人怎么讲这么长，要不是我今天还能干个什么事去呢……”呵呵……这些人还不如不入教呢，坐着这里受着约束，还不自在，神也看得清楚，将来还是入不了天堂，还不如不入教呢。

周：呵呵……确实是。那现在信教的人的情况怎么样？是不是老的比小的稍好点儿？

熊：哎哟……不一定，你看周世翠信了好多年了还是糊涂，还是要胡说，教会里的钱还是想自己弄点花。关键是看你有没有这种信心。大部分人就是想占点神的便宜，用神的时候才着急，平时该怎么还是怎么，礼拜也不做，神怎么能保佑他们。

周：我发现一些人喜欢跑去找那些信教比较好的人祷告，一旦有什么事，就去找他们祷告，问问神的指示，你怎么看这种情况？

熊：这就是我们这个教会跟那个教会（当时村里有两个家庭教会，都信耶稣）的区别。那种祷告就搞成了像以前算命的了，要是祷告的结果不灵怎么办？是你说的还是神说的？信你还是信神？我们这个教会是信神不信人，我们是以《圣经》为主，主要给教友讲《圣经》中的奥秘，讲神的话，神的指示就在《圣经》里，我信了这么久才弄明白这个道理，你说现在教会里有几个人能明白？基本都是想占点神的便宜。只要我们信神，听神的话，我们的神无处不在，无时不在，在家里就可以祷告，何必去找人呢？只要我们心诚，神就会怜悯你的。进入天国才是我们信教的目的，好多人不明白这个道理。

改革开放以来，中国乡村社会也被卷入进了城市化、工业化、市场化的浪潮之中。在这一过程中，乡村社会结构逐步解体，大量乡村人背井离乡、外出打工，而留守村庄的人在失去了共同价值理念、共同伦理道德的情况下，也逐步成为各不相干的原子化的人。因此，人们信奉宗教的冲动，确实与寻求共同体有关；共同的信仰使人们重新聚在一起，在相互支持中，缓解着巨变带来的种种困扰与冲击。急剧的变化让很多人感到内心空虚，辛苦的“找钱”（挣钱）也容易让人倦怠，很多人都期待着与他人建立一种更有意义的联系。① 同时，打工大潮的兴起，

① 〔美〕彼得·海斯勒：《寻路中国——从乡村到工厂的自驾之旅》，李雪顺译，上海译文出版社，2011，第194页。

农村的“空心化”，以及不完善的社会养老保障制度，也使得面对死亡、病痛威胁和寂寞折磨的留守老人们转向宗教来寻求支持和精神慰藉。信教后，人们重现找到了“共同体”，教友之间的相互帮助、相互关爱，使他们不再觉得孤立无援；信仰也使人们的内心平静了许多，对很多不如意的事情想得更开了；不妨说，信仰使人们有了一种新的看待事情的方式，这也是一种新的支持他的力量。基督教信仰还使人们在亲缘关系的支持力量不足的情况下，获得了非亲缘关系的支持力量，信徒从基督教的意义系统出发，关爱生活困难的“兄弟”或“姊妹”①。这无疑有助于在熟人社会解体后的陌生人伦理的建构。

就我在莲花村的调查发现，乡村社会信徒的宗教行为遵循的基本上还是传统的关系取向逻辑。很多信徒谈到信教给他带来的“好处”，都谈到与教友的关系，认为像家人一样，使他们觉得可以彼此信任、支持。这显然与基督教本身具有的“个体本位”倾向是相反的。因此，基督教进入乡村，并没有使乡村传统文化和传统人伦观念由此消亡，而是二者实现了相互嵌入、建构。一些农村地区，往往是一个家庭里某个人信教后，全家人都开始信教，由此看出传统家庭伦理在其中发挥的微妙作用，这里的逻辑是：他们相信亲人是值得自己信任的②，因而才会跟着信教。另外，我曾问过黄道梅，基督徒在传统习俗上有什么变化？黄道梅说：“习俗上没什么太大的变化，只是过年不再烧香磕头，春联上写的内容不一样；节日上开始更多过圣诞节和复活节。圣诞节的时候都会到县城福音堂听人布道什么的。我们信徒不上坟、不敬天、不烧香、不磕头。但这些并没有造成多大的影响，因为信徒不愿意上坟，他的不信基督教的家人可以代劳。再者，这些祭祖仪式和习俗都是每家自己的事情，外人也不干涉。”

另外，督教信仰的个人性要求每一个信徒单独向上帝负责，相应也会要求信徒向自己、他人、社会负责，这给当前中国社会极度放大的个人主义倾向当是一个很好的自律。③ 同时，由于基督信仰的个人性，在未来基督教会否主导“个人

---

①　李华伟：《乡村公共空间的变迁与民众生活秩序的建构——以豫西李村宗族、庙会与乡村基督教的互动为例》，《民俗研究》2008 年第 4 期，第 87 页。

②　刘海涛：《透视中国乡村基督教——河北乡村基督教的调查与思考》，博士学位论文，中央民族大学民族学与社会学院，2006，第 75 页。

③　黄剑波：《“四人堂”纪事——中国乡村基督教的人类学研究》，博士学位论文，中央民族大学民族学与社会学学院，2003，第 89 页。

本位”乡村社会的精神世界①，确实也是一个有待进一步观察的问题。

近年来，随着村里人大量外出并进城居住，莲花村已经成为“空心村”。为此，莲花村与邻近的高安村、甘田村已经合并为一个村，称甘田村，莲花村也由此成为历史。我发现，农民进城后，由于生活的环境发生改变，一些民间信仰、传统民俗逐步消失，同时有的民间信仰、民俗则又顽强地生存下来，继续在城市空间发挥着它们应有的作用。另外，村里的一些信徒进城后，开始了他们新的家庭聚会活动。这些进了城的村民，其精神世界又会呈现出怎样的面貌，又会有哪些新的变化等。这些都是有待进一步跟踪研究的重要问题。

① 谭同学：《在上帝与祖先之间——粤西程村基督徒信仰实践的人类学考察》，《世界宗教研究》2014 年第 2 期，第 129 页。

第六章
乡村的未来：回归共同体

第一节　基本结论

本研究的总结论是：乡村社会结构，包括乡村社会的经济伦理、公共伦理、家庭伦理结构以及农民的行为动机、价值取向、精神情感的变化具有历史的延续性，各个时代之间并非截然断裂的，前面时代的制度、文化、伦理会影响后一时代，前后之间有内在逻辑的一致性，一些在后面时代看似非常新的问题与现象，剥开其表皮，会发现其内里与前面时代是一样的机理。这些无疑表现为乡村社会结构中“不变”的一面。同时，每一个时代毕竟又有一个时代的特殊之处，因而有其特殊的新制度、新举措、新现象，这就使得乡村社会结构包括乡村伦理、价值体系、精神情感不是固定不动之物，而是表现出流动、变化的一面，结果自然会有新的问题、新的趋势表现出来，并可能对未来的时代产生深刻的影响。“变”与“不变”的交织正是人类社会发展的基本规律。因此，历史地、现实地、未来地考察、思考中国乡村社会问题，无疑是非常重要的，也是必要的。

这里，我们提出以下具体结论或问题。

第一，流动已成为当代中国社会的核心表征。大流动实质是现代化在 20 世纪 80 年代以来在中国社会中的浓缩式的、爆发式的展开和推进。社会大流动激发了全社会的活力，也使各种资源要素在流动中得到了较好的优化配置，国民经济和国家实力显著增强，民众生活水平显著改善。但社会大流动也造成了乡村社会的时空断裂，使广大农民失去了稳定的生活，传统农民长期形成的稳定的心理结构在社会变革中被打破，维系人们内心的“本体性安全感”的基础被破坏了。这是当前很多农民特别是农民工出现精神危机的重要原因。

第二，现代国家在乡村社会结构的变迁中扮演着非常重要的角色。民国以来，随着现代国家的逐步形成，国家权力不断延伸到乡村社会的公共领域乃至人们的私人生活领域，乡村社会的伦理、价值体系、信仰体系、精神情感越来越打上了国家的烙印。在国家与农民（乡村）的互动博弈中，国家往往以启蒙者、主导者的角色出现，并常常借助权力来推行国家意志，力图用现代性的观念来改造农民或实现某种政治目的。如民国时期合作化运动乃至新中国成立后的集体化运动皆是如此。

第三，近现代以来乡村社会结构的变迁始终处于传统与现代的复杂纠葛之中。随着现代文明的主导地位的确立，这就对乡村文化为核心的传统文化形成了压制性的态势。长期以来，传统文化、乡村文化总是被冠以落后、保守、封建迷信等标签而遭受严重打击乃至摧毁。在新时期，这又表现为城市文化对乡村文化的全面侵袭、消解与取代。村落的终结、乡村文化的式微似乎成为不可逆转的历史宿命。

第四，在长期的历史发展进程中形成的传统文化心理结构或惯习不会轻易消失掉，它深植于人们的内心深处，已经成为人们行动的内在逻辑或内在根据，在不同的时代，它会以各种形式顽强地表现出来。如民间信仰和宗教信仰在乡村社会的复兴即为例证。这些传统心理惯习的影响既有积极的一面，也有非常消极的一面。如民间信仰所发挥的心理安慰、社会整合、伦理规范的功能，就显示出这些传统心理惯习积极的一面。而费孝通的"差序格局"中的"序"所体现的等级制思想自始至终都是对中国人精神心理影响最坏的文化，是导致个人独立人格不彰、民主平等的公共伦理难以形成以及特权文化、圈子文化、奴才文化的根源。"人上人"的等级观念在市场社会中变种为唯利是图、尔虞我诈、弱肉强食的唯我主义，这是对中国建构和谐社会最大的障碍。

第五，乡村社会的个体化趋势增强。此种个体化与西方意义上的个人主义有关联，但有根本的区别。五四以来的个人启蒙对乡村社会影响不大，"救亡压倒启蒙"更是使传统"家国"集体逻辑压制个人逻辑，所以中国农民从来没有实现个性的充分发展、发育。但在集体社会内部，一些现代观念的影响，如反传统、反家长制、男女平等、婚姻自由等，仍然使农民形成了一些现代性的个人观念。但由于集体对个体压制的整体态势没有改变，中国农民的个体化进程一直是缓慢的。改革开放后的个体化，是在流动造成乡村传统伦理道德结构解体的背景下，以及在外在的资本主义、物质主义、消费主义刺激下展开的，所以这种个体化具有很强的利益性、工具性色彩，是阎云翔所谓的“无公德的个人”，是一种没有独立人格、缺乏权利与义务对等平衡的个体化。

第六，乡村社会中的农民越来越被卷入到全球资本主义生产体系之中，城市逻辑、工业逻辑、市场逻辑、资本逻辑、金钱逻辑开始成为主导农民日常生活和行动选择的主导逻辑。农民的生活和思想被高度“物化”，结果是精神情感的异化。

第七，人是社会的人、群体的人，越来越原子化的孤立无援的乡村农民，在内心深处越来越渴望回归精神与文化的故乡，渴望回归稳定的生活，渴望回归和谐的人伦亲情，渴望这个求快的时代能够适度放慢它的节奏，渴望重建一个精神与灵魂可以安顿的地方。

第二节 回归共同体

共同体是传统乡村社会一种具有共同利益诉求和伦理取向的群体生活方式。在从农业社会向现代工业社会转移中，最基本的变动是共同体的解体。人类进入现代以来，持续的社会分化使得以契约机制为基础的有机社会逐渐形成，个人自由和社会控制之间的张力凸显，集体意识对个人的控制逐渐减弱，信任、认同、忠诚等情感持续弱化，共同的认同和归属逐渐趋于瓦解。“共同体一旦‘解体’，它就不能像凤凰涅槃一样被再次放在一起并被整合为一体”①。随着现代性持续推进，当前中国乡村也正经历着一场社会结构裂变，即传统伦理道德维系逐渐消失，乡土价值体系和社会关系图式逐渐变更，熟人社会逐渐陌生化和疏离化，村落和家族共同体作用逐渐弱化，村民在社会行为中越来越凸显工具性，其精神皈依陷入迷茫和矛盾状态。乡村往何处去已经成为一个非常现实而具体的大问题。

在近代西方从乡村社会向工业社会的大转型背景下，德国社会学家滕尼斯最早明确提出了共同体概念，“共同体是一种集体身份，它是一种对‘我们’是什么人的定义”②。滕尼斯在阐述社会联结纽带的不同性质时提出相互对立的“共同体”与“社会”。前者建立在自然情感一致的基础上，表示联系紧密的，能产生关系亲密、守望相助、富有人情味的共同生活方式，即“礼俗社会”或“共同体”；

---

① 〔英〕齐格蒙特·鲍曼：《共同体》，欧阳景根译，江苏人民出版社，2003，第 12 页。

② 〔美〕理查德·桑内特：《公共人的衰落》，李继宏译，上海译文出版社，2014，第 310 页。

后者建立在外在利益合理的基础上，表示以契约、交换与计算为形式的社会联系，即“法理社会”或“社会”。“共同体的生活方式作为唯一的、现实的生活方式，还继续持久地存在于社会的生活方式内部，尽管日益枯萎，甚至日益消亡。”① 滕尼斯以一种无限痛惜的语调揭示了共同体日渐衰落的无可挽回的命运。

比起滕尼斯的悲观，涂尔干对于社会的大转型、大变动则表现出了一种乐观的态度。在他看来，传统共同体的解体无疑为新的社会团结和新的共同体的产生提供了一种契机。涂尔干用集体意识解释社会团结，“任何社会都会感到，它有必要按时定期地强化和确认集体情感和集体意识，只有这种情感和意识才能使社会获得其统一性和人格性”。② 涂尔干认为劳动分工的发展改变了社会团结的基础，使社会连接类型从“机械团结”（传统社会）变为“有机团结”（现代社会）。在“机械团结”中，整个社会在某种程度上基于所有群体成员的共同感情和信仰组成，集体人格完全吸纳了个人人格；“有机团结”则是基于功能上的耦合而连接起来社会，个人之所以依赖于社会，是因为它依赖于构成社会的各个部分。社会连接类型的转变会带来“反常的分工形态”，这不仅不会带来新的团结，反而会造成一系列“失范”现象，个体日渐体会到孤独、寂寞与彷徨，因而迫切需要以一种新型社会机制实现新的整合。这种新型社会机制即法人团体。法人团体由相同职业的人组成，以道德为基础和纽带，其观念、感情和利益具有相当一致性，并能提供一系列集体生活，整合社会生活所必需的政治、经济和社会生活，有助于集体归属感的培育和发展，促进社会层面的整合与团结。

人类工业化、城市化的大举推进使得乡村大量衰落、消失，而生活在城市社会的人们“原子化”趋势日趋凸显，个体与社会逐渐脱离，即社会越发达，个体越孤立。滕尼斯和涂尔干从宏观层面出发，分析现代性浸染下的整体社会，前者倾向于回到守望相助、亲密无间的传统乡村共同体，后者则思考建立新型共同体以整合日益解体的社会。与之相对，米德则提出交流与沟通、传播与协作是基本的人际互动过程，呼吁人们应更加注重深层次的情感互动，从微观层面阐述重构社会共同体的重要性。

---

① 〔德〕斐迪南·滕尼斯:《共同体与社会——纯粹社会学的基本概念》,林荣远译,商务印书馆,1999,第333页。

② 〔法〕埃米尔·涂尔干:《宗教生活的基本形式》,渠东、汲喆译,上海人民出版社,1999,第562页。

米德把“自我”的产生视为一个社会过程，即人们在社会互动中扮演他人角色，从而获得“自我”，并使自己归属于某个群体。正是因为扮演他人角色，采择、整合他人态度，人们在互动中的合作行为才变得可能。同时，只有当个体采取了他所从属的那个有组织的社会群体在合作性社会活动中的一整套态度时，他才能发展出一个完整的“自我”。涵盖人类全部群体生活的社会，就是所有社会成员合作行为的集合。个体之间任何形式的交往，首先是建立在合作的基础上，而且依赖于这种合作。正是由于交往的双向性与合作性，才构成了一个可以被所有参与者共享的空间，使人们能够与具有不同个性、处于不同境遇的任何其他个体一起，进入同一个社会过程，从而形成共同体。①

与米德同属美国实用主义阵营的杜威希望用传统社群主义来纠正现代社会自由主义之偏，试图重建一种新型的共同体。他批判了现代社会原子式个人主义，肯定了作为关系性自我存在的重要性。杜威认为，人类个体天生是社会性的动物，对这样的社会动物而言，共同体是自然的和必要的，因为，人们需要群体而变成为人，需要在共同体中发展人性和个性。由于“学会成为人”是一个永无止境的过程②，共同体也是恒久需要的。杜威力图将社群主义的集体情感与自由主义的个性自由整合起来。他认为，没有共享的集体情感和价值，共同体就不成其为一个共同体；而“牺牲个体性，其成员自身没有得到发展的共同体将是一个贫乏的共同体”③。共同体同时应当包含着视角的丰富性、多样性和复杂性，只有如此，参与共同体的成员才可能拥有更多样化和更丰富的经验。另外，杜威强调共同体的成功须依赖于以一种民主的方式努力寻找共同的善。他相信，人们可能而且必须聚拢在一起来解决大家共同的问题。但是，正是这种聚拢而非问题的直接解决，才成为共同体活动的首要结果。人们建设和推进共同体的尝试过程就是发展共享的行动和共同持有价值的过程，是培养透过特殊的问题而洞察到对话和长期合作的过程。因为，民主是“一种道德理想”，是“一种认为经验的过程比任何获得的特殊结果更为重要的信念”④。

---

① 丁东红:《从社会哲学视角看米德符号互动论》,《中共中央党校学报》2008年第2期,第38页。

② John Dewey, *The later works* (*1925—1953*) (Corbondale and Edwardsville: Southern Illinois University Press, 1984), p. 332.

③ 同上,345。

④ 同上,228—229。

进入当代社会，个人与社会的疏离并没有改变的趋势，享受着自由主义所倡导的个性独立与自由的人们感到的是一种无法排遣的孤独与无助，一种灵魂的无所依托与绝望、空虚。这激起一些学者更加深切地关注共同体重建的问题。当代社会学家鲍曼认为共同体的本质是彰显一种安全、愉悦和令人神往的满足感，“是一个‘温馨’的地方，一个温暖而又舒适的场所”①。生活的安全和自由是两种最基本价值，个体的幸福生活需要在保障集体安全与追求个体自由之间谋求动态和谐。不过，在当代社会，“民族联系、地区联系、共同体联系、邻里联系、家庭联系以及最后与某人自我前后一致的理念的联系持续弱化”，“共同体的纽带日益变得可有可无了”②。鲍曼认为，现代社会消除人们对传统共同体怀念的主要途径是创造一种全新共同体，即民族国家，并以此来满足人们对新身份的认同。不过进入20世纪八九十年代以来，民族国家面临前所未有的危机，资本全球化的加剧又使人们享有过多自由，个体安全与自由逐渐失衡，人们陷入隔离、孤立与焦虑的困境中，于是人们重新燃起对传统共同体的渴望。罗尔斯从自由主义的立场出发，认为在价值多元的现代社会，个人主义的个体也有合作的动机，尽管其实际动机可能是自私的，也可能是仁慈的；因为人们可以共享一个最高的价值或善来构建共同体，那就是正义。麦金太尔、桑德尔、泰勒、沃尔策等社群主义者则在批判自由主义的基础上，提出了自己的基本主张：共同体优先于自我和个人，共同体的善优先于个人的利益、自由和权利。社群主义力图以共同体（或社群）的历史传统说明自我人格和德性的生成及发展，希望恢复一种人性的、社群的道德生活。③ 麦金太尔认为，现代背景下的“最根本的道德对立，是在这样那样的自由个人主义与这样那样的亚里士多德传统之间展开的”④。麦金太尔认为，只有回归亚里士多德的共同体传统，才能克服自由主义带来的道德纷争与混乱。德沃金则认为，现代文化的背景条件是价值观念和人们的善观念的多元性。个人既有为共同体所构成的一面，同时也有自我独特性价值的一面。正因为由此，德沃金强调真正合理的共同体，是自由主义的宽容共同体。⑤

西方学者对共同体的思考主要是着眼于现代社会中个体与社会的疏离、人们

① 〔英〕齐格蒙特·鲍曼：《共同体》，欧阳景根译，江苏人民出版社，2003，序曲第2页。
② 同上，第57页。
③ 陈东英：《马克思的共同体思想的主要来源和发展阶段》，《哲学动态》2010年第5期，第6页。
④ 〔美〕A. 麦金太尔：《追寻美德》，宋继杰译，译林出版社，2003，第330页。
⑤ 龚群：《德沃金的共同体观念》，《伦理学研究》2010年第4期，第53页。

精神的失依。这对于正在快速进入城市社会与工业社会的中国而言，无疑具有很重要的启示意义。这既涉及我们需要建设一个怎样的社会，也涉及我们如何从西方所走过的路子中吸取经验教训的问题。就当今中国而言，我们有和西方国家发展过程类似的特点，但更多的是不同点。首先，中国仍是一个农业大国，农业人口基数依然很大，农村社区覆盖面积依然很广。按照目前的城市化速度和规模，即使到2030年中国人口高峰期，总人口达到16亿，8亿人成为城市居民，也仍有8亿人必须待在农村。其次，就现实层面看，城乡失衡有拉大的趋势。我国已经进入城镇化主导时代，城乡收入差距仍然有所扩大，城乡二元结构失衡状况也没有得到根本解决。结构性的社会失衡不仅冲击着乡村社会，也冲击着城市社会，这对中国整体社会的稳定构成了严峻挑战。在这样一个背景下，我们需要思考的基本问题是：(1) 在城市化、工业化、市场化力量持续冲击下的乡村社会，还有保留或重建乡村共同体的必要性和可能性吗？(2) 滕尼斯意义上的“共同体”能够和“社会”共存吗？(3) 乡村共同体如何融合公民社会，而不至于成为公民社会的敌人？(4) 乡村社会与城市社会如何衔接，以实现统筹协调发展，从而维护整体社会的稳定？①

这四个方面的问题，如果我们纯粹从现实状况去看，也许会产生非常悲观的看法。然而，如果我们着眼于米德、杜威意义上的人对共同体的自然和必然的需要，着眼于鲍曼意义上的共同体提供了个体必需的“安全感、愉悦、温馨、相互依靠”，或着眼于麦金太尔意义上人类社会对“善”的共同追求，以解决当前普遍存在的道德紊乱，等等。那么，我们就必须承认，共同体的存在是必要的，也是可能的。具体就乡村社会而言，第一，由于人类存在粮食和农产品生产的需要，乡村的存在就有其必然性与合理性，这就给乡村共同体的保留和重建提供了最基本的根据。第二，存在和延续了几千年的乡村文化，其中所蕴含的独特多样的伦理价值、生活方式、民风民俗、民间艺术、宗教信仰，是人类社会继续存在和发展的宝贵资源，需要乡村共同体这种形式予以传承。第三，无节制的工业化、城市化、市场化给人类社会带来经济繁荣的同时，也带来了环境污染、精神空虚、灵魂孤独、人情冷漠，就此而言，乡村社会（乡村共同体）作为城市社会的一面镜子就有其存在的价值，它可以给建设一个好的现代社会（城市社会）提供独特的资源。第四，如果我们承认人类的理性不仅包括工具理性、市场理性、科技理

---

① 毛丹：《村落共同体的当代命运：四个观察维度》，《社会学研究》2010年第1期，第1—33页。

性，还包括价值理性、道德理性、人文理性，那我们也必须承认，我们不仅需要城市化、工业化、市场化，以及在此基础上形成的新的价值、伦理、艺术、生活方式，还需要村庄、田舍，以及基于乡村共同体而形成的那些传统的价值、伦理、艺术、生活方式。第五，前已指出，在一个相当长的历史时期，中国有大量的人口还必须待在农村，尽管城市化、工业化、市场化对乡村的冲击会不断持续下去，或者说乡村社会的转型也呈现出不可逆转的趋势，但这也毕竟给新型乡村共同体的重建提供了新的契机。第六，随着城乡社会之间在文化、价值观念等方面的相互渗透与融合，以及村民自治的持续深化、发展，重建杜威意义上的注重“民主”“自由”等现代价值理念的新型乡村共同体，从而融合公民社会是可能的，而且它也可以成为公民社会的重要基础。第七，中国政府提出并正在逐步实施的“建设社会主义新农村”、“把城乡社区建设成为管理有序、服务完善、文明祥和的社会生活共同体”、“实施城乡统筹，促进城乡一体、协调发展”等目标、方案，也给我们重建乡村共同体提供了现实的政策依据、意识形态及体制的保障。概而言之，重建乡村共同体是必要的，也是可能的。

当前中国乡村社会秩序亟待重建，但这种重建不应仅以城市为摹本，而应该着眼于乡村社会本身运作的内在理路，从其自身演进历史中找寻重建希望。

中国的“社会单元是家庭而不是个人，家庭才是当地政治生活中负责任的成分”①。每个农家既是经济单位，又是社会单位。家族共同体和村落共同体构成理解中国传统乡村生活模式的关键词，前者表现为家族内彼此帮扶，后者表现为村庄内荣辱与共，以血缘和地缘为依托的乡土底色构成传统农民精神发育的“心理场”。血缘关系决定人际亲疏，维持社会稳定；“生于斯，死于斯”的地缘关系则固定着人和土地的亲和。有学者将这种传统乡村社会称之为“道义共同体”，意指以道德伦理义务为核心行为准则的共同生活形态②。

梁漱溟将传统乡村中国视为以家庭关系架构全部社会关系的伦理社会，村民彼此之间的义务感，有助于家庭内外的合作，却不利于在公共组织层面上的有效合作，在更大的社会范围内阻碍了形成代表一定社会群体利益的团体、组织。费

---

① 〔美〕费正清：《费正清文集：美国与中国》（第四版），张理京译，世界知识出版社，1999，第22页。

② 林聚任、刘翠霞：《论乡村社会秩序的重建——“共同体”之路》，载《当代社会发展研究》（第2辑），山东人民出版社，2007，第182页。

孝通指出乡土中国的本质特征是重视血缘关系的“差序格局”[①]，体现的是一种人伦次序、自我主义以及群己相对性。重视血缘关系有助于农民在遭遇某一具体事件时在某个特定圈子里合作，人与人之间的熟悉亲密程度能够加深彼此信任，有利于小范围合作。但“差序格局”的等差性使农民不易建成平等的合作关系。

20 世纪的中国乡村社会在现代化的过程中一直处于被剥离的地位，外来殖民主义、资本主义与工业文明疯狂地吞噬着农耕文明，大量乡村宗族组织解体，乡村社会结构急剧瓦解，乡村共同体日益式微。

新中国成立后，国家进行了一系列社会主义实践和改造，从互助组到初级合作社、高级合作社，一直到人民公社，国家以行政强制力将乡村经济、社会生活组织起来，乡村社会逐渐从家族血缘或地缘认同为基础的生活共同体转变为以集体产权为基础的生产经济共同体。对应于传统社会的“道义共同体”，有学者将之称为“行政共同体”，意指由国家权力组建起来，乡村道义被取缔的意识形态共同体。

改革开放以来，计划经济向市场经济的转变大大推动了社会整体层面转型。在人民公社彻底废除，家庭联产承包责任制全面实施，城市化、工业化、市场化持续推进等力量共同作用下，乡村经济、政治、文化、社会受到全面冲击，村民流动性大大增强，村庄传统的团结纽带失灵，社会内部封闭性不断被打破，村落同质性和自给性不断降低，乡村共同体基础日益瓦解。从个体层面讲，个体生活中心从共同体内部更多地转移到外部，个体互动环境与其生存环境相“脱离”，人们不是生活在某种精神共同体，而是锁闭在各自私人空间[②]，个体行动缺乏统一的合法性规范，只能凭借个人自主性和有限理性独自面对现代性冲击。从社会层面讲，过去村庄内关于合作的内生规则（如舆论、道德、宗族、人情、面子等）逐渐丧失其合法性和约束力，大统一的互动背景遭到破坏，共同体内的沟通交流逐渐失去了意义基础，整体社会关联度降低，维护共同体的内生秩序和合作规范也逐渐式微甚至消失了。所谓的“三农”问题在这个时期表现得尤为突出。

进入新时期，党和国家顺应乡村生活实际和整体社会发展要求，提出建设社会主义新农村、统筹城乡发展的战略。党的十七大报告提出，“要健全基层党组织

---

① 费孝通：《乡土中国　生育制度》，北京大学出版社，1998，第 24 页。

② 张以明：《走向实践的共同体——论现代性的反思性重建》，《现代哲学》2007 年第 4 期，第 12 页。

领导的充满活力的基层群众自治机制，扩大基层群众自治范围，完善民主管理制度，把城乡社区建设成为管理有序、服务完善、文明祥和的社会生活共同体”。党的十七届三中全会提出要建设“生产发展、生活宽裕、乡风文明、村容整洁、管理民主”的社会主义新农村。党的十八大报告提出，“解决好农业农村农民问题是全党工作重中之重，城乡发展一体化是解决‘三农’问题的根本途径”。建设社会主义新农村、统筹城乡发展就是要从根本上解决“三农”问题，坚决贯彻工业反哺农业，城市支持农村的方针，逐步改变城乡二元经济结构，逐步缩小城乡发展差距，实现农村经济、社会、文化全面发展，从而促进整体社会的稳定和发展。

根据乡村社会发展的内在理路、历史传统、现实要求、未来发展以及党和国家所作出的战略部署，我们可以梳理出新型乡村共同体重建的基本内涵：在社会主义制度框架下，在社会主义核心价值体系主导下，按照建设社会主义和谐社会、建设社会主义新农村、城乡统筹发展的根本要求，建设以乡村政治共同体、乡村经济共同体、乡村伦理共同体、乡村精神共同体为主的四位一体的新型乡村共同体。其近中期目标是实现乡村经济发展、政治民主、社会和谐、文明进步、人民幸福；有效连接城市社会，实现城乡社会和谐互动、一体发展，维护整体社会的稳定与繁荣。其长期目标或最终目标是建设成为马克思意义上的“社会共同体”，实现个人与共同体的真正统一，真正实现人的全面发展。

第一，以公平正义、自由平等、民主法治为核心理念，建设新型乡村政治共同体。亚里士多德说，“政治共同体是一个异质整体”①。在现代社会更是如此。经过三十多年的发展，我国乡村社会结构已经发生了巨大的变化，社会分层、职业分化、利益分化等进一步加剧，同时以宗族血缘关系为纽带的熟人社会逐步解体，半熟人社会、陌生人社会逐步形成，客观上要求我们重建的乡村政治共同体是能够容纳个性差异、职业差异、价值差异、利益差异，能够维护公平正义，能够保障成员的自由、平等权利的新型政治共同体。这就不同于传统共同体的同质性、绝对的权威性和压制性。传统共同体强调共同体优先于成员个体，而现代共同体强调成员个体优先于共同体。我们认为，应该融合这两种偏向。一方面，共同体要充分保障成员个体的自由、平等。因此这样的共同体应该是一个民主的而非压制性的共同体，一个“人人享有必要的机会和资源的共同体”，人们在其中能

---

① 转引自〔美〕尼柯尔斯：《苏格拉底与政治共同体——〈王制〉义疏：一场古老的论争》，王双洪译，华夏出版社，2007，第 225 页。

“充分实现自己特殊的能力和权力”。另一方面，成员个体的自由、权利、个性差异、价值差异应该在法治共识、共同体整体价值共识（公共善）的基础上展开，以实现个体利益与共同体利益、社会公共利益的整合，保障共同体的基本秩序与稳定。

新型乡村政治共同体建设的实质是对接社会主义公民社会，在社会主义核心价值体系主导下和社会主义民主法治保障基础上，让每一个乡村居民成为村庄政治生活的真正主人，成为具有现代人格的政治公民。这就意味着要实现臣民政治转换为公民政治、恩赐政治转换为自主政治、全能政治转换为服务政治与善治。一是要强化对乡村居民的现代公民政治教育。由于我国历史上的公民性缺位，大量乡村居民的人格、观念还自觉或不自觉地停留在传统阶段，缺乏独立的主体性人格、清晰的权责观念、明确的契约法治观念等。乡村政治共同体重建最终能否成功，在根本上取决于是否能够培养出大量成熟理性的乡村公民。阎云翔在分析我国乡村社会个体化趋势中指出，这些个体化的村民是一群“无公德的个体”，换句话说，他们身上缺乏西方个人主义所包含的“自主、平等、自由和自立”因素；他们往往以牺牲别人的利益来追求个体利益，同时逃避履行他们在乡村社会公共生活中的责任①。在一些人眼里，“权利”就意味着“我”的“利益”，权利和利益这两个词是可以互换的；对“我”有利的就是“公平正义”“民主”，否则就不公平、不民主；自由就是为所欲为，等等。因此，在中国乡村居民的个体化里，更多体现的并不是真正的权利、民主、公平、自由意识的觉醒，而是小农思想中固有的自私自利、自由散漫的强化。这在一定程度可以解释我国乡村村民自治难以取得根本性成功的原因。二是要继续加强和完善村民自治，实现村民自我管理、自我服务、自我教育、自我发展。村民自治的核心是要通过民主选举、民主决策、民主管理和民主监督，为村民按照其意愿和内在需求参与村庄的日常事务管理提供制度性平台。要让村民在其中学习民主、运用民主，认知自由与秩序、个人与共同体、权利与责任之间的关系，提高其政治认同，成长为合格的政治公民。三是顺应乡村社会多元利益格局的现实状况，突出乡村政治共同体重建中的“多元治理”，实现乡村“善治”。“多元治理”或“善治”的实质就是民主治理、合作治理。前已指出，现代社会是差异凸显的社会。差异凸显，客观呼唤“共识”、民主。因此，有学者指出，“民主源于差异而系于共识，没有对差异的自觉，也就没

① 阎云翔：《中国社会的个体化》，陆洋等译，上海译文出版社，2012，第22页。

有民主意识的生成，同样，如果在差异中不能形成共识，也就不可能出现民主治理”①。实现差异与共识的良性互动、生成的基本机制就是合作，在合作中差异被承认、被保护、被包容，同时在合作中共识形成，民主的价值在承认差异与寻求共识中得以充分体现。对于新型乡村政治共同体的重建，就是要使村党委、村委会、村级经济组织、村庄精英、村民以及其他村庄社会组织等形成整合力量，合作治理村庄，共同推动村庄的民主政治发展和村庄的繁荣稳定。

同时须强调指出，新型乡村政治共同体的重建，必须重视党的领导作用和政府的主导作用。在当前，许多农村基层党组织、基层政权有弱化的趋势，广大村民有群龙无首的感觉，村庄秩序有进一步恶化、崩溃的趋势。强调党和政府在乡村政治共同体建设中的领导和主导作用是基于三点考虑：一是村民自治、村庄善治需要一个扶持并逐渐成熟的过程，客观上需要党、政府在其中发挥领导作用；二是党的领导是保障乡村政治共同体的社会主义性质的政治基础。三是党、政府在村民自治、村庄善治中领导作用更多体现在思想、方向上，而非插手具体的乡村事务。

第二，以市场导向、集体经济、合作生产、共同富裕、法治保障为基本原则，建设新型乡村经济共同体。没有共同的经济活动、没有共同的公共财产、没有共同的利益维系，乡村共同体的重建就是一句空话。乡村政治共同体也是建立在经济共同体基础上的。当前，中国乡村村民自治、民主治理的停步不前甚至倒退，某种意义上就是由于缺乏共同的经济基础。没有共同的公共财产、共同的利益维系，村民内部就缺乏参与村庄治理的动力与积极性，他们关注的也就只能是自己的一点私利，而村干部或村庄精英也只是利用体制权力谋一己之私。整个村庄内部只有“私”，没有“公”，只有分散的村民个体，而无真正的乡村共同体，也就谈不上真正的乡村自治。按照李昌平的讲法，只有村庄“四权”（共有的产权、财权、事权、治权）统一，才可能有真正的乡村共同体的存在，才可能在此基础上去“搞共同富裕和和谐社会”②。

因此，新型乡村经济共同体的重建方向就是在市场经济条件下、在社会主义制度框架下坚持和完善集体所有制，发展村庄集体经济和以农村专业合作组织为

① 张康之、张乾友：《在共同体的视角中看民主》，《学习与探索》2011 年第 2 期，第 72 页。

② 李昌平：《社会企业和社区共同体经济是农村建设的经济基础》，《中国乡村发现》，http://www.zgxcfx.com/Article/52303.html，访问日期 2012 年 12 月 12 日。

主要形式的合作经济，并兼容其他经济形式。目前，中国绝大部分乡村的集体所有制、集体经济已经名存实亡。随着市场化在乡村的推进，分散的个体农民根本无法阻挡市场经济的冲击，破产、衰败就成为其无可避免的命运。改革开放初期确立的家庭承包经营责任制、以家庭为生产单位，是特定历史时期的产物，具有历史的合理性与必要性。但是从更长远的发展来看，这无疑是一种历史倒退。邓小平早在1980年5月31日《关于农村政策问题》谈话中就明确指出，“我们总的方向是发展集体经济”①。面对日益严峻的市场挑战与风险，必须通过发展集体经济，重新把农民组织起来，以集体的力量参与市场竞争，最终实现共同富裕。这也是坚持党在农村的基本经济制度和基本政策的贯彻落实、坚持新农村建设的社会主义方向的根本要求。“只有农村集体经济实力增强了，社会主义新农村建设的目标才能真正达到。”② 发展集体经济不是要复归旧体制，也不是只搞“统一经营”模式，而是真正落实和坚持“统分结合，双层经营”（统一经营与分散经营）。也就是顺应时代发展要求，在社会主义市场经济体制下，将发展乡村集体经济与非集体经济、集体统一经营与分散经营结合起来，而非对立起来。在集体经济组织的具体运营中，要坚持市场导向，遵守市场法则，严格按照现代企业制度来进行经营管理。农村专业合作组织是新型乡村经济共同体重建的另一个重要的路径选项，也是集体经济的一种重要实现形式。它是根据市场规律，按照“风险共担、利益共享”的原则，而由村民自愿联合起来组成的互助性经济组织。其最终目标也是形成乡村经济利益共同体。要继续坚持民主管理、民主决策、民主监督、平等互利的原则，提升其专业性、规范性，真正实现专业合作组织的自我组建、自我管理、自我服务、自我受益的宗旨。

不管是村庄集体经济还是农村专业合作组织，其现实着力点都是旨在提高村民经济生活水平与物质享受能力，解决分散的村民个体如何面对市场的问题。同时，发展乡村集体经济和合作经济，可以有效改变中国农民长期以来存在的“善分不善合”“缺乏团队训练”的缺点，培养塑造其以现代职业伦理、合作精神、契约精神、理性精神、社会公德为主要内容的现代公民人格，从而促进乡村公民共同体的构建与发展。

第三，以和谐、友爱、互助、宽容为核心价值主导，建设新型乡村伦理共同

① 冷溶、汪作玲主编《邓小平年谱》(1975—1997)(上册)，中央文献出版社，2004，第641页。

② 龚云：《集体经济：社会主义新农村的发展方向》，《武陵学刊》2011年第3期，第45页。

体。共同体不仅意味着一群人共同生活，而且意味着这群人在共同生活中形成了休戚与共的亲密关系。① 因此，伦理共同体关涉的核心问题是：我们何以相处或共处？特别是在现代社会越来强调个人权利、自由、个性差异、利益差异、价值多元的背景下，这个问题更加凸显出来。就中国乡村社会而言，已经逐步从“熟人社会”演变为“半熟人社会”“陌生人社会”，维系人们团结的传统伦理已然解体、崩溃；村民“个体化”趋势日趋突出，人与人之间关系的冷漠化、工具化、疏离化程度加深，道德信任面临全面瓦解，乡村社会正在历经从治理性危机到伦理性危机的转变②。这些都促使我们要认真思考乡村伦理共同体的重建问题。

新型乡村伦理共同体重建的方向是在“传统”与“现代”的紧张与冲突中找到平衡，实现乡村伦理之“历史之根”与“现代之源”的成功嫁接，或实现乡村伦理“地方性知识”与“普适性意义”的有效整合③，也即要有效整合传统伦理与现代伦理。传统乡村共同体是以人伦关系为依托，以“近距离”为特征建构起来的礼治社会，以亲仁善邻为道德态度，以相邻和睦为价值目标，以相容相让为基本原则，以相扶相助为伦理义务。这里既有“天人合一”的自然主义情结，也有“趋福避祸”的传统民间信仰；既有“乌鸦反哺，羔羊跪乳”的慈孝道德观，也有“出入为友，守望相助、疾病相扶”的良善交往原则。④ 现代乡村伦理强调村民自助、互助和自治，充分尊重村民自主地位与权利，价值尊严与人格特性，尊重村民借以生存发展的自然和社会利益，力求实现人与自然、人与家庭、人与共同体的和谐。因此，要充分继承传统乡村伦理中的合理部分，将之与现代伦理有机结合起来，要用社会主义核心价值体系引导村民形成现代价值观，从传统人格向现代人格转型。从根本上说，就是要实现传统伦理道德的现代性转换。将费孝通意义上的传统乡村“差序格局”转变为现代“等序格局”。着力强化和谐、友爱、互助、宽容的普适范围，打破其囿于特殊主义情境下的运用，变特殊主义信任为普遍主义信任，变有差等的爱为平等的博爱，变私德为公德、私德并重，变人情为情理兼容等等。这里的关键是突破传统的“五伦”，建设和彰显“第六伦”，

---

① 寇东亮：《生活共同体与公民德性养成》，《郑州大学学报（哲学社会科学版）》2010 年第 3 期，第 18 页。

② 申端锋：《中国农村出现伦理性危机》，《中国老区建设》2007 年第 7 期，第 19 页。

③ 王露璐：《伦理如何“回”乡村？》，《博览群书》2017 年第 5 期，第 107 页。

④ 赵霞：《传统乡村文化的秩序危机与价值重建》，《中国农村观察》2011 年第 3 期，第 80 页。

即注重处理与陌生人关系的公德准则，对待任何陌生人都能彼此尊重、相互关心。[①] 为此，新型乡村伦理共同体的重建要以乡村公共空间和公共生活的培育为基础，让村民在公共空间和公共生活中学习新的与人相处之道，培养以公共理性精神为核心的现代性道德。此外，新型乡村伦理共同重建要突破的另一个重要问题是道德相对主义困境。极端的道德相对主义的泛滥，导致人们在社会生活中无所适从、无所遵循，最终导致道德失序。因此，必须以社会主义的道德体系来统摄乡村伦理共同体的建设。

第四，以实现人的幸福、快乐、生命意义为基本目标，建设新型乡村精神共同体。所谓精神共同体，是指具有共同信仰、共同价值追求的人们为了满足主体心理、情感、意志等精神方面的需要所结合起来的共同体。[②] 乡村精神共同体是构成乡村治理、乡村建设的社会基础。重建新型乡村精神共同体，是要解决在社会大转型中乡村居民出现的信仰缺失、价值断裂、伦理失序、情感淡漠、心灵虚无等精神危机。即重建乡村精神生活，使村民形成什么是好的生活的新概念，重新找到生活意义世界的支撑点或安身立命所在；在日益理性化的社会中重拾亲情、友情、爱情、乡情等人间温情，在和谐的日常人伦互动中体悟生命的本真意义；重建传统乡村“守望相助”的伦理生活氛围，并增添新的内容，让村民在彼此的关爱中获得本体性安全感、认同感和幸福感。

新型乡村精神共同体建设的基础是在现代性对乡村传统不断冲击、消解的背景下，重建乡村文化自觉。文化自觉“指生活在一定文化历史圈子的人对其文化得有自知之明，既勿复旧，也非全盘他化，而应自我觉醒，自我反省，自我创建，即要增强文化的主体性”[③]。针对当前中国城乡文化互动不对等的状况，突出乡村文化自觉具有重大的现实意义。根据费孝通的观点，乡村文化自觉不是故步自封、实行文化复旧，也不是放弃传统、全盘现代化，核心点是要在传统与现代的互动中实现乡村文化的可持续发展，为村民提供活着的意义根据。一方面，要维护乡村历史传统与记忆的连续性。那些传统的节庆仪式、春节中的拜年、邻里之间的互动闲聊、民间祭祀、儿时的游戏、民间杂耍、祖母的剪纸窗花、结婚花轿等等，

① 寇东亮：《生活共同体与公民德性养成》，《郑州大学学报（哲学社会科学版）》2010 年第 3 期，第 19 页。

② 肖红军、秦在东：《精神共同体及其形成路径探析》，《学术论坛》2011 年第 6 期，第 32 页。

③ 费孝通：《费孝通论文化与文化自觉》，群言出版社，2005，第 478 页。

不管是有形的还是无形的，这些仪式和符号，都有积淀了一代一代人的情感在里面，有一代一代人安身立命的根据在里面。乡村人活着的意义就在这里，就在对这些乡村传统与记忆的“珍惜、眷恋、感伤、了悟”中，这是唯一真实而不虚无的情感与心理。① 显然，这些都是新型乡村共同体重建中不能抛弃和割裂的部分，是无须“现代化”和“市场化”的部分。另一方面，文化是流动的，传统也是流动的，乡村文化要容纳新成分、新内容、新形式。首先，以平等、自由、独立、民主等为基本特征的现代价值观，对克服中国乡村居民长期存在的诸如官本位观念、等级制思想、人身依附习惯、社会公德缺失、极端个人主义倾向②等人格弊端，无疑是必要的。其次，一些传统文化要素经过现代性改造和转换，仍然可以发挥其独特的精神功能。如“孝”文化，保留其“敬”和“爱”的成分，增以“人格平等”的新内容，仍可适用于当下社会。

在当前，新型乡村精神共同体重建要求进一步解决好乡村文化建设存在基础设施落后、活动经费无保障、管理机制不健全、文化人才缺乏、文化活动普及不够、形式单一、氛围不浓、农民主体性发挥欠缺等突出问题。要明确乡村文化建设的政府责任，从资金、政策、制度上推动文化建设，理顺乡村文化建设管理体制；充分发挥居民主体作用，广泛开展村民乐于参与、便于参与的文化活动；重视民间文化保护与传承，依托传统节日和重大节庆，重建乡村文化，让村民在其中体验生活意义与幸福。

第五，加强乡村社会建设，夯实乡村新型共同重建的基础保障。一是要大力促进农村教育事业发展，培育有文化、懂技术、会经营的新型农民，巩固农村义务教育普及成果，加快普及农村高中阶段教育，加强农村教师队伍建设；二是要大力促进农民就业，构建鼓励农民创业的政策支持体系，促进农村富余劳动力就地转移；三是要努力健全农村社会保障体系，建立新型农村社会养老保障制度，健全农村社会救助体系，完善被征地农民社会保障制度，发展农村社会慈善事业；四是要着力发展农村医疗卫生事业，巩固新型农村合作医疗制度，完善农村医疗救助制度，健全农村三级医疗卫生服务网络，加强农村医疗卫生队伍建设；五是要提高农村居民的居住质量，改善农村居民居住环境，科学规划农村居民居住点；

① 李泽厚、刘绪源：《中国哲学如何登场？——李泽厚2011年谈话录》，上海译文出版社，2012，第119—120页。

② 李健：《社区伦理论纲》，《深圳大学学报（人文社会科学版）》2004年第5期，第48页。

六是要大力加强农村社会管理，健全农村社会治安防控体系，完善农村应急管理机制。①

此外，我们必须再次强调指出，我们重建的乡村共同体是在城乡统筹的框架下进行的，因此它不是自我封闭的，而是开放的，它与城市社会需要实现和谐互动、有效连接。只有这样，我们才能从根本上解决城乡社会的经济社会不平等问题，避免加快城市化与建设新农村两大国家战略之间出现断裂。

① 陈成文、高小枚：《高度重视农村社会建设》，《光明日报》2009年4月2日第07版。

参考文献

著作

1. 〔美〕彼得·海斯勒:《寻路中国——从乡村到工厂的自驾之旅》,李雪顺译,上海译文出版社,2011。
2. 曹锦清、张乐天、陈中亚:《当代浙北乡村的社会文化变迁》,上海远东出版社,2001。
3. 曹锦清:《黄河边的中国——一个学者对乡村社会的观察与思考》(增补本),上海文艺出版社,2013。
4. 段友文:《黄河中下游家族村落民俗与社会现代化》,中华书局,2007。
5. 费孝通:《江村经济——中国农民的生活》,商务印书馆,2001。
6. 费孝通:《乡土中国　生育制度》,北京大学出版社,1998。
7. 〔英〕弗兰克·艾利思:《农民经济学:农民家庭农业和农业发展》,胡景北译,上海人民出版社,2006。
8. 〔美〕弗里曼、毕克伟、赛尔登:《中国乡村,社会主义国家》,陶鹤山译,社会科学文献出版社,2002。
9. 甘满堂:《村庙与社区公共生活》,社会科学文献出版社,2007。
10. 顾松年等:《苏南模式研究》,南京出版社,1990。
11. 费孝通:《费孝通文集》,群言出版社,1999。
12. 贺雪峰:《乡村的前途——新农村建设与中国道路》,山东人民出版社,2007。
13. 〔美〕黄宗智:《长江三角洲小农家庭与乡村发展》,中华书局,2000。
14. 〔美〕黄宗智:《华北的小农经济与社会变迁》,中华书局,2000。
15. 金一虹:《父权的式微——江南农村现代化进程中的性别研究》,四川人民出版社,2000。
16.〔英〕雷蒙·威廉斯:《乡村与城市》,韩子满、刘戈、徐珊珊译,商务印书馆,2013。
17. 李培林:《村落的终结——羊城村的故事》,商务印书馆,2004。
18. 李小云、赵旭东、叶敬忠主编《乡村文化与新农村建设》,社会科学文献出版社,2008。
19. 李媛媛、袁跃东:《中国生育秘闻录》,春风文艺出版社,1990。
20. 梁鸿:《出梁庄记》,花城出版社,2013。
21. 梁漱溟:《中国文化要义》,上海人民出版社,2005。
22. 梁中堂:《中国计划生育政策史论》,中国发展出版社,2014。
23. 林耀华:《金翼——中国家族制度的社会学研究》,生活·读书·新知三联书店,1989。
24. 刘少奇:《刘少奇选集》(下),人民出版社,1985。
25. 楼继伟主编《新中国50年财政统计》,经济科学出版社,2000。
26. 麻国庆:《家与中国社会结构》,文物出版社,1999。
27. 毛泽东:《建国以来毛泽东文稿》,中央文献出版社,1992。
28.〔美〕裴宜理:《重访中国革命:以情感的模式》,李冠南、何翔译,载刘东主编《中国学术》第8辑,商务印书馆,2001。
29.〔俄〕恰亚诺夫:《农民经济组织》,萧正洪译,中央编译出版社,1996。
30. 荣敬本、崔之元等:《从压力型体制向民主合作体制的转变——县乡两级政治体制改革》,中央编译出版社,1998。
31.〔爱尔兰〕瑞雪·墨菲:《农民工改变中国农村》,黄涛、王静译,浙江人民出版社,2009。
32. 谭同学:《桥村有道:转型乡村的道德、权力与社会结构》,生活·读书·新知三联书店,2010。
33. 唐致卿:《近代山东农村社会经济研究》,人民出版社,2004。
34. 唐宗焜:《合作社真谛》,知识产权出版社,2012。
35. 田雪原、陈胜利主编《生育文化研究》,中国财政经济出版社,2006。
36. 王露璐:《乡土伦理——一种跨学科视野中的"地方性道德知识"探究》,人民出版社,2008。
37. 王铭铭:《社会人类学与中国研究》,广西师范大学出版社,2005。

38. 王晓毅：《血缘与地缘》，浙江人民出版社，1993。
39. 吴承明：《中国的现代化：市场与社会》，生活·读书·新知三联书店，2001。
40.〔德〕乌尔里希·贝克，〔德〕伊丽莎白·贝克-格恩斯海姆：《个体化》，李荣山等译，北京大学出版社，2011。
41. 吴淼：《决裂——新农村的国家建构：江汉平原中兴镇的实践表达（1949—1978）》，中国社会科学出版社，2007。
42. 吴毅：《村治变迁中的权威与秩序——20世纪川东双村的表达》，中国社会科学出版社，2002。
43.〔美〕西奥多·W. 舒尔茨：《改造传统农业》，梁小民译，商务印书馆，2006。
44. 萧楼：《夏村社会——中国“江南”农村的日常生活和社会结构（1976—2006）》，生活·读书·新知三联书店，2010。
45. 熊培云：《一个村庄里的中国》，新星出版社，2011。
46. 徐安琪、叶文振：《中国婚姻研究报告》，中国社会科学出版社，2002。
47. 徐勇：《乡村治理与中国政治》，中国社会科学出版社，2003。
48. 许烺光：《祖荫下：中国乡村的亲属、人格与社会流动》，王芃等译，台北南天书局，2001。
49. 阎云翔：《私人生活的变革——一个中国村庄里的爱情、家庭与亲密关系：1949—1999》，龚晓夏译，上海书店出版社，2006。
50. 阎云翔：《中国社会的个体化》，陆洋等译，上海译文出版社，2012。
51. 杨华：《绵延之维：湘南宗族性村落的意义世界》，山东人民出版社，2009。
52. 杨元松：《中国留守儿童日记》，江苏文艺出版社，2011。
53.〔美〕尤金·N. 安德森：《中国食物》，马孆、刘东译，江苏人民出版社，2003。
54.〔美〕詹姆斯·C. 斯科特：《农民的道义经济学：东南亚的反叛与生存》，程立显等译，译林出版社，2001。
55. 张乐天：《告别理想：人民公社制度研究》，上海人民出版社，2005。
56. 赵靖、易梦虹主编《中国近代经济思想资料选辑》，中华书局，1982。
57. 中共中央文献研究室：《建国以来重要文献选编》，中央文献出版社，1992。
58. 中华人民共和国财政部《中国农民负担史》编辑委员会编著《中国农民负担史》，中国财政经济出版社，1994。
59. 中华人民共和国农业委员会办公厅：《农业集体化重要文件汇编》上卷，中共中央党校出版社，1988。

60. 中共中央文献研究室、中华全国供销合作总社编《刘少奇论合作社经济》，中国财政经济出版社，1987。

61.〔加〕朱爱岚：《中国北方村落的社会性别与权力》，胡玉坤译，江苏人民出版社，2004。

学位论文

1. 卞国凤：《近代以来中国乡村社会民间互助变迁研究》，博士学位论文，南开大学周恩来政府管理学院，2010。

2. 范成杰：《代际失调论——对江汉平原农村家庭养老问题的一种解释》，博士学位论文，华中科技大学社会学院，2009。

3. 何朝银：《革命与血缘、地缘：乡村社会变迁研究（1949—1965）——以江西省石城县为个案》，博士学位论文，福建师范大学社会历史学院（社会发展学院），2008。

4. 黄剑波：《“四人堂”纪事——中国乡村基督教的人类学研究》，博士学位论文，中央民族大学民族学与社会学学院，2003。

5. 李德：《转型期城市农民工的婚姻策略——一项关于上海S厂与P县L村的比较研究》，博士学位论文，上海大学社会学院，2007。

6. 刘勤：《自我、主体性与村庄：陕南丘村公共生活研究，1980—2006》，博士学位论文，华中科技大学社会学院，2008。

7. 刘海涛：《透视中国乡村基督教——河北乡村基督教的调查与思考》，博士学位论文，中央民族大学民族学与社会学学院，2006。

8. 申端锋：《治权与维权：和平乡农民上访与乡村治理1978—2008》，博士学位论文，华中科技大学社会学院，2009。

9. 陶格斯：《多重力量作用下的乡村日常生活——关于内蒙古一个偏远小山村社会变迁的实地研究》，博士学位论文，中央民族大学民族学与社会学学院，2010。

10. 王俊斌：《改造农民：中国农业合作化运动研究——以山西省保德县为中心》，博士学位论文，首都师范大学政法学院，2009。

11. 魏本权：《农村合作运动与小农经济变迁——以长江中下游地区为中心（1928—1949）》，博士学位论文，南开大学周恩来政府管理学院，2007。

12. 徐晓秋：《贫困农村大龄未婚男性心理福利研究——以贵州CS、XF县为例》，博士学位论文，浙江大学社会学系，2014。
13. 于影丽：《社会转型期乡村文化传承与发展研究——B村教育人类学考察》，博士学位论文，西北师范大学社会发展与公共管理学院，2009。
14. 周婷婷：《20世纪上半期山东乡村互助研究》，博士学位论文，山东大学哲学与社会发展学院，2012。

期刊

1. 曹树基：《国家与农民的两次蜜月》，《读书》2002年第7期，第19—22页。
2. 常明明：《农业合作化运动中农业技术改造考察》，《中国农史》2015年第4期，第62—72页。
3. 陈柏峰：《农村仪式性人情的功能异化》，《华中科技大学学报（社会科学版）》2011年第1期，第106—113页。
4. 陈馥丹：《中国婆媳关系初探》，《社会心理科学》2011年第9期，第55—57页。
5. 陈刚：《西方人类学中国乡村研究综述》，《中国农业大学学报（社会科学版）》2010年第3期，第53—62页。
6. 陈会广、钱忠好：《土地股份合作制中农民土地财产的剩余权与退出权研究》，《中国土地科学》2011年第7期，第19—24页。
7. 陈坚：《“父父子子”——论儒家的纯粹父子关系》，《山东大学学报（哲学社会科学版）》2010年第1期，第129—134页。
8. 陈俊杰、穆光宗：《农村社区二重性与农民生育决策：社会人口学的解析》，《中国人口科学》1994年第6期，第43—48页。
9. 陈俊杰：《话说婆媳之间》，《妇女研究论丛》1995年第1期，第33—35页。
10. 陈俊梁、张雅文：《农村股份合作——新型城镇化道路的重要特征》，《中国农民合作社》2014年第2期，第60—61页。
11. 陈柳钦、胡振华：《改革开放以来中国农村合作组织的发展》，《管理学刊》2010年第2期，第27—32页。
12. 陈讯：《候权与赠权：妇女在家庭中的地位是如何转变的——基于鄂中T镇婆媳关系演变历程的分析》，《妇女研究论丛》2012年第3期，第22—27页。
13. 崔宝玉、刘峰、杨模荣：《内部人控制下的农民专业合作社治理——现实图景、政府规制与制度选择》，《经济学家》2012年第6期，第85—92页。

14. 戴利朝:《茶馆观察:农村公共空间的复兴与基层社会整合》,《社会》2005 年第 5 期,第 96—117 页。

15. 邓大才:《社会化小农:一个尝试的分析框架——兼论中国农村研究的分析框架》,《社会科学研究》2012 年第 4 期,第 89—96 页。

16. 狄金华:《通过运动进行治理:乡镇基层政权的治理策略——对中国中部地区麦乡"植树造林"中心工作的个案研究》,《社会》2010 年第 3 期,第 83—106 页。

17. 狄金华、郑丹丹:《伦理沦丧抑或是伦理转向——现代化视域下中国农村家庭资源的代际分配研究》,《社会》2016 年第 1 期,第 186—212 页。

18. 范迪军:《中国农村村级经济发展出路探讨——兼谈小岗村发展滞后原因》,《经济学动态》2004 年第 5 期,第 58—60 页。

19. 范玲巧:《山西初级农业合作化的实践与经验》,《当代中国史研究》2002 年第 1 期,第 115—120 页。

20. 费爱华:《"电视下乡":新时期国家整合乡村社会的逻辑》,《学海》2012 年第 5 期,第 97—102 页。

21. 冯仕政:《国家、市场与制度变迁——1981—2000 年南街村的集体化与政治化》,《社会学研究》2007 年第 2 期,第 24—59 页。

22. 冯小:《农民专业合作社制度异化的乡土逻辑——以"合作社包装下乡资本"为例》,《中国农村观察》2014 年第 2 期,第 2—8 页。

23. 傅白水:《"温州模式"将不复存在?》,《中国改革》2005 年第 1 期,第 42—43 页。

24. 葛剑雄:《人要不要精神生活》,《复旦教育论坛》2005 年第 3 期,第 8—10 页。

25. 龚群:《德沃金的共同体观念》,《伦理学研究》2010 年第 4 期,第 50—55 页。

26. 龚为纲、吴海龙:《农村男孩偏好的区域差异》,《华中科技大学学报(社会科学版)》2013 年第 3 期,第 32—35 页。

27. 桂华、贺雪峰:《再论中国农村区域差异——一个农村研究的中层理论建构》,《开放时代》2013 年第 4 期,第 157—171 页。

28. 桂华、余练:《婚姻市场要价:理解农村婚姻交换现象的一个框架》,《青年研究》2010 年第 3 期,第 24—36 页。

29. 郭剑雄、刘琦:《生育率下降与中国农村女孩教育的逆歧视性增长》,《思想战线》2013 年第 4 期,第 34—39 页。

30. 郭林:《从“死无所葬”到“葬有所安”:四维特性视域下中国殡葬服务制度的改革路径研究》,《浙江大学学报(人文社会科学版)》2013 年第 3 期,第 21—31 页。

31. 郭倩倩、秦龙:《政治冷漠与积极公民重塑》,《探索与争鸣》2016 年第 3 期,第 50—53 页。

32. 郭秋菊、靳小怡:《婚姻挤压下父母生活满意度分析——基于安徽省乙县农村地区的调查》,《中国农村观察》2012 年第 6 期,第 62—70 页。

33. 郭于华:《代际关系中的公平逻辑及其变迁——对河北农村养老事件的分析》,《中国学术》2001 年第 4 期,第 221—254 页。

34. 郭于华:《心灵的集体化:陕北骥村农业合作化的女性记忆》,《中国社会科学》2003 年第 4 期,第 79—190 页。

35. 郝大海、申艳芳:《社会转型期婆媳矛盾的变迁——以河北省 N 村为例》,《学术论坛》2013 年第 10 期,第 52—59 页。

36. 何建华:《梁漱溟的农业合作化思想与实践》,《东南学术》2007 年第 1 期,第 17—24 页。

37. 何志明:《土改中的必修课:“斗地主”》,《党史文苑》2012 年第 7 期,第 45—49 页。

38. 贺雪峰:《农村家庭代际关系的变动及其影响》,《江海学刊》2008 年第 4 期,第 108—113 页。

39. 侯江华:《资本下乡:农民的视角——基于全国 214 个村 3203 位农户的调查》,《华中农业大学学报(社会科学版)》2015 年第 1 期,第 81—87 页。

40. 黄斌欢:《双重脱嵌与新生代农民工的阶级形成》,《社会学研究》2014 年第 2 期,第 170—188 页。

41. 黄少安、韦倩:《合作行为与合作经济学:一个理论分析框架》,《经济理论与经济管理》2011 年第 2 期,第 5—16 页。

42. 黄英伟、张晋华:《人民公社时期生产队差异与农户收入:基于分层线性模型分析》,《中国经济史研究》2016 年第 3 期,第 151—160 页。

43. 黄永锋、林銮生:《灶神信仰的家庭伦理观及其当代启示》,《世界宗教研究》2016 年第 3 期,第 129—138 页。

44. 吉国秀:《婚姻支付变迁与姻亲秩序谋划——辽东 Q 镇的个案研究》,《社会学研究》2007 年第 1 期,第 114—136、244—245 页。

45. 江立华、熊凤水:《农民生育中的生男偏好:价值合理性行动——基于皖南 H 村的实证调查》,《江淮论坛》2007 年第 6 期,第 96—100 页。

46. 江立华、陈文超:《返乡农民工创业实践中的资本和策略——基于个案研究的扩展》,《科学社会主义》2010 年第 6 期,第 121—124 页。

47. 姜全保、李树茁、费尔德曼:《20 世纪中国"失踪女性"数量的估计》,《中国人口科学》2005 年第 8 期,第 2—11、95 页。

48. 姜振华:《从生育看农村妇女自主策略的变化》,《浙江学刊》2002 年第 2 期,第 212—215 页。

49. 金和辉:《农村妇女的生育决策权与生育率》,《中国人口科学》1995 年第 1 期,第 33—44 页。

50. 靳小怡、任峰、悦中山:《农民工对婚前和婚外性行为的态度:基于社会网络的研究》,《人口研究》2008 年第 5 期,第 67—78 页。

51. 李秉奎:《婚介、择偶与彩礼:人民公社时期农村青年的婚姻观念及行为》,《当代中国史研究》2012 年第 4 期,第 70—78、126—127 页。

52. 李飞龙:《国家权力与农村私人生活领域的变革(1949—1978)——以农村婚姻的解体为考察中心》,《山西师大学报(社会科学版)》2012 年第 5 期,第 95—98 页。

53. 李金铮:《求利抑或谋生:国际视域下中国近代农民经济行为的论争》,《史学集刊》2015 年第 3 期,第 22—33 页。

54. 李里峰:《土改中的诉苦:一种民众动员技术的微观分析》,《南京大学学报(哲学・人文科学・社会科学)》2007 年第 5 期,第 97—109 页。

55. 李俏、李久维:《回归自主与放权社会:中国农村养老治理实践》,《中国农业大学学报(社会科学版)》2016 年第 3 期,第 93—100 页。

56. 李申:《儒教的鬼神观念和祭祀原则》,《复旦学报(社会科学版)》2007 年第 4 期,第 47—53 页。

57. 李树茁、马库斯・费尔德曼、朱楚珠:《中国农村妇女就业与生育行为比较研究》,《人口与经济》1998 年第 1 期,第 3—14 页。

58. 李小云、孙丽:《公共空间对农民社会资本的影响——以江西省黄溪村为例》,《中国农业大学学报(社会科学版)》2007 年第 1 期,第 82—97 页。

59. 李永萍、杜鹏:《婚变:农村妇女婚姻主导权与家庭转型——关中 J 村离婚调查》,《中国青年研究》2016 年第 5 期,第 86—92 页。

60. 李煜、徐安琪:《择偶模式和性别偏好研究——西方理论和本土经验资料的解释》,《青年研究》2004 年第 10 期,第 1—11 页。

61. 栗峥:《流动中的乡村纠纷》,《现代法学》2013 年第 1 期,第 171—183 页。

62. 刘大可:《山东解放区的农业互助合作运动》,《东岳论丛》1991 年第 3 期,第 24—29 页。

63. 刘国华:《毛泽东、刘少奇合作化思想之比较》,《中国农村观察》2000 年第 3 期,第 35—42、58、80 页。

64. 刘杰:《乡村社会"空心化":成因、特质及社会风险——以 J 省延边朝鲜族自治州为例》,《人口学刊》2014 年第 3 期,第 85—94 页。

65. 刘君:《露天电影:从流动影像放映到公共生活建构》,《东南学术》2013 年第 2 期,第 218—225 页。

66. 刘娜、Anne de Bruin:《家庭收入变化、夫妻间时间利用与性别平等》,《世界经济》2015 年第 11 期,第 117—143 页。

67. 刘颖娴:《当前中国农民专业合作社的困境与发展方向——"2012 国际合作社年:农业合作社的国际趋势与中国实践"国际研讨会综述》,《中国农村经济》2013 年第 3 期,第 89—96 页。

68. 刘中一:《本质还是建构?——一个乡村女人"破鞋"称谓的由来》,《妇女研究论丛》2011 年第 3 期,第 83—90 页。

69. 刘中一:《场域、惯习与农民生育行为——布迪厄实践理论视角下农民生育行为》,《社会》2005 年第 6 期,第 126—140 页。

70. 刘中一:《性的乡村社会表达:基于北方乡村几起性事件的典型研究》,《中国农业大学学报(社会科学版)》2011 年第 3 期,第 75—84 页。

71. 卢晖临:《集体化与农民平均主义心态的形成——关于房屋的故事》,《社会学研究》2006 年第 6 期,第 147—164、245 页。

72. 陆静亚:《新型土地股份合作制改革的调查与思考》,《江苏农村经济》2013 年第 9 期,第 42—45 页。

73. 陆文荣、卢汉龙:《部门下乡、资本下乡与农户再合作——基于村社自主性的视角》,《中国农村观察》2013 年第 2 期,第 44—56,94—95 页。

74. 陆益龙:《后乡土中国的基本问题及其出路》,《社会科学研究》2015 年第 1 期,第 116—123 页。

75. 吕方:《再造乡土团结:农村社会组织发展与“新公共性”》,《南开学报(哲学社会科学版)》2013 年第 3 期,第 133—138 页。

76. 罗朝明:《友谊的可能性——一种自我认同与社会团结的机制》,《社会》2012 年第 5 期,第 102—129 页。

77. 麻国庆:《分家:分中有继也有合——中国分家制度研究》,《中国社会科学》1999 年第 1 期,第 106—117 页。

78. 马维强、邓宏琴:《生计与生存:集体化时代的村庄经济与农民日常生活——以山西平遥双口村为考察中心》,《中国农业大学学报(社会科学版)》2016 年第 1 期,第 40—49 页。

79. 满永:《政治与生活:土地改革中的革命日常化——以皖西北临泉县为中心的考察》,《开放时代》2010 年第 3 期,第 21—48 页。

80. 毛丹:《村落共同体的当代命运:四个观察维度》,《社会学研究》2010 年第 1 期,第 1—33、243 页。

81. 梅德平:《共和国成立前革命根据地互助合作组织变迁的历史考察》,《中国农史》2004 年第 2 期,第 102—107 页。

82. 苗伟:《文化时间与文化空间:文化环境的本体论维度》,《思想战线》2010 年第 1 期,第 101—106 页。

83. 莫玮俏、史晋川:《农村人口流动对离婚率的影响》,《中国人口科学》2015 年第 5 期,第 104—122、128 页。

84. 欧阳静:《压力型体制与乡镇的策略主义逻辑》,《经济社会体制比较》2011 年第 3 期,第 116—122 页。

85. 欧阳竹筠:《计划生育的“历史阵痛”与刑事政策的渐进调整》,《法学》2012 年第 8 期,第 44—50 页。

86. 尚会鹏、何祥武:《乡村社会离婚现象分析——以西村为例》,《青年研究》2000 年第 12 期,第 1—7 页。

87. 申端锋:《中国农村出现伦理性危机》,《中国老区建设》2007 年第 7 期,第 19—20 页。

88. 沈毅:《西方社会个人主义走向的动因及其后果》,《浙江学刊》2013 年第 1 期,第 194—201 页。

89. 施同兵:《农村合作金融发展中政府行为的选择》,《中国行政管理》2013 年第 8 期,第 89—93 页。

90. 谭同学:《在上帝与祖先之间——粤西程村基督徒信仰实践的人类学考察》,《世界宗教研究》2014 年第 2 期,第 121—129、194 页。
91. 汤水清:《“离婚法”与“妇女法”:20 世纪 50 年代初期乡村民众对婚姻法的误读》,《复旦学报(社会科学版)》2011 年第 6 期,第 129—137 页。
92. 唐灿、马春华、石金群:《女儿赡养的伦理与公平——浙东农村家庭代际关系的性别考察》,《社会学研究》2009 年第 6 期,第 18—36、243 页。
93. 唐皇凤:《常态社会与运动式治理——中国社会治安治理中的“严打”政策研究》,《开放时代》2007 年第 3 期,第 115—129 页。
94. 唐有财:《从打工到创业:农民工创业的发生学研究》,《人文杂志》2013 年第 8 期,第 105—112 页。
95. 唐宗焜:《“重建个人所有制”的马恩本义》,《经济社会体制比较》1993 年第 6 期,第 10—11 页。
96. 唐宗焜:《合作社功能和社会主义市场经济》,《经济研究》2007 年第 12 期,第 11—23 页。
97. 涂圣伟:《工商资本下乡的适宜领域及其困境摆脱》,《改革》2014 年第 9 期,第 73—82 页。
98. 王飞,王天夫:《家庭财富累积、代际关系与传统养老模式的变化》,《老龄科学研究》2014 年第 1 期,第 13—19 页。
99. 王海娟:《资本下乡的政治逻辑与治理逻辑》,《西南大学学报(社会科学版)》2015 年第 4 期,第 47—54 页。
100. 王汉生、王迪:《农村民间纠纷调解中的公平建构与公平逻辑》,《社会》2012 年第 2 期,第 171—198 页。
101. 王加华:《传统节日的时间节点性与坐标性重建——基于社会时间视角的考察》,《文化遗产》2016 年第 1 期,第 23—31 页。
102. 王家国:《“精神赡养”与中国法制的亲情伦理回归》,《法学》2015 年第 1 期,第 81—83 页。
103. 王金玲:《家庭权力的性别格局:不平等还是多维度网状分布?》,《华中科技大学学报(社会科学版)》2009 年第 2 期,第 62—68、81 页。
104. 王天夫、王飞、唐有财等:《土地集体化与农村传统大家庭的结构转型》,《中国社会科学》2015 年第 2 期,第 41—60、203 页。
105. 王跃生:《集体经济时代农民分家行为研究——以冀南农村为中心的考

察》,《中国农史》2003 年第 2 期,第 88—98 页。

106. 王跃生:《社会变革与当代中国农村婚姻家庭变动——一个初步的理论分析框架》,《中国人口科学》2002 年第 4 期,第 23—33 页。

107. 王栀韩:《继替与融合:海外中国乡村研究的新发展》,《国外理论动态》2014 年第 8 期,第 61—71 页。

108. 魏国学、熊启泉、谢玲红:《转型期的中国农村人口高彩礼婚姻——基于经济学视角的研究》,《中国人口科学》2008 年第 4 期,第 30—36、95 页。

109. 温铁军:《农民专业合作社发展的困境与出路》,《湖南农业大学学报(社会科学版)》2013 年第 4 期,第 4—6 页。

110. 文军:《从生存理性到社会理性选择:当代中国农民外出就业动因的社会学分析》,《社会学研究》2001 年第 6 期,第 19—30 页。

111. 吴飞:《论"过日子"》,《社会学研究》2007 年第 6 期,第 66—85、243 页。

112. 吴理财、张良:《农民的精神信仰:缺失抑或转化?——对农村基督教文化盛行的反思》,《人文杂志》2010 年第 2 期,第 175—180 页。

113. 吴淼:《工分制下农民与干部的行为选择》,《中共党史研究》2010 年第 2 期,第 36—45 页。

114. 吴毅、陈颀:《"说话"的可能性——对土改"诉苦"的再反思》,《社会学研究》2012 年第 6 期,第 146—171 页。

115. 夏柱智:《论"半工半耕"的社会学意涵》,《人文杂志》2014 年第 7 期,第 112—116 页。

116. 萧放:《"人情"与中国日常礼俗文化》,《北京师范大学学报(社会科学版)》2016 年第 4 期,第 43—48 页。

117. 肖瑛:《非历史无创新——中国社会学研究的历史转向》,《学术学刊》2016 年第 9 期,第 14—16 页。

118. 笑冬:《最后一代传统婆婆?》,《社会学研究》2002 年第 3 期,第 79—91 页。

119. 徐安琪:《夫妻伙伴关系:中国城乡的异同及其原因》,《中国人口科学》1998 年第 4 期,第 32—39 页。

120. 徐安琪:《择偶标准:五十年变迁及其原因分析》,《社会学研究》2000 年第 6 期,第 18—30 页。

121. 徐京波:《临时夫妻:社会结构转型中的越轨行为——基于上海服务业农民工的调查》,《中国青年研究》2015 年第 1 期,第 55—59 页。

122. 徐俊：《我国农村第一代已婚独生子女父母的养老认识研究》，《华中科技大学学报（社会科学版）》2016 年第 3 期，第 111—120 页。
123. 徐卫国：《人民公社时期农户劳动报酬与劳动激励再探讨——1970 年代河北一个生产队的例证》，《河北学刊》2015 年第 6 期，第 141—144 页。
124. 徐勇、邓大才：《社会化小农：解释当今农户的一种视角》，《学术月刊》2006 年第 7 期，第 5—13 页。
125. 许琪、邱泽奇、李建新：《真的有“七年之痒”吗？——中国夫妻的离婚模式及其变迁趋势研究》，《社会学研究》2015 年第 5 期，第 216—241 页。
126. 许琪：《儿子养老还是女儿养老？——基于家庭内部的比较分析》，《社会》2015 年第 4 期，第 199—219 页。
127. 杨华、欧阳静：《信仰基础：理解农民宗教信仰区域差异的一个框架》，《民俗研究》2016 年第 1 期，第 78—88 页。
128. 杨奎松：《新中国土改背景下的地主问题》，《史林》2008 年第 6 期，第 1—19 页。
129. 杨适：《“友谊”(friendship)观念的中西差异》，《北京大学学报（哲学社会科学版）》1993 年第 1 期，第 31—38、127—128 页。
130. 杨文、孙蚌珠、王学龙：《中国农村家庭脆弱性的测量与分解》，《经济研究》2012 年第 4 期，第 40—51 页。
131. 姚桂荣：《从毛泽东早年的新村主义信仰看他发动人民公社化运动的心理动因》，《毛泽东思想研究》2012 年第 4 期，第 40—44 页。
132. 姚俊：《“不分家现象”：农村流动家庭的分家实践与结构再生产——基于结构二重性的分析视角》，《中国农村观察》2013 年第 5 期，第 78—94 页。
133. 姚中秋：《重新审视“殡葬改革”》，《文化纵横》2014 年第 5 期，第 90—95 页。
134. 叶敏：《从政治运动到运动式治理——改革前后的动员政治及其理论解读》，《华中科技大学（社会科学版）》2013 年第 2 期，第 75—81 页。
135. 尤丹珍、郑真真：《农村外出妇女的生育意愿分析——安徽、四川的实证研究》，《社会学研究》2002 年第 6 期，第 52—62 页。
136. 张凤阳：《任务型组织的生存逻辑——以计划生育委员会为例》，《中国行政管理》2015 年第 1 期，第 77—82 页。
137. 张富良：《改革开放前中国共产党农业税政策的历史考察》，《中共党史研究》2006 年 4 期，第 38—46 页。

138. 张建君:《发展模式和经济平等——苏南和温州的比较》,《管理世界》2006年第 8 期,第 36—46、171—172 页。

139. 张江华:《工分制下的劳动激励与集体行动的效率》,《社会学研究》2007 年第 5 期,第 1—20、243 页。

140. 张丽:《关于中国近代农村经济的探讨》,《中国农史》1999 年第 2 期,第 3—10、37 页。

141. 张良:《"资本下乡"背景下的乡村治理公共性建构》,《中国农村观察》2016年第 3 期,第 16—26、94 页。

142. 张群林、〔法〕伊莎贝尔·阿塔尼、杨雪燕:《中国农村大龄未婚男性的性行为调查和分析》,《西安交通大学学报(社会科学版)》2009 年第 6 期,第51—60 页。

143. 张士杰:《中国近代农村合作运动的兴起和发展》,《民国档案》1992 年第 4期,第 121—126 页。

144. 张晓玲:《中农的日常生活(1953—1956)——统购统销制度下国家与农民的关系》,《华南农业大学学报(社会科学版)》2013 年第 1 期,第 151—156 页。

145. 张兆曙:《乡村五十年:日常经济实践中的国家与农民——以浙江省义乌市后乐村为个案的实地研究》,《战略与管理》2004 年第 4 期,第 111—120 页。

146. 赵入坤:《人民公社初期农村劳动力的流动与管理》,《中共党史研究》2011年第 6 期,第 39—48 页。

147. 赵旭东、王莎莎:《食物的信任——中国社会的饮食观念及其转变》,《江苏行政学院学报》2013 年第 2 期,第 75—80 页。

148. 郑丹丹、杨善华:《夫妻关系"定势"与权力策略》,《社会学研究》2003 年第 4期,第 96—105 页。

149. 郑家栋:《中国传统思想中的父子关系及诠释的面向——从"父为子隐,子为父隐"说起》,《中国哲学史》2003 年第 1 期,第 55—63 页。

150. 郑谦:《农村社教运动的体制困境——研究农村社教运动的一个角度》,《中共党史研究》2015 年第 2 期,第 15—26 页。

151. 郑真真等:《城市外来未婚青年女工的性行为、避孕知识和实践——来自 5个城市的调查》,《中国人口科学》2001 年第 2 期,第 67—72 页。

152. 周沛：《农村社区发展道路与模式比较研究——以华西村、南街村、小岗村为例》，《南京社会科学》2000 年第 10 期，第 59—67 页。

153. 朱爱东：《民国时期的反迷信运动与民间信仰空间——以粤西地区为例》，《文化遗产》2013 年第 2 期，第 112—120 页。

154. 朱海滨：《民间信仰——中国最重要的宗教传统》，《江汉论坛》2009 年第 3 期，第 68—74 页。

155. 祝平燕、王芳：《返乡相亲：新生代农民工的一种择偶形态——以豫东 S 村为例》，《中国青年研究》2013 年第 9 期，第 54—60 页。

156. 庄孔韶、徐杰舜、杜靖、石峰：《乡土中国人类学研究》，《广西民族学院学报（哲学社会科学版）》2006 年第 1 期，第 5—26 页。

英文文献

1. Andrew B. Kipnis, *Producing Guanxi: Sentiment, self and subculture in a north China village* (Durham: Duke University Press, 1997).

2. Arne Traulsen, Martin A. Nowak, "Evolution of cooperation by multilevel selection," *Proceedings of the National Academy of Sciences of the United States of America* 103, No. 29(2006): 0952—10955.

3. Busowski W. M., Hoza B., "Popularity and friendship: Issues in theory, measurement and outcome," *Peer relationships in child development*, edited by Thomas W. Berndt and Gary W. Ladd(Chichester: John Wiley, 1989).

4. Boyd Robert, Richerson Peter J., "Culture and the evolution of human cooperation," *Philosophical Transactions of the Royal Society B: Biological Sciences* 364, 1533(2009): 3281—3288.

5. C. Counihan, P. Van Esterik, *Food and culture* (New York and London: Routledge, 1997).

6. Cook Sarah, Dong Xiao-yuan, "Harsh choices: Chinese women's paid work and unpaid care responsibilties under economic reform," *Development and Change* 42, No. 4(2011): 947—965.

7. David Hicks, Margaret A. Gwynne, *Cultural anthropology* (Harper Collins College Publishers, 1994).

8. Douglass C. North, *Structure and change in economic history* (London: W. W.

Norton, 1981).

9. David M. Buss, "Sex differences in human mate preferences: Evolutionary hypothesis tested in 37 cultures," *Behavioral and Brain Sciences* 12, No. 1 (1989): 1—14.

10. E. S. Adams, M. Mesterton-Gibbons, "Lanchester's attrition models and fights among social animals," *Behavioral Ecology* 14, No. 5(2003): 5.

11. Francis Lang-Kwang Hsu, "The myth of Chinese family size," *American Journal of Sociology* 48, No. 5(1943): 555—562.

12. Gintis H., "Strong reciprocity and human sociality," *Journal of Theoretical Biology* 206, No. 2(2000): 169—179.

13. Lefebvre Henri, *The production of space* (Oxford Blackwell Publishers, 1991).

14. Hamilton W. D., "The genetical evolution of social behaviour," *Journal of Theoretical Biology* 7, (1964): 1—16.

15. Hans P. Binswanger, Donald A. Sillers, "Risk aversion and credit constraints in farmers' decision-making: A reinterpretation," *Journal of Development Studies* 20, No. 1(1983): 5—21.

16. Isabelle Attané, Elizabell Guill, "Being a woman in China today: A demography of gender," *China Perspectives* 92, No. 4(2012): 4—15.

17. Jacques Ellul, *The technological society* (New York: Alfred A. Knopf, 1964).

18. John Dewey, *The later works (1925—1953)* (Corbondale and Edwardsville: Southeren Illinois University Press, 1984).

19. James A. Roumasset, *Rice and risk: Decision making among low-income farmers* (Amsterdam: North-Holland, 1976).

20. Lucien Levy-Bruhl, *The "Soul" of the primitive* (London: George Allen & Unwin Ltd., 1965).

21. Li Norman P., Bailey J. Michael, Kenrick Douglas T., Linsenmeier Joan A. W., "The necessities and luxuries of mate preference: Testing the trade offs," *Journal of Personality and Social Psychology* No. 82 (2002): 947—955.

22. Marion J. Levy, *The family revolution in modern China* (Cambridge: Har-

vard University Press, 1949).

23. Mayfair Mei-hui Yang, *Gifts, favors and banquets: The art of social relationships in China*(Ithaca: Cornell University Press, 1994).

24. Monica Das Gupta, Jiang Zhenghua, Li B. et al., "Why is son preference so persistent in east and south Asia? A cross-country study of China, India and the Republic of Korea," *The Journal of Development Studies* 40, No. 2(2003):153—187.

25. McNamara John M., Barta Zoltan, Houston Alasdair, "Variation in behaviour promotes cooperation in the prisoner's dilemma game," *Nature* 428, No. 6984(2004):745—748.

26. Nowak Martin A., Sasaki Akira, Taylor Christine, Fudenberg Drew, "Emergence of cooperation and evolutionary stability in finite populations," *Nature* 428, No. 6983(2004):646—650.

27. Olof Leimar, Peter Hammerstein, "Cooperating for direct fitness benefits," *Philosphical Transactions of the Royal Society B: Biological Sciences* 365, No. 1553(2010):2619—2626.

28. Oda R., "Sexually dimorphic mate preference in Japan: An analysis of lonely hearts advertisements," *Human Nature* No. 12(2001):191—206.

29. Philip C. C. Huang, *The peasant family and rural development in the Yangzi Delta, 1350—1988* (Stanford, NJ: Stanford University Press, 1990).

30. R. Axelrod, *The evolution of cooperation* (New York: Basic Books, 1984).

31. Randall Collins, *Interaction ritual chains*(Princeton, NJ and Oxford: Princeton University Press, 2004).

32. Sarah Allen, *The way of water and sprouts of virtue* (Albany: SUNY Press, 1997).

33. Samuel L. Popkin, *The rational peasant: The political economy of rural society in Vietnam*(Berkeley: University of California Press, 1979).

34. Schultz T. W., *Transforming traditional agriculture* (Yale University Press, 1964).

35. Takeyuki Tsuda, "The permanence of 'temporary' migration: The 'structural embeddedness' of Japanese-Brazilian immigrant workers in Japan,"

Journal of Asian Studies 58, No. 3(1999): 687—722.

36. Yung-fa Chen, *Making revolution: The communist movement in Eastern and Central China, 1937—1945* (Berkeley and Los Angeles: University of California Press, 1986).

37. Yunxiang Yan, *The flow of gifts* (Stanford: Stanford University Press, 1996).

38. Yunxiang Yan, "The individual and transformation of bridewealth in rural north China," *Journal of the Royal Anthropological Institute* 11, No. 4(2005): 637—658.